The
Cambridge
Introduction to
Narrative

서사학 강의

The Cambridge Introduction to Narrative
H. Porter Abbott

First published 2002 in Cambridge University Press.

Copyright © 2008 by H. Porter Abbott
Korean Translation Copyright © 2010 by Moonji Publishing Co., Ltd.
All Right Reserved.

This Korean edition was published by arrangement with Cambridge University Press.

* 이 책의 한국어판 저작권은 Cambridge University Press와 독점 계약한 ㈜문학과지성사에 있습니다.
  저작권법에 의해 보호받는 저작물이므로 무단 전재 및 복제를 금합니다.

서사학 강의
이야기에 대한 모든 것

제1판 제 1쇄 발행_2010년 11월 19일
제1판 제13쇄 발행_2025년 4월 22일

지은이_H. 포터 애벗
옮긴이_우찬제·이소연·박상익·공성수
펴낸이_이광호
펴낸곳_㈜문학과지성사
등록번호_제1993-000098호
주소_04034 서울 마포구 잔다리로7길 18(서교동 377-20)
전화_02)338-7224
팩스_02)323-4180(편집) 02)338-7221(영업)
전자우편_moonji@moonji.com
홈페이지_www.moonji.com

978-89-320-2168-3

제1판 서문

서사 narrative 란 무엇인가. 그것은 어떻게 구조화되는가. 인간과 서사는 어떻게 영향을 주고받는가. 서사는 어떤 방식으로 전달되는가. 매체 또는 문화적 맥락이 변할 때 서사는 어떻게 변화하는가. 예술에서뿐만 아니라 일상 영역에서 우리는 어떻게 그토록 자주 서사들을 발견하게 되는가. 이 책은 독자와 더불어 이러한 질문에 답하기 위해 씌어졌다. 앞에서 열거한 내용 가운데 마지막 항목은 특히 중요하다. 우리는 비록 잘 알아차리지 못할지라도 모두 서술자 narrator 인 것이다. "나는 차를 몰고 일터에 갔다"와 같은 단순한 문장조차 서사로 간주된다. 사건들에 대해 더 자세한 세부 내용을 전달하고자 할수록, 우리는 점점 더 복잡한 서술과 관련을 맺게 된다. 우리는 또한 신문, 텔레비전, 책, 영화는 말할 것도 없이 우리에게 차를 몰고 일터에 갔다고 말하는 친구, 친지들로부터 지속적으로 서사를 받아들이는 수신자이기도 하다. 따라서 이 책에서는 많은 부분을 문학, 영화, 드라마에서의 서사에 할애하고 있긴 해도, 서사를 이들 분야에만 국한된 것으로 다루지 않는다. 기본적으로 이 책은 서사를 시간에 따른 사건의 재현을 포함하는 모든 활동에서 볼 수 있는 인간적인 현상으로서 다루는 입장에 근거를 둔다. 이 책의 전반부는 예술과 일상 영역을 넘나들며 논의를 펼친다. 우리 삶에서 반복해서 상기하고 숙고하는 풍부하고 의미 있는 서사가 이러한 일반적인 가능성으로부터 산출된다는 사실을 중시한다.

이 책은 규범적이라기보다 기술적이다. 다시 말해, 서사를 대할 때의 규범에 대해 지시하기보다는 발생한 사실에 대해 기술하려고 노력한다. 책이 진행되는 내내 서사에 관한 최근 작업과 관련해서 매우 생생한 질문들이 제기된다. 이 질문들은 곤란한 논점을 담고 있는 경우가 많기 때문에, 일부 중요한 예외를 제외하고(예를 들면, 여기서 전개하는 서사의 정의에 관한 것) 나는 이들을 열린 채로 남겨두고자 한다. 이 책이 서사에 관한 주제를 제시하는 방식은 다음과 같다. 다시 말해 이 책의 구성은 단순한 내용에서 복잡한 내용으로 2장과 3장에서는 서사의 구성 요소를 설명하고, 뒤로 가면서 서사가 산출하는 수많은 효과를 점차 제시하는 방식을 취하고 있다. 이에 따라 4장과 5장에서는 서사가 갖는 특별한 수사적 힘과 '종결' 개념의 중요성을 다루는데, 이들이 앞서 말한 서사의 효과에 해당한다. 6장에서는 서술과 서술자의 주요 역할에 대해 다룬다.

7장과 8장에서는 서사의 해석과 관련된 논점을 다루면서, 서사의 힘에서 독자 또는 청중의 힘으로 초점을 옮겨간다. 이러한 의미에서 서사는 두 갈림길과 같다. 우리의 협조가 없으면 어떠한 서사도 시작되지 않는다. 그리고 만일 우리가 서사에 의해 조정을 받도록 스스로 용인하는 것이 사실이라면, 우리 자신이 조정을 하는 것 또한 사실이다. 이들 장에서는 해석 과정에서 일어나는 이와 같은 청중과 서사의 상호작용에 대해 설명한다. 이러한 논의는 의도를 헤아리며 읽기, 징후적 읽기, 적용하며 읽기와 같은 세 가지 기본적인 읽기 방식에 대해 다루는 8장에서 절정에 이른다. 이들 읽기 방식의 차이점은 매우 중요하다. 이들에 따라, 우리는 서사에서의 의미meaning가 뜻하는 바에 대해 다른 식으로 이해하게 된다.

9장에서는 서사에서 다른 매체를 사용할 때 어떤 차이가 발생하며, 스토리를 서술하는 매체를 다른 매체로 옮길 때 어떤 일이 일어나는지에 대해 관심을 돌린다. 10장에서는 서사 기능에 대해 다룬다. 그리고 우리가 막연히 자서전에서의 '자기 자신'이라고 부르는 대상과 밀접하게 연관되는 등장인물에 관한 주제를 전개한다. 마지막 두 장에서는 사회와 문화에서 서사의 역할에 관한 광범위한 주제로 돌아온다. 서사 경합은 정치학과 법률에서 상당한 부분을 차지한다. 13장에서는 이러한 서사의 경합이 작용하는 방식에 대해, 특히 법률 분야에 초점을 맞추어 고찰한다. 이렇게 충돌하는 서사들은 서로 경쟁하면서 자신의 주장을 굽히지 않을 때가 많은데, 14장에서는 이야기꾼들과 독자들이 이들의 주장을 조정하기 위한 도구로써 서사를 사용하는 방식에 대해 고찰한다. 예를 들면 반복해서 진술되는 스토리는(이는 문화적인 마스터플롯이라고 할 수 있다) 문화 속에 깊숙이 자리 잡고 있는 갈등들을 안정시키기 위한 노력의 산물인 경우가 많다.

이 책에서 나는 다른 서사 연구에 대해 기술하는 일은 피하고자 했다. 이러한 연구 가운데 훌륭한 모범이 될 만한 저술들은 인쇄물의 형태로 구할 수 있다(주네트, 1980; 프랭스, 1987). 그 대신 매우 유용한 개념과 용어에 관한 문제에 줄곧 초점을 맞추려고 노력했다. 서사학 영역은 여러 분류와 용어로 이루어진 거대한 축적물을 생산해왔다. 나는 그 가운데 필수불가결한 것들만을 사용함으로써, 이들을 선별한 목록을 최소한도로 유지하고자 했다. 이러한 핵심 용어들은 이 책 전체에 걸쳐 사용되었으며, 「용어 해설 및 주제별 색인」에서 강조서체로 표기했다. 따라서 이 책은 기본을 세우는 책이라고 할 수 있다. 이 책에서 제시하는 도구와 분류들은 이른바 해석을 위한 방법론의 전 영역에 걸쳐서 사용할 수 있다.

  그럼에도 불구하고, 내 방식대로 용어를 선별하고 처리했다는 사실로 인해 여기에 기술된 연구는 논쟁을 불러일으킬 수밖에 없다. 이는 모든 서사 연구는 논쟁적이라는 단순한 이유 때문이다. 최근 30년에 걸쳐 단숨에 역동적이면서 매우 지적인 연구가 집중되어 실질적인 진전을 이루었음에도 불구하고, 아직 서사 연구에 관한 주요 논점들 가운데 합의가 이루어진 것은 거의 없는 실정이다. 서사는 의식적으로 노력하지 않아도 일상에서 자연스럽게 활용할 수 있는 능력이라는 점에서 언어와 비슷해 보인다. 또한 서사는 아무리 노력해도 정확한 실체를 파악하기 어렵다는 점에서 언어 못지않게 복잡하고도 매력적인 분야임에 틀림없다. 따라서 나는 이 서사학 개론서에서 다른 어떤 목적보다도 명확성에 중점을 두었다. 또한 2장에서 14장까지의 마지막 부분에 2차 텍스트들을 추천했는데, 이들은 오늘날에 이르기까지 시간의 검증을 견뎌낸(비록 하이퍼텍스트서사와 같은 일부 분야에서는 작품들이 거의 검증받지 못했지만) 작품들로서 매우 까다롭게 선별된 것이다. 동시에 나는 이 글을 통해 여러 훌륭한 학자들이 행한 서사 연구 작업에서 도움을 받았다는 사실에 대해 감사의 뜻을 표하지 않을 수 없다. 이들의 이름은 다음과 같다. M. M. 바흐친, 미케 발, 앤 밴필드, 롤랑 바르트, 에밀 벤베니스트, 웨인 부스, 데이비드 보드웰, 에드워드 브래니건, 클로드 브레몽, 피터 브룩스, 로스 체임버스, 시모어 채트먼, 도릿 콘, 조너선 컬러, 자크 데리다, 움베르토 에코, 모니카 플루더닉, 제라르 주네트, A. J. 그레마스, 데이비드 허먼, 폴 헤르나디, 볼프강 이저, 로만 야콥슨, 프레드릭 제임슨, 로버트 켈로그, 프랭크 커모드, 조지 P. 랜도, 클로드 레비-스트로스, 월리스 마틴, 스콧 매클라우드, J. 힐리스 밀러, 빌 니컬스, 로이 파스칼, 제럴드 프랭스, 블라디미르 프로프, J. 라비노비츠, 에릭 랩킨, 데이비드 리히터, 폴 리쾨르, 브라이언 리처드슨, 로버트 스콜스, 슬로미스 리몬-케넌, 마리-로르 라이언, 성 아우구스티누스, 빅토르 시클롭스키, 프란츠 슈탄젤, 츠베탕 토도로프, 보리스 토마솁스키, 헤이든 화이트, 트레버 휫턱.

나는 실무적인 도움을 준 조시 딕슨에게 특별한 감사의 말을 전하고자 한다. 그녀는 즉시 이 책의 내용을 이해했으며 내내 격려하는 일을 잊지 않았다. 그녀의 후임자인 케임브리지 대학 출판부의 레이 라이언과 레이철 드 위처는 나머지 단계의 작업을 하는 동안 유용한 길잡이 역할을 해주었다. 데릭 애트리지는 케임브리지를 위해 작성한 원고를 적어도 두 가지 판본으로 읽어주었으며 몇 가지 날카로운 제안을 해주었고, 나는 이를 원고에 반영했다. 피오나 굿차일드, 존 로버트 피어스, 폴 헤르나디, 애니타 애벗은 원고를 모두 통독해주었다(애벗은 여러 번 읽어주었다!). 그들이 제공한 예리하고도 유용한 조언에 감사드린다. 여러 해 동안 '서사학' 강좌에서 함께했던 조교와 여러 학생들에게도 감사한다. 생각지도 못한 놀라운 질문으로 그들의 재능을 이 책에 보태주었다. 마지막으로 전前 동료인 휴 케너에게 뒤늦은 감사를 보낸다. 계시적인 연관성을 만들어내고 놀라운 효율로 이를 처리하는 그의 능력은 비길 바 없이 탁월한 것으로 여겨진다.

제2판 서문

서사는 오래전부터 존재했다. 그러나 사람들이 이에 이름을 붙이고 작동하는 방식을 알아내려고 노력한 지는 그리 오래되지 않았다. 우리가 서사를 매우 자연스럽게 여기기 때문이다. 그래서인지 우리가 서사를 연구하기 시작할 때 느끼게 되는 당혹스러움은 마치 몰리에르의 『평민 귀족 Le bourgeois gentilhomme』에 등장하는 무슈 주르댕이 평생 동안 자기 자신도 의식하지 못한 채 산문으로 말해왔다는 사실을 깨닫는 장면을 연상시킨다. 따라서 이번에 개정·증보된 제2판에서 나는 최초 독자로서, 서사 분야에 대한 선입견을 전혀 갖고 있지 않은 인물에 대해 계속 상상했다. 나는 이러한 상상을 통해 비판적인 눈으로 자신의 선입견을 응시하는 수준에 이르기까지 정직성을 유지해왔다고 믿는다. 『서사학 강의──이야기에 대한 모든 것』의 초판본 원고를 출판사에 보냈던 2001년 9월 11일 이후 서사학이라는 척박한 분야에서, 특히 문학 형식으로 서사를 다룬 훌륭한 입문서 네 권을 포함해 많은 저서들이 출판되었다. 이 저서들은 각각 다른 방식으로 이 책의 내용을 보충해주는 자료로 활용할 수 있을 것이다. 특히 『루틀리지 서사학 백과사전 Routledge Encyclopedia of Narrative Theory』은 꼼꼼하게 편집된 책으로서 없어서는 안 될 만큼 폭넓은 지식을 담고 있다.

나는 이전에 했던 작업과 함께, 이번 작업 전체를 거꾸로 된 피라미드 모형으로 표현할 수 있다고 생각한다. 이 책은 피라미드가 꼭짓점에 도달하는 장소에 위치해 있는데, 이는 서사를 발생시키는 정신과 서사 매체 간의 처리가 일어나는 지점을 의미한다. 이처럼 이 책은 초판본과 마찬가지로 서사에 대한 접근법들을 전체적으로 보여주는 개론서가 아니다. 오히려 나는 청중과 서사 형식들이 상호작용하는 방식에 대해 알려진 내용들을 수집하여 읽기 쉽게 만들고자 했으며, 이 책에는 이를 위한 최선의 시도가 담겨 있다. 그렇기 때문에 이 책은 형식주의적, 독자 지향적, 인지적, 수사적 접근 방법들 가운데 일치하는 요소들을 주로 사용하고 있다. 이들 요소들은 거꾸로 된 피라미드의 밑변에 해당되며, 이 책에서 진행되는 작업들 가운데 많은 부분을 포괄하는 동시에, 그 밖에 적용 가능한 접근법을 논하기 위한 기초를 제공해준다. 서사는 사람들이 있는 모든 곳에 존재하고, 그들이 하는 거의 모든 일에 포함되어 있기 때문에 이러한 지식의 피라미드는 위쪽으로 그리고 아래쪽으로 계속 확장된다.

케임브리지 대학 출판부와 내게 무한한 도움을 주었던 열정적인 편집자 레이 라이언에게 감사의 뜻을 전한다. 내가 내용을 증보하여 제2판을 낼 수 있었던 것은 라이언의 격려 덕분이다. 이 작업을 하면서 나는 동시에 이 책에 부담스러운 가격이 매겨지지 않도록 비용을 절감하고자 노력했다. 이번 판에 일어난 큰 변화는 두 개의 새로운 장이 추가된 것이다(11장과 12장). 하나는 픽션/논픽션의 구분에 관한 것이고(「서사와 진실」) 다른 하나는 서사가 하는 일종의 세계—창조 작업과 관련된 것이다(「서사세계」). 이 주제들은 모두 최근 서사 연구에서 활발히 연구되는 영역들이며, 처음에 출현했을 때보다 더욱 밀접하게 서로 얽혀 있다. 또한 나는 다른 장의 여러 부분에서 좀더 명확성이 필요하다고 느껴지는 대목 또는 생각이 바뀐 대목이 있으면 다양한 길이의 추가 내용을 덧붙였다. 연구 과정에서 내게 도움을 주었던 저서의 저자들 가운데 몇 명의 이름이 첫번째 판의 서문에서 누락됐다. 이는 부주의에 의한 것이기도 하고, 내가 그 당시 그들의 작업에 대해 잘 알지 못했기 때문이기도 하다. 여기에 그들의 이름을 밝혀둔다. 프레더릭 앨더머, 제롬 브루너, 루보미르 돌레첼, 에마 캐펄레노스, 유리 마골린, 브라이언 맥해일, 앨런 파머, 제임스 펠란, 존 피어, 마이어 스턴버그, 리사 준샤인. 브라이언 리처드슨과 제임스 펠란에게는 이번 판을 위한 제안과 격려의 말을 해준 데 대해 특별한 감사의 뜻을 전한다. 또한 연구 과정에서 도움을 준 에드워드 브래니건, 트레이시 래러비, 브라이언 애벗, 제이슨 애벗에게 감사한다. 데이비드 허먼은 독수리와 같은 안목으로 전체 원고를 검토해주었고, 연구를 확장하는 동안 저지른 실수들로부터 나를 구해주었다. 나는 이에 대해, 그리고 그의 빈틈없는 조력에 대해 깊은 고마움을 전한다. 마지막으로 지난번과 마찬가지로 이번에도 다시 한 번, 가장 믿음직스러우며 사랑하는, 그리고 최초이며 최상의 독자인 애니타 애벗에게 진심에서 우러나오는 감사의 말씀을 전한다.

차례

제1판 서문 5
제2판 서문 10

1장 | 서사와 삶
서사의 보편성 17
서사와 시간 22
서사 지각 27

2장 | 서사의 정의
기본적인 의미 35
스토리와 서사담화 41
스토리의 중개(구성) 50
구성적 사건과 보충적 사건 55
서사성 59

3장 | 서사의 경계
액자서사 65
곁텍스트 69
서사의 바깥경계 72
하이퍼텍스트서사 73
서사인가 아니면 삶 그 자체인가? 78

4장 | 서사의 수사학
서사의 수사학 88
인과관계 90
표준화하기 95
마스터플롯 99
서사적 수사학의 실제 사례 105

5장 | 종결
갈등: 아곤 113
종결과 끝 115
종결, 서스펜스 그리고 놀라움 117
기대층위에서의 종결 119
질문층위에서의 종결 124
종결의 부재 126

6장 | 서술

해석에 관한 몇 가지 단어 135
서술자 137
서사의 진술은 모두 서술자의 몫인가? 139
목소리 141
초점화 146
거리 148
신뢰성 150
자유간접문체 153
연극과 영화에서의 서술 156

7장 | 서사의 해석

내포저자 165
덜읽기 169
더읽기 174
틈 177
기점基點 181
반복: 테마와 모티프 186

8장 | 서사 해석의 세 가지 방법

서사의 통합성에 관한 질문 195
의도를 헤아리며 읽기 198
징후적 읽기 202
적용하며 읽기 206

9장 | 매체 간 각색

창조적 파괴로서의 각색 216
상연 시간과 속도 220
등장인물 224
비유적인 언어 227
틈 231
초점화 236
시장의 제약 239

10장 | 등장인물과 서사 속의 자아

등장인물 vs. 행위 248
평면적 인물과 입체적 인물 253
등장인물이 현실적으로 될 수 있는가? 255
유형 258
자서전 263
연행으로서의 삶에 관한 글쓰기 268

11장 서사와 진실

픽션과 논픽션 275
어떻게 픽션과 논픽션을 구별하는가? 281
픽션 속의 역사적 사실 285
픽션의 진실 291

12장 서사세계

서사 공간 305
스토리세계의 정신 315
복합적인 세계들: 갈림길서사 319
복합적인 세계들: 서사적 메타제시 323

13장 서사의 경합

서사의 경합 333
서사의 격자 구조 342
섀도 스토리 346
동기부여와 성격 349
마스터플롯과 유형들 351
문화 속의 마스터플롯, 어떻게 수정할 것인가? 357
서사의 투쟁은 어디서나 벌어진다 361

14장 서사의 협상

서사의 협상 369
서사적 협상으로서의 비평적 독해 379
종결의 중요성 390
종결의 끝? 397

옮긴이의 말 406
주 413
참고문헌 435
그림 목록 443
용어 해설 및 주제별 색인 444

1장

서사와 삶

서사의 보편성

'서사'라는 단어를 머릿속에 떠올릴 때, 아무리 수수한 형태를 띠고 있다고 해도 일단은 그것을 예술적인 것이라고 생각하는 경향이 있다. 또 보통은 서사를 소설이나 전설, 또는 민담 혹은 적어도 기이한 이야기와 같은 것이라고 생각하기도 한다. 게다가 우리는 스토리를 말할 수 있는 어떤 특별한 재능이라는 것이 따로 있다고 느끼기도 한다. 소설이 예술이 될 수 있고, 또 예술이 서사를 통해 발전할 수 있다는 것은 분명한 사실이다. 그러나 서사는 예술가건 보통 사람이건 상관없이 모든 사람에게 관련된 것이다. 하루에도 수없이 많은 순간에, 매일의 일상적인 삶 속에서 우리는 서사를 만들고 있기 때문이다. 사실 이런 일은 우리가 단어들을 배열하는 순간부터 시작된다고 할 수도 있다. 주어와 동사를 연결시키는 바로 그 순간부터, 우리는 충분히 서사담화에 참여하고 있는 것이다. 가령 한 꼬마 소녀가 "나 넘어졌어!"라고 말하면서 울음을 터뜨리는 과정 속에는 그 소녀가 엄마에게 자신이 넘어졌다는 사실을 말하는 조그마한 서사가 포함되어 있는 셈이다. 따지고 보면, 나 역시 바로 앞의 문장을 통해서, 좀 다르긴 하지만 더 긴 서사, 그러니까 길에서 넘어진 소녀가 엄마에게 말을 하고 있다는 사실을 포함한 서사("한 꼬마 소녀가 '나 넘어졌어!'라고 말하면서 울음을 터뜨린다")를 여러분에게 말한 셈이다.

인간이 하는 거의 모든 담화에서 서사가 나타난다는 점 때문에, 이론가들은 서사를 언어 다음가는 인간적인 특징으로 꼽는다. 예를 들어, 프레드릭 제임슨은 '**서사의 모든 정보화 과정**'을 '인간 사고의 중심 기능 혹은 심급instance'이라고 설명했다.[1] 한편 장-프랑수아 리오타르는 서술을 '관습적 지식의 가장 본질적 형식'이라 설명하기도 했다.[2] 이 주장들이 정밀한 근거를 토대로 이루어졌든 그렇지 않든 우리는 아주 빈번하게 서사와 관련되며, 또 그래서 우리가 서사를 모든 사람이 지닌 재능이라고 쉽게 생각하는 것만은 사실인 것 같다. 아마도 사람들 사이에 널리 퍼진 서사의 보편성에 대한 가장 풍부한 논평은 롤랑 바르트의 기념비적인 에세이(1966)의 서두가 아닐까? 이는 조금 길기는 하지만, 인용할 만한 가치가 충분하다.

이 세상에 서사들은 셀 수 없이 많다. 서사는 무엇보다도 먼저 엄청나게 많은 장르를 가지고 있으며, 수많은 내용들 사이에 퍼져 있다. 마치 세상에 존재하는 모든 것들이 다 이야기의 제재나 도구가 될 수 있을 것만 같다. 유기적으로 긴밀하게 연결된 언어로, 말로 구술된 언어 또는 글로 기술된 언어로, 고정된 이미지로 또는 움직이는 이미지들로, 몸짓들로, 그리고 이러한 모든 재료들의 질서정연한 혼합으로, 그 어떤 것으로도 서사는 이루어질 수 있다. 신화, 전설, 우화, 이야기, 중편소설novella, 서사시, 역사, 비극, 드라마, 희극, 마임, 회화(카르파초의 「성녀 우르술라 St. Ursula」를 생각해보라), 스테인드글라스, 영화, 만화책, 뉴스 기사, 대화 그리고 그 밖의 것들로 표현되는 것이 바로 서사인 것이다. 더구나 이러한 거의 무한대에 가까운 형식들을 통해, 서사는 모든 시대와 모든 장소, 모든 사회에 걸쳐 나타난다. 그것은 인류 역사의 시작과 함께 출발했기에, 서사가 없었던 시공간에 살았던 사람들은 그 어디에도 없다. 모든 계층, 모든 인류 집단이 그들 자신의 서사를 가지고 있었으며, 그들은 다른 종류의 사람들, 심지어는 적대적인 문화 배경을 가지고 있었던 사람들과도 자신들의 서사를 공유하면서 즐거움을 누렸다. 좋은 문학과 나쁜 문학을 구분 짓는 일과는 상관없이, 서사는 역사를 연결하며 문화를 연결하는 국제적인 성격을 가지고 있다. 그것은 단지 거기에 삶 그 자체처럼 존재한다.[3]

바르트의 이런 생각은 옳은 말처럼 들린다. 물론 소설이나 서사시, 단편소설, 전설, 비극, 희극, 광대극, 발라드, 서부극처럼 서사가 전체적인 구조를 제공하는 문예적인 서사 **장르**들이 있는 건 사실이다. 우리는 분명히 그것들을 서사라고 부르고 그것들이 스토리를 들려주기를 기대한다. 하지만 흔히 우리가 말하는 이른바 비서사 장르들, 말하자면 정적靜的인 것을 주요한 특성으로 가지며, 스토리 라인이 아니라 단일한 감정에 의해서 두드러진 특징을 갖게 되는 서정시 같은 것에 대해서 생각해본다면 어떨까. 그렇지만 그러한 비서사 장르에도 여전히 서사는 존재한다. 벤 존슨은 자신의 시, 「셀리아에게 바치는 노래 Song: To Celia」의 첫 행에서 다음과 같이 적었다. "건배해줘요, 그대의 눈길로만." 하지만 이 문장에서 우리는 이미 "나를 바라봐요"라고 해석될 수 있는 미시서사 micro-narrative를—사실 이 표현은 동시에 은유적

인 표현이기도 한 "건배를 해주오"라는 또 다른 미시서사와 겹쳐 있다
—발견하게 된다.

건배해줘요, 그대의 눈길로만,
                 그럼 나는 내 눈으로 맹세하지요.
아니면 컵에 키스라도 남겨줘요.
                 그럼 나는 포도주는 찾지 않겠어요.
영혼에서 비롯된 갈증은
                 신성한 음료로 풀 수 있지요.
그러나 주피터의 음료를 마실 수 있다고 해도
                 그대의 잔과는 바꾸지 않겠어요.
지난번에 그대에게 장미 화환을 보냈죠.
                 그대를 찬미하기 위해서가 아니라
장미꽃에게 희망을 주기 위해 그랬어요,
                 시들지 않는 아름다움을 품도록.
그런데 그대는 향기만 맡고서
                 내게 돌려보냈죠.
그 장미꽃이 자라서 향기를 품네요,
                 장미꽃 냄새가 아니라, 그대의 향기예요.

이 시는 강렬한 감정과 에로틱한 사랑(아이러니와 유머감각이 풍부하게 접목된)의 표현을 섬세하게 표현하고 있다. 그러나 전체적으로 이 시는 두 개의 서사적 상황에 의해서 구성되어 있다. 첫째는 조건절의 형태로 나타나 있는, 보고 입 맞추고 술을 마시는 것과 관련된 미시서사의 연쇄들이다. 둘째는 중간 부분에서 시작되는 더욱 정교한 스토리

로, 꽃을 전하고 그녀가 향기를 맡은 뒤 돌려보냈으며, 이제 그 꽃이 자라는 동안 그녀의 향기를 내뿜는다는 내용을 담고 있다.

　서사 수행 능력은 서너 살 정도의 아기가 명사와 동사를 결합하는 법을 배우면서 시작된다.[4] 이러한 등장은 대략 유아기 때부터 지속되는 첫 기억과 일치하기 때문에, 이러한 결합에 대해 어떤 사람들은 기억 자체가 서사 수행 능력에 의존하고 있다는 가설을 주장하기도 한다. 다시 말하면, 우리는 기록에 형태를 제공하는 일종의 아마추어적인 서사가 등장하기 전까지는 어떠한 정신적인 기록물도 가지지 않는 셈인 것이다. 그리고 만약 그것이 사실이라면, 피터 브룩스Peter Brooks가 말한 것처럼 "인류라고 하는 우리 스스로에 대한 정의는 곧 우리의 삶과 우리가 살아가는 세계에 대해서 이야기하는 스토리들과 긴밀하게 연결되어 있으며, 따라서 우리는 꿈과 백일몽, 야심찬 환상 속에서, 그러니까 삶에 관한 상상력이라는 짐에서 결코 벗어날 수 없는 것"[5]이다. 사실 서사의 재능이란 매우 널리 퍼져 있는 보편적인 재능인 까닭에, 어떤 이들은 (마치 일부의 언어학자들이 인간이 태어나면서 문법 수행 능력을 갖게 된다고 주장하듯) 서사란 언어와 동일한 방식으로 우리의 사고에 내장되어 있는 '심층구조deep structure'라고 강력하게 주장하기도 한다.[6] 소설가 폴 오스터Paul Auster는 언젠가 "이야기에 대한 아이들의 소망은 음식을 필요로 하는 것만큼이나 기본적인 것이다"[7]라고 말한 적이 있다. 아이들에게 책을 읽어주거나 영화를 보여줬을 때 그들이 넋을 놓고 빠져드는 장면을 본 적이 있는 사람이라면, 누구나 서사에 대한 욕구란 학습되는 것이 아니라 유전자 속에 내장되어 있는 것이라고 느낄지도 모른다.

서사와 시간

과연 서사에 대한 재능은 어디서 온 것인가? 이는 본능적인 것인가, 길러진 것인가, 혹은 이 두 요인이 복잡하게 얽혀 있는 것인가? 결론을 어떻게 내리든 간에, 의문은 여전히 남아 있다. '서사는 우리를 위해 어떤 일을 하는가?' 이런 질문에 대해 여기서는 일단 서사의 역할은 다양하며, 다음 장에서 이에 대해 자세히 논하게 될 것이라는 점만 밝히고자 한다. 그러나 만약 우리가 여러 가지 대답 중에서 오직 하나만을 선택해야 한다면, 가장 타당한 대답은 다음과 같다. **서사는 인류가 시간에 대한 이해를 구조화하는 가장 중요한 방법이다.** 바로 이것이 서사의 여러 가지 이로움 중에서도 가장 근원적인 축복이 아닐까 싶다. 그리고 인간이야말로 언어와 시간을 의식적으로 이해하는 지구상의 유일한 종이라는 점을 고려해본다면, 우리가 이러한 인식을 표현할 수 있는 메커니즘을 갖고 있는 것은 당연하다.

물론 서사 이외에도 시간을 구성하고 표현하는 다른 방법들이 있다. 우리가 살고 있는 이 시대에, 시간을 구성하고 표현하는 가장 일반적인 방법은 시계와 같은 기계적 시간 장치이다. 그러나 엄밀히 말하면 그러한 기계적인 시계는 중세 시대에 들어서야 비로소 처음 등장했다. 그 이전에는, 시간의 측정은 정확하지 않았고 그저 근삿값에 가까운 것일 뿐이었다. 그리고 여전히(물론 앞으로도 언제나 그럴 테지만) 시간을 구성하는 비서사적 방식들이 있었다. 태양의 움직임, 달의 변화 양상, 계절의 변화, 그리고 우리가 연年이라고 부르는 계절의 순환 같은 것들이 그것이다. 시계가 그런 것처럼, 시간을 구성하는 이러한 추상적인 방식들은 규칙적인 간격을 가진 격자를 제공해주며, 우리는 그

격자들 속에 사건을 집어넣는 것이다. 하지만 이와는 반대로, 서사는 이러한 과정의 안과 밖을 뒤집어서 시간에 사건이 들어가는 것이 아니라, 오히려 **사건들 자체가 시간의 질서를 창조하도록 만든다**. 가령 "나 넘어졌어"라고 말하면서 울음을 터뜨리는 동안, 기계적인 시계의 시간으로는 대략 1초 정도가 걸릴지도 모른다. 하지만 이 과정에서, 소녀는 자기가 부딪혀 땅에 넘어지는 그 시간을 따로 잘라낼 수 있다. 그리고 바로 이것이, 폴 리쾨르Paul Ricœur의 말을 빌리면, 시간이 '인간의 시간'이 되는 방식이라고 할 수 있다. "시간은 서사라는 방식에 의해서 구성됨으로써 비로소 인간의 시간이 된다. 한편, 서사는 일시적인 존재의 특성들을 묘사함으로써 비로소 의미로 충만해질 수 있는 것이다."[8)]

앞서 이야기한 소녀의 예를 조금 더 확장해본다면, 우리가 순서에 따라 시간을 형성하기 위해서 서사의 자유로운 활동에 얼마나 많이 의존하고 있는지를 볼 수 있을 것이다.

아이는 넘어졌다. 잠시 후 그 아이는 일어나 달리기 시작했다. 그리고 엄마를 보고 나서야 아이는 마침내 눈물을 터뜨렸다. "나 넘어졌어." 아이는 울었다. "저런, 저런," 엄마가 말했다. "정말 아팠겠구나!"

여기에서 시간은 사슬같이 얽힌 사건들의 연쇄──넘어지고, 일어나고, 달리고, 엄마를 보고, 울음을 터뜨리고, 아이가 말하고, 엄마의 말하는 것──에 의해 구성되어 있다. 만약 이 상황을 시계 시간에 따라 그어진 밑줄(──)로 표시해보면 다음과 같은 모양이 될 것이다.

아이는 넘어졌다.
────────────

잠시 후 그 아이는 일어나 달리기 시작했다.
　　―――――――――――――――――

　　　　　　　　　　　　　　그리고 엄마를 보고 나서야
　　―――――――――――――――――

　　아이는 마침내 눈물을 터뜨렸다. "나 넘어졌어." 아이는 울었다.
"저런,
　　―――――――――――――――――

　　저런," 엄마가 말했다. "정말 아팠겠구나!"
　　―――――――――――――――――

　　두 종류의 시간을 병치해보면 차이가 더욱 분명하게 드러난다. 추상적이거나 규칙적인 시간의 다른 형태들처럼, 시계 시간은 언제나 자기지시적이다. 따라서 시간은 초 단위 또는 초의 집합 단위(분, 시)와 초보다 작은 부분 단위(10억분의 1초[9]) 등의 숫자로 환산된다. 하지만 그와는 반대로, 서사적 시간은 흔히 사건events이라든가 우발적 사고와 관련된다. 그래서 시계 시간이 특정한 길이의 규칙적인 간격에 의해서 표시된다면, 서사적 시간은 어떠한 길이가 정해질 필요가 전혀 없다. 예를 들어, 앞의 짧은 서사에서 우리는 좀더 자세한 묘사들을 덧붙이는 것으로 전체의 시퀀스를 느리게 흐르도록 만들 수도 있고, 그러한 과정을 통해 시간을 확장할 수도 있을 것이다.

　　아이는 넘어졌다. 아이는 자신이 넘어진 곳에 앉았다. 아이의 눈은 겁에 질려 있었다. 아이의 아랫입술이 떨리기 시작했다. 아이는 무릎을 문질렀다. 피가 났을까? 그건 아니었다. 그렇지만 살갗이 벗겨져 있었다. 엄마는 어디 있지? 아이는 조심스럽게 일어서서 달리기 시작한다.

우리는 일어난 일들에 대해 시계 시간을 덧붙이지는 않았다. 대신 서사적 시간을 덧붙였다. 어떤 과정을 구성하는 서사를 훨씬 더 복잡하게 만듦으로써, 우리는 시간을 덧붙인 셈이다. 이러한 복잡성은 사건의 축적에 관한 문제라고도 할 수도 있을 것이다. 이것은 마치 우리가 "아이가 일어나 달려갔다"라는 구절 안으로 들어가 그 안에서 시간을 길게 늘어뜨려 놓으면서 미시사건들의 조직을 살펴보는 것과 같다. 하지만 이렇게 시간을 더디게 흐르도록 만드는 것과는 정반대로, 우리는 서사 시간을 바람처럼 빨리 흐르게 할 수도 있다.

"저런, 저런," 엄마가 말했다. "정말 아팠겠구나!" 그 이후로도 몇 달 동안, 아이는 곧잘 넘어졌다. 그러나 점차 그 아이는 자신감을 갖게 되었고 마침내는 더 이상 넘어지지 않게 되었다. 그녀가 젊은 여성으로 성장했을 때, 그녀는 자신감 넘치는 발걸음으로 인해 실내에 들어설 때마다 사람들의 눈길을 사로잡았다. 그렇지만 그들은 그녀가 한때는 길바닥에서 줄곧 넘어지곤 하던 어린 소녀였다고 생각하지 못하리라.

이 대목은 수년의 세월에 걸쳐 이루어지는 새로운 서사적 구성을 담고 있다. 시간이 흐르면서 그 아이는 넘어지는 횟수가 줄어들고 균형을 잡게 되었다. 그 여성에게 매일같이 일어난 수많은 사건들은 어쩌면 모두 기록되어야 했을지도 모른다. 그러나 얼마간의 시간을 몇 번쯤 건너뜀으로써 이제 이것은 '어떠한 능력(걸음마)을 획득한 하나의 역사'로서 새로이 구성되고 있다.

이러한 예는 서사적 시간이 얼마나 유동적인지 잘 보여준다. 물론 이러한 시간 표시 방법이 일반적인 시간으로부터 완전히 분리되는 경우 또한 드물다는 것도 인정해야 한다. 서사적 시간은 규범적이거나 추상적인 시간 양식과 정반대로 흘러갈 때조차 이들과 관련을 맺고 있는 것이다. 가령 내가 앞의 예에서 사용한 "그 이후로도 몇 달 동안"이라는 표현을 살펴보자. 사실 이 표현은 우리에게 이미 익숙해진 30일이라는 규칙적인 시간의 간격을 떠오르게 한다. 서사에서 형태를 부여하고 시간감각을 주도하는 것은 우발적인 사건이지만, 규칙적으로 진행되는 추상적인 시간 역시 서사에서 불가결한 요소로 보인다. 이는 추상적인 시간이 우리 삶을 구성하는 필수적인 부분이기 때문이며, 이러한 시간 개념은 우발적인 사건에 의해 구축된 시간에 대응하여 서사에 유용한 참조점을 제공한다. 두 종류의 시간 모두 인류의 역사만큼이나 오래전으로 거슬러 올라갈 수 있다. 우리는 언제나 태양, 달, 계절의 순환을 인지하여왔으며, 동시에 우리는 언제나 사건들의 연속, 즉 서사를 통해 시간을 형상화해왔기 때문이다. 이처럼 시간을 제어하는 인간의 독특한 능력은 많은 점에서 유용하기 때문에 앞으로도 계속될 것이다. 그러나 아주 단순하게 생각해본다면 또한 이러한 능력은 우리에게 즐거움을 가져다준다. 남아프리카의 소설가 J. M. 쿳시Coetzee는 이것을 아주 잘 표현해놓았다.

스토리상 지금 중요한 사건이 벌어지고 있는 지점에서 좀더 밀도 있게 집중된 시간을 경험하거나, 혹은 시계나 달력의 그런 무의미한 시간들을 훌쩍 뛰어넘는 그런 경험은 독자에게 있어 정말 흥미진진한 일이다. 그리고 바로 그것이 서사의 본질이 아닐까. 무엇인가를 쓴다는 것도 마찬가지이다. 무엇인가를 씀으로써 시간을 마음대로 쥐락펴락할 수 있는 어떤 힘을 가진다거나, 그리고 또한 시간을 통제함으로써 어떤 중요한 사건을 만들 수 있는 힘을 가질 수 있다고 느낄 때 우리는 진정 전

율을 느낄 수 있기 때문이다.[10]

서사 지각

서사는 우리가 시간 속에서 세계를 이해하는 가장 중요한 방식이며, 또한 그 세계는 우리가 그것을 바라보는 방식에 의해 결정된다. 영화 제작자인 브라이언 드 팔마는 이러한 생각을 좀더 강하게 표현한 바 있다. "사람들은 세계가 서사적 형태로 만들어지기 이전까지는 자신의 눈앞에 있는 세계를 보지 않는다."[11] 심지어 우리가 정적인 무엇인가를, 정말로 한 편의 그림처럼 완벽하게 공간적인 것을 바라볼 때조차도 서사적 의식은 작동하게 된다. 아래의 그림을 '읽을 때' 머릿속에서 어떤 서사가 구성되지 않는가?

우리는 풍부한 세부 묘사(폭풍우가 몰아치고 배는 좌초되어 가라앉고 있다)를 담고 있는 한 편의 완벽하고 전체적인 스토리를 보지 못할 수도 있다. 그러나 우리가 단순히 '배' 그 이상의 것을 본다는 것은 분명

하다. 우리는 배 한 척이 '난파'된 것을 본다. 다시 말하면, 이는 우리가 그림을 보며, 그림에 나타난 현재 시간은 물론, 그에 앞선 시간까지 희미하게 지각할 수 있다는 것을 의미한다. 이러한 시간을 서사적 시간이라고 한다. 서사적 시간은 필수적으로 사건의 연속으로 구성된다. 그리고 그 사건들은 우리로 하여금 무언가를 보게 해주고, 또 본 것을 설명할 수 있게 해준다.

인간이 정적이고 움직이지 않는 장면들 안에 서사적 시간을 삽입하려고 하는 것은 마치 반사작용처럼 자동적으로 발생한다. 우리는 거기에 무엇이 있는지뿐만 아니라 무슨 일이 일어났는지에 대해서도 알기를 원한다. 그래서 예술가들은 인간의 이러한 경향을 이용하기도 한다.

르네상스 시대에는 신화에서 성경에 이르기까지 잘 알려진 이야기들의 특정한 순간들을 그리는 것이 일상적이었다. 렘브란트의 「벨사살의 향연」을 보면, 우리는 어떤 행위가 진행 중이라는 사실을 알아챌 수 있다. 사실 이 그림은 『구약성서』의 「다니엘서」(5장)에 나오는 벨사살 왕의 향연 이야기를 그림으로 그린 것이다. 이야기 속에서, 바빌로니아의 마지막 왕인 벨사살은 아버지 네부카드네자르가 예루살렘의 성전에서 가져온 금으로 된 잔에 술을 가득 채우라고 명령한다. 그리고 향연이 최고조에 이를 즈음, 그의 왕자들과 부인들, 그리고 첩들이 성스러운 잔에 술을 채워 마시고 있는 바로 그때 갑자기 신성한 손이 허공에 나타나 한쪽 벽에 아람어로 된 기이한 글자들을 적는다. "Mene mene tekel upharsin." 벨사살은 공포에 사로잡힌다. 마침내 그 글자를 해석하도록 명령받은 다니엘이 그 의미를 풀이한다. 그것은 놀랍게도 하나님께서 벨사살의 나라를 나누어 메대와 바사 사람에게 주겠다는 메시지였다. 그리고 이 예언은 모두 들어맞는다. 바빌로니아

: 렘브란트Rembrandt, 「벨사살의 향연Belshazzar's Feast」(1635경)

는 다리우스에 의해 멸망하고, 벨사살은 살해된다. 렘브란트는 바로 이 서사의 절정에 다다른 순간을 화폭에 담았다. 이제 앞으로 벨사살이 살 수 있는 시간이 스물네 시간도 채 남지 않은 순간, 벽에 글씨가 쓰여지는 바로 그 순간이었다. 벨사살의 공포에 질린 응시에서 성스러운 잔에 술을 따르는 것까지 모든 행위들이 지금 막 진행되고 있는 것처럼 보인다. 그리고 사실 우리는 이 모든 것을 진행되는 이야기의 맥락 속에서 이해하게 된다.

그러나 그림 속에 묘사된 특정한 이야기에 대해서 미리 알고 있지 않아도, 우리는 여전히 그 속에서 어떤 이야기를 찾으려고 시도할 것이다. 우리는 머릿속에 수많은 서사 층을 갖고 있다. 이를 알기 때문에, 예술가는 그중 하나를 활성화시킬 수 있는 것이다. 미셸 가르니에의 다음 그림을 살펴보자. 이 그림 역시 우리로 하여금 그 안에서 무슨 일이 일어나고 있는지 의문을 갖게 하지 않는가? 실제로 우리는 지

: 미셸 가르니에Michel Garnier, 「라두스 레지스탕스La douce résistance」(1793)

각 활동을 개시하자마자, 바로 의문에 대한 답을 찾기 시작하는 것 같다. 우리는 그림의 대상이 누구인지, 그것이 어떠한 구체적인 이야기의 일부분인지에 대해서는 정확히 알지 못할 수도 있다. 그럼에도 불구하고, 우리는 기억 속에 서사 형식들을 갖고 있기 때문에 그 이야기의 특정 요소들을 재빠르게 어느 정도까지 채워 넣을 수 있다. 젊은 여인이 악기를 연주하던 중이라는 사실은 그녀의 오른손에 활이 들려 있는 것을 보고 짐작할 수 있다. 실제로, 그녀가 여전히 활을 손에 쥐고 있다는 사실은 그림 속의 사건이 갑작스럽게 일어났다는 것을 암시한다. 또한 우리는 여성의 드레스를 잡고 간절하게 바라보고 있는 젊은 남성의 표정을 보고, 그녀가 악기를 연주하던 불과 몇 분 전에 그가 느꼈던 감정을 충분히 짐작할 수 있다. 더욱이 우리는 이 이야기가 앞으로 어떻게 발전되어갈 것인가를 예상해볼 수도 있다. 그러나 여기에는, 좋은 이야기의 중간이 으레 그런 것처럼, 여러 가능성이 존재한

: 앤드루 와이어스Andrew Wyeth, 「닥터 신Dr. Syn」(1981)

다. 그녀는 그를 밀어내버렸을지도 모른다. 그녀는 손에 든 그 활로 남성을 내려쳤을지도 모르고, 순간 그 남성은 굴욕감을 느꼈을지도 모른다. 한편으로는 그녀가 남성에게 굴복했을 수도 있다. 물론 그것은 남성의 힘에 의해서일 수도 있고, 혹은 여성의 의지일 수도 있다. 그러나 어쨌든 이 한 폭의 그림이 이만큼이나 큰 에너지를 발산할 수 있는 것은 부분적으로는 바로 이러한 불확실성에서 기인하는 것으로 보인다.

이처럼 바라보는 것을 서사화하려는 우리의 성향은 화가들로 하여금 가장 흥미롭고 가장 문제적인 효과를 만들어내게 하기도 한다. 앤드루 와이어스의 「닥터 신」이 주는 충격의 일부는 우리가 무언가를 보게 될 때, 그것을 단지 공간적으로뿐만 아니라 시간적으로도 올바르게 위치시키려고 노력한다는 사실에서 비롯된다고 할 수 있다. 당신은 이 그림이 보여주는 비정상적인 현상들을 충분하게 설명할 수 있는 서사를 만들 수 있는가? 가령, 등장인물의 양말과 바지는 어떻게 된 것일까? 바닥에는 그것들의 흔적을 찾을 수 없다. 그는 옷을 완전하게 갖춰 입지 않은 채로 의자에 앉았던 것일까? 만약 안 입은 거라면, 왜 그랬을까? 아니면 우리는 부패의 과정을 겪지 않은 존재를 대상으로 삼고 있는 것인가? 아니면 이 그림은 차라리 움직이는 해골의 그림이라고 할 수 있을까? 그리고 닥터 신Dr. Syn은 누구일까? 분명히 이 그림이 가지고 있는 효과의 대부분은 그것이 우리의 서사 지각을 불러일으키지만, 동시에 그것을 완전하게 만족시키는 것은 거부한다는 점에서 비롯되는 것 같다. 이것을 아마도 '서사적 교란narrative jamming'이라 부를 수 있을지도 모른다.

    우리의 서사적 반응을 교란하는 좀더 황당한 예가 바로 프랜시스 베이컨의 「십자가 아래 있는 인물들에 관한 세 연구」이다. 이 그림을 보고 우리의 마음이 어떻게 반응하는지를 따라가 본다면, 아마도 우리는 무슨 일이 벌어지고 있는지 정확히 알 수 없는 상태에서 과연 어떤 방식으로 특정한 서사적인 질문들을 던질 수 있는지 깨닫게 될 것이다. 예를 들어, 이 그림 속에는 엄청난 고통에 대한 명확한 징후들이 있지만, 그 고통의 원인이나 이유를 알려주지는 않는다. 어떠한 고문이 이루어지고 있는 것일까? 이 사람들(그런데 도대체 이들은 사람이기는 한 것인가?)은 벌을 받고 있는 것일까? 그들은 무슨 일을 저질렀을까? 그림 속의 저것은 붕대일까 아니면 단순한 눈가리개일까? 어쩌면 그림 속의 진실은 대단히 충격적일지도 모른다. 그럼에도 불구하고 여전히 우리는 이 그림 속에서 도대체 무슨 일이 진행되고 있는지에 대해서 알아내고 싶어 한다. 우리는 진행 중인 서사 속에 그림 속의 상황

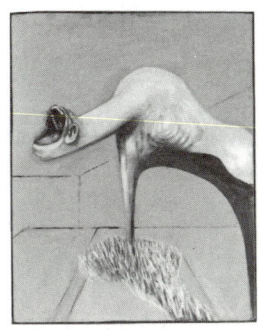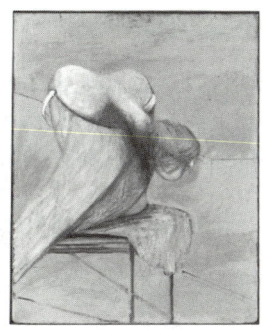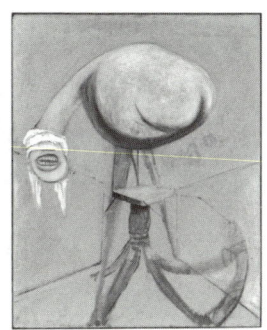

: 프랜시스 베이컨Francis Bacon, 「십자가 아래 있는 인물들에 관한 세 연구Three Studies for Figures at the Base of a Crucifixion」(1944)

을 위치시킴으로써 그 장면을 이해하고자 반성적으로 노력한다. 그러나 이 그림의 위대한 힘은 부분적으로 이 그림이 서사적 욕망을 불러일으키지만, 동시에 그것을 결코 충족시켜주지는 않는 데서 오는 것이다. 불확정성의 경험은, 즉 알고 싶지만 알도록 허락되지 않는 상황은 그 자체로 일종의 고통이며, 또한 그것은 이 그림들이 표현하고자 하는 끔찍한 고통과도 어렴풋하게 공명한다.

요컨대 우리는 이 세상의 어디를 보든 자신이 보고 있는 것을 공간뿐만 아니라 시간 속에서도 함께 이해하고자 노력한다는 것이다. 그리고 우리로 하여금 이러한 이해를 가능하게 해주는 것이 바로 서사이다. 서사는 시간의 형상이라고 부를 수 있을 만한 것을 우리에게 준다. 말하자면, 우리의 서사 지각은 우리에게 너무나 정적이기에 도저히 사건이 일어나지 않을 것 같은 그런 장면에서조차도 하나의 틀이나 맥락을 제공하기 위해서라면 언제든 활성화될 준비가 되어 있다. 사실상 서사를 통한 이해가 없다면, 우리는 종종 자신이 보고 있는 것을 이해할 수 없다고 느끼게 된다. 의미를 찾을 수 없게 되는 것이다. 이러한 의미화와 서사적 이해의 과정은 매우 긴밀하게 연결되어 있으며, 와이어스와 베이컨의 난해한 그림들 속에서 이 지점은 역설적으로 더욱 부각된다. 와이어스와 베이컨은 우리의 서사적 반응을 혼란스럽게 만듦으로써, 그들의 그림에서 의미를 찾고자 하는 우리의 욕망을 좌절시킨다.

그러나 서사와 의미 사이의 연결점들은 여전히 매우 많고, 그 지점들에 관한 내용은 이 책 전체에 걸쳐 자주 언급될 것이다. 헤이든 화이트Hayden White는 『형식의 내용 The Content of the Form』에서 '서사'라는 단어는 고대 산스크리트어인 'gna'로까지 그 어원을 거슬러 올라갈 수 있다고 주장했다. 이 단어는 '알다'라는 뜻의 어근으로, 라틴어에 와서 '알다gnarus'와 '말하다narro'라는 단어들로 파생되었다.[12] 이러한 어원에 대한 이해는 서사의 두 측면을 모두 설명해준다. 서사는 단지 말하기 위해서뿐만 아니라 알기 위해서도 사용될 수 있는, 그리고 지식을 표현하는 것뿐만 아니라 흡수하기 위해서도 사용될 수 있는 가장 보편적인 도구이다. 더욱이 이러한 지식이 반드시 정적일 필요도 없다. 서사는 능동적인 사고를 불러일으키는 도구가 될 수 있으며, 또 실제로도 자주 그렇다. 우리가 어떤 문제에 관해 말하거나 혹은 듣게 될 때, 서사는 그 문제를 해결할 수 있도록 도와줄 수도 있다. 그러나 마지막으로, 서사가 그릇된 정보를 제공하는 데도 사용될 수 있음을 언급하는 것도 중요할 것이다. 그것은 우리를 어둠 속에 머물게 만들고, 심지어는 우리가 해서는 안 되는 것들을 하도록 부추길 수도 있다. 이 점 또한 반드시 명심해두어야 한다.

2장
서사의 정의

기본적인 의미

단순하게 정의하자면, 서사란 **사건의 재현 혹은 사건의 연속**을 의미한다. 여기에서 가장 핵심적인 단어는 '사건event'이라고 생각되지만, 혹자는 '행위action'란 것을 더 중요한 것으로 여기기도 한다. 그러나 둘 중 어느 것이 더 중요하든, 사건이나 행위가 없다면 결코 서사를 만들 수 없다는 것만은 분명하다. 사건이나 행위가 없다면 '묘사'나 '설명' 또는 '논증'이나 '서정' 혹은 이것들의 조합이나 또는 완전히 다른 것이 될 수 있을지도 모르지만, 결코 서사가 될 수는 없다. 예를 들어, "우리 집 개한테는 벼룩이 있다"라는 진술은 우리 집 개에 관한 묘사이다. 그러나 이 문장은 그 안에서 어떤 일도 일어나지 않았기 때문에 서사가 될 수는 없다. 반면 "우리 집 개가 벼룩에 물렸다"라는 진술은 서사이다. 왜냐하면 이 문장은 어떠한 사건에 관하여 말하고 있기 때문이다. 벼룩이 개를 물었다는 아주 작은 사건이기는 하지만, 그것만으로도 서사를 만들기에는 충분하다.

　서사가 존재하기 위해 적어도 하나의 사건이 필수적이라는 데에 이의를 제기하는 학자들은 거의 없다. 그러나 과연 이보다 더 많은 사건들이 필요한지에 대해서는 여러 가지 주장이 있다. 서사를 만들기 위해서는 최소한 두 개의 연속되는 사건이 필요하다고 어떤 이들은 말한다(바르트, 리몬-케넌Rimmon-Kenan). 좀더 나아가, 어떤 이들은 이러한 사건들이 서로 인과적으로 연관을 맺어야 한다고 주장하기도 한다(발Bal, 보드웰Bordwell, 리처드슨Richardson). 따라서 내가 앞에서 든 서사의 예들이 너무 빈약하기 때문에, 이 두 진영의 학자들은 그것을 서사의 예로는 적합하지 않은 것처럼 여길지도 모른다. 하지만 서사의 영역은 너무나 광범위하기 때문에, 나를 비롯한 몇몇 이들(주네트Genette, 스미스Smith[1])의 관점에서라면 그것을 지나치게 엄격하게 정의할 경우 오류를 범할 수도 있다. 내가 보기에 앞서 언급했던 두 견해는 서사에 관해 너무도 복잡하게 설명한 것처럼 보인다. 물론 서사의 필요조건으로서 그들이 요구하는 형식과 내용들을 연구하는 것 역시 가치 있는 일이기는 하지만, 나의 입장에서는 말 또는 다른 방법으로 사건을 재현하는 능력이야말로 가장 핵심적인 것이고, 바로 그와 같은 사건 재현 능력이 모든 복잡한 형태를 만들어내는 아주 기본적인 구성단위를 만든다고 생각된다.

　물론 우리 대부분—학자들, 독자들, 관객들—은 어떤 작품이 더 길고 복잡한 형태를 띠고 있다 하더라도 반드시 서사가 되는 것은 아니라는 사실을 이미 알고 있다. 심지어 그러한 작품들이 크고 작은 서사의 구성단위들을 포함하고 있어도 서사라고 부를 수 없는 경우도 숱하게 존재한다. 이러한 이유들로 인해 무엇을 서사라고 부를 것인가에 대한 논쟁은 지금도 끊임없이 계속되고 있다. 마리-로르 라이언Marie-

Laure Ryan은 이에 대해 다음과 같이 설명했다. "서사는 중앙에 여러 특성들이 모여 이루어진 단단한 핵을 갖고 있지만, 불명료한 형상을 가진 집합체라고 할 수 있다. 이들 구성 요소들은 다양한 수준의 결합력을 갖고 서사에 참여한다."[2) 존 버니언의 『넘치는 은혜Grace Abounding』(1666)나 T. S. 엘리엇의 『황무지The Waste Land』(1922), 사뮈엘 베케트의 『이름 붙일 수 없는 것The Unnamable』(1953), 톰 맥하그의 『외계인들의 야간 작전The Late-Nite Maneuvers of the Ultramundane』(1993)과 같은 작품들은 그 내부에 서사와 미시서사가 가득 차 있다. 그러나 많은 이들이 이 작품들을 '완전한 서사'라고 말하는 데서는 망설이게 될지도 모른다. 왜냐하면 이 작품들은 서사가 지닌 누적적인 효과를 가지고 있지 않은 것처럼 보이기 때문이다. 그리고 무엇보다도 이러한 망설임의 가장 근본적인 이유는 이 텍스트들 안에는 '**서사적 연속성이나 일관성** narrative continuity or coherence'이 결여되어 있다는 점이다. 예를 들어 『황무지』처럼 좀더 긴 텍스트들의 경우 주제 면에서 일관성을 가지고 있을지는 모르지만, 여전히 서사적 일관성은 부족해 보인다. 아니면 분량이 긴 텍스트의 경우에도 단편 모음집처럼 개별 서사의 모둠으로만 존재할 뿐 단일서사라고 부르기에는 서사들 사이의 충분한 서사적 연관성을 결여하고 있을 수도 있다. 반대로 『라사리요 데 토르메스의 생애La Vida de Lazarillo de Tormes』(1554)와 같은 고전이나 솔 벨로의 『오기 마치의 모험The Adventures of Augie March』(1953)과 같은 피카레스크 소설들은, 사건들이 비록 다 달라 보여도 처음과 끝으로 이어지는 동일한 연대기에 속하고 적어도 하나의 인물에 관한 연관성을 공유한다는 점에서 서사로 간주된다.

서사라는 용어는 두 가지 중요한 의미로 사용된다.

① **간명한, 한정된 정의를 내릴 수 있는 것**: 이는 서사적 단위를 뜻하며, 이 장에서 주로 초점을 맞추고 있는 것도 바로 이러한 측면이다. 이는 더욱 긴 서사 구조의 일부를 이루는 구성 요소로서 기능한다. 사람들은 이런 수준의 정의에 동의하지 않을지도 모르지만, 이는 적절하며 매우 실용적인 정의라고 할 수 있다. 내가 이러한 정의를 좋아하는 이유 가운데 한 가지는, 다른 정의들도 모두 서사적 부분 요소로서 수용하여 나름대로 활용할 수 있게 한다는 점이다.

② **느슨한, 일반적으로 서사로 인정되는 것**: 이것은 내부에 비서사적인 요소들을 포함하고 있음에도 불구하고 일반적으로 서사라고 부르는 긴 구조들을 뜻한다. 이들은 대부분 비극, 희극, 서사시, 단편소설, 다양한 장르의 영화, 드라마, 시가 그리고 산문과 픽션 혹은 논픽션 등 장르의 형식으로 나타난다. 어떤 긴 텍스트가 언제 더 이상 서사로서의 성격을 가지지 않고 그 밖의 다른 것으로 불려야만 하는지에 대해서 어느 누구도 분명하게 말하기는 어렵다. 그러나 일반적으로 이 수준에서 서사를 정의할 수 있는 특징은 일종의 서사적 일관성이라고 할 수 있다.

서사를 간명한 형식으로 정리한 첫번째 정의로 돌아가 보자. 내가 선택한 서사의 정의는 다른 측면에서 여전히 논란의 여지가 남아 있다. 이는 또 다른 용어인 '재현representation'(이 역시 지나치게 폭넓은 뜻을 지닌 말이다)이라는 말이 여전히 수많은 학자들에게 의구심을 불러일으키기 때문이다. 제럴드 프랭스Gerald Prince의 『서사학 사전*A Dictionary of Narratology*』 초판(1987)에 수록된 서사의 정의를 살펴보자.

서사는 [……] 하나 또는 그 이상의 실제 또는 허구적 '사건들'이 하나, 둘 또는 그 이상의(드러나 있거나 숨겨진) '서술자'에 의해서 하나, 둘 또는 그 이상의(드러나 있거나 숨겨진) '피서술자'에게 전달되는 재진술을 뜻한다. [……] 연극 공연이 (수많은 매혹적인) 사건들을 재현한다고 해서 서사를 구성한다고 정의 내리긴 어렵다. 왜냐하면 이러한 사건들은 재진술되기be recounted보다는 무대 위에서 직접 발생하기 때문이다. 반면에 이러한 정의에 따르면 "남자가 문을 열었다" "금붕어가 죽었다" "유리가 바닥에 떨어졌다"와 같은 시시한 텍스트들조차 서사가 될 수 있다.

『서사학 사전』 2판(2003)에서 프랭스는 서사에 대한 정의를 좀더 확장한다. 그러나 그는 그 책에서 다음과 같이 지적한다. "전통을 고수하는 학자들은 서사가 언어적 표현의 양식이며, 따라서 서사는 사건을 언어로 **재진술**recounting[3] 또는 **전달**telling하는 것을 포함하고 있다는 견해를 여전히 고수하고 있다."[4] 이러한 전통적인 학자들은, 서사는 '서술자'를 반드시 필요로 한다고 주장한다. 이들은 영화와 연극의 경우 서술자를 거의 사용하지 않으며, 대신에 스토리를 전달하기 위해 연기 행위와 기타 요소들에 의존한다는 점에서 서사의 정의에 들어맞지 않는다고 생각한다. 그러나 이들과는 달리 서술자를 반드시 필요로 하는 것은 불필요한 제약에 불과하다고 생각하는 학자들도 많이 있다. 그들에게 있어 서술자는 사건을 재현하는 서사적 과정에서 사용되는 —연기자들과 카메라들 사이의— 다른 수많은 장치들 중 하나에 불과한 것이다.

앞서 1장에서 언급했던 것처럼 회화繪畵와 같이 정적인, 움직이지 않는 수단을 통해서도 서사의 사건들은 전달될 수 있다. 이 책에서 나는 서사에 관한 광의의 정의를 채택하고자 한다. 왜냐하면 광의의 정의를 채택함으로써 서사 분야에서 가장 흥미롭고 중요한 양상들을 전면적으로 조감하는 것이 가능해지기 때문이다. 이러한 양상에는 사건들이 얽혀 있는 복잡한 상호작용, 재현의 양식(그것이 서술자나 연기자, 또는 화가에 의해 행해지건 혹은 그 밖의 다른 수단에 의해 행해지건 간에), 청중 등이 모두 포함된다. 결국 사건과 사건의 재현 사이의 차이란 **스토리**story(사건 혹은 사건들의 연속)와 **서사담화**narrative discourse(어떻게 그 스토리가 전달되는가) 사이의 차이라고 할 수 있다. 그리고 이와 같은 구별이야말로 엄청나게 중요한 것이다.

∴ 재현再現인가 현전現前인가? ∴

재현이라는 용어는 여러 가지 면에서 복잡한 말이다. 아리스토텔레스식의 구별을 선호하는 사람들은 때때로 연기로 행해지고 있는 스토리들에 대해서는 현전이라는 용어를, 반대로 구술되거나 기술되는 스토리들에 대해서는 재현이라는 말을 사용한다. 이러한 차이는 우리가 극장에서 스토리를 경험할 때, 스토리가 서술자에 의해서 전달되기보다는 우리가 무대 위의 사건을 보는 동안 직접적으로 표현된다는 점을 강조하는 것이다. 하지만 나의 관점에서라면, 말이나 글로 전달되는 것이든 연기 행위로 나타나는 것이든 이 두 가지 형식의 서사는 모두 중개된 스토리들이며, 그러므로 결국 재현을 수반할 수밖에 없다. 즉, 전달 수단들 이전에 미리 존재하는 것처럼 보이는 스토리를 전달하는 것은 바로 이러한 재현인 것이다. 물론 이러한 의견에 다음과 같이 반박할 수도 있다. "그럼 스토리는 말로 표현되거나 무대에서 상연되기 이전에는 어디에 있소?" 이렇게 말하면 논쟁은 계속되겠지만, 질문에 답하자면 스토리는 어디에도 없다. 그리고 만약 사실이 그렇다면, 무대에서건 종이 위에서건 스토리를 연출하는 일은 재현이 아니라 **현전**이 될 것이다. 따라서 어떤 스토리가 그것들이 연출되는 방식에 어느 정도나 의존하는가 하는 판단은 중요한 문제가 된다. 이 장에서 그리고 이 책의 뒷부분에서 나는 이 문제를 다시 다룰 것이다. 그러나 서사에 관한 나의 정의를 위해서, 나는 일단 '재현'이라는 용어를 고수하고자 한다. 부분적으로는 재현이라는 말이 내가 용어를 사용하는 방식과 더 일치할 수 있기 때문이고, 또 한편으로는 재현이라는 용어가 적어도 스토리가 서사 이전에 존재하는 것 같은 느낌을 — 심지어는 그것이 환상에 불과할지라도 — 전달해주기 때문이다.

스토리와 서사담화

우선 스토리와 서사담화 사이의 차이는 두 종류의 시간과 두 종류의 순서 사이에 존재하는 차이로 이해할 수 있다. 이러한 발상은 시모어 채트먼Seymour Chatman이 말한 서사의 '시간 논리chrono-logic'라는 개념을 발생시킨다.

수많은 텍스트 유형들 중에서도 유독 서사를 독특하게 만드는 것은 바로 그것의 '시간 논리,' 즉 이중의 시간 논리이다. 서사는 '외적으로' 시간을 통과하는 운동(소설, 영화, 희곡이 재현되고 있는 시간)뿐만 아니라 '내적으로' 시간을 통과하는 운동(플롯을 구성하는 연속되는 사건들이 지속되는 시간)을 필요로 한다. 이때 전자는 담화라고 불리는 서사적 차원에서 작동하며, 후자는 스토리라고 불리는 차원에서 작동한다. 반면 비서사적 유형의 텍스트들은, 그것을 읽고 보고 듣는 데 분명 시간이 걸리기는 하지만, 내적인 시간의 연속을 가지지 않는다. 그것들의 기반을 이루는 구조는 정지되어 있거나 혹은 무시간적이다.[5]

다른 말로 하면, 우리가 에세이와 같은 '비서사적 유형의 텍스트'를 읽을 때 관련되는 유일한 시간은 독서하는 데 이용되는 시간뿐이며, 이때 관련되는 '순서'는 에세이의 구조에 관한 순서일 뿐이다. 반면에 서사를 읽을 때, 우리는 한편으로는 독서가 진행되는 시간과 어떤 것들이 읽혀지고 있는 순서에 대해 분명하게 인식하면서도, 동시에 다른 한편으로는 스토리 속의 사건이 일어나고 있다고 추측되는 시간과 그것들이 발생한 순서에 대해서도 함께 인식한다. 그리고 이처럼 우리가 어떤 것을 어떤 특정한 방식으로 듣거나 말하면서 그것을 동시에 다른 방식으로 이해한다는 것은 정말로 놀라운 재능이다. 가령 우리는 하루의 일을 단 하나의 문장으로 압축해서 표현할 수도 있다.

나는 잠에서 깨어나, 장전된 권총 두 자루와 스키 마스크를 챙기고 나서 은행을 턴 후에 저녁 식사에 늦지 않게 돌아왔다.

훨씬 더 흥미로운 사실은 우리는 똑같은 이야기를 거꾸로도 말할 수 있으며, 그러한 경우에도 여전히 시간과 사건의 시간적인 연속은 그대로 유지된다는 사실이다.

나는 저녁식사에 늦지 않게 돌아왔다. 스키 마스크와 장전된 권총 두 자루를 가지고 은행을 턴 직후였고, 그전엔 잠을 자고 있었다.

또한 우리는 똑같은 이야기를 가지고도 그것을 서사담화의 층위에서 다양하게 바꾸어 만들 수 있다. 예를 들어 우리는 (1인칭에서 3인칭으로) 시점을 변화시킬 수도 있고, 연속되는 행위의 중간에 하나의 장면을 배치함으로써 서사담화를 확장할 수도 있으며, 그리고 이때도 여전히 사건이 일어난 동일한 순서를 틀림없이 전달할 수 있다.

양손에는 권총을 든 채로, 겁에 질린 은행원이 그 멋진 백만 달러를 세고 있는 모습을 볼 때면 느껴지는, 그 오래되고 친근한, 하지만 언제나 이상하리만치 새로운 그 느낌, 눌러쓴 스키 마스크 아래 어떤 다른 이가 존재하고 있는 것만 같다는 바로 그 느낌을 그는 사랑했다. 그 남자를 깨우는 데 그보다 더 좋은 것은 없었다. 그에게 식욕을 느끼게 하는 데 그보다 더 좋은 것도 없었다.

1장에서 보았던 것처럼, 서사담화는 무한히 늘어날 수 있다. 그것은 확장될 수도 있고 축약될 수도 있으며, 앞으로도 뒤로도 단번에 뛰어넘을 수 있다. 그러나 그 담화로부터 정보를 얻을 때, 우리는 마음속에서 그것을 정렬하면서 이른바 스토리라고 부르는 바로 그 사건의 순서를 재구성한다. 스토리의 시간은 하루가 걸릴 수도 있고, 1분이 걸릴 수도 있으며, 한 인간의 일생이나 혹은 영겁의 세월에 걸쳐 있을 수도 있다. 스토리는 사실일 수도 거짓일 수도 있으며, 역사적일 수도 혹은 허구적일 수도 있다. 그러나 그것이 스토리인 한, 그것은 처음 시작하고 끝나는 동안까지 연대기적으로 진행되는 그 자신의 시간적인 길이와 사건들의 순서를 가진다. 그리고 종종 스토리 차원에서 나타나는 사건의 순서와 시간의 길이는 서사담화 차원에서의 시간과 사건의 순서들과는 매우 다르게 나타날 수 있다.

∵ 스토리는 거꾸로 흘러갈 수 있을까? ∵

1991년 출간된 마틴 에이미스Martin Amis의 소설 『시간의 화살Time's Arrow』에서는 모든 것이 거꾸로 흘러간다.

먼저 나는 식기세척기 안에 깨끗한 접시들을 차곡차곡 쌓는다…… 지금까지는 좋다. 그러고 나서 당신은 지저분한 접시를 하나 골라, 쓰레기 더미에서 잡동사니들을 얼마쯤 끄집어내, 그 위에 그것들을 잠시 내려놓고 기다린다. 내 입 안으로 다양한 것들이 쏟아져 들어오고, 나는 혀와 이를 익숙하게 놀린 후에 나이프와 포크 그리고 스푼을 이용해 그것들을 좀더 조각내기 위해 접시 위에 올려놓는다…… 그다음 당신은 이 물건들을 구멍가게로 도로 가져가기 전에, 그 찌꺼기들을 식히고 다시 하나로 모아서 보관하는 귀찮은 일을 해야만 한다. 그럼 거기에서 나는 나의 고통에 대한 대가를 신속하고도 후하게 보상받는다. 그러고 나면 당신은 손수레나 바구니를 들고 복도를 걸어가, 통조림과 포장물들을 원래 있던 곳에 놓을 수 있다.[6]

그러나 심지어 이 소설에서도, 나는 사건의 거꾸로 된 재현이 채트먼이 말한 '시간 논리'의 극단적인 형태라거나, 혹은 일종의 흐트러진 서사담화라고(실제로, 그것은 이 소설 속의 **1인칭** 서술자조차도 당황하게 만든다) 주장할 것이다. 이 대목을 읽는 동안, 스토리를 앞으로 이동하게 만들기 위해 당신의 머릿속이 얼마나 무의식적으로 작동하고 있는지를 살펴보라. 사실 이 글이 가지고 있는 기이한 매력은 이러한 자동적인 재구성 작업에 상당 부분 의존하고 있다. 또한 이런 식으로 스토리를 재구성하는 작업은 이 소설의 전체적인 효과를 위해 반드시 필요한 과정이다. 우리가 독서를 하면서 그것을 따라가면 갈수록, 즉 중심인물의 삶을 소급해가면서 더 멀리 도달하게 될수록, 우리는 앞서 일어난 사건들과 행위를 비로소 이해하게 되며, 이로 인해 나중에 그가 취한 견해와 행동에 대해 놀라운 도덕적인 깨달음에 이르게 된다. 나는 우리가 지금까지 배운 것을 포기하지는 않을 것이다. 요점은 이것이다. 소설은 충분한 효과를 발휘하기 위해서 사건이 일어난 진실한 시간적 순서를 재구성하려는 독자들의 노력에 의존한다. 그러므로 "스토리는 거꾸로 흘러갈 수 있을까?"라는 질문에 대한 해답은 바로 "아니다"이다(아원자 크기의 차원에서 일어날 수 있는 수준의 예외들을 빼놓고는). 모든 움직임이 그렇듯 모든 스토리는 단지 한 방향으로만, 즉 시간이 흘러가는 그 방향으로만 나아간다. 반대로 서사담화는 작가가 선택하는 어떤 시간적 방향으로도 흘러갈 수 있다.

다만 연극의 경우엔 이러한 보편적인 규칙의 예외를 매우 빈번하게 발견할 수 있다. 즉, 연극에서는 스토리 층위의 시간 그리고 사건의 순서가 '실제' 시간 차원에서의 배우들의 행위나 대사와 종종 동일하게 나타나는 것이다. 아리스토텔레스는 이러한 시간의 '일치'를 연극 작품의 미덕으로 간주했다. 그와 같은 시간의 일치가 부활하고 체계적으로 정리된 르네상스 시기의 경우, 코르네유와 라신 같은 극작가들은 대체로 이러한 '규칙'을 엄격하게 지키려고 노력했다. 더욱 최근에 들어서는, 장-뤼크 고다르나 존 카사베츠, 앤디 워홀과 같은 영화제작자들이 그들만의 아주 다른 방법으로 생의 순간순간의 흐름을 기록할 수 있는 영화의 능력을 이용해왔다. 그러나 영화에서 행위를 하는 시간과 영화를 보는 시간 사이의 시간적인 차이가 제거되었다고 하더라도, 우리는 거의 언제나 서사담화로부터 스토리를 추려낼 수 있다. 이것은 사람들이 무대 위에서나 영화 속에서 말하고 있기 때문이며, 그들이 말하는 동안 우리는 그들과 연관되어 있는 사건들, 그리고 무대를 통해 볼 수 있는 범위를 넘어선 사건들에 대해서도 알 수 있기 때문이다. 가령, 아리스토텔레스의 규칙을 엄격하게 고수하고 있는 연극 「오이디푸스 왕」에서, 오이디푸스는 그의 전 생애를 재구성해야만 한다. 그리고 관객들은 그의 노력에 참여하며, 점차로 오이디푸스의 그 길고 끔찍한 스토리 속으로 함께 몰입하게 되고, 그 속에서 부지불식간에 오이디푸스는 중심인물로 조금씩 변해간다.

∴ 영어권 사용자들을 위한 제 문제: 스토리, 담화, 플롯, 파불라 그리고 수제 ∴

대부분의 영어 사용자들은 **스토리**story란 용어를 우리가 이 책에서 사용하는 **서사**narrative의 개념과 혼동하여 사용하는 경향이 있다. 일상적인 대화에서 영어 사용자가 '재미있는 이야기good story'를 들었다고 말할 때, 그들은 여기서 사용한 이야기란 대체로 그것이 말해지는 것과 구분해서 사용되지는 않는 것 같다.[7] 가령, 어린아이가 가장 좋아하는 이야기를 읽어달라고 말할 때, 그 아이는 종종 모든 페이지의 모든 단어들을 의미하는 것일 수도 있다. 그리고 이런 식으로 이야기를 이해하고 있는 것이라면, 딱 한 단어만 빼버려도 당신은 이야기 전체를 읽는 게 아닐 수도 있다. 그러나 나는 우리가 하고 있는 것처럼 좀더 분명하게 용어를 사용하기를 원하기 때문에, 어떻게 서사가 작동하는지를 이해하기 위해서는 스토리와 서사담화 사이의 구별이 반드시 중요하다.

서사담화narrative discourse가 가진 용어상의 문제도 있다. 특히 이런 문제는 서사가 스토리를 전달하는 모든 형식을 의미하는 것으로 간주할 때 발생한다. 영어에서 '담화'라는 용어는 영화에서의 몽타주나 카메라 워크 같은 요소로, 미술에서 디자인 같은 요소로 적용되기 때문에 곤란한 문제가 일어나는 것이다. 하지만 이러한 것들이 우리가 이해하고 읽을 수 있으며, 그리고 궁극적으로 이것들을 통해 우리가 스토리를 재구성할 수 있는 바로 그런 언어나 담화의 일종이라는 것만은 어쩔 수 없는 사실이기도 하다.

상당수의 학자들이 스토리와 서사담화보다는 **파불라**fabula와 **수제**sjuzet라는 용어로 구분하길 좋아한다. 그러나 이것은 서사에서 사건이 배열되는 순서의 방식을 지칭하기에, 수제가 가진 함의는 서사담화에 비해 포괄성이 떨어진다. 수제와 유사한 다른 단어들로는 우리에게 친숙한 **플롯**plot이라는 용어뿐만이 아니라 아리스토텔레스의 **무토스**muthos와 **뮈토스**mythos가 있다. 그런데 불행히도, 플롯은 서로 상충되는 다른 여러 가지 방식으로 사용되는 경우가 있다. 먼저 일반적인 영어 대화에서 플롯은 서사에서의 사건 순서가 아니라 오히려 그와는 정반대 개념인 스토리를 가리키는 경우가 있다. 이와는 달리 더욱 좁은 의미로, 플롯이 스토리와 함께 묶이는 방법에서 나타나는 원칙이나 역학을 형성한다는 의미로 사용되기도 한다(리쾨르, 브룩스, 리처드슨, 또한 펠란의 '서사적 전개 narrative progression'를 참조할 것). 마지막으로 플롯은 ('복수 플롯'이라는 표현처럼) 스토리의 유형을 의미하는 데 사용할 수도 있다. 4장에서 **마스터플롯**의 개념을 설명하면서, 플롯에 관한 이 마지막 의미를 가져와 다시 논의할 것이다. 그럼에도 불구하고 내가 지금 이렇게 간략하게나마 용어들에 대해 논의하는 이유는 여러분에게 내가 사용하는 용어 외에 다른 대안적인 용어들도 존재한다는 점을 알려주기 위해서이다. 그러므로 여러분은 자신이 원하는 용어를 사용하면 된다. 다만, 나는 '스토리'와 '서사담화'의 구별이 서사에 대한 논의 속에서 폭넓게 사용될 수 있다는 입장을 취하고 있음을 밝힌다.

지금까지 우리는 세 가지 구분되는 특징을 만들어보았다. **서사**는 스토리와 서사담화로 구성되는 사건들의 재현이다. **스토리**는 사건 혹은 사건의 연속(**행위**)이며, **서사담화**는 재현되고 있는 사건을 의미한다. 그렇다면 이것을 좀더 분석할 수도 있을까? 그리고 **모든 혹은 대부분의 서사적 상황에서** 제기될 수 있는, 서사를 규정할 만한 어떤 다른 속성이 존재하고 있을까? 사실 서사담화를 ① 사건이 열거되는 순서(**플롯 혹은 수제**)라든가 ② '문체' 혹은 '담화'와 같은 하위 항목으로 재분류하려는 노력도 있었다. 그러나 나는 이러한 구분이 어쩐지 서로 뒤엉켜 있는 것처럼 보인다. 나로서는 서사담화를 구성하는 데 필수적인 다른 요소들 혹은 서사담화를 정의하는 요인들에 관해서는 더 이상 생각할 수 있는 게 없다. 그리고 어쩌면 이것은 서사의 이러한 특성에 접근하고자 하는 우리의 노력이 극히 제한될 수밖에 없음을 보여주는 사례라고 할 수 있다. 다른 말로 하면, 스토리는 다양한 매체에서 (서술자를 포함한) 다양한 장치들을 통해 전달될 수 있으며, 그것은 **필연적으로** 어떤 특정한 서사의 형태로 나타나게 된다.

반면, 스토리라는 개념은 적어도 한 번쯤은 하위 항목으로 더 세분될 수 있을지도 모른다. 모든 스토리에는 두 가지 구성 요소로서 **사건**events과 그 사건들로부터 연관된 **실체**entities(이것은 때로 '존재existents'라는 말로 일컬어지기도 한다)가 존재한다. 사실 실체란 것이 없다면 정말 어떠한 사건도 존재할 수 없을지 모른다. 하긴 실체의 작용과 반작용이 없는 사건이란 과연 무엇이란 말인가? (하지만 반대로 실체는 사건이 없어도 존재할 수 있다는 점에서, '사건이 없는 실체'라는 반대의 진술은 참이 될 수 있음을 기억하자.) 물론 용어의 측면에서, '실체'라는 용어는 왠지 차갑고 추상적인 것처럼 보인다. 특히 그것이 '인물characters,' 즉 인간처럼 빈번하게 작용/반작용하는 실체들에 적용될 때는 더욱 그렇다. 대부분의 스토리들은 인물들을 포함한다. 심지어 스토리가 동물에 관해 말하고 있거나 혹은 외계 생물체 혹은 움직이는 사물들(예를 들면, 전구인간 로널드와 같은)에 관해 말할 때조차, '인물'은 적절한 용어처럼 보인다. 더구나 어떠한 **의도**를 가지고 행동하는 인물들의 가능성은 인간 존재로서 우리 자신의 삶에도 대단히 근본적인 중요성을 가지고 있는 것이기에, 바로 이러한 '인물'이라는 지점에 밑줄을 긋고 더욱 강조하는 이론가들도 있다(발, 돌레첼Doležel, 파머Palmer). 그래서 심지어 그들은 서사를 정의하는 데 있어서, "하나 또는 그 이상의 인물들과 연관된 사건들의 재현"이라고 한정하기도 하는 것이다. 하지만 이 지점에서 내가 제안했던 보다 넓은 의미의 서사의 정의를 다시 떠올려봤으면 한다. 만약 어떤 과학자들이 원자의 운동이나 화학물질들의 상호작용에 대해 설명을 하고 있다면, 혹은 대륙의 이동과 태양계의 공전에 관해 말하고 있다면, 그렇지만 만약 그때 우리가 그런 이야기들 속에서 원자나 화학물질이나 대륙이나 태양계 같은 것들을 억지로 '인물'이라는 개념과 연결시키려 한다면, 어쩌면 잘못된 이해를 낳게 될 수도 있지 않을까? 오히려 이런 것들은 앞서 서사를 한정하는 중요한 요소로서 언급되었던 '인물'과는 별로 연관성이 없는 것처럼 보이지 않는가? 하지만 앞서 내가 내렸던 서사에 관한 광의의 관점에 따르면, 과학자들 역시 물리적인 세계를 설명할 때 서사적인 재능을 발휘하여 일종의 스토리를 만들어내는 것으로 보인다. 그래서 좋건 나쁘건 간에, 우리는 모든 스토리에 필수적인 구성 요소로서 '실체'라는 용어를 계속 사용하는 것이다. 하지만 이 경우에도 특별히 인간 본성에 관한 실체에 대해서는 '인물'이라는 용어를 계속 사용하는 것도 나쁘지 않다고 생각한다.

스토리를 구성하는 또 다른 가능 요소에는 **배경**이 있다. 비록 배경이 대단히 유용한 용어임에도 불구하고, 배경은 실체가 발견되고 사건이 발생하는 단순한 용기用器라는 점에서 한계를 보인다. 가령, 어떤 서사물을 유심히 살펴본다면, 여러분은 무슨 일이 일어나고 있는지 그리고 누가 그것을 하고 있는지와 같은 문제로부터 배경만을 따로 분리해낸다는 것이 참으로 어렵다는 것을 종종 느끼게 될 것이다. 그래서 바로 이런 이유들 때문에, 더욱 많은 학자들이 배경이라는 용어 대신 **서사세계**narrative world라든가 **스토리세계**storyworld라는 말의 사용을 선호하고 있는 것이다. 서사세계 혹은 스토리세계란 우리가 서사에 몰입함으로써 점점 더 커지고 더욱더 정교해지는, 그러한 축적의 결과물을 의미한다. 그래서 앨런 파머Alan Palmer는 더 나아가 스토리세계가 스토리 그리고 서사담화와 함께 서사를 정의하는 제3의 특징으로 고려되어야 한다고 주장하기도 한다. 서사가 세계를 만들어내는 과정에 대해서는 12장에서 다시 살펴볼 것이다. 하지만 이 책에서 내가 쓰고 있는 서사의 정의에 따르면, 배경이건 세계건 반드시 필요한 것은 아니다. 그것은 일반적인 현상이기는 하지만, 선택적이기 때문이다. 예를 들어, "나는 쓰러졌다"라는 진술은 배경뿐만 아니라 그와 관련된 어떤 세계도 존재하지 않지만, 분명 스토리를 말하고 있다. 그럼에도 여전히 그것은 완벽하게 유효한 서사인 것이다.

스토리의 중개(구성)

스토리와 담화 사이의 구별을 통해 깨달을 수 있는 중요한 사실은 우리는 결코 스토리를 직접 볼 수는 없으며, 대신 언제나 서사담화를 통해서만 포착할 수 있다는 점이다. 스토리는 언제나—목소리에 의해서, 글쓰기의 스타일에 의해서, 카메라 앵글에 의해서, 배우들의 해석에 의해서—중개된다. 그러므로 우리가 스토리라고 부르는 것은 실제로는 우리가 스스로 구성하는 어떤 것이다. 우리는 스토리를 우리가 읽거나 보는 것으로부터, 그리고 또 때로는 추론함으로써 얻게 된다.

∴ 스토리가 먼저인가, 서사담화가 먼저인가? ∴

스토리는 서사담화에 앞서 미리 존재하는 것처럼 보이고, 그러므로 그것은 서사담화에 의해서 '중개되는' 것처럼 보인다. 그러나 혹시 이것이 환상은 아닐까? 결국 우리가 앞에서 보았던 것처럼, 스토리 그 자체는 서사화될 때에 비로소 생명을 얻게 되는 것이다. 조너선 컬러Jonathan Culler에 의하면, 바로 여기가 결코 해결되지 않는 애매성이 바탕에 자리 잡고 있는 지점이다. 그는 그것을 서사의 '이중적 논리'라고 부르는데, 그것은 스토리가 동시에 서사담화에 앞서서도 그리고 뒤따라서도 나타날 수 있기 때문이다. 한편으로, 스토리는 서사담화가 스토리를 전달하기 위해 노력하고 있는 동안 어떤 가상의 영역 밖에 놓인 분리된 상태로 존재하는 것처럼 보인다. 이러한 효과는 특히 과거 시제로 서술되는 스토리에서 강하게 나타난다. 왜냐하면 과거 시제의 서술은 스토리가 완전하게 끝난 이후의 어느 한 시점에서 시작하는 것처럼 보이기 때문이다. 다른 한편으로, 서사담화가 표현되기 전에는 스토리는 어디에도 없다.[8] 예를 들어, 톨스토이가 『안나 카레니나』를 쓰고 있을 때, 브론스키와 안나가 마침내 서로 사랑을 확인한 다음 브론스키가 자신의 하숙집으로 되돌아간 것을 쓰고 난 후에, 톨스토이는 그제야 브론스키가 자살을 준비하고 있었다는 놀라운 사실을 깨달았다는 것이다. 그는 언제나 과거 시제로 썼지만, 그 스토리가 어떻게 진행되는지 알기 위해서 점점 더 빠른 속도로 써내려갔다고 한다.[9] 다른 말로 하면, 서사담화를 먼저 창조하지 않은 상태에서 그는 스토리를 알아차릴 수조차 없었던 것이다.

스토리가 언제나 중개된다는 주장을 뒷받침하는 한 가지 사례는 스토리가 개작될 수 있다는 점이다. 예를 들어, 신데렐라 혹은 파우스트 스토리는 특정한 담화에 의해 구속받지 않는다. 오히려 이 스토리들은 일련의 연기자들에 의해서 다른 모습으로 나타날 수도 있고 또는 영화나 산문 번역본과 같은 다른 형태로 옮겨질 수도 있다. 그러나 흥미로운 지점은 그러한 경우에도, 여전히 이 스토리들이 분명히 동일한 스토리라고 인식될 수 있다는 사실이다. 결국 클로드 브레몽이 말하는 것처럼, 스토리란 "단어도 아니고 이미지도 아니며 제스처도 아니다. 오로지 그러한 단어와 이미지, 제스처로 표시되는 사건과 상황, 그리고 행위들"[10]인 셈이다.

그렇다면 스토리를 옮긴다는 말은 정확히 무엇을 의미하는가? 만일 우리가 이런저런 방식으로 매개되었을 때만 스토리를 알아볼 수 있다면, 어떻게 특정한 스토리를 다른 스토리들과 확실히 구분할 수 있는 것인가? 예를 들어, 우리는 다양한 버전의 수많은 신데렐라 스토리를 만난다. 19세기의 부지런한 한 학자는 거의 1,100개나 되는 다른 판본의 신데렐라 스토리를 찾아냈을 정도였다. (게다가 이것은 1950년 디즈니 애니메이션 영화가 나오기보다도 훨씬 더 과거의 일이다.) 나는 어떤 영화를 보고 나서 "신데렐라 스토리로군"이라고 말할 수 있다. 사람들도 내 말을 듣고 수긍할지도 모른다. 그렇지만 만약 그들이 동의하지 않는다면? 그러면 어떻게 이 논쟁이 해결될 수 있을까? 만약 내가 어떤 『리어왕King Lear』 공연을 보고 나서 "저건 신데렐라 스토리로군"이라고 말한다면 완강하게 반대하는 사람들도 있을 것이다. 나는 그 공연이 사악하고 이기적인 거짓말쟁이 자매들(거너릴, 리건) 때문에 가족으로부터 무시당하고 버림받는, 아름답고 정직하며 선한 동생(코델리아)의 모습을 잘 보여준다고 지적할 수 있다. 그러나 반대자들 역시 코델리아가 식모처럼 강제 노동에 시달린 것도 아니고, 요정 대모, 마차, 무도회, 유리 구두도 등장하지 않은 데다, 해피엔딩도 아니라는 등등의 차이점을 들어 내 말에 반론을 제기할 수 있다. 더욱이 관객들은 대부분 리어나 글로스터 같은, 다른 인물들과 관련된 사건에 관심을 집중하는 경향이 있다. 나는 아마도 이 논쟁에서 지게 될 수도 있다. 하지만 이 과정에서 우리는 한 가지 흥미로운 의문을 제기할 수 있다. "신데렐라 스토리를 정말로 신데렐라 스토리로 만드는 데 필수적인 것은 무엇인가?" 전래 동화와 『리어왕』 사이에서, 이들이 신데렐라 스토리인지 아닌지 판가름하는 기준은 무엇일까? 신데렐라의 마법 변신 장면이 필수적인 것인가? 무도회인가? 아니면 신데렐라를 찾는 왕자의 이야기가 필요한 것일까? 그것도 아니라면 행복한 결말이 필수적인 것일까?

모든 개별적인 독자는 각각 서로 다른 방식으로 독서를 한다는 부분적인 이유 때문에서라도, 이 질문은 결코 단순하게 대답할 수 없는 문제이다. 그러나 바로 그러한 이유 때문에, 만일 할 수만 있다면, 이 주제는 여전히 탐구해볼 만한 문제이다. 앞에서 한 논쟁으로 다시 돌아가 보기로 하겠다. 나는 『리어왕』에서 무엇보다 코델리아의 스토리를 인상 깊게 받아들였으며, 이 때문에 다른 작품에서보다 이 극 속에서 신데렐라 스토리의 변형된 구조를 찾고자 하는 경향이 있는 것 같다. 그리고 나의 성향에 대해서 (적어도 나에게 흥미를 느끼는 사람들에게나 내가 제시한 종류의 인물들에게 흥미를 느끼는 사람들은) 관심을 가질지도 모른다. 과연 무엇이 독서에서 이러한 차이를 가능하게 만드는 것일까? 우리는 그 조건을 어쩌면 바로 이 절의 초반부에서 우리가 연구했던 내용, 즉 **스토리는 언제나 서사담화에 의해서 중개된다(구성된다)**는 전제 안에서 찾을 수 있을지도 모른다. 우리는 언제나 서사에 적극적인 참여자가 될 것을 요구받는다. 왜냐하면 스토리를 인식하는 것은 우리가 그것을 어떻게 담화로부터 구성해내느냐에 달려 있기 때문이다. 그렇다면 스토리라는 것은 독자의 마음대로 읽을 수 있는 것일까? 독자는 스토리를 끌어내기 위해 얼마나 열심히 읽어야만 하는 것일까? 하지만 독자나 관객에게 흥미를 주는 데 성공한 이야기들은 스토리의 구성 과정을 효과적으로 제어할 수 있기 때문에 성공한다. 독서의 차이가 오히려 의미로 충만해질 수 있는 지점은 바로 해석의 지점이다. 『리어왕』에서 신데렐라의 요소를 구별해내는 나의 독서 경향이 실은 그 희곡을 해석하는 나만의 방식을 특별하게 만들어주는 셈이다.

∴ 스토리가 실제일 수 있을까? ∴

장-폴 사르트르Jean-Paul Sartre는 스토리의 구성적 본성에 대해서 "진실한 스토리는 없다"라는 유명한 말을 남겼다. 하지만 사르트르식의 견해에서 본다면,

소소한 일화로부터 역사와 전기, 우주론과 심지어 과학에 관한 이야기들에 이르기까지, 우리의 모든 사실적인 이해들이 '실제세계'를 지시하지는 못한다. 그렇지만 사실 실제세계는 극도로 혼란스러운 데다가 완전히 이해할 수 없다. 이처럼 날것 그대로의 세계에 대해, 우리는 삶에 어떠한 의미를 제공하는 스토리를 강요하고 있는 것이다. 이런 생각들에서 비롯된 다양한 주장들은 1938년 사르트르가 『구토Nausea』를 발표한 이후에 폭넓게 유포되었다. 그러나 이러한 주장에 반대하는 사람들은 삶과 죽음의 순환에는 스토리와 매우 유사한 어떤 것이 존재한다고 지적한다. 우리의 삶이 처음·중간·끝을 가지고 있는 것처럼, 스토리 역시 그러한 순환을 가지고 있기 때문이다. 그들은 또한 과학자들이 우리 몸이 작동하는 방식에 관해 우리에게 들려주는 이야기들에 우리의 삶이 의존하고 있다고 주장한다. 그리고 일단 이런 식으로 생각하기 시작하면, 더 많은 예들이 마음속에 떠오르게 될 것이다. 다른 말로 하면, 비록 스토리는 언제나 구성되는 것이고, 또 그것이 완성되기 위해서는 우리의 자발적인 협조를 필요로 하지만, 그렇다고 해서 그것이 반드시 거짓이라는 의미는 아니다. 그러나 스토리에 대해 사르트르가 제기했던 그런 의심은 건설적인 질문일 수 있다. 왜냐하면 이런 식의 질문은, 그토록 적은 진실만을 가지고 있는 스토리가 어째서 그렇게 쉽고 다양한 방식으로 진실로 받아들여질 수 있는지에 대해 알려줄 수 있기 때문이다. 이런 철학적인 문제에 관한 여러분의 견해가 무엇이든지 간에, 우리가 스토리 속에서 스토리와 함께 살고 있다는 것은 분명한 사실이다. 그리고 바로 이것이 스토리가 아주 현실적일 수 있는 이유이고, 또한 그것이 서사라는 주제를 이해할 만한 가치가 있는 것으로 만들 수 있는 까닭이다. 11장에서 이 주제에 대해 다시 언급하게 될 것이다.

구성적 사건과 보충적 사건

신데렐라 같은 스토리가 변형된 서사들이 더 이상 신데렐라라는 이름으로 불리지 않을 때, 우리는 이에 대해 의문을 품게 된다. 그리고 이러한 질문은 또 다른, 조금 더 확대된 주제로 우리를 이끈다. 그리고 그것은 바로 스토리 속의 사건들이 갖고 있는 상대적인 비중에 관련된 문제이다. 롤랑 바르트와 시모어 채트먼 모두 구성적 사건과 보충적 사건을 구별해야 한다고 주장한다. 이러한 구별을 정의하기 위해 바르트는 '핵nuclei'과 '촉매catalyzers'라는 용어를 사용하고, 채트먼은 '중핵kernels'과 '위성satellites'[11]이라는 용어를 사용한다. 이러한 분석에 따르면, **구성적 사건**('핵' '중핵')은 스토리를 스토리 그 자체로 만드는 필수적인 요소이다. 그것들은 일종의 전환점으로서, 스토리 전체를 앞으로 진행시키면서 동시에 다른 사건들을 이끄는 사건을 의미한다. 반면 **보충적 사건**이란('촉매' '위성') 스토리에 반드시 필요한 것은 아니다. 그것들이 어떤 방향으로 스토리를 이끌어가지는 않기 때문이다. 다시 말해, 보충적 사건이 제거되어도 스토리는 여전히 스토리 그 자체로 인식될 수 있을 것이다.

표면적으로 이러한 구분은 구성적 사건이 보충적 사건보다 훨씬 더 높은 곳에 위치한다는, 일종의 위계를 형성하는 것처럼 보일 수도 있다. 그러나 이 지점에서는 조심할 필요가 있다. 구성적 사건이란, 우리가 **스토리 그 자체를 구성하는 사건의 연속에 관심을 기울이는 한**에서만 그것이 보충적 사건보다 단지 좀더 필수적이기에 중요하게 여겨질 뿐이기 때문이다. 오히려 보충적 사건은 서사의 의미와 감동이라는 측면에서는 더욱 중요할 수 있다. 바르트는 이것을 다음과 같은 말로 잘 설명하고 있다. "핵(구성적 사건)은 스토리를 변화시키지 않는 한 생략될 수는 없을 것이다. 그러나 촉매(보충적 사건) 역시 담화를 변화시키지 않는 한 결코 생략될 수 없다."[12] 요약하면, 스토리보다 서사에 더 많은 것이 있다. 그리고 그 '더 많은 것'들이 하나의 작품에 힘과 의미를 훨씬 더 많이 부여할 수도 있다.

메리 셸리Mary Shelly의 1818년 작 소설 『프랑켄슈타인*Frankenstein*』을 영화화한 제임스 웨일의 1931년 작품은 괴물의 창조와 관련된 사건들을 매우 정교하게 만듦으로써 원작자인 메리 셸리가 쓴 것 이상의 것을 보여주었다. 사실 셸리의 소설에는 괴물이 어떻게 만들어졌는지에 대해서는 별로 나와 있지 않다. 그러나 웨일의 영화에서 우리는 1930년대의 하이테크 기술들이 포함된 부수적인 미시사건들을 아주 많이 발견할 수 있다. 게다가 이렇게 서사 텍스트가 보다 두텁게 만들어지고 있는 이 과정은 창조의 기술을 향한 문화적 관심사의 변화를 표현한다고 할 수도 있다. 사실 이 변화는 메리 셸리가 그녀의 소설을 발표한 지 113년이 지나는 동안 발전된 변화인 셈이다. 이처럼 부수적인 사건들을 특별하게 확장함으로써, 영화감독 웨일은 과학의 중요성에 관해 말했던 셸리의 19세기 스토리를 과학에 대한 불안을 다루는 20세기의 스토리로 확장할 수 있었던 것이다.

또 다른 예로 장 르누아르가 1938년 상영한 고전 영화 「위대한 환상Great Illusion」을 들어보겠다. 이 영화에서 이야기의 핵심은 1차 세계대전 당시 발생한 군용기의 추락 사고이다. 프랑스 장교인 볼디외 대위와 마레샬 중위는 전쟁 중 독일 전선 뒤로 추락해 라펜슈타인 사령관(에리히 폰 슈트로하임 분扮) 휘하의 부대에 붙잡힌 신세가 된다. 그러나 이것은 스토리상에서는 중요한 구성적 사건임에도 불구하고 실제로는 영화에서 보이지 않는다. 영화의 첫 부분에서 우리가 보는 것은 탈출을 준비하고 있는 프랑스 장교들이다. 그러고 나서 곧 우리는 영화의 배경이 독일군 야영지라는 사실을 깨닫게 된다. 그 두 명의 프랑스 장교들은 곧 문으로 끌려온다. 스토리에서 찾을 수 있는 구성적 사건의 유일한 시각적 힌트는 마레샬 중위의 팔에 걸린 삼각건뿐이다. (그 영화의) 서사담화의 긴 초반부 동안 우리를 안내하는 것은 일련의 미시사건들, 즉 독일군 사령 본부에서의 식사 모습과 대화들이지만, 사실 그것이 **스토리** 차원에서 꼭 필요한 것들은 아니다. 하지만 바로 이러한 사건들이 전쟁 중에 싹튼 남자들 사이의 고귀한 우정과 매너라고 하는 작품세계의 분위기를 만드는 데 커다란 역할을 수행하고 있는 것이다.

간략하게 정리하면, **구성적 사건**은 스토리 차원에서 필수적인 사건이다. 그것은 스토리를 앞으로 진행시킨다. 반면 **보충적 사건**은 스토리를 앞으로 진행시키지는 않으며, 그것이 없다고 해도 스토리는 여전히 그대로 남을 것이다. 당연히, 보다 많은 에너지와 도덕적 상징 그리고 계시적인 스토리의 힘은 구성적인 사건을 통해 이야기된다. 리어왕이 자신의 왕국을 분할한 것, 맥베스가 왕을 살해한 것과 같은, 이러한 구성적 사건이야말로 주동인물을 구성하는 것이 무엇인지를 알게 되는 바로 그 순간이다. 이러한 관점에서 구성적 사건의 중요성은 간과될 수 없다. 그러나 앞에서 보여주었던 것처럼, 보충적 사건은 그 나름대로의 효과를 지니고 있으며 서사가 짊어질 수 있는 정도의 의미 또한 전달할 수 있다. 뿐만 아니라 보충적 사건은 구성적 사건이라면 할 수 없는 흥미로운 질문을 던지기도 한다―그 사건들이 왜 포함되었는가? 그것들은 스토리상 꼭 필수적인 것이 아님에도 불구하고, 왜 저자는 그것들을 서사 속으로 집어넣고자 하는 충동을 느꼈는가? 이러한 질문들은 서사를 이해하는 데 큰 도움을 준다.

언어가 살아 있는 한 언제나 변화하는 것처럼, 스토리 역시 구성적이고 보충적인 사건은 물론 인물과 배경, 그리고 형식과 내용보다 더 섬세한 차원에서까지 변화를 보여준다. 고대 독일의 『파우스트 설화Faustbuch』와 크리스토퍼 말로Christopher Marlowe의 희곡 『파우스투스 박사Doctor Faustus』의 1604년 판본과 1616년 판본, 괴테의 공연되기 어려운 긴 분량의 2막극 『파우스트Faust』(1808년과 1831년), 그리고 토마스 만의 1947년 작 소설 『파우스투스 박사Doctor Faustus』, 이처럼 매우 다른 이 네 편의 작품들 속에서 우리는 평범한 인간을 넘어서는 힘을 얻기 위해 악마와 계약한 한 남자에 관한 스토리라는 동일한 뼈대 구조를 인식한다. 그리고 우리는 그것을 파우스트 스토리라고 이름 붙인다.

그러나 이 스토리 속에 들어 있는 요소들은 대부분 바꿀 수 있는 것들이다. 중심인물의 이름은 물론, 그가 사랑에 빠지게 되는지 그렇지 않은지, 그가 자식을 가지고 있는지 아닌지, 그가 무슨 기술을 연마하는지, 그가 자신의 죄로 인해 처벌받는지 그렇지 않은지, 심지어 그가 사는지 죽는지의 여부도 모두 변형할 수 있다. 어쩌면 예술과 문화의 본성은 이처럼 끊임없는 변화를 필요로 하는 것인지도 모른다. 그러나 동시에, 그것들이 다른 문학적 구현물로서 나타날 때도 우리는 여전히 동일한 스토리가 지속되고 있다는 사실을 인식할 수 있다. 만약 변화가 피할 수 없는 것이라면, 개작 또한 피할 수 없다. 그러나 그럼에도 불구하고, 스토리의 요소들은 변화된다고 해도 여전히 남아 있을 것이다.

서사성

　서사를 정의하는 글에서 반드시 언급해야 할 마지막 주제는 다름 아닌 서사성이다. 때때로 지금까지 나는 서사가 어떻게 작동하는지를 보여주기 위해, "나는 넘어졌다"라든가 "그녀는 차를 타고 일하러 간다"와 같은 아주 작은 서사들을 예로 들어 사용해왔다. 그리고 당신은 '서사'와 '스토리' 같은 이러한 용어들이 어떻게 이런 일련의 말에 적용될 수 있는지에 대해서도 이론적으로 이해했을 것이다. 그러나 서사나 스토리 같은 용어를 관습적으로 사용해왔던 우리의 습관 속에서는 때로 이러한 용어들을 앞서 말한 짧은 사례에 적용하는 것이 부당하게 느껴질 수도 있다. 이러한 문제에 대해서 우리는 앞서 예로 들었던 그 짧은 이야기들이 서사성을 결여하고 있기 때문이라고 해석해볼 수도 있다. 우리는 앞서 사례로 든 짧은 스토리 속에서 '스토리를 말하는' 사람에 대한 느낌을, 연행에 대한 느낌을, 또는 '서사 그 자체를 위한' 서사의 느낌을 받지는 못한다. 서사성이란 대단히 골치 아픈 주제이다. 더욱이 서사 연구에서 일어나는 다른 많은 논점들과 마찬가지로, 어느 정도까지 서사성이 존재한다는 것을 알려줄 만한 명확한 기준이 존재하는 것도 아니다. 예를 들어, 서사성이 존재하기 위해서는 하나 이상의 사건을 필요로 하는가 하는 질문을 던질 수 있다.

　그녀는 점심을 먹었다. 그리고 나서 그녀는 차를 타고 일터로 갔다.

　이 경우에 부가된 사건은 큰 역할을 하지 않는다. 다른 말로 하면, 서사성은 기껏해야 단편적으로만 증가했을 뿐이다. 하지만 이러한 조출한 서사가 좀더 높은 차원의 서사성을 갖도록 하기 위해서 반드시 전개나 행위의 발현, 배경, 혹은 인식 가능한 서사적 목소리와 같은 요소들을 쌓아야 할 필요는 없다. 서사성은 정도의 문제이나 이는 서사에서 사용된 기법, 특질, 단어 등의 개수로 단순하게 측정할 수 있는 것이 아니기 때문이다.

묵묵히 그녀는 점심을 먹었다. 그러고 나서 그녀는 차를 타고 일터로 갔다.

'묵묵히'라는 이 간단한 단어 하나를 추가하는 것만으로도 서사성은 크게 강화된다. 이때 서사성이란 우리가 하나의 스토리를 읽고 있다는 느낌을 뜻한다. 이것은 단지 '묵묵히'라는 단어 자체가 일상 담화보다는 서사에서 더욱 흔히 보는 단어이기 때문일 수도 있다. 아니면 이 단어가 인물에게 깊이를 더해주고 있기 때문일 수도 있다(우리는 이를 통해 그녀는 생각에 잠겨 있고, 어떤 문제가 있다는 것을 느낀다).

서사성에 관한 주제는 저마다 서로 다른 서사적 요소들을 중시하는 학자들 사이에서 빠른 속도로 복잡하게 얽힌 논쟁의 중심에 떠올랐다. 이 학자들은 서사성을 다음과 같이 다양하게 정의한다. 서사 줄거리(리처드슨), 서사적 딜레마(스터기스Sturgess), '서스펜스/호기심/놀라움의 유희'(스턴버그Sternberg, p. 326), 인과관계에 대한 감각(브래니건Branigan), '세계에 실감을 부여하는 능력'(라이언, 『버추얼 리얼리티로서의 서사*Narrative as Virtual Reality*』, p. 111), '매개된 경험성'(플루더닉Fludernik, p. 50) 등등. 그러나 대부분의 학자들은(전부는 아니지만) 서사성에 대해서 두 가지 명제를 받아들인다. 수잰 킨Suzanne Keen의 간명한 언어로 표현하면 서사성은 '서사를 만드는 특성들의 집합'(p. 121)이며, 이는 여러 단계의 수준에 걸쳐 있다는 것이다. 따라서 『제인 에어 Jane Eyre』 와 『한여름 밤의 꿈 A Midsummer Night's Dream』 「제다이의 귀환 The Return of the Jedi」과 같은 작품들은 서사성이 풍부하다고 말할 수 있는 반면에, 이 장의 앞부분에서 예로 들었던 짧은 텍스트들은 서사성이 부족하다고 말할 수 있다. 따라서 많은 사람들은 이 텍스트들이 서사로서의 특질을 전혀 갖추지 못했다고 느낄 수도 있다. 물론 '많은 사람들'이라고 해서 전부 다 그렇다는 것은 아니다. 왜냐하면 주관적인 인간적 반응과 관련된 서사 같은 분야에는 항상 회색지대가 있을 수밖에 없기 때문이다. 다음 장에서 나는 한층 다양한 회색지대를 독자들에게 제시하고자 한다.

더 읽어볼 서사학 이론

이 책의 초판이 출판된 이후 『루틀리지 서사학 백과사전』이 발간되었다. 이 책은 나무랄 데 없는 편집본이고 매우 포괄적인 내용을 담고 있는 책이며, 용어와 특성 등을 이해하기 위한 1차적인 참고자료로서 매우 유용하다. 이보다 조금 간결한 소개서로는 적어도 세 종류의 좋은 참고문헌이 있다. 이들은 주로 언어 형식으로 된 서사물에 초점을 맞추고 있다. 이들은 바로 제럴드 프랭스의 『서사학 사전』(2003년에 최신개정판이 나왔다)과, 룩 허먼Luc Herman과 바트 베어백Bart Vervaeck의 『서사 분석을 위한 안내서Handbook of Narrative Analysis』, 수잰 킨의 『서사 형식Narrative Form』이다. 한편 서사의 정의라는 특정한 문제에 대해 훌륭하게 개괄한 자료는 브라이언 리처드슨Brian Richardson의 『믿기 어려운 스토리들Unlikely Stories』 3장에서 찾을 수 있다. 여기서 리처드슨은 나와는 완전히 반대되는 입장을 취한다. 산문 픽션뿐만 아니라 영화까지 포함하여 분석의 시야를 확장해서 설명한 텍스트로는 시모어 채트먼의 『이야기와 담론Story and Discourse』과 『영화와 소설의 수사학Coming to Terms: The Rhetoric of Narrative in Fiction and Film』을 들 수 있다. 이 텍스트들보다 먼저 읽어야 할 자료로는 롤랑 바르트의 「서사 구조 분석 입문Introduction to the Structural Analysis of Narratives」을 들 수 있다. 이 논문은 서사의 기능에 대해 다룬, 가장 간결하면서도 훌륭한 내용을 담고 있는 입문서 가운데 하나이다. 스토리와 담화의 구별에 대한 연구를 찾기 위해서는 마리-로르 라이언의 『가능세계, 인공지능, 서사 이론Possible Worlds, Artificial Intelligence and Narrative Theory』(특히 pp. 261~67)을 참고하면 좋을 것 같다. 조너선 컬러의 『기호의 탐색: 기호학, 문학, 해체주의The Pursuit of Signs: Semiotics, Literature, Deconstruction』의 9장 「서사 분석에 있어서의 스토리와 담화Story and Discourse in the Analysis of Narrative」는 '서사의 이중 논리'라는 명백한 패러독스에 대한 내용을 전개하고 있다. 다시 말해 이 책에서는 스토리와 서사담화 그 어느 쪽도 다른 쪽보다 먼저 존재하지 않는다는 사실을 밝히고 있다. 내가 여기에서 간단히 언급한 서사성의 개념을 더욱 잘 설명하고 있는 저작으로는 필립 스터기스Philip J. M. Sturgess의 『서사성: 이론과 실제

Narrativity: Theory and Practice』와 그륀츠바이크Grünzweig와 졸바흐Solbach의 『초월적 경계들: 문맥 속의 서사학Transcending Boundaries: Narratology in Context』에 실려 있는 제럴드 프랭스의 간략한 최신 에세이 「서사성 재고Revisiting Narrativity」(pp. 43~51) 등이 있다.

더 읽어보면 좋은 문학작품

서사담화와 스토리 사이에 놓여 있는 긴장관계를 보여주는 서사들 가운데 가장 빈번하게 인용되는 작품은 20세기의 실험소설이 아니라 로렌스 스턴Laurence Sterne의 즐거운 코믹 소설, 『트리스트럼 샌디Life and Opinions of Tristram Shandy』(1759~67)이다. 또한 버지니아 울프Virginia Woolf의 『제이콥의 방Jacob's Room』(1922)과 제임스 조이스James Joyce의 『피네건의 경야Finnegans Wake』(1940), 사뮈엘 베케트의 『이름 붙일 수 없는 것』(1953), 알랭 로브-그리예Alan Robbe-Grillet의 『미궁에서In the Labyrinth』(1959), 윌리엄 버로스William Burroughs의 『벌거벗은 런치Naked Lunch』(1959), 토머스 핀천Thomas Pynchon의 『제49호 품목의 경매The Crying of Lot 49』(1966), J. G. 발라드J. G. Ballard의 『잔혹 전람회The Atrocity Exhibition』(1970) 등도 참조할 수 있다. 한편 마틴 에이미스의 『시간의 화살』은 완벽하게 미세한 수준까지, 끝에서 처음의 순서로 역행하는 서사로서 가장 성공적인 작품이라고 할 수 있다. 이에 근접한 사례로는 쿠바의 소설가 알레호 카르펜티에르Alejo Carpentier의 단편소설 「기원으로의 여행Journey to the Source」(1944)을 들 수 있다. 돈 드릴로Don DeLillo의 『언더월드Underworld』(1997)와 엘리자베스 하워드Elizabeth Howard의 소설 『긴 시야The Long View』(1995)는 전체적으로는 앞으로 진행하는 부분들의 연속이지만, 일부분 뒤로 진행하는 모습을 보여주기도 한다. 해럴드 핀터Harold Pinter의 희곡 「배반Betrayal」(1978)은 장면들이 차례로 뒤를 향해 진행된다. 1997년 11월 20일, 미국의 시트콤 「사인필드Seinfeld」는 핀터의 거꾸로 진행되는 서술을 스크린으로 옮겨 「배반The Betrayal」이라는 제목의 에피소드로 방영했다. (이 에피소드에서는 엘라인의 남자친구 이름을 '핀터'로 붙임으로써 자신들이 그의 스토리를 빌려왔다는 사실을 살짝 드러내 보이기도 했다.) 가장 매력적인 마지막 예는 크리스토퍼 놀런Christopher Nolan 감독의 「메멘토Memento」(2001)로, 이 영화는 '단기기억상실'이라는 신경증을 바탕으로 '거꾸로 가는 환상적인 스릴러'를 제공한다.

3장
서사의 경계

액자서사

서사의 바깥경계면을 살펴보면 그 서사를 둘러싸고 있는 또 다른 서사를 발견하기도 한다. 이때 내부에 다른 서사를 포함하고 있는 서사를 '**액자서사**framing narrative'라고 부른다. 고전에서 예를 들면, 보카치오의 『데카메론Decameron』(1351~53), 초서의 『캔터베리 이야기Canterbury Tales』(1387~1400), 『천일야화Thousand and One Nights』(1450년경) 같은 것들이 액자서사 혹은 액자식 이야기frame-tales에 해당된다고 할 수 있다. 이러한 경우, 바깥쪽의 서사는 수많은 다른 이야기들을 담아내는 틀의 역할을 담당한다. 『천일야화』를 예로 들어 설명하면 다음과 같다. 술탄 샤푸리야르는 여성에 대한 극도의 적개심 때문에 매일 새로운 여자들과 재혼하고서 그들이 자신을 배신하지 못하도록 다음 날 해 뜨기 전에 목 졸라 살해하기로 결심한다. 하지만 영리한 세헤라자데는 매일 밤 술탄에게 이야기를 들려주고, 아침 해가 뜨기 직전 막 절정에 이르려는 순간에 멈추는 책략을 사용함으로써 처형을 모면하게 된다. 술탄은 세헤라자데의 이야기에 점점 매혹되었으며, 세헤라자데의 이야기는 무려 1,001개에 이르기까지 계속된다. 이 액자서사는 그 자체의 결말을 갖고 있지만, 여기서는 알려주지 않을 작정이다. 어쨌든 액자서사로 인해 각양각색의 수많은 이야기들은 하나의 작품으로 묶일 수 있었던 것이다.

이 밖에도 하나의 서사만 담고 있는 훨씬 단순한 형태의 액자서사는 단편소설, 중·장편소설, 영화 등에서 수없이 많은 예를 찾아볼 수 있다. 이러한 액자서사들은 그 안에 담고 있는 서사들을 해석하는 데 매우 결정적인 역할을 수행한다. 예를 들어, 헨리 제임스Henry James의 중편소설 『나사의 회전The Turn of the Screw』(1898)은 기이하고 소름끼치는 유령 이야기로서, 이 소설의 중심인물인 가정교사의 원고를 통해 전달되는 형식을 취하고 있다. 그녀는 한편으로는 용기 있는 여주인공처럼 보이지만, 다른 한편으로 병적이고 망상에 사로잡힌 인물로도 보일 수 있다. 이 서사에서 가정교사는 두 가지 모습 가운데 어느 편으로도 해석될 수 있다. (물론 또 다른 해석도 있을 수 있다.) 그러나 이 소설의 앞부분 약 8쪽 정도의 분량은 가정교사의 원고가 발견된 경위를 설명하는 액자서사에 해당되며, 이 부분은 그녀가 '영웅적인 가정교사'임을 지지하는 독자들에게 있어 자신들의 독해를 뒷받침하는 결정적 근거로 여겨지고 있다. 액자서사의 서술자는 가정교사의 원고를 맡고 있는 인물로서, 이 소설 속의 사건으로부터 어느 정도 시간이 경과한 후에 그녀가 자신의 누이의 가정교사로 일했다는 사실을 증언하고 있다. 그는 "그녀는 내가 아는 한 가장 훌륭한 가정교사였으며, 그 밖에 어떤 일을 했어도 충분히 잘해냈을 사람이었다"[1]라고 말한다. 말할 것도 없이, 이 증언은 이 짧은 소설을 둘러싸고 벌어지는 끊임없는 논쟁에서 강력한 논거로 취급되어왔다. 그러나 이 장에서 나는, 바깥을 둘러싸고 있는 액자서사가 그 내부에 들어 있는 서사 속에서 매우 중요한 역할을 담당할 수도 있다는(실제로 빈번하게 그렇게 해왔다는) 사실을 지적하고 넘어가지 않을 수 없다. 액자서사가 얼마나 이러한 역할을 수행했는지, 그 범위와 정도는 실로 넓은 범위에 걸쳐 있다. 『데카메론』이나 『천일야화』에서처럼 액자서사가 내부에 삽입된 서사에 거의 영향을 미치지 못하는 경우가 있는가 하면, 『나사의 회전』에서처럼 삽입되어 있는 서사에 아주 중요한 영향을 주는 경우도 있다. 『나사의 회전』에서 액자서사를 떼어낸다면, 가정교사의 서사는 액자서사 속에 삽입되어 있을 때와는 다른 내용으로 해석될 것이다.

∴ 액자, 액자 만들기 ∴

'액자frame'라는 용어는 최근 서사에 대한 논의에서 여러 방식으로 사용되고 있다. 어떤 학자는 이를 적어도 열 개 정도의 의미로, 또 다른 학자는 열다섯 가지 의미로 구분해놓기도 했다.[2] 따라서 나는 이 글에서 '액자서사framing narrative'라는 합성어를 강조해서 사용하는데, 이 개념은 어느 정도 의견이 합치되어 있기 때문이다.

서사에서 '액자'(틀, frame)[3]라는 용어는 다른 경우에도 매우 활발하게, 그렇지만 전혀 다른 의미로 사용되기도 한다. 사회학자 어빙 고프먼Erving Goffman이 『틀 분석Frame Analysis』(1974)에서 처음으로 '틀 이론frame theory'이란 개념을 고안했는데, 이때 사용되는 '틀frame' 개념은 앞서 말한 액자frame와는 구분할 필요가 있다. 이 접근법은 일반적으로 이해의 모형, 즉 청중이 갖고 있는 참조적 틀frame에 입각하여 청중과 텍스트와의 상호작용을 검토하는 것을 목표로 한다. 이 이론은 서사 텍스트가 세계를 지각하게 하는 도구인 인지적 구조를 사용해서 어떻게 청중을 만족시키고, 실망케 하고, 즐겁게 하는지에 대한 방식을 연구한다. 영화 제작에서 '프레임'이라는 용어는 일반적으로 카메라의 앵글이나 거리, 그 밖의 다른 요소들에 따라 하나의 숏에 틀을 부여하는 것framing을 의미한다.[4] 영화예술은 여러 가지 방식으로 프레임화된 숏들을 어떻게 연결하느냐에 따라 상당 부분 성패가 달려 있다. '액자'는 "때에 따라 여러 의미로 사용할 수 있는, 매우 유연한 서사 용어"라고 할 수 있다. 우리는 말할 때 언어를 무의식적으로 선별하듯이 이 용어의 의미를 선별해서 사용한다.

한편 삽입된 서사 안에서 또 다른 삽입서사를 발견하는 것도 드물지 않다. 그리고 이런 경우, 하나의 삽입서사는 그 안에 존재하는 다른 삽입서사에 대해서는 '액자서사'의 기능을 수행하게 된다. 메리 셸리의 『프랑켄슈타인』은 매우 극단적인 예라고 할 수 있다. 독자들은 이 소설을 읽는 동안 서로 다른 서술자가 등장하는 다른 서사를 최소한 여섯 번은 들락날락하는 경험을 하게 된다. 이러한 과정은 마치 작은 상자 안에 또 다른 상자가 숨겨져 있는 중국식 상자를 연상하게 한다. 마리-로르 라이언은 식당에서 접시를 쌓아올린 모양과 비슷한 '무더기'의 모습을 떠올려보라고 제안한다. 연속해서 삽입된 각각의 서사는, 마치 접시가 쌓이면 그 밑의 접시를 볼 수 없는 것처럼, 그것을 둘러싸고 있는 다른 서사들을 보이지 않게 만든다. 그러나 그 접시를 빼면 밑에서 그것을 떠받치고 있던 다른 접시가 하나 보일 것이다. 이와 같은 방식으로 삽입된 서사를 제거하면, 그것을 둘러싸고 있던 액자서사가 다시 눈에 보이게 될 것이다.

『프랑켄슈타인』과 같은 소설에 삽입된 일련의 서사들은 매우 높은 수준의 **서사성**narrativity'을 지니고 있다. 각각의 삽입서사 안에는 서술자가 있고 서로 관련된 정교한 사건들이 있으며 이 밖에도 독자들에게 스토리를 읽고 있다는 느낌을 강력하게 전달하는 여러 특성들이 존재한다. 실제로 어느 정도 길이가 있는 서사라면 여기저기에 삽입된 미시서사들을 발견할 수 있다. 「십이야Twelfth Night」에서 말볼리오는 이렇게 독백한다. "토비 경을 물리치고 미천한 놈들과는 손을 끊어야겠어…… 당연히 그래야지. 아무래도 아가씨가 내게 반한 것 같거든. 저번에도 아가씨가 내 노란 양말이 멋지다고 했고, 열십자로 맨 대님도 칭찬하셨지. 날 좋아하는 게 틀림없어. 그래서 자기가 좋아하는 옷차림을 하도록 시키는 거라고."[5] 말볼리오는 올리비아의 행동과 의도를 완전히 헛짚기는 했어도, 그가 들려주는 작은 스토리를 통해서 관객들은 그가 어떤 사람이며 무슨 생각을 하는지 알게 된다. 소설에 등장하는 모든 인물의 생각은 이런 식의 작은 서사들로(말볼리오처럼 정신 나간 경우는 드물겠지만) 가득 차 있다. 우리들도 앞으로 일어날 일들에 대한 두려움 또는 희망을 품고 있는 경우나 과거의 편린들을 회상할 때, 또는 단순히 앞날을 계획하는 순간에도 이런 식의 작은 스토리들을 떠올리곤 한다. 라이언이나 파머 같은 학자들에 따르면, 서사성이 조금 부족하긴 해도 이런 경우 역시 충분히 **삽입서사**embedded narratives란 용어를 사용할 수 있다고 한다.

곁텍스트

서사가 끝나고 '실제세계'가 시작되는 경계는 어디인가? 이는 어떻게 보면 간단한 질문이다. 서사는 발단에서 시작하고 결말에서 끝난다. 그러나 서사와 세계 간의 구분이 그렇게 명확하지만은 않다. 글로 된 서사는 이에 덧붙여진 언어, 때로는 그림들과 한데 묶여 있는 경우가 많다. 각 장의 제목, 난외欄外 표제, 목차, 서문, 후기, 삽화, (선전

문구가 동반된) 표지 등이 이에 해당한다. 연극은 프로그램 안내, 포스터, 그리고 극장 입구에 드리워져 있는 그 큰 현수막 등을 동반하는 경우가 많다. 이에 더해서 저자나 연출가들의 인터뷰, 작품이 연작의 일부라는 사실, 또는 등장인물의 실제 모델이 된 인물을 폭로하는 저자의 서신 같은 것이 작품 주변에 덧붙여진다. DVD의 경우 영화 외에도 많은 관련 자료들이 함께 포장되어 있으며, 어떤 경우에는 감독의 코멘트를 들으면서 영화를 다시 감상할 수 있도록 하는 옵션 같은 것도 포함되어 있다. 이렇게 곁가지로 뻗어 있는 모든 자료들은 서사를 경험하는 일에 때로는 미묘하게, 때로는 심각하게 영향을 미칠 수도 있다. 그래서 이런 의미에서 볼 때 이들 자료 모두는 서사의 일부라고 할 수 있다.

어떤 경로로건 시작 단계부터 서사와 함께 동반되는 이러한 자료들을 지칭하기 위해 제라르 주네트Gérard Genette는 **곁텍스트**paratext라는 용어를 만들어냈다. 서사의 영향력에 대해서 논할 때에, 우리는 곁텍스트의 역할에 대해서는 간과하기 쉽다. 우리는 서사 전체가 처음과 중간과 끝이라는 과정을 거쳐서 자신이 읽거나 듣거나 본 것들로 구성되어 있으리라고 생각하는 경향이 있기 때문이다. 물론 인쇄된 종이의 종류나 제본된 재질 등과 같은 곁텍스트는 우리가 서사를 경험하는 방식에 거의 영향을 미치지 못할지도 모른다. (그렇지만 이 경우에도 예외는 있을 수 있다. 오스카 와일드Oscar Wilde의 소설에 등장하는 도리언 그레이는 자신이 가장 좋아하는 소설을 "대형 판본으로 아홉 권 구입해서 각각 다른 색으로 표지를 장정하도록 했는데, 이는 기분에 맞춰 다양하게 읽기 위해서였다."[6]) 그러나 멋있는 책표지는 사람들로 하여금 그 이야기를 읽고 싶게 만들 수 있을지도 모르지만, 반대로 이야기가 그 표지의 화려함을 채워주지 못했을 때 실망감은 오히려 배가될 수 있다. 광고는 상업적인 이유로 관객들에게 특정한 연극 또는 영화에 대해 기대감을 품게 만들지만, 작품이 이런 기대와는 완전 딴판일 수도 있는 것이다. 사뮈엘 베케트의 『고도를 기다리며 Waiting for Godot』는 인간 삶의 조건에 대해 황량하고, 정적이며, 암울한 유머를 담아 무대화한 작품임에도 불구하고, 미국 초연 시에 "두 대륙을 떠들썩하게 할 웃음의 무대"라는 광고 문구로 선전되었다. 그 결과, 이 공연은 관중에게 잘못된 기대를 심어주었으며, 공연 첫날 밤 경쾌한 코미디를 기대하고 왔던 마이애미의 중상류층 관객들은 1막이 채 끝나기도 전에 극장에서 썰물처럼 빠져나갔다.

곁텍스트의 영향은 우리가 생각하는 것 이상으로 심대할 뿐만 아니라, 때로 서사의 수용 과정에 지속적으로 영향을 미칠 수도 있다. 1919년, 독자들이 W. N. P. 바벨리온의 전기인 『어느 절망한 남자의 일기 The Journal of a Disappointed Man』를 처음 읽었을 때, 그들은 다발성경화증에 걸린 재능 있는 젊은 자연주의자의 이야기에 깊은 감명을 받았다. 그 책의 마지막 문장은 다음과 같다. "바벨리온은 (1917년) 12월 31일 죽었다." 이 책은 엄청난 인기를 끌었고, 불과 몇 달 만에 5쇄나 찍었다. 그러나 바벨리온이 1917년 12월 31일에 죽은 것이 아니라 실제로는 살아 있었으며, 자신의 전기에 대한 비평을 볼 수 있을 만큼 충분히 오래 살았다는 사실이 알려졌을 때 독자들의 배신감은 이루 말할 수 없었다. 실망감이 퍼져감에 따라, 그의 책은 독자들의 뇌리에서 완전히 잊히고 말았다. 이는 아주 서사 밖에 있는 곁텍스트의 작은 정보 하나가, 글자 하나 바뀌지 않았는데도 서사를 완전히 다른 것으로 바꿔버린 대표적인 사례이다. 사실 곁텍스트는 일반적으로 이런 방식으로 작동한다. 그리고 이러한 현상은 우리가 텍스트, 책, 영화 같은 것들을 '서사'라고 부르고 있지만, 실제로 서사가 **발생하는**happen 장소는 우리의 마음속임을 분명하게 일깨워준다.

서사의 바깥경계

서사와 서사 아닌 것의 차이는 무엇인가? 서사의 가장 바깥경계는 무엇인가? 이는 앞의 2장에서 **서사성**에 관한 논의를 하는 도중에 소개했던 논점이다. 이러한 질문은 모더니즘과 포스트모더니즘 계열의 실험적 소설들과 관련하여 빈번하게 제기되어 왔다. 이 질문을 통해 묻고자 하는 것은 내가 앞에서 서사적 일관성이라고 불렀던 내용과 크게 다르지 않다. 서사적 일관성이란 하나의 일반적인 **실체**entity 또는 여러 실체들의 집합을 의미하며, 연관된 사건들을 재구성할 수 있는 연대기적 질서를 뜻하기도 한다. 서사담화는 심하게 파편화되기도 하고, 서사 외적 요소를 많이 포함하기도 하며, 동기는 물론 발생한 사건조차 영영 수수께끼로 남겨놓기도 하지만, 전체적으로 서사로 여겨질 만큼의 서사적 일관성을 충분히 갖출 수 있다. 포크너William Faulkner의 『압살롬! 압살롬!*Absalom! Absalom!*』(1936)에는 토마스 서트펜Thomas Sutpen과 그의 자손들의 행적을 서사로 재구성하기 위해 어떤 사실을 가려 뽑아야 할지, 두 명의 젊은 서술자, 퀜틴 콤프슨Quentin Compson과 그의 하버드대학 친구 슈레브Shreve가 고민하는 장면이 나온다. 이 소설에서 서사담화는 연대기적인 시간의 순서를 왔다 갔다 하면서 종횡무진 진행될 뿐만 아니라, 완전히 추측으로 남아 있는 내용도 많다. 그러나 대부분의 사람들은 그 소설이 전체적으로 하나의 서사를 구성한다는 데 동의한다. 어느 정도까지는 혼돈과 서사적 일관성은 공존할 수 있다. 그러나 마리-로르 라이언이 주장했던 것처럼, 서사 자체에 대한 약속이 계속해서 만들어지고 철회된다면, 우리는 그것을 새로운 종류의 서사로 받아들이기보다는 오히려 "근본적으로 반서사적인 태도를 표현"하는 것으로 이해하게 될 것이다(『가능세계, 인공지능, 서사 이론』, p. 267). 나는 이 말이 옳다고 생각한다. 만일 이 의견에 동의한다면, 대체 티핑포인트[7]는 어디란 말인가? 서사성에 대한 기대가 얼마나 어긋나야 사람들은 그것이 서사가 아니라고 할 것인가? 또한 이러한 종류의 글쓰기를 더 이상 서사라고 부를 수 없을 때, 이를 뭐라고 불러야 할까?

지난 15년 동안, 서사의 경계에 관한 질문은 점점 더 **전자서사**electronic narratives와 관련된 분야에 집중되어왔다. 전자서사는 하드웨어와 소프트웨어의 기술적 진보와 함께, 그리고 1993년에 탄생한 월드 와이드 웹과 함께 기하급수적으로 증가했다. 다음에 나오는 단락에서 나는 특히 두 가지 분야, 즉 하이퍼텍스트서사와 다중 사용자 롤플레잉 게임 mulitplayer role-playing game에 대해 집중적으로 다룰 생각이다. 이 두 분야는 서사의 경계를 각각 다른 방식으로 계속해서 확장시키고 있기 때문이다.

하이퍼텍스트서사

일반적으로 전자서사에 기존 서사와는 근본적으로 다른 고유한 차이가 존재한다는 믿음이 광범위하게 퍼져 있지만, 아직도 대다수의 전자서사가 인쇄 책자를 베낀 것이거나 모방한 것에 불과하다는 사실을 반드시 염두에 두어야 한다. 다양한 사례들에서 볼 때, 전자서사의 유일한 차이점은 페이지 대신에 화면으로 읽는다는 점뿐인 것 같다. 온

라인상의 영화서사에서도 똑같은 현상이 나타난다. 글로 쓴 서사의 경우, 디지털화는 속도와 유연성을 통해 광범위한 효과를 구현할 수 있도록 했다. 디지털 작업을 통해 텍스트 분해, 그림 삽입, 그래픽 생성, 사운드 효과 믹싱 등을 자유롭게 할 수 있게 되었다. 그러나 언어로 된 서사 형식을 그림이나 소리와 함께 결합시키는 능력은 다른 비전자적인 매체에서도 구현되었던 오래된 기능이다. 이와 마찬가지로 전자서사로 인해 서사를 공동 창작할 수 있는 가능성이 열렸다고 말하는 사람들도 있지만, 이러한 작업은 과거에도 다른 매체를 사용해서 빈번하게 이루어져왔으므로 전혀 새로울 것이 없다. 전자서사는 공동 창작 과정을 좀더 빠르고 효율적으로 진행하는 데 도움을 줄 수 있을 뿐이다.

글로 쓴written 형식의 전자서사가 갖고 있는 독특한 장점은 다름 아닌 **하이퍼텍스트 기능**이라고 할 수 있다. 하이퍼텍스트서사는 한마디로 하이퍼텍스트 링크 기술을 사용하는 전자서사의 집합체라고 할 수 있으며, 하이퍼텍스트 링크 기술을 통해 독자들은 즉시 다른 가상의 공간으로 이동할 수도, 거기서 무엇이든 발견할 수도 있다. (물론 현재의 기술이나 상황으로는, 다른 공간에서 발견되는 내용들이란 것이 실은 여전히 저자에 의해 배치된 것이라는 한계를 가지고 있기는 하다.) 조지 랜도George Landow는 저서 『하이퍼텍스트 2.0Hypertext 2.0』에서 산문서사에 링크로 연결된 내용들을 묶어 새로운 의미 단위로 구분하고 있으며, 이들을 지칭하기 위해 롤랑 바르트의 용어인 **렉시아**lexia[8]를 차용한다. 이때 서사에 연결된 링크들은 보충적인 서사담화, 기존 스토리의 대안적인 속편, 다른 서사의 부분 등으로 구성된다. 물론 링크는 주석, 정의定義, 그림, 시, 음악과 같은 것들로 채워질 수도 있다. 링크를 통해서 독자들은 특정한 텍스트에서 재빨리 빠져나와 다른 중요한 정보가 있는 지점으로 건너뛸 수 있다. 게다가 특정한 링크를 실행할지, 또는 건너뛸지 결정하는 옵션 역시 독자에게 주어져 있다.

그렇지만 전자서사가 가지고 있는 가장 고유해 보이는 특성조차도, 이미 다른 매체에서 그 가능성이 예견된 바 있다. 훌리오 코르타사르Julio Cortázar의 1963년 소설 『돌차기 놀이Hopscotch』는 독자들에게 각 장을 다른 순서로 읽어볼 것을 권유한다. 이보다 1년 전에 마크 사포르타Marc Saporta는 『콤퍼지션 넘버 원Composition no.1』을 발표하면서 훨씬 더 실험적인 시도를 한 바 있다. 그 책은 독자들이 아무 장이나 꺼내서 읽도록, 쪽수가 매겨지지 않고 제본도 되지 않은 채 상자에 담겨 출시되었던 것이다. 그러나 책을 띄엄띄엄 읽기 좋아하는 독자들은 늘 있게 마련이다. 여러분들도 마찬가지이다. 이러한 독서 방식은 하이퍼텍스트서사를 읽는 방법과 비견될 만하지 않은가? 게다가 우리 모두는 서사를 읽을 때 이전 내용을 기억해내려고 하거나, 혹은 앞으로 오게 될 내용을 미리 머릿속에 그려보거나 하는 자연스러운 경험을 한다. 하이퍼텍스트 기능은 충분히 매혹적이며, 화려하게 보일 때도 있다. 하이퍼텍스트 예술가들은 하이퍼텍스트 특유의 속도감과 느낌을 사용하여 이전과는 명백하게 다른 서사적 경험을 성취해내고 있다. 그러나 특정한 하이퍼텍스트의 창작이 이른바 서사라고 부르는 영역을 벗어나는지 여부를 결정해야 한다면(실제로 서사라고 부르기 힘든 것들도 많이 있기 때문에), 단순히 하이퍼텍스트 링크가 있는지 없는지는 상관없이 이들 링크가 전개되는 방식을 고려해야 한다.

하이퍼텍스트와 다른 실험적 소설과 기존 양식과의 차이점 가운데 하나로 주목받고 있는 것이 바로 서사적 **선형성**linearity을 파괴하는 방식에 관한 것이다. 선형성이란 서사가 앞서 일어난 사건에서 나중에 일어난 사건으로 연결되는 방식을 의미한다. 하이퍼텍스트 픽션 속에는 수많은 렉시아가 존재할 뿐만 아니라 독자는 자신이 원하는 대로 서사 단편들의 순서를 배열할 수 있는 경우도 적지 않다. 이러한 서사는 단일한 서사적 순서에 대한 관념을 부정한다. 하물며 처음에서 시작해서 끝으로 이어지는 순서는 말할 것도 없다. 그러나 서사는 언제나 **스토리**story와 **서사담화**narrative discourse라는 두 가지 요소로 구성되어 있다는 사실을 다시금 상기할 필요가 있다. 앞서도 말했던 것처럼, 서사담화는 앞뒤로 또는 안팎으로 이동할 수 있다. 이러한 점으로 볼 때, 비선형성은 스토리텔링이 기록된 초창기부터 서사담화에 일반적으로 나타나는 현상이라고 볼 수 있다. 고대의 서사시들은 보통 "그 도중에in medias res"로 시작했다가 서사가 진행되면서 다시 스토리의 이전 부분으로 되돌아가곤 한다. 이와 반대로 **스토리**는 당연히 단선적일 수밖에 없다. 스토리는 오로지 앞으로, 시간이 흘러가는 한 방향으로만 갈 수 있기 때문이다. 엄밀히 말해서 하이퍼텍스트 렉시아들은 오래전부터 물려받은 서사적 조건을 단순히 새롭게 뒤틀어 변형한 것에 지나지 않는다. 하이퍼텍스트가 독자들에게 어느 정도 서사담화를 배열해서 그 부분들을 다른 식으로 배분할 수 있는 가능성을 허용한다 할지라도, **다시 스토리를 재구성할 수 있는 한** 서사의 본질적인 조건을 위반한 것은 아니기 때문이다. 하이퍼텍스트의 가능성을 폭넓게 실험하고 있는 마이클 조이스Michael Joyce의 『오후, 어떤 이야기*afternoon, a story*』(1987) 같은 하이퍼텍스트 소설을 처음으로 읽을 때, 대개 독자들은 스토리를 찾느라 애를 먹게 마련이다. 그러나 이러한 수고로움은 포크너의 모더니즘 소설인 『압살롬! 압살롬!』을 하드커버 판본으로 읽을 때의 경험과 크게 다르지 않은 것이다.

지금까지의 논의를 요약하면, 텍스트 안에 서사가 존재한다고 해서 텍스트를 서사라고 할 수 없는 것처럼, 서사담화가 스토리의 선형성을 극단적으로 부정한다고 해서 그 이유만으로 텍스트를 서사가 **아니**라고 할 수는 없다는 것이다. 오히려 이 질문에 답하기 위한 핵심 요소는 **스토리가 주된 요소로 작동하는가**whether story predominates의 여부라고 할 수 있다. 하이퍼텍스트의 링크 기능은 스토리의 줄거리를 계속해서 탐색하고 발견해나가는 방식으로 전개되는가? 아니면 관심을 스토리에서 지나치게 분산시켜서 독자들이 전체 텍스트를 서사가 아닌 다른 것으로 인식하게 하는가? 하이퍼텍스트가 서사인지 아닌지는 이에 따라 판별할 수 있을 것이다. 넬슨 굿맨은, 서사담화를 충분히 변형한다면 하나의 텍스트를 서사에서 숙고의 상태나 순수한 미학적 즐거움의 상태를 불러일으키는 '연구 논문' 또는 '교향곡'의 형태로 바꿀 수 있다고 주장했다.[9] 바로 이 지점이 앞장 마지막 부분에서 내가 예고했던 회색지대이다. 여기서 '회색'이라는 단어를 사용한 이유는 서사적 일관성을 해체할 만큼 변형이 충분히 일어났는지 결정하는 것은 주관적인 판단에 달려 있기 때문이다. 사람들은 서사가 주는 것과는 다른 지배적인 효과를 기술하기 위해 '시poetry'라는 용어를 사용하기도 한다. 존슨의 「셀리아에게 바치는 노래」에서, 독자들이 끌어낸 스토리는 사랑에 빠진 시인의 마음 상태를 은유적으로 표현하는 데 도움을 주기 위해 사용된 것일 뿐 주도적인 것이 아니다. 이 시의 첫 행에서 쳐다보는 일, 마시는 일과 같은 미시서사들은 에로틱한 욕망을 표현한, 위트 있는 복합 은유와 혼합되어 있다. 이와 마찬가지로 로버트 켄들Robert Kendall의 하이퍼텍스트 『두 사람을 위한 인생 A Life Set for Two』(1996)과 마이클 조이스의 하이퍼텍스트 『리치 Reach』(2000)는 스토리에 관련된 성향보다 시적 성향에 호소하는 것으로 보인다. 이 텍스트들의 주된 관심사는 스토리를 이해시키는 것보다(물론 서사적 단편 가운데 어떤 것은 분명히 흥미를 끌지만) 렉시아들을 사용하여 유희를 즐기는 데 초점이 모아져 있다. 조지 랜도는 하이퍼텍스트 링크 자체가 시적 효과를 발생시킨다고까지 주장하기에 이른다. "하이퍼텍스트는 글쓰기에 링크라는 요소를 덧붙인다. 이들 링크는 텍스트와 여러 텍스트의 단편 사이에 존재하는 틈을 연결하는 역할을 한다. 따라서 링크는 유추, 은유, 그리고 이 밖에도 다른 형태의 사고와 비유법 등과 비슷한 효과를 만들어낸다. 이들은 바로 우리가 시와 시적 사유를 정의하기 위해 사용했던 요소들이다."10)

서사인가 아니면 삶 그 자체인가?

서사 이론의 관점에서 본다면, 여러 요소들이 한데 모여 있는 매혹적인 활동은 롤플레잉 게임이라고 할 수 있다. 1974년 발매된 「던전 앤 드래곤Dungeons and Dragons」이 엄청난 성공을 거둔 이래 롤플레잉 게임은 '게이머들' 사이에서 급속도로 퍼져나갔으며, 전체 인구에 비해 소수이긴 하지만 무시할 수 없는 수의 열렬한 게임 팬 층도 생겨났다. 플레이어들은 (게임 담화 속에서는 '아바타'라고 불리는) 자신들만의 고유한 캐릭터를 갖고 게임을 시작한다. 각각의 게임들은 기본적으로 일종의 뼈대가 되는 스토리 구조를 바탕으로 하고 있으며, 중요한 '플롯 포인트plot points' 11)들을 갖고 있다. 또한 이들은 모두 '게임 마스터'라고 불리는 게임 운영자들에 의해 통제되고 계획된다. 이 점에서 게임은 서사처럼 보이기도 하지만, 플레이어들이 큰 스토리를 이해하려고 몰입해 있는 도중에 사건들을 임의로 도입하는 능력을 갖고 있다는 점에서 (물론 게임에 따라 광범위한 제약이 존재하기는 하지만) 지나치게 자유분방해 보이기도 한다. 그래서 롤플레잉 게임 전체는 일종의 협동 작업과 같다. 이 과정에서 플레이어들과 게임 마스터는 게임을 시작할 때는 누구도 의도하지 않았던 것을 만들어낸다. 따라서 게임은 어느 정도 자기 자신을 만들어내는 서사인 것처럼 보인다. 이 점에서 즉흥 연극이나 리얼리티 TV쇼와 유사하다.

1970년대 후반 이래로 롤플레잉 게임은 개인용 컴퓨터, CD, 인터넷 그리고 웹 등을 거쳐 왔다. 인터넷의 발전으로, 동시에 게임에 접속할 수 있는 사람들의 수가 획기적으로 늘어났고, 롤플레잉 게임은 MMORPG, 또는 대규모 다중사용자 온라인 게임(이하 MMO)으로 진화했다. MMO는 1997년 「울티마 온라인Ultima Online」이라는 게임으로 시작되었으며, 지금은 국제게임시장의 가장 중요한 부분으로 확고히 자리 잡고 있다. 2006년 여름까지 블리자드 사社의 「월드 오브 워크래프트World of Warcraft」는 가입자가 무려 650만 명에 이른다. 이러한 게임들을 통해 대륙 크기의 거대한 가상 세계를 수천 명의 사람들이 동시에 탐험하는 일이 가능하게 되었다. 「월드 오브 워크래프트」 같은 게임은 매달 새로운 스토리와 플롯 포인트들이 추가되는 가운데 서서히 발전해가면서 수천 명의 가입자들이 게임 서버들 가운데 하나를 통해 동시 접속하여 게임을 즐기도록 한다. 플레이어들은 게임의 제작자들이 여러 서버에 배치해둔 핵심 등장인물들과 사건들을 밝혀내는 과정에서 부지런히 플롯 포인트들을 찾아낸다. 동시에 이들은(다시 말해 그들의 아바타들은) 다른 플레이어들과 만나서 함께 대화를 나누거나 비방 또는 농담을 건네기도 하며, 매우 광범위하게 전개되는 보충적 사건들에 관여하기도 한다. 심지어 「애시론스 콜Asheron's Call」 같은 게임에서는 아바타들이 예식과 축하파티를 갖춘 채 결혼식을 올리기도 한다.

그러나 이런 것들을 서사라고 할 수 있는가? 만일 사건들이 지금 이 순간 처음으로 발생한 것일 때, 이를 서사라고 부를 수 있는가? 예를 들어 우리가 자신의 삶을 가리켜 서사라고 말할 수 있는가? 우리는 "내 서사에서 다음에 무슨 일이 일어나게 될지 궁금하군"이라는 식으로 말하는가? 이런 식의 말이 가능할 수는 있어도, 어색하게 들리는 것은 사실이다. 또한 이는 서사의 정의를 내리는 데도 문제가 될 수 있다. 서사와 삶 사이에 구분이 없다면 '서사'라는 용어에 너무 많은 의미들을 포함시킴으로써, 그 용어의 유용함을 고갈시킬 위험에 처하는 것은 아닐까? 또한 그렇다면 삶과 지금까지 서사라고 불렀던 것을 어떻게 구별할 수 있겠는가? 어쩌면 다른 용어가 필요한 것은 아닐까? 혹은 우리는 '서사'라는 용어의 의미를 엄격하게 제한함으로써, 그 용어의 유용함을 보존할 수 있겠는가?

논의를 정리하기 위해서, 스토리와 서사 간의 차이로 되돌아가 보고자 한다. 앞에서 말한 것처럼, 스토리는 서사에 의해서 전달되지만, 서사에 앞서 존재하는 것**처럼 보인다**(이때, ~처럼 보인다는 것이 중요하다). 이러한 논리로 보면 서사는 언제나 뒤이어 나타나는, 즉 **재再-현現하는 것**re-presentation처럼 보인다(마찬가지로 중요한 말이다). 다른 말로 하면, 서사는 스토리를 **운반한다**는 것이다. "스토리는 전달되기 전까지는 실제로 존재하는 것이 아니다"라는 컬러와 같은 학자들의 주장이 옳다 하더라도, 우리는 여전히 스토리를 전달하는 서사 이전에 스토리가 선재pre-existence하는 것으로 느끼는 경향이 있다. 스토리와 서사를 구분하는 이러한 유용한 정의에 입각해서 보면, 앞서 존재하는 스토리가 없다는 점에서 우리의 삶과 롤플레잉 게임은 서사라고 볼 수 없다는 결론에 도달하게 된다. 이런 점에서 롤플레잉 게임은, 즉흥연극과 마찬가지로 우리의 삶과 닮아 있다. 삶에서처럼 우리는 사전에 계획되어 있거나 적혀 있거나 미리 짜놓지 않은 채 발생하는 어떤 것, 진행되어가면서 스스로를 구축해가는 것에 대해 인식하고 있다.

만일 우리의 삶과 롤플레잉 게임이 서사가 아니라면, 스토리라고 할 수 있는가? 이는 더욱 대답하기 어려운 문제이다. 지금까지 주장한 내용들에 의거한다면, 삶과 롤플레잉 게임은 스토리가 아니라고 답해야 할 것이다. 우리의 삶과 롤플레잉 게임이 서사가 될 수 없다면, 논리적으로 그 서사를 통해 **재현되는**re-presented 스토리 역시 될 수 없기 때문이다. 그러나 사람들이 다가와 "당신의 서사는 무엇인가?"라고 묻는 경우는 없어도, 마치 당신이 하나의 스토리를 갖고 있거나, 그 속에 들어 있기라도 한 것처럼 "당신의 스토리는 무엇인가?"라고 묻는 경우는 드물지 않다. 이러한 질문이 갖고 있는 속뜻은 당신으로 하여금 하루, 한 달, 한 해, 또는 일생을 돌아보고 그 안에서 가장 중요한 것, 다시 말해 **구성적 사건**들을 간추려 말해달라고 하는 것이다. 1장에서 말했던 것처럼, 스토리는 우리가 중요하게 생각하는 것을 선택하고 그에 따라 시간을 구성하는 방식이라고 할 수 있다. 따라서 우리의 삶과 롤플레잉 게임이 스토리와 같은 것이 아니라 해도, 그 대신 스토리의 모태라고 할 수 있을지도 모른다. 이때 스토리는 서사를 통해 나타날 수 있으며, 이는 「애시론스 콜」이라는 게임 중 결혼한 두 아바타에 대해 짧은 스토리를 서술하는 것과 같은 방식이라고 할 수 있다.

이러한 해결책은 언어의 관용적인 용법과 잘 들어맞는다고 볼 수 있는가? 평범한 사람들이 일상에서 쓰는 "이봐, 어떻게 된 스토리야?"라는 표현이 "이봐, 무슨 일이 벌어진 거야?"라는 말과 똑같은 뜻으로 사용되는 것을 상기해보라. 역사학자들 역시 사건들의 진상을 알아내고자 할 때 자신들이 '실제 스토리real story'를 밝혀내고자 노력한다는 표현을 사용한다. 마찬가지로 범죄 사건을 수사하는 형사는 사건의 스토리를 추적한다고 말하기도 하고, 천문학자들은 우주의 스토리를 밝혀내고자 한다는 표현을 사용하기도 한다. 이들 표현이 의미하는 내용은 한결같이 **실제로 발생한 사건들**events really happened에 관련된 것들이다. 다시 말해 누군가 살해되었고, 우주가 어떤 과정을 거쳐 진화했으며, 워싱턴이 델라웨어 주를 가로질러갔다는 사실 같은 것들이다. 이를 다른 말로 하면, 우리들은 '진실한 스토리'는 어디에도 존재하지 않는다고 한 사르트르의 말을 부정하고 있는 것인가?

이에 대한 답은 부정과 긍정 모두 가능하다. 나뭇가지 하나가 떨어져 한 사랑에 빠진 사람이 들고 있는 연애편지 위에 떨어진다. 그 바람에 편지는 바람에 실려 들판을 가로질러간다. 나중에, 그를 남몰래 흠모하던 젊은 여성이 이 편지를 발견하게 된다. 그녀는 그가 다른 사람을 사랑한다는 사실을 알게 된다. 절망에 빠진 그녀는 스스로 호수에 몸을 던져 죽고 만다. 이러한 일들은 매일 일어난다. 인생은 이런 일들로 뒤죽박죽되어 있다. 하지만 중요한 것은 우리가 이들을 뭐라고 부르건—잠재된 스토리, 버추얼 스토리, 말하지 않은 스토리, 스토리 소재, 전前-서사물the pre-narratable, 삶 자체—이들이 스토리의 형식을 취할 경우 우리는 이들을 **진술하는**recount **방식으로만** 이해할 수 있다는 사실이다. 바로 이것이 이 책에서 관심을 갖는 부분이다. 말로 표현되든, 무대화되든, 영화화되든, 사건이 어떤 식으로든 매개될 때 발생하는 어떤 것, 그것이 바로 서사이다. 우리가 주목하는 대상으로서, 서사의 첫번째 법칙은 자신이 전달하는 스토리 위에 고유한 표지를 남겨 놓는다는 것이다. 따라서 비록 어떤 일이 실제로 이 세상에서 발생한다고 해도, 수많은 방식을 사용해서 덧붙이고, 틀 짓고, 채색함으로써 이들 사건을 굴절시키지 않고서는 언어, 대본, 영화, 그림 등을 사용해서 이들을 포착해내는 것은 불가능하다고 할 수 있다. 오직 이러한 방식을 사용함으로써 우리는 스토리를 형상화할 수 있다. 이는 재현이자 재창조의 행위에 해당한다. 바로 이것이 서사를 만들어내는 차이인 것이다.

∴ 경로 선택 그리고 은밀한 줄거리 ∴

에스펜 오르세트Espen J. Aarseth는 저서 『사이버텍스트Cybertext』에서, 롤플레잉 게임이 던지는 수수께끼 같은 문제들에 대해서 유용하다고 느끼거나 적어도 호기심을 유발할 만한 흥미로운 해결책을 제시했다. 예를 들어 축구 게임 같은 롤플레잉 게임에서, 우리는 스토리는 아니지만 행위의 연속을 얻을 수 있다. 그렇다면 그 행위는 서사적 행위가 아니라 바로 '경로經路 선택ergodic'이다. 즉 "일련의 사건의 연쇄가…… 한 명 혹은 그 이상의 개인들이나 메커니즘이 이루어내는 상당한 노력에 의해 창조되는데, 그것이 이루어지는 상황"을 경로 선택이라고 칭하는 것이다. 따라서 롤플레잉 게임에서 '게임 유저'(독자가 아니다)는 자신이 스스로 취하는 행동을 통해 사건의 경로 선택을 어느 정도까지 만들어갈 수 있다. 그러나 이는 숨겨진 스토리처럼 보이는 일종의 제약을 벗어나지는 못한다. 오르세트는 이렇게 게임 유저들이 직접 행동함으로써, 즉 행위를 통해 사건을 창조함으로써 이해할 수 있는, 플롯과 유사한 요소들을 가리켜 '인트리그intrigue'라는 용어를 사용한다. 여기에는 선형적인 경로를 가진 고정된 스토리 대신 다양한 가능성이 존재하며, 실제로 일어나는 일련의 특정한 사건들은 기록의 형식으로 저장된다. "스토리나 플롯으로 구성되는 서사 대신, 우리는 인트리그를 구성하는 경로 선택 기록ergodic log을 갖게 된다."[12]

이번 장 그리고 마지막 장에서, 나는 서사를 정의하는 데 필수적인 것에 대해 자세히 살펴보았다. 이를 통해 우리는 우리 자신과 스토리 간의 역동적인 상호작용에 대해 초점을 맞추고자 할 때, 집중적으로 다루어야 할 과제가 무엇인지 알게 되었다. 이 밖에도 서사는 형식적인 면에서나 정서적인 면에서 수많은 특질들을 갖고 있으며, 우리는 이들을 오랜 세월에 걸쳐서 명명하고 분류해왔다. '미메시스'와 '디에게시스' '이종제시 서술자'와 '동종제시 서술자' '초점화' '사전제시' '소급제시' '토포스' '유형' 등 헤아릴 수 없을 정도로 많은 용어가 존재한다. 나는 이 책에서, 다양한 용어들 가운데 가장 중요하고 유용한 것들만을 추려내어 집중적으로 다루었다. 이들 용어들은 이 책의 나머지 장에서도 적절한 대목에서 계속 다루어질 것이며, 책의 마지막 부분에 있는 「용어 해설 및 주제별 색인」을 보면 더욱 상세한 설명을 얻을 수 있을 것이다.

더 읽어볼 서사학 이론

캐서린 기티스Katherine S. Gittes의 『캔터베리 이야기 속의 액자: 초서와 중세의 액자서사 전통Framing the Canterbury Tales: Chaucer and the Medieval Frame Narrative Tradition』(New York: Greenwood, 1991)은 역사적 장르에 등장하는 액자서사를 충실하게 설명한 입문서이다. 액자 만들기와 삽입 기법을 폭넓게 다룬 좀더 전문적인 연구서로는 윌리엄 넬스William Nelles의 『액자: 서사 층위들과 삽입서사Frameworks: Narrative Levels and Embedded Narrative』가 있다. 제라르 주네트의 『곁텍스트: 해석의 문지방Paratexts: Thresholds of Interpretation』은 곁텍스트에 관한 주제를 다루고 있다. 주네트는 다른 책 『고쳐 쓴 양피지: 2단계의 문학Palimpsests: Literature in the Second Degree』에서도 동일한 개념을 생생하게 다룬 바 있다. 한편 1990년대에는 새로운 디지털 기술의 영향을 받은 서사에 대해 다루고 있는 세 편의 중요한 텍스트가 주목을 받았다. 이들은 조지 랜도의 『하이퍼텍스트 2.0: 최신 비평 이론과 테크놀로지의 통합』과 그의 또 다른 책 『하이퍼/텍스트/이론Hyper/Text/Theory』(Baltimore: Johns Hopkins University Press, 1994), 그리고 에스펜 오르세트의 『사이버텍스트』(Baltimore: Johns Hopkins University Press, 1997)이다. 좀더 최근에는 마리-로르 라이언이 일련의 저서들을 통해 디지털 서사에 대해 설득력 있는 재평가를 제공했다. 여기에서는 그녀의 2001년 저작 『버추얼 리얼리티로서의 서사: 문학과 전자 매체에서의 집중과 상호작용』을 추천하고 싶다. 롤플레잉 게임 내의 서사적 요소에 관하여 이 책에서 언급했던 내용을 더욱 확대한 글로는 나의 소논문 「모든 서사 미래의 미래The Future of All Narrative Futures」(제임스 펠란James Phelan과 J. 라비노비츠J. Rabinowitz, 『서사학 이론 안내서A Companion to Narrative Theory』, pp. 529~41)를 참고하면 좋을 것이다. 동일한 주제를 다룬 다른 견해를 보고 싶다면, 라이언의 논문 「신화와 은유 너머: 디지털 매체의 서사Beyond Myth and Metaphor: Narrative in Digital Media」(*Poetics Today*, 23:4(2002), pp. 581~610)를 참고할 수 있다.

더 읽어보면 좋은 문학작품

문학의 역사를 뒤져보면 액자서사를 사용한 예를 수없이 찾아볼 수 있다. 『나사의 회전』 첫 장면은 스토리를 전달하는 장면으로 시작된다. 이 밖에도 스토리를 전해주는 원고를 찾는 내용을 담고 있거나, 스토리가 담긴 고대의 책을 발견하는 내용을 담고 있는 서사는 헤아릴 수 없이 많다. 이 경우, 전달되는 스토리는 거의 대부분 1인칭 시점을 취한다. 이러한 내용을 담은 고전적인 예로는 조지프 콘래드Joseph Conrad의 『암흑의 핵심Heart of Darkness』(1899)이 있다. 이 작품에서 스토리를 전달하는 최초의 서사는 정서적인 영향력을 갖고 있음은 물론 작품 해석에 결정적인 역할을 한다. 액자서사를 통해 이러한 전략을 수행하는 또 다른 예로는 미하일 레르몬토프Mikhail Lermontov의 『우리 시대의 영웅A Hero of Our Time』(1840)과 이디스 워턴Edith Wharton의 『에단 프롬Ethan Frome』(1911)을 들 수 있다. 유사한 예들을 영화에서도 발견할 수 있다. 「타이타닉Titanic」(1997), 「라이언 일병 구하기Saving Private Ryan」(1998) 그리고 「블레어 위치The Blair Witch Project」(1999) 등이 그 예이다. 앞에서 메리 셸리의 『프랑켄슈타인』에 들어 있는 여섯 개의 삽입서사들에 대해 언급했는데, 1831년판에서 메리 셸리는 그 소설이 처음 구상되었던 상황에 대해 서술하는 도입부를 추가했다. 그런데 흥미로운 점은 이 새로운 도입부가 액자서사로 보일 수 있을 뿐만 아니라 곁텍스트의 역할도 동시에 수행한다는 점이다. 한편 서사의 경계 바깥에 관해서는 서사적 일관성의 경계를 밀고 나아가는 포스트모더니스트 작가들이 좋은 예가 된다. 클로드 시몽Claude Simon의 『플랜더스 길The Flanders Road』(1960), 알랭 레네Alain Resnais의 『지난해, 마리엔바드에서Last Year in Marienbad』(1961), 블라디미르 나보코프Vladimir Nabokov의 『창백한 불Pale Fire』(1962), 토머스 핀천의 『제49호 품목의 경매』(1966), 훌리오 코르타사르의 『시간의 신과 명성Cronopios and Famas』(1969), 크리스틴 브룩-로즈Christine Brooke-Rose의 『스루thru』(1975)를 들 수 있다. 사포르타와 코르타사르처럼, 독자에게 다른 순서로 부분들을 읽을 선택권을 주는 또 다른 인쇄본 소설로는 B. S. 존슨B. S. Johnson의 『불행한 사람들The Unfortunates』(1969)이 있다. 1971년에는 덴마크의 수학자이며 소설가인 오게 마드센Aage Madsen이 『다이엄과의 나날 혹은 밤의 인생Days with Diam or Life at Night』을 출판했다. 이 소설은 독자들이 각각의 장 끝마다 다른 두 장을 선택할 수 있는 기회를 제공함으로써, 결국 총 서른두 개의 서로 다른 잠재적 서사를 가지게 되었다. 마이클 조이스의 『오후, 어떤 이야기』를 비롯해서 각각의 고유한 방식으로 서사의 경계를 확장시키고 있는 하이퍼텍스트서사들이 있다. 여기에는 스튜어트 몰드롭Stuart Moulthrop의 『승리의 정원 Victory Garden』(1991), 캐럴린 가이어Carolyn Guyer의 『핑계 Quibbling』(1933), 셸리 잭슨Shelley Jackson의 『패치워크 소녀 Patchwork Girl』(1995), M. D. 커벌리M. D. Coverly의 『캘리피아 Califia』(2000) 등이 해당된다. 이 네 편의 작품과 조이스의 『오후, 어떤 이야기』는 이스트게이트 시스템스Eastgate Systems[13]를 통해서 읽을 수 있다.

4장

서사의 수사학

서사의 수사학

서사의 수사학은 서사의 힘이다. 그것은 독서할 때 경험하는 사상과 감정의 섬세하고 강력한 조합을 생산하는 텍스트의 모든 요소와 관련된다. 이러한 요소들은 우리가 서사를 어떻게 해석할 것인지, 즉 우리가 어떻게 그 안에서 의미를 찾아내는지와 같은 방식에 대해 영향을 준다. 논의의 여지가 있긴 하지만, 텍스트의 모든 요소는 텍스트에 대한 우리의 해석과 그것의 효과에 기여한다. 그리고 그 **모든** 요소는 일정한 수사학적 기능을 지닌다. 하나가 미묘하게 변하면 그 전체의 효과가 변하게 된다. 바르트는 "(텍스트의) 모든 것은 의미를 갖고 있다…… 심지어 전체적인 상관관계와는 무관한, 전혀 무의미해 보이는 세부조차도, 결국 불합리성 혹은 무용함이라는 의미를 전달하게 된다"라고 말한다(「서사 구조 분석 입문」, p. 261).

∴ 누가 이 힘을 행사하는가? ∴

"모든 것은 의미를 갖고 있다"라고 한 바르트의 말은 저자가 텍스트 안에 있는 것을 모두 통제하거나 인식하고 있다는 사실을 뜻하지는 않는다. 물론 이런 식의 언급을 한다고 해서 독자는 저자의 품위를 깎거나 그들이 지닌 재능을 폄훼하지는 않는다. 오히려 이것은 텍스트 해석이라는 작업이 저자가 의도했던 그 이상의 것을 다루는 복잡한 활동임을 인정하는 것으로 보아야 한다. 의미의 문제 그리고 저자와 의미의 관계에 대해서 의견이 분분한 것은 그것이 그만큼 중요한 문제이기 때문이다. 7장과 8장에서 이 문제를 다시 논의할 것이다. 그러나 서사의 의미를 포함해 서사의 효과가 전적으로 저자에게 달린 것만은 아님을 그전에 분명히 해둘 필요가 있다.

서사를 힘의 도구라 부르는 것은 과장이 아니다. 실제로 이러한 힘을 반영하고 있는 강력한 서사들은 수없이 많다. 위대한 스토리텔러였던 리처드 라이트Richard Wright는, 남부의 가난한 흑인 소년 '푸른 수염Bluebeard' 이야기를 들었던 당시의 충격을 다음과 같이 기술한다. "그녀가 말하자 현실reality이 변했고, 사물의 형태가 바뀌어갔으며, 그 세계는 마술적 존재로 채워졌다. 삶에 대한 나의 감각은 더욱 깊어졌고 사물에 대한 나의 느낌은 달라졌다. 마법에 걸리고 매혹되어, 나는 자세한 것들을 물어보기 위해 그녀의 이야기를 끊임없이 중단시켰다. 나의 상상력은 빛났다. 나를 깨운 그 이야기의 감각들은 절대로 나를 떠나지 않았다."[1] 이 장과 다음 장은 서사의 몇몇 중요한 수사학적 효과와 그것들을 생산하는 몇 개의 장치들에 집중될 것이다. 이 장에서 나는 리처드 라이트가 묘사하고 있는 것보다는 좀더 일반적인 두 가지 효과, 즉 **인과관계**causation와 (더 넓은 주제인) **표준화하기**normalization에 대한 논의부터 시작하고자 한다. 그 후에 나는 주요 수사학적 장치인 마스터플롯masterplot에 집중할 것이다. 5장에서는 전적으로 종결의 문제에 대해 다룰 것이다. 종결은 서사가 지닌 수사학적 저장고에서 수사학적 효과와 장치의 두 역할을 모두 담당한다.

인과관계

우리는 사물의 기원causes을 끊임없이 모색하는 그러한 본성을 가지고 있다. 스토리는 피할 수 없는 선형성linearity을 가지고 있기 때문에, 서사는 이러한 필요성을 충족시킬 수 있는 강력한 수단이 된다. (이것이 사실인지 아닌지는 다른 문제이긴 하지만, 여기서는 간략하게 언급해보겠다.) 그런데 상당수의 위대한 서사들(바빌로니아 신화에서『신들의 전쟁』,『성서』의「창세기」,『아에네이드Aeneid』『실낙원』)이 거대한 규모의 인과관계의 서사로 이루어졌다는 것은 놀라운 일이 아니다.『아에네이드』와 같은 서사시epic는 전통적으로 국가의 기원에 대해 말해준다.「창세기」나『신들의 전쟁』과 같은 이야기들은 삶 그 자체의 기원에 대해서 말해준다. 때로는 이 두 가지—국가의 기원과 지상에서의 삶의 기원—는 동일한 기원으로부터 출발하기도 한다.

너도 잘 알다시피, 모든 것들이 존재해야만 할 때엔 그것들이 존재하는 법이 있단다. 카이오와족Kiowas은 속이 텅 빈 통나무에서 이 세계로 한 사람 한 사람씩 나왔단다. 그들은 지금보다 더 많았지만, 그들 모두가 밖으로 나온 건 아니었어. 통나무 안에는 아기를 가져서 몸이 부풀어 오른 여자가 있었는데, 그 여자가 그만 통나무에 박혀버렸지 뭐니. 그 이후에는 말야, 아무도 그 통나무를 지나가지 못했대. 그래서 카이오와족이 작은 마을이 된 거야. 그들은 온 세상을 돌아보고 또 둘러보았대. 그렇게 많은 사물을 본 일은 그들을 매우 즐겁게 했다는구나. 그들은 자신들을 **크우다**Kwuda라고 불렀다는 거야. 그건 '나타남coming out'이란 뜻이래.[2]

카이오와족의 기원신화에 대한 모머데이N. Scott Momaday의 묘사는 카이오와 사람들의 존재의 기원에 대해서 말해줄 뿐만 아니라 또 다른 인과관계에 대해서도 답하고 있다. 왜 우리는 이렇게 소수인가? 왜 우리는 그렇게도 세상을 사랑하는가? 어떻게 우리는 명명되었는가? 신화와 서사시는 우리에게 원인을 통해서 세계를 설명해주는 서사의 일종이다.

그러나 서사에서 인과관계를 읽는 것은 신화와 서사시에 국한되지는 않는다. 간단히 말해서 인과적 관습에 따라 질서정연하게 사건을 배열하는 방법인 서사는 인과관계의 연속이라는 느낌을 빈번하게 준다.

"제발," 그가 간청했다. "나에게 한 번만 더 기회를 줘!"
갑자기 그녀는 두통이 엄습하는 것을 느꼈다.

연속된 두 줄의 서사를 읽으면서, 우리는 자동적으로 **그녀의** 두통과 그의 감정 분출을 연관시킨다. 실제세계에서 두통을 발생시킬 수 있는 요인은 매우 다양하다. 저혈당, 발작, 편두통, 기압 등의 요인이 그것이다. 그러나 정보와 그 정보를 우리에게 전달하는 서사적인 형식이 주어진다고 가정해보자. 그러면 우리는 이전에 나타난 사건들(그의 간청)과 이후에 나타난 사건들(그녀의 두통) 사이의 인과적 연관성을 읽어낼 것이다. 일부 학자들은 인과성을 부여하기 위해서 그 이상이 필요하다고 주장할지도 모른다. E. M. 포스터는 자신의 고전적인 소설 연구에서, 그는 "왕이 죽었다. 그러고 나서 왕비도 죽었다"와 "왕이 죽었다. 그러고 나서 왕비도 슬퍼서 죽었다" 같은 두 서사 사이의 주요한 차이를 논증하였다. 그 차이는 그 문장이 인과관계를 보여주는지의 여부에 있다고 포스터는 주장하였다.[3] 그럼에도 불구하고, 채트먼은 서사의 흐름이 우리 안에서 자연스럽게 연관되기 때문에, 인과적으로 생각하도록 만드는 특정한 명시적 표현을 필요로 하지 않는다고 주장한다.

흥미로운 일은 우리의 마음이 집요하게 구조를 찾는다는 것이다. 그리고 마음은 만약 필요하다면 구조를 제공한다. 알려져 있지 않다고 해도, 독자는 "왕이 죽고 여왕이 죽었다"가 인과적 연결을 표현한다고 생각하면서, 왕의 죽음과 여왕의 죽음이 인과적인 관계가 있다고 여길 것이다. 우리는 그렇게 동일한 정신적 태도를 지니고 있어서, 시각적 영역에서 일관성을 찾으려고 한다. 즉, 우리는 본래 인지한 그대로의 느낌에 집중하기 쉽다는 것이다(『이야기와 담론』, pp. 45~46).

∴ 서사는 원인을 보여주어야만 하는가? ∴

2장에서 언급했듯이, 서사를 정의하는 자질로서 명확한 인과적 연속을 요구하는 서사학자들이 있다. 그러나 이 책에서 나는 '사건의 재현'이라는 좀더 광범위한 서사의 정의를 사용하고 있다. 물론 이때 사건들은 인과관계의 분명한 연속에 의해서 묶여 있을 수도 있고 그렇지 않을 수도 있다. 예를 들어, 탐색담quest story은 인과적 관계가 부재하는 다양한 사건들(기사가 늪에 빠지고, 야생 쥐들에게 쫓기고, 그리고 바지에 불이 붙고……)의 연속을 포함할 수 있다. 그러나 그것 한 가지만으로는 서사가 아니라고 말하기는 어렵다. 바로 이때 **서사성**narrativity이란 용어를 요긴하게 사용할 수 있다. 인과관계가 서사의 특징을 정의하는 것이 아니라 하더라도, 그것은 보편적인 특질이기에 그것이 서사성을 증가시켜준다고 말할 수는 있기 때문이다.

사건의 배열에 의해서 구성되는 서사는 질서를 추구하는 우리의 요구를 충족시킨다. 그리고 서사가 갖는 이러한 질서의 가장 보편적인 사례는 아마도 인과관계에 따라서 사건이 배열되는 경우일 것이다. 그렇지만 인과관계에 따르는 사건의 배열이 서사를 적합한 것으로 만든다는 가정 역시 의심스럽다. 왜냐하면 이러한 가정은 모든 사건에 인과관계가 있다고 하는 고전적인 오류에 암묵적으로 근거하고 있기 때문이다. 이러한 오류를 라틴어 경구로 표현하면 다음과 같다. "Post hoc ergo propter hoc."(글자 그대로 해석하면 "앞에 발생한 일이 원인이다.") 바르트는 "서사를 이끄는 주된 원동력은…… 관련성과 결과를 혼동하는 것, 즉 서사를 읽는 과정에서 **뒤에 오는 사건을 어떤 원인에 의해 유발된** 결과로 간주하는 것이다"(「서사 구조 분석 입문」, p. 266)라고까지 말했다. 사회과학에서는 때로 이 서사적 환상의 힘을 부적절하게 활용하는 경우도 있다. "지역 학교에서 교복 착용 후 청소년 범죄율이 18퍼센트 떨어져." 사실 이와 같은 머리기사는 짧은 서사에 불과하지만, 사람들로 하여금 쉽게 혼동을 일으켜 단순하게 관련된 사건들(순서대로 배열된 사건들)을 인과관계로 오인하게 한다.

"**앞에 발생한** 일이 원인이다"에 관련된 또 다른 습관은 과학자들이 학생 때부터 배우는 법칙이다. 그 법칙은 "상호 관련성은 인과관계를 통해서 입증될 수 없다"이다. 나의 할머니는 이 점에서 매우 강력한 서사적 인식을 지니고 있다. 예를 들어, 할머니는 우리의 방문을 평소보다 강력한 태양 흑점 활동과 연관시킨다. 나는 그녀가 그것을 발견해냈다고 확신하지는 않는다. 그러나 그녀가 인간의 삶과 태양 흑점의 발생 사이를 인과적으로 연관시키고 있다는 것이 내 추측이다. 태양 흑점과 인간의 삶이 별다른 관계가 없다는 사실은 할머니의 인과관계에 대한 생각을 우습게 보이도록 한다. 그러나 수천 년 동안, 점성술사들은 동일한 서사적 논리를 지구의 사건에서부터 태양에서 수백 광년 떨어진 항성까지 확장시켜 생각하였다. 모호한(그러므로 더 교활한) 형태로, 이 같은 서사적 책략은 매일 벌어지는 정치적 연설, 설교, 광고, 법적 논쟁 그리고 공공 담론의 다른 많은 영역에서 활발하게 사용되고 있다. 우리가 특정한 상황case에서 원하는 것이 있을 때, 종종 이 서사의 힘은 그것을 이끌어낸다. ("이 박하향을 맡으면, 당신의 외로움은 끝납니다.") 서사 연속에 대한 암시와 결합된 욕망은 대단히 강력한 조합이다.

  인간이 어리석게도 이러한 논리를 따르는 것은 단순히 욕망과 그에 더해진 환상 때문만은 아니다. 우리는 어느 정도 인과관계에 속으며 살아간다. 살아가는 동안, 우리는 실제로 **앞에 발생한 일이 원인이다**라는 법칙을 생생하게 확인시켜주는 것 같은 (진짜) 스토리를 경험하기 때문이다. 의자에 등을 기대면 뒤쪽으로 넘어진다. 결국 원인과 결과는 순차적으로 발생하고, 스토리도 마찬가지로 그러하다. 우리가 성장해온 뉴턴적 우주 질서에서, 결과는 항상 원인을 따른다. 우리가 서사를 읽을 때, 보통 속도보다 더 빠르게 이 패러다임을 적용하고자 하는 유혹을 받는 것은 경험적인 근거로 볼 때 당연하다. 모든 결과는 원인 뒤에 나온다는 가정은 타당하지만, 우리는 곧잘 뒤에 나온 것이 앞의 일의 결과라는 그릇된 생각에 빠지게 된다. 우리가 잘못을 저지르는 것은 바로 이러한 오해 때문이다. 사실 원인은 매우 복잡하고, 수많은 사건들을 포함할 수 있다. 또한 원인은 결과에 앞서 발생한 사건들의 조합일 수도 있다. 한편 원인은 서사에서 반드시 우리의 주의를 끄는 것도 아니다. 반대로, 과학자들도 실험을 수행하면서 상충되는 요소들을 정돈하여 원인과 결과가 스토리에 효과적으로 드러날 수 있도록 서사를 쓰려고 노력한다.

∴ 원인과 결과 중 무엇이 먼저인가? ∴

이러한 질문을 하는 것이 이상하게 보일 수도 있다. 하지만 조너선 컬러는 "명백한 상식이라고 생각했던 것이 오히려 상반된 방향의 정신적 작용일지도 모른다"라는 니체의 말을 인용하며 다음과 같이 논한다.

> 우선 원인이 있다. 그 후에 결과가 있다. 우선 모기 한 마리가 어떤 사람의 팔을 물어야 팔이 가려울 것이다. 그러나 이 연속 과정은 고정된 것이 아니며 수사적 작용에 의해 구성된 것이라고 니체는 말했다. 예를 들어, 우리는 가려움을 느끼고 나서야 원인을 찾으려 한다. '실제' 인과의 연쇄는 '가려운데! 이건 모기 때문이로군' 하는 식으로 발생하기도 한다. 원인을 만들어내는 것은 다름 아닌 결과이다. 그러므로 전의적인 작용에 의해서 가려움-모기로 이어지는 연쇄의 순서는 모기-가려움(인과적 연쇄)으로 재배열된다. 후자의 연속 과정은 추론하는 힘의 산물이지만, 그것은 고정된 진정한 질서로 받아들여진다.[4]

표준화하기

앞에서 살펴본 바에 따르면, 인과관계는 일반성을 제시하는 방법 가운데 (강력한) 하나라는 인상을 준다. 그러나 우리는 표준화하기의 수사학적 효력을 인과관계뿐만 아니라 서사성의 다른 많은 특질까지 확장할 수도 있다. 즉, 사건을 설명한다는 점에서 서사는 '실제 수사학'의 한 종류이다. 서사 형식에 대한 우리의 요구는 매우 강력하기 때문에 어떤 사실을 스토리의 형식으로 받아들이지 않을 경우, 우리는 진실성을 의심하게 된다. 사건들의 집합에 서사적 일관성을 부여하는 작업은 이러한 사건에 대한 **표준화**로 설명할 수 있다. 이러한 과정을 통해 우리는 모든 구성 요소들을 조화롭게 배열함으로써 서사에 타당성을 부여한다. 이것은 역사학자 헤이든 화이트의 작업에서 일관된 주제이다.

실제 사건과 상상적 사건 사이의 구분은 역사와 픽션에 대한 근대적 논의의 기초를 이룬다. 그리고 이 구분은 오직 서사성을 소유하고 있는 '참the real'만이 '진the true'과 동일시된다는, 실제에 대한 관념을 미리 가정하고 있다.[5]

오스트리아 소설가인 로베르트 무질Robert Musil은 미완성 장편소설 『특성 없는 남자 The Man Without Qualities』에서 이 문제를 개인적 수준에서 검토한 바 있다. "대부분의 사람들은 그 자신을 이야기꾼으로 여긴다…… 그들은 사실의 질서정연한 연속을 사랑한다. 이는 필연적인 것으로 보이기 때문이다. 그리고 삶이 하나의 '과정'을 지니고 있다는 느낌은 그들에게 혼란으로부터 어딘가로 도피할 곳을 제공한다." 소설의 주인공 울리히는 더 이상 환상이 작동하지 않는 순간 낙담하기 시작한다. "그는 사적인 생활에 밀접하게 들러붙어 있는 기초를 상실했다. 공적인 삶의 모든 일들이 이미 서사가 되기를 중지하였고 더 이상 하나의 선을 따르지 않는 대신 무한하게 복잡한 표면처럼 펼쳐졌다."[6]

"우연적으로 발생한 정부는 없다. 우연하게 발생했다면, 그렇게 보이도록 계획된 것이다."
—애국 의용단원Patriot militia member

우리 모두는 삶에서 **무지한** 상황에 놓이기를 원치 않는다. 이런 불편함의 이면에는 삶의 모든 국면을 조종하는 강력한 힘의 존재를 믿는 오래되고 완고한 경향이 놓여 있을지도 모른다. 우리는 이 강력한 힘이 삶에 관한 스토리를 이미 써놓았다고 믿는다. 어떤 사람들은 그 힘을 정부 기관이나 국제적인 음모론 같은 정치적 수준의 음흉한 힘에 적용하기도 한다. 그러나 사실 이 강력한 힘은 오랫동안 존재해왔고 계속 이어져왔으며, 일반적인 우주 질서 그 자체를 보는 방법이다. 프랭크 커모드Frank Kermode는 서사의 해석에 대한 1979년의 연구에서 이 점을 강하게 지적한다.

복음 전달자에서부터 복음 텍스트의 부자연스러운 부분들을 설파하는 사람들과 모순과 불협화음을 더 거대한 계획에 적용시키기 위해 방대한 플롯을 늘어놓는 사람들에 이르기까지, 이 모두를 하나로 묶는(아무리 사실과 배치된다고 해도) 믿음이 있다고 가정해보자. 우리가 찾으려고만 한다면, 모든 것들이 무언가 비의적인 방식으로 서로 연결되어 있다는 사실을 발견하게 되리라는 신념과 다르지 않다(『비밀의 기원 Genesis of Secrecy』, p. 72).

서사적 일관성에 대한 유혹이 감각적 증거와 이성보다 더 큰 영향을 주는 경우가 분명히 존재한다. 캘리포니아에서 집단 자살한 사이비 신도들은 헤일밥 혜성 뒤에 숨어 있는 우주선이 인간의 삶으로부터 자신들을 구원해줄 것이라는 생각에 사로잡혀 있었다. 이 사건은 스토리와 경험적 세계의 사실 사이에 존재하는 수많은 모순들에 대해 눈을 감게 만드는 전형적인 사례였다. 그러나 자신의 처지가 절박했기 때문에,

시나리오에서 (만약 그것이 사실이라면) 죽음에 대한 심판으로부터 그들을 구원해줄 스토리를 찾아냈다. 기괴하게 보이는 것 같지만, 그 사건은 인간의 욕망과 결합했을 때 서사적 응집력이 지니는 거대한 설득력의 힘을 보여준다.

여기서 일반화generalizing에 대해서 다시 생각해보자. 우리는 진실성을 추구하면서도, 서사성을 획득하지 못하여 설득에 실패한 **서사**들에 대해서 잘 알고 있다. "나는 그것을 믿지 않아!"라고 우리는 말한다. 그리고 동시에 "그건 단지 얘기일 뿐이잖아"라고도 말할 수 있다. 서사성이란 독자들로 하여금 스토리가 참이라고 믿게 만드는 것이 아니다. 그러나 이는 '서사성'을 전달하는 특질이 모인 부분집합이라고는 말할 수 있다. 여기에는 두 개의 후보가 있다. 즉, '서사적 일관성'과 '연속성'이라는 특질이다. 프랭크 커모드가 쓴 것처럼 "서로 연결되어 있다"는 것은 혼란보다 질서를 선호하는 성향에 좀더 가깝게 반응한다. 그러나 한편 놀라운 연속성과 일관성을 가지고 있는 동화는 매우 많지만, 한편 우리는 현실과 동화를 결코 혼동하지 않는다. 이 문제는 점점 복잡해진다. 어떤 스토리에서는 서사적 설득력을 구성하는 다양한 특질들이 다른 스토리에서는 아무 소용없는 특질이 되기도 한다. 앞서 언급한 사이비 신도들을 유혹한 스토리의 특질은 다른 사람들에겐 '단지 얘기일 뿐'이라고 받아들여질 것이다. 사람들이 얼마나 다양하게 서사를 읽는지 보여주는 좋은 사례가 있다. 바로 O. J. 심슨의 첫 공판 평결에서 대중들이 보여준 상반된 반응이다.

1994년 여름, 흑인 미식축구 선수이자 미디어 스타인 O. J. 심슨은 아내 니콜 심슨과 그녀의 정부 로널드 골드먼을 잔인하게 살해한 혐의로 기소되었다. (피해자들은 모두 백인이었다.) 일 년 동안 이어진 센세이셔널한 재판 결과 O. J. 심슨은 무죄로 판결되었다. 다른 재판과 마찬가지로 O. J. 심슨의 재판은 원고 측과 피고 측을 포함하는 서사적 경연장이었다. 원고 측과 피고 측은 각각 찾아낸 사실들(혹은 사실로 예증할 수 있는 것)을 가져와 피고인에 관한 사실의 인식을 뒷받침하는 논리정연한 서사와 일치시키려 하였다. 여기에서 사람들이 실제로 '증거에 의해 설득된다'는 점을 강조하는 것은 중요하다. 마찬가지로 니콜 심슨과 로널드 골드먼을 어떤 사람(혹은 어떤 사람들)이 죽였는지에 대한 사실과 O. J. 심슨이 이 범죄에서 유죄인지 혹은 무죄인지에 대한 사실 역시 중요하다. 흔히 말하듯, 진실은 저편에 있다. 그러나 서사적 설명에 대한 신뢰의 강도는 실제 증거보다는 '마스터플롯'이라고 하는 강력한 서사의 도구와 더 깊은 관련이 있다. 지금부터는 마스터플롯에 대해 집중적으로 논의할 것이다.

마스터플롯

다양한 형태로 반복되며 우리의 근저에 위치한 가치, 희망 그리고 공포에 대해서 말하는 스토리들이 존재한다. 이러한 스토리 가운데 대표적인 것이 '신데렐라'이다. 이 스토리의 다양한 판본은 유럽과 미국 문화에서 쉽게 찾을 수 있다. 신데렐라를 구성하는 사건들은 일련의 무시, 불의, 재탄생, 계속되는 불안과 욕망에 대해 견뎌낸 자에게 주어진 보상에 대해 아주 상세하게 설명한다. 그 결과, 신데렐라의 마스터플롯은 서사를 구조화할 때 사용할 수 있는 거대한 감정적 자산을 보유하고 있다. 그러나 신데렐라 스토리는 수많은 마스터플롯 중 하나일 뿐이다. 우리가 완전하게 인식했을 수도 있고, 혹은 인식하지 못했을 수도 있는 몇몇 마스터플롯들에 우리가 삶에 대해서 생각하는 것들

(특히 스스로의 삶에 대해 생각하는 것)이 관계있어 보인다. 우리는 삶, 특히 자기 자신의 삶에 대해 사유할 때, 이를 의식적이건 무의식적이건 여러 마스터플롯에 연관시키는 경향이 있다. 우리의 가치와 정체성이 마스터플롯과 연결되는 만큼, 마스터플롯은 강력한 수사적 효과를 줄 수 있다. 우리는 그렇게 구조화된 서사를 쉽게 믿는 편이다.

∴ '마스터플롯'이라는 용어 ∴

마스터플롯으로 사용되는 용어는 다양하다. 흔히 사용되는 용어는 '마스터 내러티브master narrative'[7]이다. 그러나 스토리와 서사 사이의 중요한 구별을 심각하게 생각하는 사람이라면 '마스터 내러티브'가 이 개념에 사용될 수 없는 이유를 명확하게 알 수 있을 것이다. 서사는 스토리의 특별한 연출이다. 『전쟁과 평화』나 『해리포터와 불의 잔』 같은 작품은 서사이다. 이들 서사의 토대가 되는 마스터플롯은 구조가 좀더 명확하고 각색하기 쉽다. 그리고 마스터플롯은 서사에서 반복해서 사용할 수 있다. 로저 섕크Roger Schank는 마스터플롯과 어느 정도 유사한 '스토리 골격story skeleton'을 실제로 제안하기도 했다(pp. 147~88). 그 용어는 훌륭하지만, 마스터플롯이라는 용어가 지닌 수사학적 힘은 가지고 있지 않다. 스티븐 제이 굴드Stephen Jay Gould는 '정전 스토리canonical story'라는 용어를 사용하는데, 여기에서 '정전'이란 용어는 공적 인정을 받았다는 의미를 내포함으로써 어느 정도 수사학적 힘을 가지고 있다.[8] 그러나 이 용어는 스토리가 공인되었다는 것을 의미한다. 반면에 마스터플롯은 대부분 비밀스럽게 작용함으로써, 우리에게 부지불식간에 영향을 미치는 경우가 많다. 마지막으로, 지금은 조금 유행이 지난 '원형archetype'이라는 용어는 마스터플롯의 개념과 매우 가깝다고 볼 수 있다. '원형'의 문제점은 이 용어가 융 심리학에서 사용된 낡은 용어라는 점이다. 특히 융 심리학에서의 '원형'은 스토리를 생물학적 혹은 정신적 습관의 일부가 모인 기억 창고에 보관한다는 의미를 포함하고 있다. 이런 이유들 때문에 나는 '마스터플롯'이라는 용어를 선호한다. 이 용어는 완벽한 것이 아니다. 예컨대 '플롯plot'이란 용어는 종종 '서사담화narrative discourse'의 의미로 사용된다(특히 유럽의 서사학자들이 그렇다). 그러나 영어에서 '플롯'은 흔히 '스토리'의 의미로 사용된다. 그리고 그 일반적 의미를 취하는 동시에 '마스터master'라는 용어는 '마스터플롯'이 지니는 특정한 스토리의 힘을 어느 정도는 전달하고 있다.

어떤 마스터플롯은 보편적인 것처럼 여겨지기도 한다. 탐색담, 복수 스토리, 죽음과 부활에 관련된 계절 신화 같은 것들이 그 예이다. 그러나 마스터플롯은 더욱 특정한 문화에 관련되어 있을수록 매일 매일의 삶에 실제적인 힘을 크게 행사한다. 모든 민족문화는 마스터플롯을 지니고 있다. 이 마스터플롯은 보편적인 마스터플롯의 지역적 변종이다. 예컨대 호레이쇼 엘저Horatio Alger 스토리는 탐색 마스터플롯의 변형이다. 이 스토리는 미국 문화 범주에서 소중히 간직해온 가치를 직설적으로 보여준다. 호레이쇼 엘저 스토리는 19세기에 약 120여 권을 출간하여 대단한 인기를 얻은 미국 대중소설가 호레이쇼 엘저Horatio Alger의 이름에서 비롯되었다. 그가 쓴 책의 대부분은, 가난하게 태어났지만 부지런히 일하고 청렴한 생활로 높은 수준의 사회적 위치를 얻으며, 종종 거부가 되어 출세하는 젊은이(남루한 딕, 해진 옷의 톰)를 특징으로 하는 동일한 마스터플롯이 서술된다. 호레이쇼 엘저 스토리는 미국의 역사 속에 계속해서 출현한다. 이 스토리에서는 에이브러햄 링컨, 앤드루 카네기 같은 다양한 인물이 등장하고, 다수의 미국인들이 소중하게 생각하는 삶에 관한 신념을 구체화한다. 이러한 마스터플롯은 사회 구성원들이 함께 공유하는 일종으로 문화적인 연결고리이다. 프랭크 커모드를 다시 인용하면, 이것은 "우리에게 안락함을 주면서, 논쟁하기에 껄끄러울 수도 있는 한 사회의 신화적인 구조"이다 (『비밀의 기원』, p. 113).

그러나 하나의 마스터플롯으로 축약할 수 있는 문화는 없다. 미국 문화에는 호레이쇼 엘저 스토리뿐만 아니라 다른 마스터플롯이 많이 있다. 이러한 것 중에서 어떤 것은 일부 미국인들에게 거부감을 주지만 감정적 영향력을 미치기도 한다. 1991년 흑인 운전자 로드니 킹Rodney King이 LA 경찰에게 검거되어 구타당했을 때,⁹⁾ 그 사건은 호레이쇼 엘저 스토리와는 완전히 다른 또 하나의 마스터플롯을 불러냈다. 이 마스터플롯 역시 미국적인 현실을 반영한다는 점에서 호레이쇼 엘저 스토리와 공통점이 있다. 그러나 많은 흑인들에게 있어서 이 사건은 피부에 좀더 와 닿는 미국 생활의 단면을 보여주는 것으로 여겨졌다. 서사적 관점에서 보면, 민족문화는 자주 충돌하는 수많은 마스터플롯의 복잡한 직조물이다.

배심원 앞에서 논증하는 노련한 변호사, 유권자들에게 연설하는 정치가, 혹은 수요를 창출하려고 노력하는 광고업자들은 청중이 마음속에 간직한 마스터플롯을 움직이는 서사를 사용함으로써 수사적 영향력을 얻을 수 있다. 심슨 재판의 평결에 대한 반응의 명확한 차이와 그들이 지키려고 했던 가치의 강도는, 심슨의 '스토리'가 심리 기간 동안 미국 문화에서 강력하지만 첨예하게 대립하는 몇몇 마스터플롯에 연결되었다는 사실에 빚지고 있다. 심슨을 강력하게 옹호하는 첫번째 마스터플롯은, 이 사건이 '그의 신분에서' 벗어난 흑인을 부당하게 징벌한 스토리라는 것이다. 이 마스터플롯에서 피고인의 검은 피부는 그를 범죄와 쉽게 연결시켜 처벌을 조장하고 있다. 이 스토리는 19세기 노예 서사에서부터 랠프 엘리슨Ralph Ellison의 『보이지 않는 인간Invisible Man』(1952)에 이르기까지 다양한 판본으로 진술되었다. 그 재판에서 사용된 또 다른 강력한 마스터플롯은 매 맞는 아내의 스토리이다. 이 마스터플롯은 기소인 측이 니콜 심슨을 주인공으로 삼아 효과적으로 사용하였다. 세번째 마스터플롯은 다시 O. J. 심슨을 주인공으로 삼는다. 즉, 그에게 부여되었던 부와 명예가 부당한 특권이었다는 것이다. 게다가 또 이것은 미국인의 문화적 삶에서 자주 출연하는—대부분의 문화권에서 그러하겠지만—마스터플롯이기도 하다. 심슨 재판에서 기소인 측이 해결해야 할 까다로운 문제 중 하나는, 어떻게 샌프란시스코 게토에서 성장한 흑인을 부당한 특권에 대한 마스터플롯의 주인공으로 만들 수 있는가였다.

이들 특수한 마스터플롯이 가진 영향력의 많은 부분은 도덕적 강제와 관련되어 있다. 이들 마스터플롯은 선과 악이 명확하게 구별된 세계의 이미지를 창조하고, 비난이 한쪽이나 다른 쪽에 공평하게 나누어지는 세계의 이미지를 만들어낸다. 재판 기간 동안 피고인의 변호사와 검사는 살인 스토리를 서사적으로 변형rendering하기 위해서 이런 마스터플롯(그리고 다른 마스터플롯)을 다양하게 사용하였다. 우리는 특정한 마스터플롯을 통해 세계관을 형성하는 경향이 있다. 그럴수록 우리는 증거를 냉정하게 판단하는 일이 어렵다는 것을 알게 된다. 정체성이 개인적인 마스터플롯에 갇혀 있어서, 이들이 작동되었을 때 이들이 만들 관점을 파괴하는 것은 불가능하다고 주장하는 사람들도 있다. 그러나 다른 사람들은 우리가 이 마스터플롯의 감옥에 갇혀 있다는 증거에도 불구하고, 사람들이 마음을 바꾸는 사례도 많이 있다고 반박하기도 한다.

∴ 유형과 장르 ∴

마스터플롯의 개념은 유형의 개념과 밀접하게 관련되어 있다. 유형은 반복해서

나타나는 등장인물이기도 하다. 신데렐라는 유형(신데렐라라는 인물의 표현)과 마스터플롯(그녀의 스토리) 모두에 속한다. 매 맞는 아내는 유형에 속하고, 반복되는 구타, 자주 만취해 있는 남편/연인(또 다른 유형)에 대한 분노와 참회의 교차는 마스터플롯이라고 할 수 있다. 결론적으로, 후자의 스토리는 두 흐름으로 갈라진다. 그의 손에 그녀가 죽거나, 그녀가 그를 죽이는 것이다. 마스터플롯은 유형을 갖추고 있어야 한다. 유형이 서사 속에서 생생하게 살아나지 않고 독자들이 인물을 하나의 공식으로 여길 때, 우리는 **스테레오타입**stereotype이라고 부른다. 이는 적절한 용어이다. 이는 신문 인쇄의 역사에서 유래된 용어이며, 글자 그대로 인쇄를 위한 주형틀을 의미한다. 서사에서 스테레오타입이 나타날 때, 너무 딱 들어맞고 예측하기 쉬워서 미리 만들어진 것처럼 보일 수도 있다. 마스터플롯도 스테레오타입처럼 여겨질 수 있다. 이런 경우 우리가 보는 모든 것은 마스터플롯이 된다. 마스터플롯을 사용한 서사의 스토리는 흥미를 끌지 못한다. 그러나 우리는 서사에 모두 다르게 반응한다는 것도 주목할 필요가 있다. 어떤 사람들은 스테레오타입으로 일관된 서사를 보고 비웃기도 한다. 하지만 이러한 서사를 읽으면서 감동하여 눈물짓는 사람들도 있다. 이들은 취향이 저급하고 세련되지 못한 것이 틀림없다. 이러한 취향은 마스터플롯, 그리고 마스터플롯에 경도되기 쉬운 우리의 성향과 깊은 관계가 있다.

마스터플롯과 밀접한 관계가 있는 다른 용어는 **장르**genre이다. 장르는 반복해서 사용되는 문학 형식이다. 예컨대 서사시epic와 비극tragedy은 서사적 장르들이다. 소네트sonnet와 설명적인 에세이와 같은 비서사적인 장르도 많다. 장르는 '종류'라는 프랑스어에서 유래하였으며 폭넓은 개념으로 사용된다. 그것은 소설(매우 넓고 포괄적인 서사 장르)과 같이 광범위하게 적용시킬 수도 있고, 또한 피카레스크 소설picaresque novel(1인칭으로 이야기하는 악한의 에피소드적 모험들)과 서간체 소설epistolary novel(편지로 서술되는)같이 부분적으로 적용되기도 있다. 덧붙여, 하나의 텍스트는 두 개나 그 이상의 장르들로 구성되어 있다. 그러므로 하나의 소설에서 피카레스크 소설과 서간체 소설이 동시에 존재할 수 있다. 그러나 항상 그렇지는 않지만, 장르는 어느 정도는 마스터플롯과 밀접한 관계가 있다. 아마도 이것의 가장 오래되고 일반적인 사례가 탐색담일 것이다. 그것은 문학 장르이지만 또한 마스터플롯의 한 종류이기도 하다. 반대로 소설 장르가 어떠한 특정 마스터플롯에 일치되어야만 하는 것은 아니다.

서사적 수사학의 실제 사례

나는 O. J. 심슨의 재판을 참가자들이 표준화 효과를 얻기 위해 마스터플롯(여러 수사학적 도구들이 포함된 창고 중 하나)을 사용하는 서사적 경합으로 설명했다. 모든 재판에서는 예외 없이 서사의 경합이 벌어진다. 물론 법정이 아닌 다른 곳에서도 서사의 경합이 벌어지고 있다. 서사의 경합은 정치에서부터 가족 간 말다툼에 이르기까지 어디에서나 찾아볼 수 있다. 이는 13장에서 논의될 것이다. 그러나 큰 서사에서 작은 서사의 경합이 벌어지기도 한다. 이런 경우는 서사의 수사학적 목록에서 매우 효과적인 도구가 될 수 있다. 겉으로는 경쟁이 일어나고 있지만, 실제로는 경쟁이 일어나지 않는 경우가 빈번하기 때문이다. 결국, 서사를 진행하는 저자는 단 한 명이다. 이런 종류의 조작된 경합은 살펴볼 필요가 있다. 다음의 뉴스 기사에서 서사적 경합을 찾아볼 수 있는가? 누가 승리했는가?

∴ 카다피가 미국과의 대결에서 리비아의 승리를 선언하다 ∴

『뉴욕 타임스』 뉴스 서비스

리비아, 트리폴리Tripoli—무아마르 카다피Muammar al-Qaddafi 대령이 금요일 밤 시드라 해협에서 발생한 미국과의 대결에서 승리하였다고 주장했다.

1,000여 명의 군인들, 선원들, 소년단들과 동원된 당원들로 이루어진 군중들에게 행해진 두서없는 연설에서, 리비아 지도자는 6함대 '승리' 부대에 대한 그의 결단이 얻은 결과물을 반복적으로 설명했다.

이 연설에서, 카다피는 리비아가 세 대의 미국 전투기를 격추했으며 미국은 단 한 척의 어선을 침몰시켰다고 주장했다. 미국 측은 전투기를 잃지 않았고 두 척의 리비아 해군 경비정을 침몰시켰다고 발표한 바 있다.

"미국인들은 거짓말을 하고 있다"라고 카다피는 주장했다. "그들은 작은 나라가 세 대의 전투기를 추락시킬 수 있다는 사실을 믿지 못하고 있다. 우리는 세 대의 전투기를 격추시켰고, 여섯 명의 비행사가 시드라 해협에 빠져 고기밥이 되었다."

"미국은 지난 며칠간 혼란에 빠졌다. 그들은 어선을 사격하고는 그것이 전함이었다고 주장하고 있다."

얼마 후에 카다피는 미국 헬리콥터가 부상당한 비행사 한 명과 시체 한 구를 회수하기 위해 '죽음의 경계선'을 넘는 것을 승낙했다고 역설했다.

대령은 미국 미사일 두 대가 시드라에 있는 리비아 미사일 기지를 향해 발사되었지만 한 발은 불발탄이었다고 말했다. 그는 그 미사일 기지가 러시아로부터 기증된 것이어서 "그들이 기지의 비밀을 알 수 있었다"라고 말했다.

지난 며칠간 이곳의 집회에서처럼 금요일 밤의 군중은 소수였으며 열정이 식은 듯했다.

그곳에 모인 모든 군중이 억지로 동원된 것처럼 보였다.

어떤 사람은 연설이 끝나기 전에 슬쩍 도망가려 했고 뒤쪽에서는 많은 사람들이 담배를 피우며 떠들고 있는 등 불 뿜는 연설에 거의 관심을 보이지 않았다.[10]

1986년 3월 26일 시드라 해협에서 모종의 사건이 발생했다.[11] 비록 우리 가운데 확실히 이 스토리의 전모를 알고 있는 사람은 없지만, 여기에는 하나의 스토리가 있다. 이 신문 기사는 세 개의 서사를 보여준다. 먼저 2차 시드라만 사건을 설명하는 '공식적'인 미국의 서사이다. 이 **삽입서사**embedded narrative는 세번째 문단에서 단 한 문장만 확인할 수 있다. 또 다른 하나는 그 사건에 관한 카다피 대령의 **직접 담화**direct discourses(그 문장에서 서술자로 행동하는 카다피라는 인물의 말)로 표현된 서사이다. 그리고 다른 두 개의 서사 양쪽을 넘나들고 포괄하는 저널리스트의 **액자서사**framing narrative이다. 이 서사들 중에서 카다피 대령의 서사와 저널리스트의 서사를 살펴보자.

먼저 카다피 대령의 서사는 다음과 같다. 우리는 논픽션에서 보통 '등장인물'이라는 말을 사용하지 않는다. 그렇지만 두번째 서사에서 기사 속 상당량의 서사를 말하는 사람이 실제 살아 있는 카다피가 아니라, 하나의 등장인물인 '카다피 대령'의 삽입서사라는 것을 인정해야만 한다. 이를 말하는 것은 기사를 정리한 『뉴욕 타임스』지 기자의 성실함을 공격하는 것이 아니다. 그는 오히려 우리에게 다음과 같은 원리를 환기시켜준다. 서사에 관한 한 어떤 스토리든 중개와 구조화 활동이 존재하며, 실제 사람을 재현하는 실체entity를 포함하기도 한다. 그렇긴 하지만, 우리는 여기에서 등장인물/서술자인 '카다피'가 다윗과 골리앗의 마스터플롯을 작동시키고 있음을 분명하게 알 수 있다. 한 작고 투쟁적인 국가가 육지에서 가장 강력한 나라와 맞섰고, 신중하게 조준하여 그들이 자랑하는 세 대의 전투기를 하늘에서 추락시켰다. 직접적으로 그 마스터플롯을 강화하는 것은 두 개의 보충적 세부사항들이다. 미국은 전함 한 척을 침몰시켰다고 주장하지만, 단 한 척의 어선만 침몰했고, 세 대의 전투기에 탑승했던 여섯 명의 비행사가 "시드라 해협의 고기밥이 되었다." 이 두 개의 세부 사항(그것들은 **구**

성적 사건이 아니다)은 스토리를 구성하는 데 있어 불필요하지만 '카다피'는 그것들을 포함시키려고 시도한다. 그것들은 다윗과 골리앗의 역전을 강화하기 때문이다. 두 가지 모두 작은 나라가 지구상에서 가장 강력한 나라를 이겼다는 생각에 관련되어 있다. 특히 강력한 미국의 전투기 조종사가 작은 물고기의 밥이 되었다는 이미지가 그러하다. 두 개의 다른 **보충적 사건**이 간접적인 수사학적 근거로 제공된다. 명백한 모순을 감수하고, '카다피'는 미국 헬리콥터가 "'죽음의 경계선'을 넘어 한 명의 부상당한 비행사와 한 구의 시신을 회수하도록" 수락하였고, 불발된 로켓이 러시아에서 제공된 레이더 기지를 향해 발사되었으며 "그래서 그들은 기지의 비밀을 알고 있다"고 언급한다. 그러나 이 부가적인 사건이 사실이든 거짓이든 이들은 수사학적 작업을 수행하고 있다. 첫 주제에서 작은 나라에 대한 연민(도덕적인 거대함)이 표현되고, 두번째 주제에서는 작은 나라의 거대한 우방을 암시하고 있다.

다음 세번째 서사는 다음과 같다. 저널리스트의 서사는 그 연설가의 마스터플롯을 근본적으로 붕괴시키고, 또 그 연설을 머리 나쁜 독재자라는 하나의 **유형**이 내뱉는 호언장담으로 바꾸어버린다. 기사에서 '카다피의' 연설이 인용될 때마다 조롱과 야유가 반복되고 있다. 물론 이러한 수사적 효과는 대부분 '카다피'라는 이름에서 나오고, **설정**으로부터 비롯되는 것이 사실이다. 마지막 세 문단에서, 저널리스트는 '카다피의' 연설과는 반대로 동원된 소규모 군중의 무관심을 '식은 열정' 때문이라고 설명한다. 이러한 설정이 작은 보충적 서사 사건들을 부분적으로 구성하는 방식을 주목해보자. "어떤 사람은 연설이 끝나기 전에 슬쩍 도망가려 했고 뒤쪽에서는 많은 사람들이 담배를 피우며 떠들고 있는 등 불 뿜는 연설에 거의 관심을 보이지 않았다." '대령'이 미국을 축소시키기 위해 서사를 사용한 방식을 그대로 사용하여, 저널리스트는 서사 속에서 '대령'의 모습을 축소시킨다.

∴ 선택 역시 구조이다 ∴

『뉴욕 타임스』 독자들에게 저널리스트의 서사는 아마도 실제 사건보다 더 설득력을 가질 것이다. 사실 그것은 더 정확할지도 모른다. 그러나 '카다피'가 말하는 서사만큼이나 신문 기사 역시 조작되었다는 사실을 명심할 필요가 있다. 조작된 것이 아니라고 가정할지라도, 세부 사항들은 자신의 입맛에 맞는 것들만 선택한 것임을 알아야 한다. 이런 식으로 세부 사항에 특권을 부여함으로써 저널리스트는 중심 사건을 보는 시각에 영향을 미친다.

이 짧은 분석이 보여주는 것은 한 서사의 다양한 부분이 수사학적 효과에 어떻게 기여하는가이다. 당신은 서사에서 모든 단일 사건들이 의미를 가지고 있다는 사실(바르트가 주장하는 것처럼)을 납득할 수 없을지도 모른다. 그러나 앞에서 분석한 내용을 읽는다면, 스토리에 불필요한 것처럼 보이는 **보충적 사건**이나 **부분**들이 독서 과정에서 수사학적 영향력을 행사하는 방식에 대해서 알게 될 것이다. 또한, 이를 통해 우리는 저자가 청중들과 공유하는 마스터플롯과 유형들을 사용해 어떻게 서사에 신뢰를 부여하는 구조 틀을 설정하는지에 대해 파악할 수 있다. '카다피'는 약소국이 강대국의 헤게모니적 강력함에 대항해 승리할 수 있다는 제3세계 국가들의 강렬한 욕망을 보여주기 위해 하나의 마스터플롯을 선택한다. 마찬가지로 카다피의 기사를 작성한 저널리스트도 강렬한 욕망을 지니고 있었던 것으로 보인다. 그는 『뉴욕 타임스』지 독자들에게 카다피라는 무서운 인물이 자기 나라에서 고립된 우스꽝스러운 독재자로 보이길 원했던 것 같다.

더 읽어볼 서사학 이론

1961년 웨인 부스Wayne Booth 역시 기념비적인 연구인 『소설의 수사학The Rhetoric of Fiction』(1983년에 대폭 개정)을 통해 소설 속에서 나타나는 서사의 수사학을 집중적으로 다루었다. 20세기 서사에서의 인과성을 다룬 면밀하게 연구한 자료를 참조하려면, 브라이언 리처드슨의 『믿기 어려운 스토리들: 현대 서사의 본질과 인과성』을 보라. 조너선 컬러는 『구조주의적 시학: 구조주의, 언어학 그리고 문학에 대한 연구 Structuralist Poetics: Structuralism, Linguistics and the Study of Literature』(Ithaca: Cornell University Press, 1975)의 「관습과 자연스럽게 하기Convention and Naturalization」에서 **자연스럽게 하기**의 개념(독자가 텍스트적 모순을 친숙하게 변형시키는 것)을 발전시켰다. 헤이든 화이트의 책에서는 역사가들이 역사적 타당성에 대한 감각을 전달하기 위해 다른 서사성의 장치들과 서사적 결속성을 사용하는 방법에 대해 연구를 확장하여 다루고 있다. 이 책의 11장에서 그의 작업을 다시 다룰 것이지만, 여기에서는 그의 『형식의 내용: 서사담화와 역사적 재현The Content of the Form: Narrative Discourse and Historical Representation』을 역사 재현에서 서사적 형태가 지니는 중요성에 대한 좋은 예로 제시하고자 한다. 헤이든 화이트의 작업과 비교할 수 있는 연구는 심리학자 제롬 브루너Jerome Bruner의 「'리얼리티'에 대한 서사적 구축The Narrative Construction of 'Reality'」이다. 마스터플롯에 대한 다양한 생각을 참고하려면, 비록 마스터플롯이라는 용어는 사용하지 않았지만 거의 동일한 개념을 연구한 카를 융Karl Jung, 노스럽 프라이Northrop Frye, 조지프 캠벨Joseph Campbell 등의 저서를 참고하라. 피터 브룩스는 서사에서 개념을 잡기 위한 일련의 진행 방법에 대한 분석인 「프로이트의 마스터플롯: 서사를 위한 모델Freud's Masterplot: A Model for Narrative」(『플롯 읽기Reading for the Plot』, pp. 90~112)에서 그 용어를 사용한다. 미국 학계에서는 호레이쇼 엘저 마스터플롯에 관한 연구가 주종을 이룬다. 그 성과로는 윌리엄 A. 파헤이William A. Fahey의 『스콧 피츠제럴드와 아메리칸 드림F. Scott Fitzgerald and the American Dream』(New York: Crowell, 1973)과 엘리자베스 롱Elizabeth Long의 『아메리칸 드림과 대중소설The American Dream *and the Popular Novel*』(Boston: Routledge and Kegan Paul, 1985)이 있다. 제임스 펠란의『말하기 위해 살다: 인물 서술의 윤리와 수사학*Living to Tell about It: A Rhetoric and Ethics of Character Narration*』첫 장에서는 '문화적 서사cultural narratives'라는 용어를 확인할 수 있다. 패트릭 콤 호건Patrick Colm Hogan은「스토리, 전쟁, 그리고 감정Stories, Wars, and Emotions」(브라이언 리처드슨 편,『서사의 시작*Narrative Beginnings*』, Lincoln: University of Nebraska Press, 2008)에서 그런 서사의 감정적 힘과 표준화하기 기능을 설명하기 위해 인지적 연구를 시도한다.

더 읽어보면 좋은 문학작품

서사는 표준화하기 기능을 통해서 사건을 설명하는 힘을 가지고 있으며, 이 사실을 증명해줄 만한 사례는 많다. 사실 인과성의 인식을 상실한 포스트모던 시대 이전에는 서사를 설명하기에 많은 품을 들여야 했다. 앞에서 언급한 것처럼, 서사성이 갖추어야 할 일반적인 요소는 일관성에 대한 인식이었다. 이때 일관성이라 함은 원인과 결과라는 선형적 구조에서부터 비롯되었다. 자서전은 인과 구조를 포함하는 서사의 표준화 기능을 전략적으로 사용하는 장르이다. 자서전은 삶에서 모순된 선택을 내릴 수밖에 없는 저자의 입장을 변호하는 내용을 담고 있는 경우가 많다. 존 헨리 뉴먼John Henry Newman은 성공회를 떠나 가톨릭으로 개종했을 때 불신과 위선으로 인해 비난받았다. 그의 행동에 대한 방어는 자서전『그의 삶에 대한 변호*Apologia pro Vita sua*』(1864)에서 이루어진다. 정확히 100년 정도 후 맬컴 엑스Malcolm X가 '네이션 오브 이슬람The Nation of Islam'을 떠난 후 존 헨리 뉴먼과 동일한 상황에 처했을 때, 그도 같은 행동을 취했다.『맬컴 엑스의 자서전*The Autobiography of Malcolm X*』(1964)에서 저자는 자신의 삶을 여러 단계로 나누어 인과관계의 연속으로 연결시키는 과정을 보여줌으로써 스스로를 변호한다. 설명하기와 표준화하기에 대한 서사의 수사학을 매우 코믹하게 다룬 픽션으로는 유도라 웰티Eudora Welty의 단편소설「내가 P. O.에 사는 이유Why I live at the P. O.」(1939)가 있다. 마지막으로 많은 부조리 소설은 반전을 위해서 표준화하기 기능에 대한 독자의 기대를 불러일으킨다. 프란츠 카프카Franz Kafka의 유명한 소설「변신The Metamorphosis」(1915)의 첫 문장은 어떠한 설명도 없는 퍼즐과 같이 독자에게 제시된다. "그레고어 잠자는 어느 날 아침 불쾌한 꿈에서 일어났다. 그는 침대에서 자신이 거대한 벌레로 변한 사실을 알았다."[12] 사뮈엘 베케트의 『몰로이*Molloy*』(1951)에서는 "왜 우리는 자신의 일을 하는가, 우리가 자신의 일을 하는지에 대한 글쓰기는 왜 하고 있는가"라는 식으로 허구적 자서전을 연달아 덧붙임으로써, 인과성에 관한 질문 전체를 신비로운 것으로 만들어버린다.

일정한 길이를 가지고 있는 대다수의 서사들이 인과적 질서에 대한 독자들의 기대와 함께 작동하는 것처럼, 마찬가지로 서사는 마스터플롯과 함께 또는 대항해서 작동한다. 어린이 문학에는 고난을 극복하는 성공 스토리(「넌 할 수 있어! 꼬마 기관차 The Little Engine that Could」와 「마이크 멀리건과 그의 증기 삽 Mike Mulligan and his Steam Shovel」으로 시작되는)를 변주하는 작품이 매우 많다. 호레이쇼 엘저 스토리는 가장 구체적인 사례이다. 미국 대중문학에서 이 스토리는 다양하게 변주될 뿐만 아니라, 날카로운 비판의 표적이 되기도 한다. 이 스토리는 작품에 따라서 비극적인 결말을 맞거나 해피엔딩으로 끝난다. 스콧 피츠제럴드 F. Scott Fitzgerald의 『위대한 개츠비 *The Great Gatsby*』(1925)는 미국 문화에서 신화에 가까운 마스터플롯에 대한 통렬한 폭로를 담고 있다. 마찬가지로 리처드 라이트의 『토박이 소년 *Native Son*』(1940)과 랠프 엘리슨의 『보이지 않는 인간』(1952)도 그러하다. 어떤 작품이 스테레오타입을 넘어서는 경지에 도달할 경우, 이 작품이 지닌 개별적인 차이는 서사담화 속에서 재생산되는 마스터플롯에 또다시 영향을 미칠 것이라는 사실을 항상 명심할 필요가 있다.

5장
종결

갈등: 아곤

서사가 수많은 수사학적 자원들을 가진 힘 있는 도구라고 할 때, 서사는 힘 그 자체에 대해 다루는 경우도 적지 않다고 가정하는 것도 무리는 아닐 것이다. 독자들의 흥미를 끄는 서사 안에는 거의 모든 경우 갈등이 있으며, 그 안에서 힘은 중요한 문제가 된다. 따라서 서사를 구성하는 것은 갈등이라고 말해도 지나치지 않을 것이다. 고대 그리스에서 갈등을 의미하는 단어는 **아곤**agon이었다(실제로는 '경쟁contest'이라는 말이 더 가까운 뜻을 지닌다). 또한 이 아곤을 연출하는 방식이 고대 그리스 비극의 기본 골격을 형성하고 있었다. 연극이 진행되는 동안 한 편의 코러스가 다른 편에 맞서 논쟁을 벌임으로써, 코러스는 무대 위에서 아곤을 더욱 강하게 인식할 수 있도록 만들었다. [우디 앨런은 영화 「마이티 아프로디테Mighty Aphrodite」(1995)에서 코러스의 역할을 실컷 풍자하고 있다.] 그리스 비극의 서사에서, 인물들은 아곤 속에 위치한 역할을 부여받았다. 따라서 그 안에는 '주동인물protagonist'(주인공)과 '반동인물antagonist'(주인공의 주요한 적대자)이 존재했다. 물론, 서사의 갈등이 반드시 좋은 사람들과 나쁜 사람들의 분명한 대립의 형태(이것이 **멜로드라마**를 정의하는 한 가지 특징이기는 하지만)를 띠는 것은 아니다. 또한 서사 속에는 대개 하나 이상의 갈등이 작용하고 있다.

인류의 역사가 기록되기 시작한 이후로 아곤 혹은 갈등은 서사에서 매우 중요한 특징으로 여겨져 왔으며, 따라서 갈등은 문화적으로 중대한 목적에 기여하고 있다고 추측해볼 수 있다. 매우 그럴듯한 설명 가운데 하나는 문화를 파괴해버릴 수도 있는(혹은 적어도 그 문화의 생존을 어렵게 만들 수 있는) 위험한 갈등을 재현함으로써, 서사는 그와 같은 갈등을 인식하게 만들 뿐 아니라 가능하다면 그 갈등을 해결할 수 있는 방법까지 제안한다는 것이다. 이런 관점에서 볼 때, 서사의 갈등은 단순히 특정 인물(또는 실체)에 국한되는 것만은 아니다. 서사적 실체들이 겪게 되는 갈등이 절정에 이를 때 우리는 가치, 관념, 감정, 그리고 세계관과 관련된 갈등들까지도 함께 발견하게 된다. 물론 갈등이 존재하지 않는 문화는 없다. 따라서 서사가 수행하는 사회적 역할은 더욱 중요해진다. 서사는 갈등을 겪고 있는 어느 한편 혹은 또 다른 한편의 입장을 형성한다. 서사는 대립하는 견해들의 요구를 협상하기 위한 수단으로서 기능하기도 하고, 서로 양립할 수 없는 갈등(예를 들어, 살고자 하는 욕망과 죽어야만 한다는 인식 사이에서 발생하는 갈등)을 가진 사람들에게 어떻게 살아가야 할지를 알려주기도 한다. 가령 『햄릿』에는 특정한 인물들—햄릿과 그의 어머니, 햄릿과 작은아버지, 햄릿과 오필리아, 햄릿과 레어티스—사이에서 일어나는 일련의 갈등이 두드러지게 나타나고 있지만, 이 작품은 동시에 복수라는 문제에 초점을 맞춘 문화적으로 복잡한 갈등을 다루고 있는 것이다. 나는

14장에서, 어려운 문제들을 사유하는 수단으로서 문화가 서사를 사용하는 방식에 관하여 설명할 것이다. 그러므로 이 장에서는 우선 논의의 폭을 좁혀, 서사 내부에서 종결이 존재하거나 부재할 때 어떠한 수사적 효과들이 발생하는지에 대해서만 집중적으로 논하고자 한다.

종결과 끝

서사가 갈등을 해결하는 경우 서사는 종결을 이루고, 이러한 종결은 보통 서사의 끝에 오게 된다. 우리는 스토리의 끝을 기대하며 좋은 결말과 나쁜 결말, 그리고 만족스러운 결말과 불만족스러운 결말에 대하여 말하기도 한다. 예를 들어, 다음과 같은 스토리들은 갑작스럽게 끝을 맺는 형식을 취하고 있다.

금기 Taboo

수호천사가 파비안의 어깨 뒤에서 속삭였다. "조심해, 파비안! 네가 **1인자**doyen라는 단어를 발음하는 순간, 너는 죽게 될 운명에 빠졌어."
"1인자라고?" 파비안은 궁금해서 묻는다.
그리고 곧 그는 죽는다.[1]

아주 짧은 이 스토리 속에서, 운명적인 예언이 서사의 마지막 단어와 일치하는 순간 무자비한 운명과 어느 젊은이의 경솔한 호기심 사이에서 존재하고 있던 갈등은 깨끗하게 해결된다. 또 다른 예를 보자.

베드타임 스토리 Bedtime Story

"조심해, 자기. 그거 장전된 거라고." 그는 다시 침실로 들어오며 말했다.

그녀는 침대 머리에 등을 기댔다. "이 총, 당신 아내를 위한 거야?"

"아니. 그건 너무 위험해. 난 전문가를 고용했지."

"나는 어때?"

그는 히죽히죽 웃었다. "귀엽지. 하지만 누가 숙녀 암살자를 고용할 만큼 멍청하겠어?"

입술을 촉촉이 적시면서, 그녀는 남자를 향해 총구를 겨눴다. "바로 당신의 아내."[2)]

이 스토리들은 훌륭한 서사이다. 그리고 이것을 가능하게 만든 요인 중 하나는 (만약 그 요소가 **유일한 것**이 아니라면) 이 스토리들이 매우 확실하게 끝을 맺고 있다는 점이다. 각각의 스토리 내부에는 분명한 (그러나 반드시 단순할 필요는 없는) 갈등이 존재하고 있으며, 그것은 문장이 끝날 때 명백하게 해결된다.

하지만 종결이 반드시 서사의 끝에 위치해야만 할 필요는 없다. 게다가 사실 종결이 반드시 존재해야만 하는 것도 아니다. 그래서 이 두 개념—끝ending과 종결closure—을 구별하는 일이 중요한 것이다.

∴ 서사는 반드시 끝나야만 할까? ∴

아리스토텔레스는, 훌륭한 비극은 처음, 중간, 끝을 가져야 한다고 말한다. 그러나 이 진술은 정의를 내린 것이라기보다는 가치 평가를 담고 있는 말일 뿐이다. 이와는 반대로, 연속극Soap opera은 끝나지 않고 계속될 수 있다. 대하소설이나 신화집, 만화나 텔레비전 시리즈들 역시 끝나지 않고 계속 이어지는 것처럼 보인다. 한편 '프리퀄prequel'(시퀄sequel의 반대)은 시작이 신성한 영역이 아니라, 오히려 그것이 끊임없이 과거로 밀려날 수도 있다는 것을 보여준다. 서사의 마지막에 무엇인가가 만들어지기를 원하는 것처럼, 서사의 끝―결국 그 서사의 전체를 최후에 인식하는 일―을 끝없이 지연시키는 일에 대해서도 사람들은 만족감을 느끼는 것처럼 보인다.

종결, 서스펜스 그리고 놀라움

'종결'이라는 용어는 스토리의 중심적인 갈등을 해결하는 그 이상의 내용을 담고 있다. 종결은 서사가 진행되는 동안 발생하는 광범위한 수준의 기대들이나 불확실성을 함께 다루어야 하며, 그 과정에서 우리는 그것들이 해결되거나 종결되기를 원한다. 그러므로 종결은 서사 안에서 우리가 찾으려고 하는 그 '어떤 것,' 즉 욕망으로 이해되는 것이 가장 적절하다. 작가들은 그러한 욕망을 이해하고 있으며, 또한 그것을 충족시키거나 좌절시킬 수 있는 수많은 기법들을 사용한다. 또한 만약 욕망을 만족시키는 것이 목적이라면, 우리가 흔히 경험하는 것처럼, 그것이 지나치게 빨리 만족의 상태로 도달해서는 안 된다. 왜냐하면 사람들은 종결이 오기 전에 경험하는 불안정과 긴장의 상태를 즐기는 경향이 있기 때문이다. 사실 서사는 **종결의 결핍**lack of closure에 의해서 비로소 특별한 존재가 된다. 흔히 '**서스펜스**suspense'라고 불리는 이러한 결핍이야말로 서사에 생동감을 부여하는 중요한 두 요소 가운데 하나인 것이다. 그렇다면 나머지 하나는 무엇일까? 그것은 **놀라움**surprise이다. 길이에 상관없이 성공적인 서사들은 대부분 초조함과 호기심, 부분적인 만족의 상태를 오르내리게 만드는 서스펜스와 놀라움의 연속이라고 할 수 있다. 물론 드물기는 하지만, 서사가 완전한 종결에 이르는 데에 실패하는 경우도 있다. 하지만 그럼에도 불구하고 종결이라는 최후의 순간에 이르게 될 때까지 우리는 서스펜스와 놀라움에 사로잡힌다. 그리고 이것 역시 우리에게 만족감을 주는 것이다.

서사의 해독 Decoding narrative. 이 지점에서 우리는 롤랑 바르트의 『S/Z』를 참고할 수 있을 것이다. 바르트는 언어적 코드들의 복합적인 집합을 이해함으로써 문장을 이해하게 되는 것과 마찬가지로, 서사적 코드들의 집합을 이해함으로써 서사를 해독할 수 있다고 주장한다. 이러한 코드들은 단지 서사의 서사라는 느낌을 만들기 위해서만이 아니라, 서사로부터 의미를 추출하기 위해서 필수적인 것들이다. 바르트는 서사를 독해 가능한 것으로 만들기 위해서 저자와 독자가 공유하는 다섯 가지 기본적인 코드가 있다고 말한다. 그중에서도 특별히 우리가 지금 적용할 수 있는 두 가지 코드가 있는데, 그것은 각각 기대와 행위를 다루는 데 사용되는 '행동적 코드'와 질문과 답변을 가능하도록 만드는 '해석적 코드'이다. 바르트는 이 두 코드를 통해, 서사가 어떤 방식으로 기대와 질문을 불러일으키고 다시 우리에게 만족과 실망을 줄 수 있는가에 대해 설명한다. 그리고 바로 이 지점에서 종결의 존재나 부재가 결정된다. 만약 기대가 실현되고 질문에 대해 답해진다면, 우리는 종결이 일어났다고 말할 것이다.

이런 방식으로 바르트의 이론을 적용할 때, 우리는 서사 안에서 서스펜스와 종결이 발생하는 중요한 두 가지 층위를 확인할 수 있다. 바로 **기대의 층위**와 **질문의 층위**이다.

기대층위에서의 종결

　기대층위에서 우리는 수많은 신호들을 통해, 우리가 읽고 있는 행위의 종류나 일련의 사건들(예를 들면 복수, 사랑, 탈출, 살인, 악몽 등)을 인식하게 된다. 그리고 일단 어떤 행동이 특정한 방식으로 시작되면, 우리는 그것이 전체적인 코드를 통해 일관되게 흘러갈 것이라고 기대한다. 가령 신데렐라와 같은 젊고 아름다운 여성이 잘생긴 젊은 왕자를 만났을 때, 우리는 신데렐라와 왕자가 곧 사랑에 빠지게 되리라고 기대한다. 더욱이, 우리는 만남과 사랑이라는 연속된 이 두 사건들을 전체 사건의 일부분이며, 동시에 '로맨스'라고 부르는 특정한 **장르**(물론 그것이 언제나 결혼으로 종결되는 것은 아니다)로 인식하게 될 것이다. 어쩌면 이처럼 아름다운 사람들과 관련된 사건들을 단순히 코드의 일부로 간주하는 것은 적절하지 않은 것처럼 보일 수도 있다. 그렇지만 우리가 (로맨스라는 장르와 같은) 어떤 전체적인 패턴들을 언어처럼 잘 읽고 해석하도록 아주 어린 시절부터 배워왔다는 것은 틀림없는 사실이다. 그리고 이것이 **마스터플롯**을 바라보는 또 다른 방식이다. 즉, 마스터플롯을 특정하게 코드화된 서사적 공식(물론 이것은 어떠한 종결을 가지고 끝나게 될 것이다)으로 이해하는 것이다. 한편, 신데렐라의 유형이 『리어왕』에 나오는 코델리아로 변주되는 것처럼 아름다운 젊은 여자가 로맨스로부터 비극의 장르로 이동한다면, 우리는 로맨스와는 아주 다른 종류의 종결을 기대하게 될 것이다. 비극에서 그녀들이 하는 역할을 고려해본다면, 우리는 최악의 경우를 예상하게 될 수도 있다. 『리어왕』의 마지막에서는, 리어왕이 작은 방 안에 죽어 있는 코델리아를 발견한 뒤 죽고 만다. 이것은 슬픈 결말일 수도 있지만,

바로 이런 것들이 사전에 작품 안에서 계획되고 포함되어 있었던 기대들을 실현시키게 된다. 어쩌면 이것을 고통스러운 만족이라고 부를 수도 있을까?

이러한 기대들은 희곡 속에 이미 '계획되고 포함되어' 있는 것처럼 보인다. 특히 『리어왕』이 우울한 비극이란 말만 듣고 처음 관람하러 온 현대의 관객들에게는 더욱 그렇게 보일 것이다. 하지만 서사에서 그러한 기대에 생동감을 부여하는 다른 중요한 요소는 바로 이를 위반하는 것이다. 이것을 일상의 용어로 바꿔 말한다면 **놀라움**이라고 할 수 있다. 역으로, 영화감독이나 각색자, 관객들은 기대에 따라 스토리를 변형시킬 수 있다. 우리가 갖고 있는 『리어왕』의 최초 판본을 보면, 어디에도 이 스토리가 비극이라는 말이 적혀 있지 않다. 오히려 제프리Geoffrey of Monmouth의 『리어왕』에 익숙해져 있었던 르네상스 시대의 관객들이라면, 리어왕과 코델리아 모두가 살아남는 결말을 기대하고 있었을지도 모른다. 결국 셰익스피어는 스토리의 새로운 판본으로 관객들을 깜짝 놀라게 만든 것이다(물론 현대의 관객들은 이미 셰익스피어가 쓴 비극의 판본에 더 익숙하기 때문에 더 이상 놀라지는 않겠지만). 그 후로 1681년에, 나훔 테이트Nahum Tate는 코델리아가 생명을 구하고 그녀가 (자신의 사악한 형제들과는 달리, 왕자로 태어나지는 않았지만 틀림없이 훌륭하게 잘 자란) 에드거와 결혼하는 것으로 『리어왕』의 종결을 다시 썼다. 이후 160년 동안 테이트의 판본은 영국 무대에서 계속 상연되었다. 순수주의자들은 이 작품이 비극의 본질을 훼손했다는 식으로 거부감을 표현할 수도 있다. 하지만 셰익스피어가 리어왕과 코델리아를 모두 죽이기로 결심했을 때, 당시의 사람들 역시 그가 제프리의 『리어왕』을 '훼손시켰다고' 말했을지도 모른다.

기대의 관점에서 본다면 위태롭게 균형을 이루고 있는 두 욕구들을 발견할 수 있는데, 그것은 각각 기대를 만족시키고자 하는 욕구와 기대를 저버리고자 하는 욕구이다. 알프레드 히치콕의 영화 「현기증 Vertigo」 (1958)을 예로 들어보자. 영화의 마지막 부분에서 결국 킴 노박이 종탑에서 떨어지고 말 때 로맨틱 스릴러의 해피엔딩을 예상했던 관객들의 조심스러운 기대는 무너지고, 이러한 종결로 인해 작품은 훨씬 더 어두운 장르로 되돌아간다. 그래서 어떤 이들에게는 이런 종결이 영화를 다시 한 번 봐야만 할 정도로 이해하기 어렵게 느껴진다. 반면 다른 사람들에게는 이것이 천재적인 솜씨라고 여겨질 수도 있다. 범상치 않은 네덜란드 영화 「배니싱 The Vanishing」(1988)은 유괴된 애인을 구출하기 위해서 펼치는 로맨틱한 모험으로 시작되지만, 주인공이 마지막에 생매장되는 것으로 영화가 끝나면서 관객들의 기대는 산산조각이 난다. 그러나 이 영화를 그냥 참고 보기가 어려우면 어려운 만큼, 영화의 결말은 주인공을 혼란스럽게 만드는 살인자의 음울한 도덕적 망상과 부합하게 된다. 이 두 영화에서 (적어도 이 종결에 영향을 받은 사람들에게 있어서는) 종결이 주는 놀라움은 영화 전체를 처음부터 다시 되짚어보도록 만든다. 그것은 놀라움의 느낌이라는 새로운 형태와 색조를 영화에 부여하면서, 결국 그와 같은 종결이 적합한 것이었다고 여겨지도록 만든다.

서스펜스의 핵심은 적어도 어떤 상황이 전혀 다르게 펼쳐질 수 있다는 가능성에 근거한다는 사실만큼은 분명해 보인다. 그리고 성공적인 서사의 공통적인 특성이기도 한 놀라움은 그런 상황이 어느 정도 다르게 펼쳐지게 될 때 발생하게 된다. 그러나 관객들에게는 놀라움을 허용할 수 있는 어떤 한계가 있다. 「배니싱」의 감독(조지 슬루이저)이 1993년 이 영화를 할리우드에서 리메이크했을 때, 제작자들은 미국 관객들이 원작의 결말을 이해할 수 있을 거라고 생각지 않았다. 적어도 할리우드의 평가는 그랬고, 그들은 이 영화를 해피엔딩으로 만들었다. 그러나 리메이크된 영화는 흥행에 성공하지 못했다. 반면 「현기증」은 개봉 당시 크게 흥행하지는 못했지만, 지금은 고전의 반열에 올라 히치콕의 대표적인 걸작으로 평가된다.

그러므로 기대가 발생하는 과정을 묘사하면서 '코드'와 '공식'과 같은 요소들이 작용하는 방식에 주목하는 것이 중요한 일이기는 하지만, 그것들을 서사에 그대로 적용시켜서는 안 된다. 코드와 공식은 변하지 않는다는 특성을 통해 발전해왔다. 모스 부호는 불변하기에 전신(電信)의 시대에서 신뢰할 수 있는 코드였다. 마찬가지로 메틸알코올 제조 공식은 동일하게 유지되는 한 신뢰받을 수 있다. 공식을 조금이라도 바꾸면 그것은 다른 물질을 만들게 된다. 그러나 마찬가지 방법으로 서사를 작동시킨다면 어떨까? 그렇다면 문학에는 상투적인 형식과 부자연스러운 클리셰만 가득하게 될 것이다. 정말로 서사에서 어떤 성공을 거두고자 한다면, 코드와 공식은 세부 사항에서 모든 종류의 변주를 허용할 수 있을 만큼 충분히 유연해야 한다. 이것은 단지 스토리에서 **비본질적인 요소들**(배경이나 **보충적 사건들**)에 대한 변화뿐 아니라, **스토리**의 구성적 사건과 관련된 변화까지 모두 포함한다. 그래서 바르트는 서사가 필연적으로 어떻게 나타나야 하는가를 설명하지 않는다. 그는 단지 우리가 읽고 보는 동안 무엇을 기대하게 되는지를 설명한다. 우리가 맨 처음 특정한 기대를 갖지 않는다면, 다른 변화들도 이해할 수 없다. 그러나 '코드'라는 용어에는 더 큰 난점이 있다. 왜냐하면 대부분의 복잡한 서사를 읽는 동안 우리가 기대하게 되는 것들 중에는, 우리의 기대가 부적절한 것이었거나 혹은 완전히 틀린 것이었다는 것을 깨닫는 일도 포함되어 있기 때문이다. 요컨대 우리는 놀라움을 기대하고 있는 것이다. 물론 이것은 인지 연구에서도 여전히 밝혀지지 않은 영역이다. '기대층위'라는 구절에서 내가 '층위'라는 말을 사용한 것은 그 안에 '코드'라는 의미가 포함되지 않도록 하기 위해서였다.

❖ 체호프의 유명한 조언 ❖

체호프는 작가 지망생들에게 다음과 같이 말했다. "만약 당신이 첫 장면에서 벽에 총이 걸려 있다고 말했다면, 둘째 장면이나 셋째 장면에서 그 총이 발사되지 않으면 안 된다."[3] 체호프의 이 유명한 조언은 이후로도 다양하게 반복되어왔다. 그러나 이 진술에 포함되어 있는 두 가지 관념을 분명히 구별하는 것도 중요한 일이다. 첫째, 총의 존재는 그것이 사용될 것이라는 기대를 불러일으킨다. 둘째, 저자는 이런 기대를 만족시켜야만 한다. 여기서 첫번째 명제는 지당해 보일지도 모르지만, 두번째 명제는 다소 기계적인 규칙 같은 인상을 주는 것이 사실이다. 스토리 안에는 총체적인 효과를 줄 수 있는 요소들만을 담아야 한다고 말하기 위해서 체호프는 어느 정도 과장을 섞어 말한 것인지도 모른다. (가령 그는 다음과 같이 말한다. "스토리와 직접적으로 관련되지 않는 모든 것들은 가차없이 내던져야 한다.") 그러나 사람들은 첫 장면에서 소개된 총이 절대로 발사되지 않는 수없이 많은 방법을 떠올릴 수 있으며 그 방법이 성공을 거둘 수도 있다. 예를 들어, 우리는 다음과 같은 장면들을 떠올릴 수 있다. ① 누군가 그 총으로 위협을 가한다. 그와 맞서 몸싸움을 벌인다. 그러나 사실 그 총은 장전되지 않은 상태였다. ② 절망에 빠져 누군가를 죽이려던 사람이 결국에는 그 일을 포기하고 총을 창문 밖으로 던져버린다. ③ 총을 쏜다. 총구에서 '탕!'하고 적힌 깃발이 나온다. ④ 그 총은 사실 초콜릿으로 만들어져 있다. 서로 치고받고 싸우던 연인이 싸움을 끝내고 그 초콜릿 총을 함께 나눠 먹는다. 그리고 키스를 하고 사랑을 나눈다. 그렇다. 총이 우리 마음속에서 표상하는 바는 바로 그 총이 '발사되는' 장면이다. 총은 발사되기 위해 만들어졌다는 사실을 우리는 잘 알고 있기 때문이다. 하지만 서사가 성공할 수 있는 방식은 이 외에도 수없이 많다. 발사는 지연될 수 있으며(서스펜스), 전혀 발사되지 못할 수도 있다(놀라움).

질문층위에서의 종결

　기대층위에서 우리는 무슨 일이 일어날 것인가를 예상하고 있다면, 질문층위에서 우리가 예상하는 것은 깨달음enlightenment이다. 이 둘은 매우 유사해 보이기도 하고, 서로 밀접하게 작동하는 것처럼 보이기도 한다. 그러나 한편으로, 이들은 서로 대립하는 위치에 있다. 기대층위에서, 우리는 행위의 전개를 따라가면서 증거들을 모은다. 이것은 부분적인 행위를 암시하는 아주 짧은 증거들일 수도 있고(이제 그녀가 쇼핑을 하러 갈 것이다, 이제 그들은 사랑에 빠질 것이다) 혹은 **장르나 마스터플롯**을 보여주는 커다란 증거일 수도 있다(이것은 비극적인 스토리이고 그것은 주인공의 죽음으로 끝날 것이다). 우리는 기대가 예상대로 이루어지지 않을 때 놀라게 될 수도 있다. 그러나 일반적으로는, 만약 서사가 아직 끝나지 않은 상태라면, 새로운 기대가 생기면서 새로운 증거들을 모으게 될 것이다. 그리고 마침내 「현기증」이나 「배니싱」의 원작을 통해서 보았던 것처럼 종결에서 놀라움을 느끼게 될 때, 우리는 앞에서 미처 찾지 못했던 증거들까지 다시 찾아서 재구성하려 할 수도 있을 것이다.

　반면 질문층위에서 우리는 깨달음을 찾는다. 누가 그것을 했는가? 누가 시의원 스텁스를 죽였는가? 기대층위에서 우리는 범죄 수사가 시작될 것임을 인식하게 되고, 살인자가 밝혀지면서 끝나게 될 것이라고 예상한다. 하지만 질문층위에서, 우리는 누가 한 일인지를 알고 싶어 한다. 이것은 서사 속에 존재하는 또 다른 종류의 서스펜스이다.

따라서 질문층위는 또한 답변의 층위이기도 하다. 질문이 끊임없이 계속될 수 있는 것처럼 답변 역시 계속 이어질 수 있다. 어떤 답변들은 틀릴 수도 있다. 미스터리의 진행 과정에서 흔히 볼 수 있는 것처럼, 살인 용의자가 진짜 범인이 아니었다는 식의 답들은 관심을 돌리게 만드는 눈가림에 불과할 수도 있다. 혹은 그것들은 부분적인 정답일지도 모른다. 그러나 이러한 정보(또한 역정보)의 맥락을 따라가면서 서사는 진행되어 나가고 (대부분의 경우) 마침내 독자에게 정답을 알려주면서 종결을 맞게 된다. 미스터리 스토리는 질문층위가 활성화되어 있는 가장 명확한 장르일 것이다. 실제로, 질문층위는 모든 서사에서 활성화되어 있다. 우리는 첫 쪽, 첫 장, 첫 숏에서 바로 다음과 같은 질문과 마주치게 된다. 여기가 어디인가? 무슨 일이 벌어지고 있는가? 이 사람들은 누구인가? 그들은 무슨 관계인가? 그들은 무엇을 원하는가? 그러나 또한 훨씬 더 큰 질문들을 포함하는 경우도 있다. 도스토옙스키의 『카라마조프의 형제들 *The Brothers Karamazov*』에서는 900쪽에 이르는 소설 내내 광범위한 내용을 담은 질문에 대한 답을 계속해서 구하고 있다. 스토리의 사건들 안팎에서 논쟁들이 이어진다. 그중에서도 가장 절실한 질문은 이 우주의 질서 속에서 (심지어 살인을 포함하는) 어떤 것이(그리고 모든 것이) 허락될 수 있는가 그렇지 않은가에 관한 문제에 대한 것이다.

∴ 왜 한 번으로는 충분하지 않은가? ∴

서스펜스와 놀라움이 그토록 중요하다면, 왜 우리는 영화를 되돌려 보거나 소설을 두 번씩 읽는 것일까? 이 질문은 생각해볼 가치가 있다. 실제로 우리 대부분은 영화나 소설을 다시 보기도 하고, 또 계속해서 두고 보기도 하기 때문이다. 아이들은 스토리 안에서 어떤 일이 벌어질 것이라는 것을 분명하게 알고 있으면서도, 매일 밤 좋아하는 이야기를 계속해서 읽어달라고 조른다. 분명 서사는 서스펜스와 놀라움 이상의 즐거움을 제공한다. 앞에서 「배니싱」과 「현기증」의 결말을 말했을 때, 나는 독자들에게 '결말을 누설'해버린 것이나 다름없다. (종결에 관해 설명하는 데 있어서 이 영화들의 결말이 그리 중요하지 않다면, 굳이 이들을 말하지는 않았을 것이다.) 영미 문화권에서는 결말을 누설하는 것에 대해 유독 꺼리는 경향이 있는데, 이는 다른 문화권과 비교할 때 유난스러운 것임이 분명하다.

게다가 반복해서 책을 읽거나 영화와 연극을 볼 때도, 여전히 사람들은 그 안에 몰입해 마치 무슨 일이 벌어지게 될지 모르는 사람처럼 희망과 공포, 흥분을 다시금 느낀다. 격렬하지는 않지만, 한 번이건 열 번이건 여전히 크게 웃거나 우는 많은 이들이 있다. 심리학자 리처드 게릭Richard Gerrig은 이처럼 결과를 이미 알고 있을 때 서스펜스를 느끼는 현상을 '변칙 서스펜스anomalous suspense'라고 부르기도 한다.

종결의 부재

『카라마조프의 형제들』에서 제시한 '과연 무엇이 허락될 수 있는가'라는 물음에 관한 대답이 소설의 끝에서 주어지는지에 대해서는 비평가들 사이에 의견이 분분하다. 그러나 서사에서 종결이 반드시 발생할 필요는 없다. 그리고 이러한 사실 때문에, 끝이라는 형식적인 개념과 종결 사이의 구분은 더욱 중요하다. 예를 들어, 프란츠 카프카의 짧지만 매력적인 서사는 분명 끝을 맺고 있지만, 질문에 대한 결론을 짓지는 않는다.

일상적인 혼란 A Common Confusion

일상적인 혼란을 야기하는 일상적인 경험. A는 H에 사는 B와 중요한 거래를 성사시켜야만 한다. A는 예비 접촉을 하기 위해 H로 간다. H로 가는 데 10분밖에 걸리지 않았고, 돌아오는 데에도 거의 비슷한 시간이 걸린다. A는 집에 도착해서 가족들에게 오늘의 여정에 대해 한참 자랑을 늘어놓는다. 다음 날 그는 다시 H로 간다. 이번에는 이 일을 담판 지어야만 한다. 일이 서너 시간쯤 걸릴 것이라고 생각했기 때문에 A는 아침 일찍 떠난다. 그러나 모든 정황이 어제와 비슷했다고 예상했는데도 불구하고, 이번에는 A가 H로 가는 데 무려 10시간이나 걸린다. 저녁때에야 그는 지칠 대로 지쳐서 H에 도착한다. 그러나 그는 거기에서 A를 기다리다 지친 B가 30분쯤 전에 A가 사는 곳을 향해 떠났다는 말을 듣는다. 틀림없이 길이 엇갈린 게 분명하다고 말하면서 A에게 기다리라고 충고한다. 그러나 A는 일 때문에 초조한 상태였다. 그는 한순간도 지체할 수 없었기 때문에 즉시 집으로 되돌아간다.

돌아가는 길은 특별히 주의를 기울인 것도 아닌데 눈 깜짝할 사이에 도착한다. 집에 도착한 A는 B가 아주 일찍 도착했다는 말을 듣는다. 그것도 A가 출발하자마자 A의 집에 도착했다는 것이다. 게다가 사실 B는 A의 집 앞에서 A를 만나 사업 이야기까지 꺼냈다고 한다. 그러나 그 순간 A는, 지금 자신이 무척 바쁘기 때문에 지체할 시간이 없으며, 즉시 떠나야 한다고 B에게 대답했다는 것이다.

하지만 좀처럼 이해가 되지 않는 A의 이런 행동에도 불구하고, B는 A의 집에서 그가 돌아올 때까지 기다렸다. B는 A가 돌아왔는지 몇 번이나 물어보았고 여전히 A의 방에서 기다리고 있었다. 지금 곧 B를 만날 수 있구나! 그에게 이 모든 일들을 해명해야지. 기쁨에 들뜬 A는 서둘러 계단을 올라간다. 그러나 계단을 거의 다 올라섰을 때, 그는 미끄러져 발목을 접질리고 만다. 고통 때문에 기절할 것 같다. 소리를 지를 힘도 없다. 어둠 속에서 겨우 신음을 할 수 있을 뿐이다. 그때 A는 B가 화를 내면서 계단을 쿵쿵 내려가는 소리를 듣는다. B가 아주 먼 데 있는 건지 바로 옆에 있는 건지 분명치는 않다. B의 발자국 소리가 점점 사라진다.[4]

여기에서 종결을 맺고 있는 것은 행위의 연속이다. 서사의 중간에서, 우리는 이것이 악몽의 세계라는 것을 깨닫는다. 따라서 상황은 A에게 결코 유리하게 돌아가지 않을 것이라고 예상한다. 카프카에게 익숙한 사람들이라면, 이 작가의 이름만 듣고도 이것을 추측할지 모른다. 좌절과 실패의 연속들은 격노한 B가 떠나고 A가 절망할 때 비로소 종결을 이룬다. 하지만 그 과정에서 온갖 종류의 질문들이 (그럴싸한 답변들과 나란히) 독자들의 마음속에서 떠오르게 된다. 이들은 누구인가? 그들이 서로 하고 있는 사업은 무엇인가? 둘에게는 사업적인 관계 이상의 것이 있는가? 어떤 때는 왜 늦게 도착하고 어떤 때는 왜 빨리 도착하는가? A는 자기 집 앞에 B가 도착했을 때, 왜 그를 몰라본 것인가? 왜 A는 소리를 지르지 못하나? 그리고 도대체 제목은 뭔 소리인가? 왜 이것이 '일상적인 혼란'인가? 서사의 끝에서 이 질문들은 종결되지 않는다. 아니, 오히려 그것들은 배가된다.

카프카는 극단적인 사례이다. 그의 세계에서 확실하게 알 수 있는 것은 거의 없다. 물론 형이상학적인 호기심의 수준에서는("우리는 여기 지상에서 무엇을 위해 존재하는가?" "누구에게 책임이 있는가?" "어째서 불필요한 고통이 있는가?" "왜 아무 이유 없이도 죄책감을 느낄 때가 있는가?") 카프카의 서사에서 발견되는 종결의 결여가 인생의 일반적인 조건을 정확하게 재현하고 있다고 말하는 사람들도 있다. 진정 가치 있는 서사는 어느 정도 '열려 있는' 것이라고 주장하는 사람도 있다. 『리어왕』은 기대층위에서 비극적 결말로 종결된다. 그러나 연극이 진행되는 동안 떠오르는 문제들 중에는 끝까지 미결로 남는 것들도 있다. 예를 들어, 다음 대목에서 글로스터는 절망감에 사로잡힌 채 말한다.

> 장난꾸러기들이 파리를 다루듯이 신들이 우리를 다루는구나,
> 그들은 우리를 재미 삼아 죽인다(4막 1장, 38~39행).

『리어왕』에는 글로스터의 견해를 지지하는 듯한 수많은 내용이 있다. 우리의 운명을 좌지우지하는 어떤 존재(들)가 있을까? 정말 그런 '존재'가 있다면, 그들은 정말 단순한 재미를 위해 우리를 잔인하게 다루는 것일까? 그러나 이 문제는 연극이 끝나고 나서도 영원히 해결되지 않는 것처럼 보인다. 그리고 이처럼 열린 결말이 반드시 나쁜 것은 아니다. 종결되지 않는 셰익스피어의 희곡은, 다른 많은 권위 있는 서사들이 그래왔던 것처럼, 무엇을 생각해야 하는지에 대해서는 말하지 않는다. 그것은 단지 우리를 생각하게 만들 뿐이다. I. A. 리처즈I. A. Richards의 말을 빌려오자면, 이러한 서사는 '생각을 위한 장치'[5]이다. 이와는 반대로 풍자나 아이들의 우화처럼 어떤 문제에 대해 종결을 맺는, 적어도 너무 쉽게 맺는 것처럼 보이는 서사를 시시한 작품이라고 치부하는 경향도 있다. 너무도 명확한 결론을 추구하기 때문에 품격이 없다고 간주되는 광고나 선전 문구처럼 여기는 것이다. 그러나 도덕적으로 명확한 결론을 내리고 있는 서사에 대해서도 나쁘다거나 열등하다고 말할 수 있을까? 그와 반대로 자신의 서사를 혼란스럽게 만드는

것이 오히려 더 쉬운 일이 아닌가? 요컨대 종결의 존재나 부재 그것만을 서사적 성공과 실패의 표준으로 삼을 수는 없는 것이다.

∴ 스토리를 믿고 하는 주식 투자의 함정 ∴

주식중매인들은 종종 주식보다는 오히려 스토리를 믿고 사는 바람에 낭패를 보는 고객들에 대해서 말한다. 이들은 회사가 기사회생할 것이라는 스토리를 믿고 있기 때문에, 부도가 났거나 부도가 나기 직전인데도 주식을 팔지 않는다는 것이다. 이런 사람들이 원하는 것은 스토리가 좋은 쪽으로 종결되어서 자산을 회복하고 이익을 얻을 수 있는 지점까지 주가가 상승하는 것이다. 스토리를 믿고 투자하고자 하는 유혹은 너무도 강하기 때문에 투자자는 가장 이익을 얻을 수 있는 지점(예를 들면, 그 주식의 스토리를 포기하고 장래성이 있는 안전한 곳에 돈을 투자하는 것)을 까맣게 잊고 만다.

결론부터 말하면, 종결은 우리가 서사 안에서 찾고자 하는 '바로 그것'이라는 사실이다. 우리는 질문에 대한 답을 찾거나, 기대의 실현을 구하는 것과 같은 방법으로 종결을 찾는다. 이것은 자연스러운 인간의 본성처럼 보인다. 그리고 이런 이유 때문에 종결에 대한 약속은 서사 안에서 강력한 수사학적 힘을 가지게 된다. 종결은 욕망에 만족감을, 서스펜스에 안도감을, 혼란에 명확함을 가져다준다. 그것은 정상적인 상태를 향한다. 그것은 마스터플롯을 인증한다. 그러나 이와 동시에, 우리는 너무 빠른 종결을 원하지도 않는다. 우리는 종결을 향해 나아가는 동안 품게 되는 질문들을 즐기는 것처럼 보인다. 하지만 내가 여기서 사용하는 '우리'라는 말이 나와는 아주 다른 수없이 많은 사람을 지칭할 수도 있다는 사실을 떠올려야 할 것 같다. 우리 중 몇몇은 종결을 요구한다. 그들은 종결을 만들어주지 않는 서사를 받아들이지 못한다. 그러나 어떤 이들은 카프카를 훨씬 좋아하기도 한다. 우리들 대부분은 기분에 따라서 달라질 수 있는, 아주 폭넓은 서사적 취향을 가지고 있다. 예를 들어, 내가 비행기에서 읽을 미스터리물을 골라 집었다면, 시의원 스텁스를 죽인 자를 알아내지 못할 때 실망감을 느낄 수도 있다. 그러나 문제를 조금 더 복잡하게 만드는 것은 다음과 같은 경우일 것이다. 그것은 우리들 중 몇몇은 다른 이들이 결코 종결을 찾지 못하는 곳에서도 종결을 발견할 수 있다는 사실이다. 다른 말로 하면 우리는 모두 다른 방식으로 읽는 것이다.

지금까지 우리는 서사의 수사학적 힘에 대해 논의해왔다. 그러나 힘은 또한 독자 안에도 존재한다. 우리는 이 주제를 7장에서 다룰 것이며, 거기에서 **해석**interpretation의 문제를 본격적으로 설명할 것이다. 하지만 그 대목에 이르기 전에, 우리는 먼저 **서술**narration, 즉 '스토리 **말하기**'에 대해 연구해보아야만 할 것이다. (어떤 이들이 '형식적인' 연구라고 부르는) 이것은 정말로 텍스트의 중요한 일부분을 이루고 있는 것처럼 보인다.

더 읽어볼 서사학 이론

 소설의 종결에 관한 주제를 집중적으로 다루고 있는 연구 자료는 수가 매우 많다. 그중에서도 데이비드 리히터David H. Richter의 『우화의 끝: 수사학적 소설에서의 종결과 완결Fable's End: Completeness and Closure in Rhetorical Fiction』, 마리아나 토르고브닉Mariana Torgovnick의 『소설의 종결Closure in the Novel』, D. A. 밀러Miller의 『소설과 불만: 전통적 소설에서의 종결의 문제The Novel and its Discontents: Problems of Closure in the Traditional Novel』, 에마 캐펄레노스Emma Kafalenos의 『서사적 인과성들Narrative Causalities』은 꼭 한번 읽어보기를 권한다. 서사의 선형성과 종결이라는 주제는 페미니즘과 성性 연구에서도 많이 거론되어왔다. 이 분야의 연구에서 폭넓은 내용을 정확하게 다루고 있는 참고 도서로는 레이철 블라우 듀플레시스Rachel Blau DuPlessis의 『엔딩 너머의 글쓰기Writing Beyond the Ending』와 앨리슨 부스Alison Booth의 『최후의 유명한 말: 서사적 종결과 젠더에서의 변화Famous Last Words: Changes in Gender and Narrative Closure』 두 권이 있다. 한편 서사에 만족스러운 종결을 부여하기 위해 보편적인 마스터플롯에 기대는 경향이 많은데, 이에 대해 다루고 있는 고전적인 연구서로는 프랭크 커모드의 『종말 의식과 인간적 시간: 허구 이론의 연구The Sense of an Ending: Studies in the Theory of Fiction』가 있다. 기대층위에서의 종결과 질문층위에서의 종결을 구별하는 데 있어서 나는 롤랑 바르트의 영감 넘치는 연구에 상당 부분 의존하고 있다. 그는 『S/Z』에서 우리가 서사를 읽는 방식에 대해 잘 분석하고 있다. 서사의 서스펜스에 관한 문제에 대해서는 에릭 래브킨Eric Rabkin의 『서사의 서스펜스Narrative Suspense』를 참조할 수 있다. 그리고 리처드 게릭은 『서사세계 경험하기: 독서에 대한 심리학적 활동Experiencing Narrative Worlds: On the Psychological Activities of Reading』의 5장에서 '변칙 서사'에 대한 개념을 설명하고 있다.

더 읽어보면 좋은 문학작품

대부분의 서사에서 갈등의 스토리는 서사를 추동하는 원동력이다. 게다가 수 많은 갈등들이 동일한 스토리 시간 동안 전개되는 긴 작품들도 매우 많다. (이런 현상은 특히 19세기 프랑스와 영국 소설들에서 두드러지게 발견된다.) 19세기 초반 3분의 2 시기에 걸쳐 창작된 오스틴이나 디킨스, 윌키 콜린스Wilkie Collins 와 트롤럽Trollope 등의 작품들 마지막에서는 내포저자들이 기대층위뿐 아니라 질문층위에서까지 확실한 종결을 추구하는 것처럼 보인다. 하지만 19세기의 나머지 3분의 1 시기에 이르게 되면, 똑같은 작품들이 수많은 비평가들에 의해 서로 다른 방식으로 읽힌다. 『엠마』(오스틴, 1816), 『데이비드 코퍼필드David Copperfield』 (디킨스, 1949/50), 『월장석The Moonstone』(콜린스, 1868), 『유스터스의 다이아몬드 The Eustace Diamonds』(트롤럽, 1873) 등이 여기에 포함된다. 이 작품들은 비평가들마다 차이가 있기는 하지만, 그들은 이 소설들이 전달하고자 하는 종류의 지혜를 너무 쉽게 해석해서는 안 된다고 비판한다. 모호성과 복잡성에 대한 이후 세대의 관심은 20세기 작가들의 활발한 실험주의적 각성에 이르러 결실을 맺고 있는 것처럼 보인다. 앙드레 지드André Gide의 『사전꾼들 The Counterfeiters』(1926), 사뮈엘 베케트의 『몰로이』(1951), 알랭 로브-그리예의 『미궁에서』(1959), 블라디미르 나보코프의 『창백한 불』(1962), 토머스 핀천의 『중력의 무지개 Gravity's Rainbow』(1973)와 마이클 조이스의 하이퍼텍스트 『오후, 어떤 이야기』(1987/1993) 등이 바로 그러한 소설들이다. 개인적으로 내가 종결의 문제에 관하여 가장 도전적이라고 생각하는 작품들은 에밀리 브론테의 『폭풍의 언덕 Wuthering Heights』 (1849), 도스토옙스키의 『지하 생활자의 수기 Notes from underground』(1863), 헨리 제임스의 『나사의 회전』(1898), 조지프 콘래드의 『암흑의 핵심』(1899), 존 구아레 John Guare의 희곡과 영화인 「여섯 단계 법칙 Six Degrees of Separation」(1990/ 1993) 이다. 왜냐하면 이것들은 가장 강력하게 설정된, 그러나 동시에 상충하는 해석들을 이끌어낼 수 있는 것처럼 보이기 때문이다. 물론 이 외에도 더 많은 작품들이 있을 것이다.

이 장에서 나는 질문층위에서 거론되는 문제들을 좀더 강조한 것 같다. 그러나 기대층위에서 도전을 시도한 저자들의 사례들도 분명 존재한다. 내 생각에 가장 좋은 사례는 단연 디킨스의 『위대한 유산Great Expectations』(1860/1861)이다. 디킨스는 서로 완전히 다른 두 개의 종결을 만들었다. 그가 맨 처음 썼던 종결은 독자들이 소설에서 예상할 것이라고 디킨스 자신이 생각했던 것을 만족시키는 내용을 담고 있다. 이러한 결말에서, 핍과 에스텔라는 결혼하지 않고 서로 이별하게 된다. 그러나 독자들은 다른 종결을 원한다며 불워-리턴Bulwer-Lytton이 디킨스를 설득시켰으며, 이로 인해 디킨스는 핍이 에스텔라와 "다시는 헤어지지 않을 것이라는 암시"를 남기면서 소설을 끝맺게 된다. 스티븐 킹Stephen King은 『콜로라도 키드The Colorado Kid』(2005)에서 더 큰 모험을 시도한다. 이 소설은 내용과 형식, 양쪽 측면에서 서사적 종결이라는 전반적인 주제를 숙고하고 있다.

6장

서술

해석에 관한 몇 가지 단어

서사의 **의미**meaning 또는 **의미들**meanings에 관해서 논쟁을 벌였던 경험은 누구나 갖고 있을 것이다. 다른 말로 하면, 우리는 서사를 **해석**interpret하는 방식에 대해 논쟁을 해왔다는 것이다. '의미'는 서사학에서 논란의 여지가 있는 용어이다. 하지만 우리는 보통 '의미'를 사상idea과 판단judgement에 관련된 것으로 생각한다. 과연 서사의 의미가 이와 관련이 있는가? 의미는 사상을 전달하고 판단을 만들어내는가? 이러한 질문에 대해서 다음과 같이 대답하는 사람들도 있을 것이다. "아니오. 그림이 그림일 뿐이며 노래는 노래일 뿐인 것처럼, 스토리는 스토리일 뿐이고 서사는 단지 서사일 뿐이오." 그러나 이런 입장을 견지하기란 매우 어려운 일이다. 우선 하나의 서사가 진행되는 과정 동안 여기저기에서 떠오르는 생각들을 **무시하기**란 결코 쉬운 일이 아니다. 이를테면 『카라마조프의 형제들』을 읽을 때, 살인의 윤리성에 대한 논쟁을

피하기는 쉽지 않다. 서사가 실제로 판단을 이끌어내는가? 즉, 지적이고 도덕적인 문제의 층위에서 **종결**을 짓는가?에 대한 질문에 대해서는 다음과 같이 답할 수 있다. "어떤 것은 그런 것 같고, 어떤 것은 그렇지 않은 것 같다." 풍자나 선전 혹은 광고 같은 서사들은 판단을 이끌어내는 것이 확실하고, 그 가운데 일부는 매우 강력하게 이런 경향을 보여준다. 그러나 우리는 질문을 던지는 수준에 머물면서 종결을 거부하는 서사들도 많이 있다는 것을 알고 있다. 전체 서사군群 가운데는 매우 강력한 내용을 담고 있지만, 판단을 유보하는 것들도 적지 않다.

하지만 판단을 거부한다는 것이 곧 어떠한 판단과도 무관하다는 사실을 뜻하는 것은 아니다. 다시 『카라마조프의 형제들』로 되돌아가 보자. 우리는 소설의 끝 부분에서도 여전히 논점이 해결되지 않은 채 열려 있다는 느낌을 받지만, 동시에 그 논점을 해결하고자 하는 노력을 계속하지 않을 수 없다. 즉, 소설에서 제기된 살인의 윤리성과 관련된 논쟁을 단순한 읽을거리로만 여기기 힘들다는 점이다. 소설 읽기를 단순히 여흥을 제공하기 위해 연주되는 음악을 듣는 것처럼 생각할 수는 없다. 논쟁의 여지가 있기는 하지만 '순수하게 미학적인' 상태를 성취할 수 있는 서사는 없다고 말할 수 있다. 다시 말해 모든 서사는 아무리 유희적이라고 할지라도 사상과 판단을 불러일으킨다는 것이다. 그럼에도 불구하고 도스토옙스키 소설이 지니는 가치 중 하나는, 다른 많은 서사들과 마찬가지로 대부분의 사람들이 진지하게 고민하는 논점들에 대해서 확답을 유보한 채 다루고 있다는 데 있다. 서사가 판단을 내리지 않은 채 종결한다는 것은 그 서사가 판단과 무관하다고 말하는 것과는 전혀 다르다. 사실 서사의 개방성조차 일종의 판단이라고 할 수 있다. 이는 논점이 너무 복잡해서 우리의 이해 단계에서 최종 결론을 내리기 어렵다는 사실에 대한 판단을 내리고 있기 때문이다.

이번 장에 이어지는 7장과 8장에서는 서사의 해석에 대해 집중적으로 다룰 예정이다. 그러나 서술, 특히 서술자에 관한 주제는 서사의 해석과 관련하여 핵심적인 위치를 차지하고 있기 때문에 이 장에서는 우선 해석에 대한 주제와 관련된 몇 개의 단어에 대해 설명하고자 한다.

서술자

이 책에서는 서술자를 통해 서술되지 않는 서사를 포함한, 서사의 모든 형식들에 대해 고찰하고자 한다. 그러나 서사가 서술자를 사용하는 방식은 수없이 다양하다. 또한 서술자가 존재하는 서사에서, 서사 해석에서 불일치가 발생할 경우, 서술자의 **신뢰성**reliability은 논란의 초점이 되는 것을 피할 수 없다. 오늘날의 서사학 연구자들이 서술자에 관한 문제에서 대부분 동의하는 첫번째 사항은 서술자와 저자를 혼동해서는 안 된다는 것이다. 서술자는 저자에 의해 사용되는 악기, 구성물, 또는 장치 등에 다양하게 비유된다. 일부 이론가들(바르트 등)은 이 사실을 다음과 같이 강조해서 말하고 있다. "서사의 (실제) 저자는 서사의 서술자와 절대로 혼동되어서는 안 된다"(「서사 구조 분석 입문」, p. 282).

∻ 여기서 잠깐…… ∻

나는 바르트가 "절대로 안 된다in no way"라는 표현을 사용한 데 대해 놀라움을 금할 수 없다. 만약 내가 나의 인생 스토리를 들려준다고 가정해보자. 이때 스토리 속의 나와 나 자신을 혼동하면 "절대로 안 되는가?" 말하는 대신에 스토리를 쓴다고 해도, 서술된 나의 목소리는 나와 완전히 분리될 수 있는가? 어떤 사람들은 내가 나를 숨기려고 해도, 완전히 숨기는 방법은 사실상 "절대로 없다"라고 주장할지도 모른다. 나의 스토리를 서술하기 위해 내가 선택한 모든 서사적 목소리 안에는 진정한 내가 잠복해 있는 흔적을 찾을 수 있기 때문이다. 마크 트웨인은 윌리엄 딘 하월스William Dean Howells[1])에게 보낸 편지에서 이러한 역설을 깔끔하게 정리해주고 있다. "자서전은 모든 책 중에서 가장 진실한 책이라고 할 수 있네. 진실이라곤 아예 감추거나, 진실을 놓치거나 진실의 일부만 보여준다고 해도, 뻔뻔한 진실의 모습은 엄연히 행간 속에서 자신을 드러내게 마련이지. 저자는 마치 고양이처럼 그 위에 먼지를 그러모아놓고 무심한 구경꾼들을 감쪽같이 속여 넘기려 할지 모르지만 〔……〕 그렇게 아무리 애써봐야 독자는 저자의 모습을 알아채고야 마는 걸세."[2] 우리는 성급한 일반화를 내리기 전에 트웨인의 경고를 염두에 두고 신중하게 숙고할 필요가 있다.

저자를 "서사의 서술자와 절대로 혼동해서는 안 된다"라고 말한 바르트의 언급은 일단 유보하더라도, '우리는 서술할 때 구조화한다'라는 명제에는 의문의 여지가 없다. 다른 행성에서 온 외계인에 관한 스토리를 쓰든, 당신 삶의 은밀한 비밀을 털어놓든 예외는 아니다. 우리는 서술할 때 거짓말을 할 수도 있고, 거짓말에는 구조화가 항상 따르는 것도 사실이다. 그러나 구조화하기는 거짓말하기와는 다른 것이다. 우리는 언어를 사용할 때 이미 만들어져 있는 단어들과 문법을 사용해 문장을 구성한다. 서사 역시 이와 마찬가지로 이미 존재하고 있는 거대한 창고에서 장치들을 선별하여 결과물을 합성하는 원리로 구성된다. 서술자는 이 장치들 가운데 하나에 해당한다.

서술자 장치에 관한 연구는 최근 50년간 활발하게 이루어져왔다. 이는 시점에 관한 연구와 함께 진행되었는데, 어떤 시점을 취하느냐에 따라 서술자는 다양한 방식으로 겹쳐지게 된다. 서술자를 구별하는 여러 가지 방식 가운데 가장 유용한 것을 세 가지만 고르면 '**목소리**voice' '**초점화**focalization' '**거리**distance'를 들 수 있다. 그러나 이 개념들을 다루기 전에, 서사에 관한 논의에서 빈번하게 출현하는 몇 가지 특징들에 대해서 소개하고자 한다. 이들은 다음 질문을 통해 정리할 수 있다.

서사의 진술은 모두 서술자의 몫인가?

언뜻 보기에 이 질문의 답은 분명해 보인다. 서사는 언어로 전달되는 것이기에, 서술자에 의해 서사 전체가 진술된다는 것이다. 그러나 이에 동조하지 않는 사람들(도릿 콘과 같은)도 있다. 인용문이 나오는 대목에서는 서술이 정지한다고 이들은 주장한다.

그는 길가에 장갑을 던졌다. 눈에 눈물이 맺혔다. 그리고 그는 말했다. "이것이 그 대답이야, 로드니. 네 무기를 선택해!"

드라마를 서사 형식이 아니라고 생각하는 서사학자들도 이와 동일한 논리선상에 있다. 인용부호 바로 앞까지의 행위는 서술자에 의해 서술되지만, 인용부호 안에서는 말하는 사람에 의해 직접 발화된다는 것이다. 앞의 질문에 대해 뭐라고 답하든지 간에, 예로 든 문장처럼 등장인물의 말을 인용하는 것을 **직접화법**direct discourse이라고 부른다. 우리는 그가 말하는 것을 듣는다. 우리가 듣고 있는 것은 그의 입에서 나온 말인 것이다. 그러나 서술자가 다음과 같이 기술했다고 생각해보라. "그는 길가에 그의 장갑을 던졌다. 그의 눈에 눈물이 맺혔다. 그리고 그는 로드니에게 무기를 선택하는 것 외에 다른 도리가 없다고 말했다." 이 눈물겨운 도전자의 말은 **간접화법**indirect discourse으로 변환되었으며, 이 경우에는 서술의 일부를 이루고 있다는 것이 두말할 나위 없이 명백할 것이다.

서사에서 사고를 재현할 때도 동일한 구분법을 적용할 수 있다. 그래서 우리는 **직접사고**direct thought("그가 말하자마자 그는 놀랐다. '지금 내가 그것을 할 수 있을까? 내가 그를 죽이면 어떻게 될까?'")를 하기도 하고 **간접사고**indirect thought("그가 말하자마자 그는 자신이 그 일을 할 수 있는지 그리고 그를 죽일 수 있는지에 대해 생각한 것에 놀랐다")를 하기도 한다. 우리는 의식을 재현할 때 직접사고를 사용하는 데 익숙해져 있다. 하지만 직접사고가 우리의 생각을 재현할 때 직접화법이 우리가 말하는 방식을 재현하는 것과 같은 방식을 사용하고 있다고 생각해선 안 된다. 일부 모더니즘 소설가들은 이러한 문법적인 발화가 지닌 인공성을 극복하기 위해서 기본적으로 직접사고의 다른 형태인 **내적 독백**interior monologue과 관련된 기법을 폭넓게 실험했다. 그러나 앨런 파머Alan Palmer는, 서사에서 대부분의 사고가 간접사고 또는 (파머의 용어에 따르면) **사고 보고**thought report를 통해 재현되는 까닭은 언어 자체가 사고를 재현하는 데 부적합하기 때문이라고 설명한다. 사고 보고를 사용할 경우, 등장인물들이 생각하는 방식을 모방해야 한다는 부담을 질 필요가 없기 때문이다.

직접화법/사고와 간접화법/사고 기법은 오랜 시간 동안 사고와 발화를 재현하기 위해 활용되었다. 그러나 발화와 사고를 서술할 수 있는 또 다른 방법이 개발되어 최근 200년 동안 사용되었는데, 그것이 바로 **자유간접문체**free indirect style[3]이다. 이에 대해서는 이 장의 후반부에서 상세히 설명할 예정이다. 일단 다음 단계에서는 앞에서 약속했던 것처럼, 매우 널리 활용되는 세 가지 수사학적 도구에 대해 설명하도록 하겠다.

목소리

서사에서 목소리는 우리가 누구의 서술을 '듣는가'의 문제와 관련되어 있다. 이는 처음에는 단순하게 구분될 수 있는 주제처럼 보이지만, 깊이 연구할수록 점점 더 풍부하고 흥미로운 내용을 갖고 있음을 알게 된다. 이때 단순하게 구분될 수 있는 특질이란 문법적인 것, 다시 말해 '인칭'에 관련된 것으로서, 서술에서는 크게 **1인칭**("나는 아침에 지독한 숙취와 함께 일어났다")과 **3인칭**("그녀는 아침에 지독한 숙취와 함께 일어났다")으로 구분될 수 있다. 2인칭 서술을 실험하는 시도 역시 중요하게 취급되고 있으며("너는 아침에 지독한 숙취와 함께 일어났다") 최근 몇 년 동안 이러한 실험은 더욱 증가하는 추세에 있다. 미셸 뷔토르 Michel Butor[4]의 『변경 La modification』(1957)이나, 이탈로 칼비노 Italo Calvino[5]의 『겨울밤의 나그네라면 If on a Winter's Night a Traveler』(1979) 같은 작품들은 2인칭 서술을 사용해서 주목할 만한 성과를 거두었으며, 비평가들 역시 이에 대해 놀라운 관심을 보이고 있음에도 불구하고, 2인칭 서술은 비교적 드문 편에 속한다. 이는 우리가 일상생활에서 2인칭을 사용해서 스토리를 전달하는 일이 좀처럼 없기 때문인 것 같다. 우리는 성장하면서 1인칭이나 3인칭으로 스토리를 전달한다. 이런 까닭에 2인칭 서술은 늘 낯설어 보인다. 한편 반대로 저자가 낯선 느낌을 창출하고자 할 때, 2인칭 서술은 매우 유효한 방법 가운데 하나라고 할 수 있다.

∴ 당신은 누구인가? ∴

2인칭 서술은 다음과 같은 흥미로운 질문을 던진다. 서사의 수신자는 누구인가? 독자인 당신인가? 발자크의 서술자가 '당신'을 가리켜 "흰 손으로 이 책을 집어 든 채 포근한 안락의자에 파묻혀서 '이거 재미있겠군'이라고 중얼거리는 무감각"[6]한 사람이라고 비난할 때, 독자들은 이를 자신에게 한 말처럼 느끼는가? 발자크가 겨냥하는 어리석고 방종한 인물로부터 자기 자신을 충분하게 분리시킴으로써, 비난의 대상과는 거리가 먼 안전지대에 있다고 여기는가? 아니면 마음속으로, 자신을 잘못 표현한 데 대해 콧방귀를 뀌고 무시할 것인가? 브라이언 맥헤일Brian McHale은 "2인칭 서술은 관계를 나타내는 탁월한 기호이다"라고 말한다. 따라서 2인칭 서술은 일종의 위장된 1인칭 서술이라고 주장되기도 한다. ('당신'이라는 호명은 메시지를 발신하는 '나'를 함축하고 있기 때문이다.) 어떤 책은 시작 부분의 첫 문장부터 개인적인 친분관계가 강조되기도 한다. "당신은 이탈로 칼비노의 새 소설 『겨울밤의 나그네라면』을 막 읽기 시작했을 거요. 진정하고 집중하시오, 모든 다른 생각일랑 떨쳐버리고."[7] 그러나 효과를 정의하기가 무척 어려울 때도 있다. "1시 정각에 너는 샌드위치를 사기 위해 외출한다. 메건은 네게 자신의 태브를 갖다달라고 부탁한다. 아래층에서 너는 문을 통해 나가면서 영영 돌아오지 않는다면 얼마나 좋을까 하고 생각한다."[8] 독자는 이 이름 없는 주인공의 역할에 몰입하는가? 아니면 독자는 혼잣말하는 사람처럼 이 소설을 읽는가? 아니면 결국 2인칭 서술에 씌워져 있는 낯섦의 장막은 벗겨질 수밖에 없는가? 따라서 우리는 이에 익숙해져서 가상의 3인칭 서술로 읽게 되는가?

1인칭 서술이 거의 대부분 3인칭 서술을 포함한다는 것은 아무리 강조해도 지나치지 않은 사실이다.

나는 아침에 지독한 숙취와 함께 일어났다. 전화가 울렸다. 조지였다. 그는 나에게 미안하다고 말했다. 그는 다시는 나를 괴롭히지 않겠다고 약속했다. 그는 완전히 새사람이 되었다. 그는 계속 안전성 평가 등급에서 AA를 받았고, 아침부터 그는 은행에 계좌를 개설해서 그가 세 달 연속으로 금주할 때까지 유지되는 공탁금을 걸기까지 했다.

앞의 예문은 대부분 3인칭으로 서술되어 있다("그는 미안하다고 말했다. 그는 약속했다"). 하지만 이것은 엄격하게 말해서 1인칭 서술이다. 왜냐하면 서술자는 그녀 자신이라는 표현보다 '나'와 '나에게'와 같은 표현을 사용하고 있고, 그녀가 스토리에서 역할(비록 표면적으로 드러나지는 않지만)을 맡고 있기 때문이다. 당신은 이 예문을 통해, 서사에서 서술자가 스스로를 언급하는 수준이 아주 다양하다는 것을 추론해낼 수 있다. 예를 들면, 앞에서 인용한 대목에서 서술자는 자기 자신에 대해 한 번도 언급하지 않고도 초입부터 바로 조지에 대한 스토리로 들어가는 것이다. 다시 말해 이 글은 3인칭 서사의 상태에 접근하는 것으로 보인다. 그러나 3인칭 서사의 경우 서술자는 스토리세계 바깥에 위치해 있어야 하는 것이다. 이러한 **외부** 서술자는 일반적으로 '나' 혹은 '나에게'라는 표현을 하지 않기 때문에, 독자들은 그/그녀(또는 그것)를 등장인물로 인식하지 않는다.

그녀는 지독한 숙취와 함께 일어났다. 전화가 울렸다. 조지였다. 그는 미안하다고 말했다. 그는 샐리에게 약속했다. 다시는 그녀를 괴롭히지 않겠노라고……

그러나 여기에서 이 영역을 재분류하는 것은 적절하지 않다. 3인칭 서술자가 자기 자신에 대해 서사에서 언급하는 일은 드물지 않다. 헨리 필딩Henry Fielding은 『톰 존스Tom Jones』를 서술할 때 자기 자신과 자신의 견해에 대해 빈번하게 언급한다.

이제 소피아를 살펴볼 시간이다. 내가 그녀를 사랑하는 것의 절반만큼이라도 독자 여러분께서 그러신다면, 그녀가 그토록 성미 급한 아버지의 손길과 그토록 냉정한 예비 신랑의 손길에서 벗어나게 된 걸 알고 기뻐하실 것이다.[9]

그리고 3인칭 서술자들은 스스로를 언급할 때 '나' 또는 '나에게'라는 대명사를 사용하는 것을 가능하면 피하려고 한다. 하지만 그들이 사용하는 언어의 특질을 통해서 독자들은 3인칭 서술자 역시 다른 등장인물처럼 개성을 갖고 있음을 알게 된다.

딱하게도, 그녀는 지독한 숙취와 함께 잠에서 깨어났다. 전화는 결코 울리지 않겠지. 그때 전화가 왔다. 조지였다. 그는 미안하다고 했다. 그녀는 어찌할 바를 모르는, 순진한, 잘 믿어버리는 영혼의 소유자였기에 그 말을 믿어버렸다.

이 대목에서 서술자가 1인칭으로 서술한다는 표시는 없지만, 독자들은 서술자의 성품을 확실하게 느낄 수 있다. 그/그녀는 잘 믿어버리는 행동에 실망감을 보일 정도로 배려심이 있다는 느낌을 준다. 이 3인칭 서술자는 그/그녀가 지닌 성격의 스크린을 통해 이 소설의 장면들을 독자들에게 차례로 여과시켜 보여준다.

요약하면, 서술에서의 목소리는 문법적 인칭으로서의 특질을 가지고 있지만 이보다 중요한 것은 인물의 성격에 대한 독자들의 감각이며, 이들의 목소리는 서술되는 스토리의 분위기를 조성하는 데 큰 역할을 한다는 점이다. 이러한 의미에서 서사적 목소리는 스토리 구조에서 중요한 요인이 된다.

그러므로 서사에서 인칭을 결정하는 것은 매우 중요하다. 왜냐하면 이를 통해서 우리는 서술자의 요구·욕망·한계가 서술에 투사된 방식을 알게 되고, 정보를 전적으로 신뢰할 수 있는지의 여부를 결정하기 때문이다. 목소리가 매우 강력하고 흥미로울 때, 스토리보다는 서술자가 관심 대상이 되는 경우도 있다. 여기에는 매우 다양한 수준이 존재하기 때문에, 우리는 때로 목소리에 담긴 개성을 의식하지 못하는 경우도 빈번하다. 많은 서사학자들은 폴 헤르나디 Paul Hernadi의 말에 대체로 동의하고 있다. "당신이 지금 보고 있는 사람이 서술자라고 생각하되, 그를 실체라고 생각하지 말라. 그는 단순하게 '서술 기능'이 의인화된 것이거나 개인적인 특질이 극도로 축소된 가상적인 인간에 불과하다." [10]

⁂ '전지적 서술'과 저자의 페르소나 ⁂

3인칭 서술과 전지적 서술은 종종 호환되어 사용되곤 하지만, 이는 위험하다. 3인칭 서술에는 (말 그대로 '모든 것을 알고 있는') 전지적 서술 외에도 다른 많은 경우가 있다. 어떤 비평가들은 '전지적'이나 '전지적 서술'이라는 용어를 허구적 우주 질서에서 신처럼 모든 것을 알고 있는 듯 서술하는 18~19세기의 소설가들(필딩 같은)에게 사용한다. 그러나 이런 저자들이 쓴 작품이라도 많은 수가 시점을 달리한다. 다른 말로 하면, **서술자**가 전지적이라도 그 서술은 전혀 다를 수 있다.

앞에 인용된 필딩의 『톰 존스』에서 독자들은 매우 인간적이고 세속적인 개성을 표현한다는 점에 주목한다. 이것은 필딩의 성격인가? 그럴 수도 있고 아닐 수도 있다. 이는 분명히 필딩으로부터 나온 것만은 확실하다. 필딩이야말로 이 소설의 언어를 고안한 사람이다. 그리고 이러한 구조는 서사의 목적에 부합한다. 사실 전기(傳記)적으로도 필딩은 많은 목소리들이 복잡하게 교차한 개인이었다. 소설의 서술을 위해, 그는 일종의 가면이나 저자의 페르소나(페르소나는 라틴어로 '가면'을 뜻한다)를 창조했다.

초점화

초점화라는 단어는 미숙한 신조어이지만, 모호하고 논쟁적 용어인 시점보다는 유용하게 사용할 수 있다. 초점화를 구체적으로 설명하면, 우리가 서사 속의 인물과 사건을 렌즈로 바라보는 것이다. 서술자가 **초점자**인 경우가 대부분이다. 독자가 서술자의 목소리를 듣는 순간, 독자는 서술자의 눈을 통해 행동을 보는 경우가 흔하기 때문이다. 그러나 매번 그렇지는 않다. 『보바리 부인*Madame Bovary*』에서, 플로베르의 서술자는 엄격하게 3인칭 외부 서술의 목소리를 유지하지만, 보는 것은 다른 누군가의 눈을 통해 이루어진다.

그녀는 팔꿈치로 그를 쿡 찔렀다.
'이건 무슨 뜻일까?' 로돌프는 가만히 생각해보았다. 그리고 그는 내처 걸으면서 그녀를 곁눈으로 살펴보았다.
그녀의 옆얼굴은 매우 평온해서 아무런 기색도 찾아볼 수 없었다. 갈댓잎 같은 연푸른 리본이 달린 타원형 모자 속에서 햇빛을 담뿍 받은 그 옆얼굴은 윤곽이 뚜렷했다. 속눈썹이 길게 휘어져 나온 두 눈은 곧장 앞을 바라보고 있었다. 크게 뜨고 있었지만 그 두 눈은 섬세한 피부

밑에 조용히 맥박치고 있는 피 때문에 광대뼈 쪽으로 약간 당겨진 듯한 느낌이었다. 콧구멍 언저리에는 장밋빛이 어려 있었다. 고개는 어깨 쪽으로 약간 기울이고 있었고 입술 사이로는 진줏빛으로 반짝이는 하얀 치아의 끝이 보였다.

'나를 놀리고 있는 걸까?' 하고 로돌프는 생각해보았다.

그러나 엠마의 이 동작은 그저 조심하라는 뜻에 불과했다. 뢰르가 그들을 따라오고 있었기 때문이다. 그 사내는 그들의 대화에 끼어들고 싶은지 때때로 말을 걸었다.[11]

이 긴 인용문에서 초점자는 플로베르의 이름 없는 서술자가 아니라, 엠마 보바리를 유혹하려는 등장인물 로돌프이다. 이 대목의 묘사는 로돌프의 눈을 통해 독자들에게 전달된다. 이 대목에서 초점화된 세부적인 묘사는 매우 섬세하고 상세하게 기술되어 있는데, 이를 통해 독자들은 그가 얼마나 강렬한 눈빛으로 그녀를 바라보고 있는지, 그리고 얼마나 열렬히 그녀를 갈망하는지 느낄 수 있다. 인용문 내내, 플로베르의 서술자는 독자의 시선과 로돌프의 시선을 일치시키다가도, 중립적이라는 점에서 유리한 서술자의 위치로 되돌아간다. 다음과 같은 대목이 그렇다. "그러나 엠마의 이 동작은 그저 조심하라는 뜻에 불과했다······"

앞선 예에서 본 것처럼, 초점화는 읽을 때 생겨나는 우리의 생각과 감정을 풍부하게 만든다. 우리가 듣는 목소리에서 생각과 감정의 강렬한 인상을 받는 것처럼, 보는 시선에서도 생각과 감정의 강렬한 인상을 받을 수 있다. 또한 우리가 듣는 목소리가 서사 속 인물의 것일 수도 있고, 서사 바깥에 위치한 서술자의 것일 수도 있는 것처럼, 초점자 역시 서사 속 인물일 수도 있고, 서사 바깥의 서술자일 수도 있다.

거리

　보통, 서술자가 스토리에서 얼마만큼의 역할을 담당하는가에 따라서, 독자들은 그/그녀가 제공하는 정보를 판단할 때 영향을 받을 수밖에 없다. 여기서 나는 스토리에 서술자가 개입하는 정도를 지칭하기 위해 '거리'라는 용어를 사용하고자 한다. 이때 거리의 종류와 정도는 거의 무한하게 다양하다고 할 수 있다. 찰스 디킨스의 『위대한 유산』(1860)의 경우, 핍은 자기가 살아온 스토리를 서술하고 있으며, 『폭풍의 언덕』(1848)에서 하녀인 넬리 딘Nelly Dean은 다른 사람들의 삶에 대한 스토리를 전달하고 있다. 그러나 핍은 자신의 성장 과정에 대해 말할 때 이미 성인의 모습으로 등장하며, 따라서 시간과 성숙함 양면에서, 실수투성이였던 어린 시절로부터 어느 정도 거리를 두고 있는 현명한 남자의 면모를 보여주고 있다. 반대로 넬리 딘이 전달하는 스토리는 여전히 진행 중이며, 그녀는 이에 강한 공감을 갖고 있을 뿐 아니라 자신이 등장인물로서 참여하고 있기까지 하다. 인물과 사건에 밀접하게 관련되어 있다는 점에서, 서술자 거리의 문제는 핍보다 넬리 딘의 사례에서 더욱 문제적인 것으로 판명된다. 『폭풍의 언덕』에 대한 해석적 논쟁의 다수는 스토리를 재현하는 그녀의 서술을 독자들이 얼마나 신뢰하는지가 중심이 되어 있다.

　『폭풍의 언덕』의 반대편 스펙트럼 끝 부분에, 저자가 이야기로의 개입을 완전히 거부하는, 완전히 동떨어진 서사적 목소리를 만들어내고자 하는 텍스트들이 존재한다. 헤밍웨이는 상당히 엄격한 통제하에서 이러한 거리를 만들어나간다.

딕 볼턴은 닉의 아버지를 위해 통나무를 베려고 인디언 야영지에서 왔다. 그는 아들인 에디와 빌리 타베쇼라는 이름의 인디언을 데려왔다. 그들은 뒷문을 열고 숲에서 들어왔고, 에디는 긴 가로톱을 가져왔다. 에디가 걸어갈 때 음악적인 소리가 났고, 거기에 장단을 맞추며 어깨를 들썩거렸다. 빌리 타베쇼는 커다란 두 개의 갈고리 장대를 가지고 왔다. 딕은 세 개의 도끼를 겨드랑이에 꼈다.[12]

인용문은 「의사와 의사의 아내The Doctor and the Doctor's Wife」라는 단편소설 첫 단락이다. 이 부분은 거리와 목소리에 관한 사유가 어떻게 밀접하게 연결되는지를 보여준다. 서술자적 '거리'를 만들기 위해, 헤밍웨이는 서술하는 대상에 감정이 전혀 개입되지 않은 인상을 주는 서술자적 목소리를 고안해냈다. 각각의 문장은 필수적인 정보를 제공하는 데 초점을 맞추고 있다. 이들 문장은 마치 사실의 건조한 진술에 지나지 않는 것처럼 나열되어 있으며, 한결같이 명사–동사로 이루어진 단순한 통사 구조("그는 데려왔다" "그들은 왔다")를 취하고 있다. 인용문에서 개인의 판단을 나타내는 평가적 용어는 찾을 수 없다. 감정 반응을 보여주는 형용사는 최소한으로 줄였다. '음악적인'과 같은 단어는 예외지만, 형용사('긴' '커다란' '세 개')들과 일반 명사('야영지' '통나무들' '문')들은 감정적으로 중립적인 위치에 있다. 앞의 인용문에서, 서술자의 몰개성과 거리는 매우 밀접한 관계를 맺고 있다.

∴ **유용한 몇 가지 구분들** ∴

디에게시스diegesis(원래 플라톤은 이 용어를 행위의 전달보다는 스토리의 전달을 가리킬 때 사용했다)라는 용어는 스토리세계—사건이 발생되었다고 가정되는 그 '현실'—를 언급할 때 사용되었다. 최근에는 이런 의미에서의 디에게시스는 **스**

토리세계 혹은 서사세계라는 용어로 대체되었다. 이 두 용어는 명확할 뿐만 아니라 다른 의미가 개입될 여지가 없다는 점에서 유용하다. 그러나 제라르 주네트는 **동종제시**homodiegetic, **이종제시**heterodiegetic 그리고 **외부제시**extradiegetic 서술을 구별하는 데 디에게시스라는 단어를 사용했다. 동종제시 서술은 핍과 넬리 딘처럼 스토리세계에 등장하는 인물에 의해 서술이 이루어지는 것을 말한다. 이종제시와 외부제시 서술은 헤밍웨이의 소설처럼 스토리세계 외부에서 서술하는 것을 뜻한다. 또한 동일한 구별을 독자가 보다 이해하기 쉽게 명명한 예로는 제임스 펠란의 **인물 서술과 비인물 서술**을 들 수 있다. 어떤 용어를 선택하든지, 이러한 구별법은 **1인칭**과 **3인칭** 서술로 나누는 방법보다 훨씬 적합하다고 할 수 있다. 왜냐하면 이러한 방식에 의해 서사의 세계에서 서술자가 위치한 자리를 더욱 분명하게 알 수 있기 때문이다.

신뢰성

목소리, 거리 외에도 초점화 역시 웨인 부스가 말한 서술자의 **신뢰성**reliability과 깊은 관계를 맺고 있다. 우리는 독자에게 사실을 정확하게 전달해주는 서술자의 존재를 어느 정도까지 신뢰할 수 있을까? 우리가 사실을 확인할 수 있다고 해도, 그/그녀가 해석을 제공할 때 어느 정도까지 서술자의 의견을 존중할 수 있을까? 넬리 딘은 캐서린을 너무 가혹하게 평가한 것이 아닌가? 그녀는 히스클리프를 너무 호의적으로 평가하지는 않았는가? 웨인 부스는 **신뢰할 수 없는 서술자**unreliable narrators라는 개념을 설명하면서, 이 서술자들이 "저자의 기준에서 얼마나 멀리 또 어떤 방향으로 나아갔는가에 따라 분명하게 달라진다"(p. 159)는 점을 신중하게 지적한다. 분명한 것은, 서사를 해석하기 위해서는 서술자가 넓은 스펙트럼에 걸쳐 있는 신뢰성의 수준에서 어느 정도의 위치를 차지하고 있는지 알아차리는 명석한 감각을 갖고 있어야 한다는 점이다.

그러나 독자들은 이러한 작업에서 어려움을 느낄 때 "왜 저자들은 애초에 신뢰할 수 없는 서술자로 하여금 서사를 서술하도록 했을까?"라는 의문을 가질 수도 있다. 그러나 이뿐만이 아니라, 저자들이 서술자를 말더듬이, 미치광이, 질투에 눈먼 연인, 사악한 친척, 병적인 거짓말쟁이로 설정하는 경우는 부지기수이다. 최근 100년간 신뢰할 수 없는 서술자의 수가 증가한 것처럼 보이긴 하지만, 실로 이러한 서술자들은 오래전부터 우리 주변에서 어렵지 않게 찾아볼 수 있었다. 믿을 만한 가치가 없는 서술자에게 서사의 책임을 부여하는 이유는, 일부러 교묘하게 모호함을 주는 효과 외에도 여러 장점이 있다. 이런 서사 방식의 중요한 이점은 서술 자체가—흥미·편견·맹목에 의하여 오염되기 쉽다는 난점이 있는—주제의 일부가 될 수 있다는 점이다.

일부 텍스트의 경우, 서술자를 신뢰할 수 없어도 내포저자의 관점이 분명하게 드러나기도 한다. 제임스 호그James Hogg[13]의 뛰어난 소설 『사면된 죄인의 사적 일기와 고백The Private Memoirs and Confessions of a Justified Sinner』(1824)이 바로 이러한 경우에 속한다. 소설의 주인공이자 일기 형식으로 서술되는 2부의 기술자인 로버트 링엄은 서술자인 자신이 신에게 선택받았음을 확신하는 인물이다. (구원이 이미 예정되어 있다고 믿는 엄격한 칼뱅주의 교리에 따라 그는 자신이 얼마 되지 않는 '사면받은' 죄인 가운데 한 사람이라고 생각한다.) 따라서 그는 독자를 경악하게 할 만한 행위에 대해서 기술하는 가운데서도 자기 확신을 잃지 않는다. 이복형제를 살해하는 등의 범죄를 저지르면서도 그의 태도에는 변함이 없다. 이 소설의 서사는 '신뢰할 수 없는' 서술자의 언어를 사용해 기술되지만, 독자들은 그럼에도 불구하고 서술자로 하여금 사악한 행동을 하도록 부추기는 비밀스러운 친구(악마)의 성격뿐만 아니라 링엄의 진짜 성격에 대해서도 분명한 판단을 내릴 수 있다. 이 서사에서 서술자의 시각과 내포저자의 시각 사이에는 커다란 거리가 존재하며, 나아가 독자로서 우리는 그 거리를 명확하게 이해할 수 있다.

이 스펙트럼의 다른 편 끝에는, 질문의 층위에서 종결에 도달하지 못해 더 불안정한 구조를 갖고 있는 구로자와 아키라의 고전 영화 「라쇼몽 Rashomon」(1951)이 있다. 이 영화에서 두 여행자는 산적(도시로 미후네 분)과 신혼부부가 연루된 납치, 강간, 살인 스토리의 진실을 알아내려고 한다. 이 '범죄' 스토리는 그 사건에 관련된 세 명과 한 명의 목격자가 각각 한 번씩 총 네 번을 말한다. 각 서사는 다른 서사들과 완전히 다른 스토리를 말하지만, 충분한 설득력이 있다. 결국 우리는 결정이 지연된 네 개의 서사 속에 남겨진다. 어떤 스토리가 진실이냐고 물어보자, 구로자와는 "모두 다이기도 하고, 아무것도 아니기도 하다"[14]라고 말했다.

호그의 소설은 신뢰할 수 없는 서술자가 등장하지만, 어떤 사건이 일어났고 이를 어떻게 판단해야 하는지 알려주는 명확한 소통이 존재한다. 그러나 구로자와의 영화는 네 명이나 되는 서술자가 등장하기 때문에 어떤 판단도 내릴 수 없다. 이 두 서사에는 모두 신뢰할 수 없는 서술자들이 등장하지만, 결과적으로 그 사이에 큰 범위의 낙차가 존재하고 있음을 알 수 있다. 호그의 소설과 구로자와의 영화 간에 존재하는 차이로 인해 우리는 신뢰할 수 없는 서술자들을 구분해주는 유용한 범주를 얻게 된다. 사실에 대해서는 신뢰할 수 있지만 당사자가 내린 해석은 믿을 수 없는 서술자(호그의 사면된 죄인)와, 그가 말한 사실조차도 신뢰할 수 없는 서술자(「라쇼몽」의 서술자들) 간의 구분이 바로 그것이다. 이와 관련해서, 도릿 콘Dorrit Cohn은 전자를 **비협조적 서술자들**discordant narrators이라고 명명한다.[15] 이들은 사건의 사실은 신뢰할 수 있지만, 이에 대한 해석이 저자의 해석과는 불일치하는 것으로 추측되는 서술자들을 일컫는다. 이러한 식으로 **내포저자**에게 접근하는 일은 해석과 관련해서 핵심적인 문제의 하나로 여겨진다. 이에 관해서는 다음 장에서 다루겠으나, 우선 우리는 해석에 있어 중요한 역할을 하는 서술 방법 두 가지를 살펴볼 필요가 있다.

자유간접문체

『보바리 부인』에서 본 것처럼, 초점화는 서사를 통해 한 사람의 눈에서 다른 사람의 눈으로 이동할 수 있다. 따라서 목소리 역시 손쉽게 이동할 수 있다. 이는 가장 흔한 것으로, 서술자의 목소리에서 발화한 말이나 사고를 포함하는 **직접**인용의 방법을 통해서 한 인물의 목소리까지 이동할 수 있다. 로돌프가 "이건 무슨 뜻일까?"라고 혼잣말하는 부분에서 우리는 이러한 이동이 발생하는 것을 발견할 수 있다. 이 예에서, 플로베르는 인물의 발화되지 않은 사고를 우리가 들을 수 있도록 직접인용해서 목소리를 변화시킨다. 하지만 이런 이동은 3인칭 서술자를 통해 인물의 목소리를 필터에 통과시킴으로써 **간접적으로** 이루어질 수도 있다. 어떠한 인용부호나 "그녀는 생각하였다/그녀는 말했다"와 같은 지시문 없이 사용된다는 의미에서 **자유로운** 방식이기도 하다. 문법적 3인칭을 유지하면서, 다른 목소리를 복화술처럼 말하는 서술자 목소리의 이 유동적인 적용은 평범한 구두점이나 한정 표시 없이도 모든 것을 완벽하게 서술한다. 이를 **자유간접문체** free indirect style 또는 자유간접담화free indirect discourse라고 부른다. 저자는 인물의 목소리나 사고가 서사적 목소리를 잠시나마 대신할 수 있도록 허락할 따름이다. 플로베르는 이 방법의 달인이었다. 『보바리 부인』의 후반부에는 만족스럽지 않은 다른 연인에 대해 고민하는 엠마 보바리가 등장한다. 플로베르가 어떻게 **직접인용**의 화법에서 시작하여 **자유간접화법**으로 이동하는지에 주목하며 다음의 인용문을 살펴보라.

"나는 그를 사랑하고 있어!"라고 그녀는 혼잣말을 했다.
하지만 무슨 상관인가? 그녀는 지금도 행복하지 않고, 과거에도 단 한 번이라도 행복한 기억이 없었다. 생에 대한 이런 미련은 대체 어디서 비롯하는 것일까? 의지했던 모든 것이 일순간에 썩어 무너지고 마는 것은 대체 어떤 이유에서인가? 그러나 만일 어딘가 힘차고 아리따운 한 존재—열정과 세련됨, 시인의 마음과 천사의 모습을 한 데다 용기, 위엄까지 갖춘 남성, 그리고 청동색 현이 달린 리라를 들고 하늘을 향해 애수적인 결혼 축가를 연주하는 남성—가 있다면, 운 좋게 그를 찾아내지 못하라는 법이야 있겠는가? 아! 과연 그런 기회가 있을까![16]

이는 3인칭으로 쓰였지만("그녀는 행복하지 않았다"), 그 목소리는 당연히 엠마 보바리의 것이다. 우리는 그녀가 불평하는 것("생에 대한 이런 미련은 대체 어디서 비롯하는 것일까?"), 나지막한 절망("아! 과연 그런 기회가 있을까!"), 또한 대중 로맨스 소설의 과장된 언어와 감성에서 비롯한 사고("열정과 세련됨, 시인의 마음과 천사의 모습을 한 데다 용기, 위엄까지 갖춘 남성, 그리고 청동색 현이 달린 리라를 들고 하늘을 향해 애수적인 결혼 축가를 연주하는 남성")를 들을 수 있다. 그녀의 생각, 감정 그리고 어휘는 3인칭 서술의 통제권을 순간적으로 점유한다.

서사적 목소리가 아주 자유롭고 유동적일 때, 우리는 서술자의 지위는 무엇이며 자유간접문체가 한 사람의 서술자로 이루어진 것인지에 대해 의문을 가질 수도 있다. 또한 자유간접문체는 너무나 유동적이어서 자신의 해석을 기초로 하여 단일한 감수성(내포저자)을 설정하려고 시도하는 해석자들에게는 심각한 문제가 되기도 한다.

∴ 의식의 흐름과 내적 독백 ∴

여기에서 소개하는 두 용어는 **자유간접문체**와 매우 흡사한 기술이어서 서로 교차하여 쓰이기도 한다. 그러나 이 용어들을 가능하면 분명하게 구별하고자 한다. '의식의 흐름Stream of consciousness'이란 용어는 1892년 윌리엄 제임스William James[17])가 처음으로 사용하였다. 그는 이 용어를 우리가 의식을 경험하는 방법(논리적인 순서 배열이나 감정 변화가 스며들지 않은 일관된 생각의 연속적 흐름)을 설명하기 위해 사용하였다. 거의 동시에 프랑스 소설가 에두아르 뒤자르댕Édouard Dujardin이 『월계수는 베어졌다Les lauriers sont coupés』(1887)에서 '**내적 독백**interior monologue'을 처음 사용하였다. 그는 이 소설 속 인물의 의식의 흐름을 **자유직접(간접이 아닌)**문체로 재현하기 위한 기법으로 이 용어를 설명했다. 20세기 초 도로시 리처드슨Dorothy Richardson, 버지니아 울프, 제임스 조이스, 윌리엄 포크너 등은 등장인물의 의식이 연속적으로 움직이는 상태에 초점을 맞춘 **의식의 흐름 소설**streams of consciousness novels을 실험하기 시작했다. 그들은 이러한 주제를 재현하기 위해 **내적 독백**을 사용했다.

하지만 『보바리 부인』의 인용문은 내적 독백이 아닌가? 그 답은 다음과 같다. 문법적으로 3인칭 서술을 유지하기만 하면 그 기법은 자유간접문체이다. 내적 독백은 인물의 의식의 흐름에 보다 철저하게 치중된 기법이다. 그래서 **간접**보다는 **직접**으로 여겨지며, 종종 혁신적인 기법의 다양함을 그 특징으로 한다. 『율리시

『Ulysses』의 마지막 장에서 제임스 조이스는 40쪽에 걸쳐 구두점 없는 내적 독백으로 몰리 블룸Molly Bloom의 의식을 직접 불러오는 데 몰두하고 있다. "…… 그러나 그이가 그따위 짓을 하는 것과 무슨 꿍꿍이속이 있다는 것은 다 뻔한 일이지 그런 꼬리를 잡기란 힘들지 않아요 그이는 당신 증거가 없잖소 하고 말하지만 그녀가 바로 증거지 뭐예요 오 그렇지 그 애의 숙모가 굴을 아주 좋아했었지 하지만 나는 그 애에게 실컷 퍼부어주었어요……"[18] 이러한 글쓰기는 자유간접 문체보다 해석하기가 무척 어려울 수도 있다.

연극과 영화에서의 서술

서술자를 통한 서술은 영화나 연극에서 반드시 사용되어야 하는 것은 아니지만, 이들 매체에서 매우 효과적으로 사용되었다. 손턴 와일더Thornton Wilder[19]의 「우리 읍내Our Town」(1938) 같은 연극이나 「살인, 나의 사랑Murder My Sweet」(1944) 같은 영화, 스탠리 큐브릭Stanley Kubrick의 영화 「시계태엽장치 오렌지A Clockwork Orange」(1971)에서는 서술자가 매우 효과적으로 사용되었다. 이들 매체에서의 서술 효과와 인쇄물·구술 스토리텔링 서술에서의 효과 사이의 주요한 차이는 피서술자를 주목하게 하는 시각 이미지의 정도가 얼마나 존재하는가에 달려 있다. 특히 영화 같은 경우, 무형의 목소리가 스토리 사건을 전달하는 이미지와 동시에 제시되는 **보이스 오버**voice-over 서술로 빈번하게 이루어진다. '보이스 오버'란 용어는 청각인 목소리가 감각적 영역에서 시각과 공유되어야 한다는 의미를 지니고 있다. 그리고 많은 경우 보이스 오버 서술은 서사 중간 중간에 끼어들며, 보통 영화 초반부에서 액자 장치 서술로 사용되어, 곧바로 스토리를 전달하는 배우의 연기에 전적으로 의지하도록 한다. 영화 이론가 데이비드 보드웰David Bordwell은 "영화를 볼 때, 우리는 좀처럼 말하는 존재를 인간과 유사한 하나의 실체로 인식하지 않는다"[20]라고 썼다. 이것에는 그럴 만한 이유가 있다. 분명히 많은 영화가 시작할 때 말하는 존재에 대한 오래된 형식을 사용하며, 관객은 다음과 같은 목소리를 들으면서 영화를 보기 시작한다. ("그녀와 만나지 않았으면 아무런 일도 생기지 않았겠지. 내가 가진 돈이 1달러뿐일 때 카운터에 앉아 있는 그녀를 보았지……") 그러나 우리는 동시에 인물들의 움직임을 보고 있고, 그들이 말하는 것을 듣고 있으며, 오래된 형식은 거의 알아챌 수 없을 정도로 빨리 지나가 버린다. 『폭풍의 언덕』을 각색한 1939년 윌리엄 와일러William Wyler의 영화 「미스터 록우드Mr. Lockwood」에서 넬리 딘은 "네게 이 이야기를 들려준다면……"이라고 말한다. 그녀의 목소리는 페이드아웃 기법을 통해 배경이 언쇼 가家의 사람들이 행복한 가정을 이루었던 시절로 거슬러 올라갈 때까지 유지된다. 이 방식의 변형 중 하나는, 구술 서술자가 말하기보다 자막을 사용하는 「스타워즈Star Wars」(1977)의 도입부이다. 관객은 다음과 같은 자막을 읽으면서 영화를 보기 시작한다. "오래전 멀고도 먼 은하계에서……" 그리고 이 자막은 우주 속으로 빠져들어 간다. 동시에 관객들은 이런 모험물을 처음 읽었던 그 나이(어떤 이에게는 아주 '오래전')로 돌아가며, 시각적으로는 멀고도 먼 장소로 이동한다. (최근 이 장치는 「스타워즈」의 프리퀄 「보이지 않는 위협The Phantom Menace」의 도입부에 다시 사용되기도 했다.)

보이스 오버 서술은 1940년대와 1950년대 할리우드에서 흔히 볼 수 있었고, 오늘날 유럽 영화에서도 계속 사용된다. 최근의 할리우드 영화나 연극에서 찾기 어려울지 모르지만, 단순하게 인간의 생을 재현한다는 점에서는 영화나 연극 또한 서술의 사례로 가득하다는 사실을 명심해야 한다. 그 서술의 사례에는 우리가 하루에도 몇 번씩 서술하는 것에 정비례하여 증가하고 줄어드는 대화도 포함되어 있다. 써어진 서사에서도 마찬가지이다. 다만 차이점이 있다면, 영화나 연극에서는 서술하는 등장인물을 보고 들을 수 있다는 점이다. 그들이 서술하는 스토리의 세부는 여전히 상상해서 채워 넣어야 하지만, 그들이 말하는 것을 우리는 보고 들을 수 있다. 우리는 배우들의 표정·몸짓·그들이 만드는 의미 있는 휴지休止도 볼 수 있다. 즉, 배우는 우리가 읽을 때 스스로 해야 할 일까지 다 해주는 것이다. 그런 점에서 일반적으로 연극과 영화에서 서술되는 것을 어떻게 느껴야 하는지, 어떤 부분이 강조되어야 하는지, 무엇이 중요하고 중요하지 않은지, 또 관련된 등장인물을 어떻게 판단해야 하는지를 평가하기가 어렵지 않다. 이는 적어도 우리가 보고 있는 인물-서술자를 분명하게 이해하는 한 사실이다. 그렇다면 연극 공연이나, 연극 또는 소설이 영화로 각색되는 것을 '해석interpretation'이라 부르는 것은 그리 놀랍지 않은 일이다. 이 부분에 대해서는 이후에 논할 것이다.

더 읽어볼 서사학 이론

웨인 부스의 『소설의 수사학』은 거의 40년이 지난 지금까지도 서술자와 관련 문제들에 대해 명쾌하게 설명하는 입문서 구실을 한다. 거리와 신뢰성에 대한 부스의 연구는 이 문제에 대해 훌륭한 기초를 마련했다. 1960년대에 출간된 스콜스와 켈로그의 『서사문학의 본질The Nature of Narrative』(현재 개정되었음)은 '시점'과 관련하여 이 장에서 제공한 설명과는 대조적인 입장을 취한다. 출간된 지 30년이 지난 프란츠 슈탄젤Franz Stanzel의 『소설의 이론Theory of Narrative』은 서술의 복잡성에 대한 매우 귀중한 사유를 포함하고 있다. 이 책은 처음 부분에 이 주제와 관련된 초기 구조주의자들의 설명을 정리한 유용한 역사적 개관을 담고 있다. 좀더 최근의 연구에는 미케 발Mieke Bal의 『서사란 무엇인가Narratology: Introduction to the Theory of Narrative』가 있으며, 이 책의 결론 부분에서 발은 서술과 서술자에 대해 간명한 개략을 제시한다. 이에 대해 리몬-케넌의 『소설의 서사 시학Narrative Fiction: Contemporary Poetics』 역시 유용한 해설을 제공하고 있다. 주네트는 **동종제시**와 **이종제시**를 **외부제시**와 구분한 바 있으며, 이러한 내용은 『서사담화: 방법에 관한 에세이Narrative Discourse: An Essay on Method』 가운데 '목소리voice'라는 제목의 장에 실려 있다. 제임스 펠란의 『말하기 위해 살다: 인물 서술의 윤리와 수사학』에는 '인물 서술'에 관한 광범위하고 매우 유용한 연구가 담겨 있다. 의식의 재현에 대한 연구 가운데는 도릿 콘의 명료한 개론서 『투명한 정신: 픽션에서의 의식 제시를 위한 서사적 양식들Transparent Minds: Narrative Modes for Presenting Consciousness in Fiction』을 가장 먼저 참고할 필요가 있다. 나는 또한 이 주제에 대한 저서 가운데서 최근에 나온, 매우 명쾌한 설명을 담고 있는 저서 두 권을 추천하고자 한다. 한 권은 앨런 파머의 『허구적 정신Fictional Minds』과 또 하나는 리사 준샤인Lisa Zunshine의 『왜 우리는 소설을 읽는가: 소설과 심리에 관한 이론Why We Read Fiction: Theory of Mind and the Novel』이다. 자유간접문체와 관련된 미묘한 문제에 대해 간략하고 명쾌하게 설명한 연구로는 휴 케너Hugh Kenner의 『조이스의 목소리들Joyce's Voices』에 나오는 「찰스 아저씨 법칙The Uncle Charles Principle」을 참조할 수 있다. 브라이언 리처드슨은 『부자연스러운 목소리들Unnatural Voices』에서 20세기에 나타난 비범한 서술의 양상에 대해 폭넓게 개괄하고 있다. 모니카 플루더닉Monika Fludernik이 편집한 저널 『문체Style』(28:3, 1994)는 전면적으로 2인칭 서술에 대한 논점들을 다루고 있다. 브라이언 맥헤일의 『포스트모더니즘 소설 Postmodernist Fiction』(pp. 223~27)은 2인칭 서술과 그 효과에 대한 개괄을 담고 있다. 데이비드 허먼David Herman은 저서 『스토리 로직: 서사의 문제들과 가능성들 Story Logic: Problems and Possibilities of Narrative』(pp. 337~71)에서 '컨텍스트적 고정contextual anchoring' 개념과 함께 이 주제에 대한 연구를 담고 있다. 영화서사와 관련하여, 데이비드 보드웰의 『허구적 영화에서의 서사 Narration in the Fiction Film』는 '서술'이란 용어를 나오는 다른 방식으로 사용한다. 그러나 그의 텍스트는 이 주제와 관련된 연구 가운데서 가장 읽기 쉽고 유용한 자료이다. 또한 에드워드 브래니건Edward Branigan의 『서사적 이해와 영화Narrative Comprehension and Film』도 참조할 만하다.

더 읽어보면 좋은 문학작품

다시 한 번 말하지만, 거의 모든 서사에서 반복되는 형식적인 특성들을 예시하기 위해 텍스트들을 추려내기란 쉽지 않은 일이다. 그러나 특히 서술자들의 신뢰성이 충분히 의심받을 만할 때, 그리고 그/그녀가 전달하는 서사의 해석에서 서술자의 신뢰성이 기점으로서 논란이 될 때, 서술자들은 우리의 흥미를 끈다. 괴테의 『젊은 베르테르의 슬픔』(1774)에서의 베르테르나, 『폭풍의 언덕』(1848)에서의 엘렌 딘, 도스토옙스키의 『지하 생활자의 수기』(1863)에서의 무명의 서술자, 헨리 제임스의 『나사의 회전』(1898)에서의 여자 가정교사, 스콧 피츠제럴드의 『위대한 개츠비』(1925)에서의 닉 캐러웨이, 블라디미르 나보코프의 『롤리타Lolita』(1955)에서의 험버트 험버트, 그리고 이시그로 가즈오Ishiguro Kazuo의 『남아 있는 나날 The Remains of the Day』(1989)에서의 스티븐스가 대표적인 예이다. 이시그로의 작품에 필적할 만한 훌륭한 소설이 최근 다시 주목받고 있는 실라 콜러Sheila Kohler의 『완벽한 장소The Perfect Place』(1989)이다. 나이젤 윌리엄스Nigel Williams의 『스타 턴Star Turn』(1985)에서는 서술자가 스스로 거짓말쟁이라고 고백하기도 한다.

로리 무어Lorrie Moore[21]의 『자조Self-Help』(1985)는 2인칭 서술을 명령형과 미래형 모두에서 사용한다. 이러한 방식으로 인해 독자와 서사의 관계가 맺고 있는 또 다른 국면이 드러난다("이 책에서 탈출하라. 그가 당신이 읽는 것을 물어봤을 때, 말없이 그것을 보여주라. 다음 날 갈색 의자 너머를 바라보라. 그러면 당신은 그 역시 그것을 읽고 있는 것을 알게 될 것이다. 그날 아침에 도서관에서 복사해온 것을."[22]). 자서전에서 2인칭 서술을 사용하는 예 역시 흔치 않은데, 이러한 방식은 메리 카Mary Karr의 주목할 만한 회고록인 『체리Cherry』(2000)의 2권에서 찾아볼 수 있다. 마지 피어시Marge Piercy는 『그, 그녀, 그리고 그것He, She, and It』(1993)의 일부분을 사이보그가 서술하도록 한다. 스타니스와프 렘Stanislaw Lem의 『사이버리아드The Cyberiad』(1967) 가운데 「지니어스 왕의 기계 이야기꾼 이야기Tale of the Storytelling Machine of King Genius」에도 로봇의 스토리들이 등장한다. 존 더스패서스John Dos Passos[23]가 '카메라의 눈'이라고 부른 서술 방법을 사용한 『USA』 3부작(1930~36)의 일부에서는, 서술자에 대한 의식을 완전히 소거하고자 하는 비상한 노력이 엿보인다. 알랭 로브-그리예는 『질투Jealousy』(1957)에서 **무인칭**Je-néant 서술자로 불리는 3인칭 서술자의 목소리에 잠복되어 있는 서술자 '나'에 대한 희미한 암시조차도 지워버리려 시도한다.

영화에서 보이스 오버 서술의 사용은 중요한 변수를 가져온다. 영화에서 들리는 목소리는 주로 등장인물의 것이며, 스토리세계에서의 중심인물일 경우가 많다. 레이먼드 챈들러Raymond Chandler의 『안녕, 내 사랑Farewell, My Lovely』이 「살인, 나의 사랑Murder My Sweet」(1944)으로 각색되었을 때, 서술자 역할을 담당하는 사람은 탐정 필립 말로이다. 프랑수아 트뤼포François Truffaut의 「쥘과 짐Jules et Jim」(1962)에서 보이스 오버 서술은 외부제시적 실체가 담당한다. 외부제시적 실체는 영화 속에서 보이지 않으며, 영화 속 행동 바깥에 존재하는 '어느 누군가'이다. 세번째 양상은 고전 프랑스 희극 「원무La ronde」(1951)에서 볼 수 있다. 이 영화에서 막스 오퓔스Max Ophüls는 무대에서 프랑스어로 **사회자**meneur de jeu라고 부르는 서사 장치를 빌려온다. 이 서사 장치는 우리에게 직접 말을 걸고 눈으로 볼 수는 있지만, 스토리의 일부에 등장하진 않는다. 그/그녀는 스토리의 맥락을 연결하고, 혼란스러운 해설을 제공하며, 가끔은 점잖게 설교를 하기도 한다. 내 생각엔, 영화에서의 서술과 직접 재현이 가장 흥미롭고 복잡하게 꼬여 있는 예를 들자면 「여섯 단계 법칙」[24]을 들 수 있을 것 같다. 이 영화는 1990년 상연된 구아레의 동명 연극을 프레드 스케피시Fred Schepisi와 존 구아레가 1993년에 각색한 것이다. 이 작품의 원작 연극과 영화를 비교하는 작업은 매우 흥미로운데, 특히 청중이 무대에 상연된 서사를 바라보는 친밀한 수용자에서 영화화된 지인들의 반응을 지켜보는 관찰자로 바뀌는 방식을 주목할 만하다. 그러나 연극과 영화는 둘 다 여러 차례 각색됨에 따라 점점 복잡하게 발전하는 스토리를 그 안에 모두 수용하고자 하는 경향이 있다. 따라서 서술을 통해 설명할 수 없는 것들을 통제할 필요가 있으며, 이 작품은 이러한 사실을 효과적으로 보여주는 매혹적인 사례라고 할 수 있다.

7장

서사의 해석

해석을 통해 얻은 의미를 사고와 판단이 혼합된 것으로 정의할 경우 주의할 필요가 있다. 특히 '판단'이라는 단어에 조심해야 하는데, 이 말에서 신랄한 판결을 내리는 재판관의 이미지를 연상하는 사람도 있기 때문이다. 그러나 넓은 의미에서 '판단'은 대상에 맞춰 정서를 가다듬는다는 뜻으로 사용할 수 있다. 이때 발생하는 정서의 색조와 강도는 다양하다. 『구약성서』에 등장하는 '판단,' 즉 심판이 가차없고 무자비한 것은 사실이지만, 서사학의 맥락에서 우리는 이 단어를 극도로 섬세한 의미로도 사용할 수 있다.

할 말 있어요

냉장고에
있던 자두
내가

먹었어요

아마 당신이
아침식사 때
먹으려고
남겨둔 것일 테죠

미안해요
정말 맛있었어요
아주 달고
시원했어요

    과일을 몰래 훔쳐 먹은 일화를 담고 있는 윌리엄 윌리엄스William Carlos Williams의 짧은 이야기 시[1]는 단순한 기쁨의 순간에 대해 결코 세상이 진동할 만큼 떠들썩하게 노래하지 않는다. 이 시는 이러한 정서의 중요성에 대해서 노래하고, 때로 표현하지 않고는 못 배길 정도의 흥겨움에 대해 우리에게 전해준다. 또한 이런 연약함 정도는 이해해주는 관계의 소중함에 대해서도 말한다(이것이 이 시에 깔려 있는 심층적인 의미이다). 이때 '판단judgment'이 발생한다. 그러나 단어에 담긴 미묘한 차이를 감안할 때 판단보다는 '평가evaluation'라는 말이 더 어울릴지도 모르겠다.

    앞으로 우리는 서사와 관련하여 사고와 판단에 관한 논의를 다루게 될 것이며, 이때 이 책에서 지금까지 제시한 용어들을 십분 활용할 수 있을 것이다. 이 장에서는 서사의 해석과 관련된 일반적인 내용들을 중심으로 설명하고, 이에 보태어 몇 가지 개념들을 추가로 다룰 예정이다. 그리고 한 번 더, 이들 가운데 가장 유용한 것들을 추려서 논의를 집중시킬 것이다. 그러나 앞장에서는 **서사담화** 형식의 요소인 **서술자**, **초점화** 등의 용어를 주로 다루었다는 점에서 형식에 관한 용어 설명에 치우친 감이 있다. 그런 점에서 이번 장에서는 실제로 서사의 해석을 담당하는 독자/청중의 역할에 관한 내용으로 논의의 초점을 이동하고자 한다.

내포저자

독자/청중들은 서사가 어떤 방식으로, 어떤 과정을 거쳐 구축되었는지에 관해 알고자 할 때 서사 속에서 일종의 감수성을 지닌 한 사람의 실체를 찾아내려고 노력한다. 앞장에서 나는 이러한 노력이 넘기 힘든 벽처럼 여겨지는 경우도 드물지 않다고 말한 바 있다. 독자/청중들은 이러한 실체를 찾아내어 그에 대한 인식을 바탕으로 자신의 해석을 펼쳐나간다. 서사 속에서 찾아낸 하나의 실체, 고유한 감수성의 소유자인 그 사람을 가리켜 우리는 **내포저자**라고 명명한다. 직접적으로든 간접적으로든, 내포저자의 대리인으로서 행동하는 서술자를 곧이곧대로 신뢰할 필요가 없다는 사실에 대해서는 앞장에서도 이미 여러 차례 명확하게 설명했다. 개중 분별력 있고 믿을 수 있어 보이는 서술자라고 할지라도 결국 **신뢰할 수 없는**unreliable(혹은 도릿 콘식으로 말하면 **비협조적인**discordant) 서술자로 밝혀지는 경우가 비일비재하다. 이시그로 가즈오의 『남아 있는 나날』(1989)의 등장인물인 집사장은, 소설의 서술자로서 신중하고도 빈틈없는 태도를 보여주지만 겉으로 드러난 그의 냉정함이 직접적인 원인이 되어 신뢰감을 잃고 만다. 그는 사랑이 찾아왔을 때 한 남자로서 취해야 할 행동을 하지 못하고, 악덕을 인식하고 적절하게 대응하는 능력도 발휘하지 못한다. 이는 모두 자신의 의무에 충실하기 위해 감정을 억누르는 바로 그 절제력에서 비롯된 것이다. 소설이 내포하는 의미를 정확하게 평가하려면, 독자들이 서술자의 감수성을 넘어서야 할 필요가 있다. 『남아 있는 나날』은 이러한 소설의 대표적인 예를 보여준다(또 다른 예로 호그의 『사면된 죄인의 사적 일기와 고백』 등이 있다). 서술자를 신뢰할 수 없다면, 서사의 실제 창작자인 실제저자의 경우는 어떠한가? 그 역시 믿을 만한 안내자가 못 된다는 점에서 서술자와 매한가지라고 할 수 있다. 결국 실제저자 역시 복잡하고 변덕스럽게 시시각각 변하는 성격을 지닌 한 개인에 불과한 것이다. 우리 가운데 그 누구도 실제저자에 대해 확실하게 아는 것이라곤 없다. 심지어 노벨문학상 수상자인 J. M. 쿳시는 해석자의 입장에서 다음과 같이 주장하기도 했다.

해석자들에게 "저자는 그 누구보다 취약한 위치에 놓여 있다. 비평가들처럼 안전거리를 취할 수 있는 것도 아니고—안전거리란 것이 단순한 거짓에 지나지 않을지도 모르지만—작품을 쓸 때—다시 말해 자기 자신이 아닐 때—자신의 존재를 꾸며댈 수도 없다."[2]

우리가 내포저자를 상정하는 것도 이러한 이유 때문이다. **우리가 '저자의 의도**authorial intention**'에 관심을 기울이는 한** 이는 해석에서 핵심적인 개념에 해당한다. ('저자의 의도'는 중요한 개념으로서 다음 장에서 다시 이에 대해 다룰 것이다.)

내포저자는 서사를 '설명해주는account for' 감수성(정서, 지성, 앎, 견해 등이 한데 얽혀 있는 것)의 실체이다. 서사 속에서 드러나는 내포저자의 관점은 **우리에게 알려져 있는 서사담화의 모든 요소와 일치하는데**, 그 점에서 내포저자는 서사를 설명해준다고 할 수 있다. 물론 서사를 구축하는 장본인은 살아 숨 쉬는 실제저자이며, 실제저자의 성격 가운데 많은 부분이 내포저자에게 전이되는 것도 사실이다. 그러나 내포저자는 서사를 고정시키는 데 기여한다는 점에서 일종의 구성체 역할을 한다고 볼 수 있으며, 그 점에서 서사 자체와 유사한 성격을 갖고 있다고 할 수 있다. 한편으로 독자는 서사를 읽어가면서 서사의 이면에 숨겨져 있는 내포된 감수성을 해독하기 위해 자신의 사고를 점차 접근시켜간다. 따라서 내포저자(웨인 부스의 용어)라는 말은 '추론된 저자 the inferred author'로 손쉽게 바꿔 쓸 수도 있다. 오히려 어떤 점에서 후자가 좀더 적합해 보이기도 한다. 내포저자의 것으로 생각되는 견해, 감정 등에 대해 독자들이 추정하는 내용은 저마다 다를 수밖에 없기 때문이다(저자 자신도 예외가 아닐 것이다). 그러나 중요한 점은 서사에서 '의도된 의미'가 무엇인지에 대해 논쟁을 벌이는 경우, 우리는 텍스트로부터 추론한 내포저자의 존재에 근거하여 입장을 취할 수밖에 없다는 사실이다.

∴ 더 생각해볼 점 ∴

'내포저자'란 말이 반드시 필요한가? 그냥 '저자'라는 말을 사용하면 안 될까? '저자'란 서사를 쓴 사람을 의미한다(일반적으로 그렇게 통용된다). 따라서 일반적으로 '저자'라고 할 때, 풍요롭고 복잡한 삶을 살면서 우리와 마찬가지로 다면적이면서도 시시각각 변화하는 성격을 가진 사람을 연상하는 것도 무리는 아니다. 실제저자는 서사 속에 들어 있는 여러 견해에 구애받지 않고 열린 태도를 취할 수도 있으며, 심지어 자신의 작품을 적대시하면서 관계를 부인해버릴 수도 있다. 할리우드 영화의 경우, 실제저자는 한 사람이 아니라 여러 사람들의 모임으로 구성되기도 한다. 따라서 실제저자를 충분히 이해하는 일은 불가능하다. 하지만 서사 속에 내포되어 있는 저자를 이해하는 것은 가능하다. 아니면, 적어도 추정에 의해 그럴듯한 저자의 모습을 재구성할 수도 있다. 영화 이론에서, 알베르 라페이Albert Laffay는 '영상주grand imagier'나 '구상주grand designer'라는 용어를 사용함으로써, 관객들이 보는 영상의 배후에 존재하고 있으나 모습을 드러내지 않는 특정한 지적 존재intelligence에 관해 언급한다.[3] 데이비드 헤이먼David Hayman은 『율리시스』에 대해 다룬 저서에서 '조정자the arranger'라는 용어를 사용한다. 그에 따르면 '조정자'는 "저자 또는 서술자와 동일시되지 않으면서, 도발적인 소재들에 대해 명백하고도 강력한 통제력을 행사하는 인물 또는 존재를 가리킨다."[4] 만일 저자의 속성을 부여하는 문제에 대해 뾰족한 방법을 찾지 못했다면, 움베르토 에코Umberto Eco가 명명한 '텍스트의 의도intention of the text'라는 매력적인 개념을 참조할 수도 있다. 그러나 텍스트와 같은 무생물에 의도라는 개념을 적용시키는 것은 아무래도 좀 어색해 보인다. 내 생각에는, 저자가 창작 과정에서 기획하는 것, 그리고 독자가 독서 과정에서 추론하는 것에 대해 기술하고자 할 때 '내포저자'야말로 가장 유효한 개념으로 보인다.

부스가 내포저자의 개념을 도입한 지 몇 년 후에, 특히 1980년대와 1990년대에 결정적인 비난이 쏟아지기 시작했다. 반대자들은 내포저자가 저자와 마찬가지로 환원론적이고 독단적인 개념이라고 공격을 가했다. 특히 내포저자의 개념은 모든 실체들이 명확한 경계를 갖고 있다고 생각하는 것과 유사한 망상을 불러일으켜 인간 본성에 대한 오해를 부추긴다는 것이다. 데이비드 보드웰은 『허구적 영화에서의 서사』에서 "고전적인 의사소통 모형에 따르면 메시지는 발신자로부터 수신자에게 전달된다"가 잘못된 명제라고 규정하고, 내포저자는 이러한 오해에서 비롯된 개념이라고 비판했다. 그는 대신에 서사 텍스트 자체에 집중하라고 요청하면서, 서사 텍스트를 가리켜 "스토리의 구축을 위해 한 무리의 신호들을 조직적으로 모아놓은 것"(p. 62)이라고 설명했다. 그러나 나는 이번 장에서 내포저자에 대한 견해를 포함하여 이른바 '의도를 헤아리며intentional 읽기'라고 일컫는 특별한 종류의 독서 방식을 집중적으로 다루고자 한다. 물론 이 밖에도 텍스트를 읽는 방식에는 여러 가지가 있지만(다음 장에서 두 가지 방식을 더 다룰 예정이다) '의도를 헤아리며 읽기'는 독자들 스스로의 의식과 상관없이 널리 사용되고 있는 일반적인 방식이다. 한 편의 영화가 우연히 혹은 우발적으로 편집되었다고 생각하는 사람은 많지 않다. 대부분의 사람들은 영화가 의도적으로 편집된 것이라고 여긴다. 심지어 우발적인 장면이 영화의 구성에서 중요한 역할을 수행할 때조차 우리는 의도된 것이라고 생각하는 경향이 있다. 우리는 트뤼포나 오퓔스[5]의 작품에 대해 언급할 때, 마치 조이스나 디킨스의 소설에 대한 논의와 다름없는 방식으로, 다시 말해 구성적인 독서와 유사한 방식을 적용하곤 한다. 이러한 '습관'이야말로 의도를 헤아리며 읽는 방식을 선호하는 일반적인 특성을 반영한 것이라고 할 수 있다. 이러한 특성이 문화적으로 결정된 것인지, 혹은 발생적인 것인지는 명확하지 않다. 그러나 이 장과 다음 장의 일부에서, 나는 이러한 일반적인 접근 방식에 대해 논의를 지속해나갈 것이다. 그러나 나의 논의 방식은 판단이 아닌 문제 제기에 가깝다.

덜읽기

텍스트의 배후에 있는 내포저자에 대해 좀더 잘 인식하기 위해 노력을 기울이는 순간, 우리는 텍스트가 청중들에게 얼마나 취약한가 하는 사실을 새삼스럽게 깨닫게 된다. 이 책의 앞부분에서는 주로 이와 상반되는 경우를 보여주었다. 우리는 서사 텍스트에 대해 약하다는 것, 수사적인 기교를 사용하여 우리를 조종해왔다는 것, 그리고 우리의 삶에 큰 영향력을 행사하고 있다는 것 등의 앞에서 말한 내용은 이 장에서의 논의와 전혀 딴판이다. 서사 텍스트는 서스펜스를 사용해 독자들을 사로잡고 등장인물들에게 공감하도록 만들며, 그들의 적대자에게 복수심을 갖도록 하고, 가슴 졸이며 기다리는 종결을 지연시키며, (때때로) 그 사실을 인정한다. 서사 텍스트들은 이런 힘을 행사하는 데 그치지 않는다. 일부 텍스트들은 우리들이 일생 동안 문화적 텍스트들로부터 벗어나지 못하는 수인囚人에 불과하다고 주장하기도 하며, 심지어 자신들이 우리 생각을 대신해주고 있다고 강변하는 경우도 있을 정도다. 그러나 우리는 이러한 주장들에 대해 최후의 반격을 가할 수 있다. 바로 우리를 조종하는 장본인은 다름 아닌 우리 자신이라는 사실이다. 독자로서, 우리는 마찬가지로 우리를 통제하고 있다고 주장하는 서사 텍스트를 향해 힘을 행사한다. 결국 우리의 자발적인 협조가 없다면, 서사는 생명력을 얻을 수 없는 것이다. 우리는 협조를 제공하는 대신 그에 상응하는 대가를 받는다. 서사담화로부터 정보를 얻는 것에서 그치지 않고 서사 속에 존재하는 내용들을 걸러내기도 하고, 존재하지 않는 내용들을 덧붙이기도 한다. 우리는 **덜읽기**underread도 하고 **더읽기**overread도 하는 것이다.

왜 우리가 덜 읽어야 하는지 그 이유를 알기는 어렵지 않다. 서사에 담겨 있는 세부 사항들을 일일이 알아내고 그것을 기억하는 일이 어렵기 때문이다. 이 용어를 고안해낸 프랭크 커모드는 다음과 같이 말했다.

> 소설의 많은 부분을 사실상 제대로 읽지 않고 건너뛰는 일은 드물지 않다. 얼마나 되는지 불분명하지만 텍스트(즉, 텍스트 속의 비밀들)의 일부는 밝혀지지 않은 채 남아 있으려 하는 것처럼 보이며, 비정상적으로 꼼꼼하게 읽는 것, 너무 세밀하게, 집중해서, 천천히 읽는 것에 저항

하는 것처럼 보인다. 따라서 너무 자세히 읽는 태도는 소설의 본질에 대한 '자연스러운' 이해에 반하는 것처럼 보이기까지 한다(『말하기의 기술Art of Telling』, p. 138).

지난 장에서 인용한 『보바리 부인』의 두번째 인용문을 다시 보자. 400쪽에 달하는 소설을 읽어가는 동안, 엠마의 이상형("청동색 현이 달린 리라를 들고 하늘을 향해 애수적인 결혼 축가를 연주하는 남성") 목록에 '애수적인 결혼 축가'와 같은 이상한 구절이 들어 있는 것을 보고 의문을 품는 사람이 몇이나 되겠는가? 적지 않은 수의 독자들은 이러한 단어들이 책에 있는 줄도 모를 것이다. 아마 눈치 챈 독자들도 이 기이한 구절을 덜 읽은 채 건너뛰는 경우가 많을 것으로 생각된다. 그러나 덜읽기를 시도하지 않는 독자라면 틀림없이 다음과 같은 의문을 품게 될 것이다. 어떻게 이 이상한 구절이 엠마의 의식의 흐름 속에 들어왔으며 어떤 효력을 미치는가? '애수적인elegiac'은 '애가elegy'의 형용사이며 애가는 대개 망자를 기리면서 부르는 노래를 뜻한다. 그러나 '결혼 축가epithalamium'는 결혼을 축하하는 시가이다. 그렇다면 '애수적인 결혼 축가'란 것이 가능한가? 이 말은 명백히 모순처럼 보인다. 그렇다면 단지 이 화려한 단어들은 단지 어감이 멋지다는 이유만으로 엠마가 이상적인 연인의 고상한 모습을 묘사하기 위해 뒤죽박죽 그러모은 것에 지나지 않은가? 이 구절들은 엠마의 천박한 허영심을 보여주는 것에 불과한가? 혹시 이는 엠마의 마음속에 있는 어떤 불안, 즉 샤를 보바리와의 결혼이 그녀를 죽음으로 내몰지도 모른다는 막연한 생각을 반영한 것이 아닐까? 아니면 이 기묘한 구절은 내포저자가 지방도시의 결혼 제도에 대한 견해를 표명하기 위해, 엠마가 혼동을 일으킨 척하면서 교묘하게 자신의 생각을 버무려놓은 것으로 볼 수 있는가?

'애수적인 결혼 축가elegiac epithalamiums' 같은 구절을 그냥 지나치는 일은 서사를 읽고 감상하는 동안 내내 일어나는 일이다. 그러나 커모드는 이런 경우 외에도 문화와 역사를 형성하는 힘을 가지고 있는, 좀 더 중요한 덜읽기에 대해서도 지적한 바 있다.

해석의 역사는 배제의 역사라고도 말할 수 있다. 이때 배제란 우리로 하여금 하나의 논점을 다른 것들보다 중요한 위치에 놓도록 하는 것, 그리고 수많은 것들 가운데서 가장 다루기 쉬워 보이는 것을 간추려내는 것을 의미한다(『비밀의 기원』, p. 20).

이러한 경우에 우리는 배제에 의해 질문의 수준에서 서사를 종결시키고자 노력하며, 그 결과 하나의 해석을 만들어낸다. 물론 아무리 풍요롭거나 정교하다 하더라도, 텍스트의 의미를 확정 짓는다는 점에서 해석은 **종결**closure의 한 형식일 수밖에 없다. 비록 해석이 텍스트가 담고 있는 복합적인 모호성에 대해 증언하고 있다고 할지라도, 해석 그 자체는 명확한 표현들로 구성된 폭넓은 공식화 작업을 의미한다.

커모드의 말처럼 해석에 과격하고 즉각적인 배제 작업이 동반될 경우, 기득권을 지닌 문화적 또는 개인적 이해관계가 의식·무의식적으로 작용할 수밖에 없다. 이런 현상의 동기는 대부분 정상성을 회복하고 텍스트의 불안정한 요소들을 확립하여 안정화시키기 위한 욕망에서 비롯된다. 가브리엘 가르시아 마르케스Gabriel García Márquez는 「거대한 날개를 지닌 노인A Very Old Man with Enormous Wings」에서 해석을 위한 배제의 필요성 문제에 대해 다루었다. 거대한 날개를 지닌 노인이 뒤뜰에서 버둥거리는 것을 발견한 펠라요와 엘리센다는 '이해할 수 없는 방언'과 '강한 선원의 어조'에 초점을 맞추어 그 노인을 해석한다. "따라서 그들은 날개를 그대로 지나쳐버리고, 그가 폭풍우에 좌초된 외국 배에서 표류한 난파 선원이라고 결론을 내렸다." 물론 이는 터무니없는 내용을 담고 있다. 그러나 펠라요와 엘리센다는 부수적인 것들을 덜 읽고서라도 해석적 종결을 짓고자 하는 욕망을 드러냄으로써, 배제가 일상생활을 영위하기 위해 필수불가결한 것임을 보여준다.

로베르트 무질은 『특성 없는 남자』에서 서사 그 자체가 일종의 '덜 읽기'에 해당한다고 주장하기까지 했다. 말하자면 서사는 삶의 복잡성을 '덜 읽고자' 하는 욕망(그리고 필요성)에서 비롯된다는 것이다.

> 삶의 무게에 짓눌려 그 삶을 단순하게 만들고자 꿈꿀 때, 누구나 갈망하는 삶의 기본적인 원칙은 다름 아닌 서사의 질서와 같은 것이다. "첫째로 이것이 일어났고 그다음에 저것이 일어났고……"라고 진술할 수 있는 단순한 질서 말이다. 이 질서는 사건의 단순한 연쇄로 이루어져 있다. 이 안에서 이루 말할 수 없는 다중성을 지닌 사물들의 본성은 수학자들이 말하는 것처럼 1차원적인 질서에 따라 재현된다. 공간과 시간은 단일한 흐름에 따라 발생하는 모든 것들을 한 줄로 엮어 배열함으로써 우리를 안도하게 한다. 이 과정 속에서 높이 평가되는 '스토리의 흐름'은 말할 것도 없이 우리 삶의 흐름 그 자체를 상징하는 것이다.[6]

좀더 호의적으로 말해서 덜읽기는 우리가 삶 속에서 적절히 행동해야만 한다는 사실에서 비롯된 것으로 보인다. 마치 우리가 매일 보는 서사에서 해석적 종결을 찾고자(필요하다면 만들고자) 하는 욕망을 갖는 것처럼 말이다. 행동하기 위해서 우리는 자신이 참여하는 스토리의 내용을 알아야 할(적어도 안다고 생각할) 필요가 있다. 하나의 종種으로서 인류의 생존은 살아남을 수 있을 만큼 충분한 속도와 효율성을 갖고 행동하는 능력에 절박하게 매달릴 수밖에 없었던 것이다.

∴ 초두 효과 ∴

덜읽기와 관련된 흥미로운 양상 가운데 하나는 이른바 심리학에서 '초두 효과the primacy effect'라고 명명한 현상에서 비롯된다. 이 말은 우리가 서사를 기억할 때 독서 초기에 만들어낸 첫인상을 중시하는 성향이 있음을 지칭하는 용어이다. 서사를 처음 읽거나 감상했을 당시에 원래 이해했던 내용이 훨씬 풍부하고 강렬할지라도, 이는 우리의 기억 속에서 초두 효과에 의해 내용이 뒤바뀌거나 심지어 상반된 내용으로 변경되기도 한다는 것이다. 한 예로, 『폭풍의 언덕』에서 캐서린과 히스클리프의 비극이 작품 전체의 인상을 거의 독점적으로 지배하다시피 하는 경우가 대표적이라고 할 수 있다. 캐서린은 책의 중간 부분에서 사망으로 퇴장한다. 그리고 사실상 책의 결말부에서는 헤어턴 언쇼와 캐서린의 딸 사이에서 막 싹트기 시작한 로맨스가 주요 내용을 이룬다.[7]

더읽기

한편 우리는 덜 읽는 동시에 더읽기도 한다. 다시 말해 우리는 서사 속에서 담화와 직접적인 연관성을 찾을 수 없는 여러 특성, 동기, 분위기, 관념, 판단, 심지어 사건들까지도 찾아낸다. 이는 별로 놀랄 일도 아니다. 우리는 각각 다른 배경, 만남, 두려움과 욕망을 가진 서로 다른 사람들이기 때문이다. 만일 내가 아주 못생기고 친구도 별로 없는 소녀로 성장한 반면에, 어린 여동생은 항상 나를 향해 불만을 쏟아놓으면서도 사람들에게 사랑받고, 커서는 잘생기고 부유한 왕자님 같은 남자와 결혼했다고 가정해보라. 과연 나는 신데렐라를 다른 사람과 같은 관점으로 바라볼 수 있겠는가? 아마도 나는 그녀를 음흉한 위선자로 보게 될 수도 있다. (여러 차례에 걸쳐 더읽기와 덜읽기를 병행한다면 가능하다). 물론 이는 사실일 수도 사실이 아닐 수도 있다. 하지만 이와 비슷한 경우가 드물지 않다는 것은 확실하다. 더읽기는 우리로 하여금 두려움과 욕망을 강하게 불러일으키는 마스터플롯에 의해 촉발되는 경우가 많다. 어떤 사람들은 밤하늘에서 이상한 불빛을 목격했을 때 외계 생물체와 관련된 일련의 사건들과 연관시켜서 이 사건에 살을 붙이기도 한다. 낯선 사람을 보았을 때, 그의 피부색만 보고서 도덕적으로 완고한 인물일 것이라고 마음대로 단정하는 사람도 있다. 우리의 정신은 서사적인 진공상태를 혐오하는 경향이 있는 듯하다. 우리는 어떻게든 빈 곳을 메우려고 한다.

더읽기와 덜읽기에 관한 개념을 명확하게 알고 있음에도 불구하고, 우리는 특정한 서사의 의미에 관해 논쟁을 벌일 때마다 이 개념에 대한 감각을 잃어버리곤 한다. 따라서 **종결**에 관한 논점으로 다시 돌아갈 필요가 있다. 서사를 읽을 때 가장 견디기 어려운 것은 불확실한 상태로 남아 있는 일일 것이다. 서사가 스스로 종결되지 않을 경우, 독자 쪽에서 종결시키려는 시도를 하는 것은 드물지 않은 일이다. 이는 일부 세부적인 내용에 대해 못 본 척 눈을 감거나 존재하지 않는 것을 상상해서 만들어내는 일, 다시 말해 더읽기와 덜읽기를 동반한다. 이러한 읽기 방식은 소설, 영화, 연극, 이야기 시, 역사, 신문 기사, 재판, 하수구가 막힌 과정을 알려주는 배관공의 설명에 이르기까지 다양한 범주에 모두 적용될 수 있다. 아주 짧고 간단한 서사 텍스트를 제외하고는 모든 텍스트를 읽는 과정에서 독자들은 사실상 이러한 식으로 반응한다. 물론 경우에 따라 반응하는 양상은 서로 다르다. 5장에서 인용했던 두 편의 짧은 텍스트들에 대해 다시 한 번 생각해보자.

과연 그것들을 읽으면서 중요한 내용을 하나라도 놓친 적이 없다고, 또는 존재하지 않은 내용을 덧붙이지 않았다고 자신 있게 말할 수 있는 사람이 몇이나 있겠는가?

더 읽으려 하거나 덜 읽으려 하는 유혹을 떨치기 힘든 것도 사실이지만, 독자들 스스로 자신의 내면에 독서 방식을 교정할 수 있는 능력을 갖추는 것도 상당히 가치 있는 일이다. 이러한 관점에서 **의도를 찾는** 해석은(이 책에서 논의했던 의미로 볼 때) 덜읽기와 더읽기를 최소한의 수준으로 축소하고자 하는 노력으로 정의할 수 있다. 아마도 이러한 해석은 지각을 서로 교차시키면서 한데 결합하는 통합적인 정신작용에 의해 최대한도로 성취할 수 있는 과정으로 보인다. 여성으로 짐작되는 한 독자가, (앞장에서 인용했던) 로돌프가 엠마 보바리를 응시하는 장면을 읽는다고 가정해보라. 그녀는 남성 독자와 매우 다르게 반응할 것이다. 만일 여성의 경우라면 그의 응시에서 상대를 샅샅이 살피는 듯한, 억압적인 느낌을 받을지도 모른다. 이러한 행위는 엠마를 물질적 존재로 대상화시키는 일종의 시각적 전유에 해당될 수도 있다. 반면에 남성의 경우라면, 그녀의 이미지에서 힘과 불가해함을 보게 될지도 모른다. 또한 그는 로돌프의 태도에서 당혹스러움과 욕망이 혼재된 모습을 발견할 수도 있다. 마찬가지로 어떤 독자들은 앞의 소설에서 인용한 두번째 대목을 읽고서 싸구려 로맨스 따위로 인해 타락해버린, 성장을 거부하는 무관심하고 천박한 정신에 반감을 갖게 될 수도 있지만, 또 다른 독자는 권태로운 결혼 생활과 프랑스 지방 소도시의 편협한 위선의 덫에 걸린 한 정열적인 여성이 겪는 수난에 마음이 움직일지도 모른다.

이 두 대목에 대한 해석은 워낙 논란이 분분하기 때문에 어디서 더읽기가 끝나고 덜읽기가 시작되는지 말하기는 쉽지 않다. 하지만 결론적으로 말해 이 해석들은 모두 더읽기보다는 덜읽기에 가까운 것으로 보인다. 다시 말해서, 우리가 이 소설에서 마침내 만들어낸 내포독자는 도발적인 동시에 불안하게 하는 성격이 혼재하면서, 그 정신 속에 모든 해석을 버무려놓고 있는 복잡한 인물인 것이다. F. 스콧 피츠제럴드는 다음과 같이 말한 적이 있다. "일류 지성의 시금석은 두 개의 상반된 생각들을 동시에 정신 속에 담아두는 능력이다."[8] 사실이든 아니든, 이러한 수준의 작품을 통해 이루어지는 판단은 흑백을 가려내는 작업과는 전혀 다른 것이다.

틈

서사는 '틈'으로 가득하기 때문에 서사를 읽는 과정에서 '더읽기'는 불가피한 과정이다. 독자들이 의지력을 발휘해서 더읽기와 덜읽기를 최대한 절제한다고 해도 여전히 서사를 이해하려면 여러 가지 것들을 채워 넣을 수밖에 없다.

그날 밤, 우리가 방바닥에 누워 누에가 먹이 먹는 소리를 들었다. 누에는 뽕잎 시렁 속에서 먹이를 먹어댔으며 우리는 밤새도록 누에가 잎 속에서 먹이를 갉아먹는 소리와 떨어지는 소리를 들을 수 있었다.[9]

앞의 두 문장은 헤밍웨이의 단편소설 「이제 몸을 누이고 Now I Lay Me」의 처음 부분이다. 이 대목에는 수많은 틈들이 열려 있다. 우리가 있는 곳은 어디인가? 왜 우리는 바닥에 누워 있는가? 왜 누에는 먹이를 먹는 소리를 낼까? '떨어지는 소리'란 무엇인가? 비 오는 소리와 비슷한 것일까? 왜 서술자는 창문을 닫아버리지 않을까? 그(이 사람은 남성인가?)가 '밤새도록' 이러한 소리를 들었다면 왜 잠을 못 이루고 깨어 있을까?

독자들은 서사담화를 통해서 이러한 틈들을 채울 수 있는 몇 가지 지침을 얻게 된다. 독자는 글을 읽어가면서 서술자가 '전선 후방 7마일 지점'에서 요양을 취하던 시기를 회상하고 있다는 사실을 알게 된다. 또한 몇 가지 역사적 지표와 함께, 그를 수행하는 간호병이 그가 고향에 돌아왔을 때 징병된 이탈리아인이라는 사실 등으로 미루어보아, 앞에서 말한 '전선'이 1차 세계대전 당시의 이탈리아 전선을 가리키는 말이라는 것도 짐작할 수 있다. "짚 위에 펼쳐진 담요 위에 누워 있었다"라는 구절을 통해서 서술자와 간호병이 어떤 건물(집? 창고?) 속에서 임시변통으로 만든 병동 안에 거주하고 있다는 사실 역시 추정 가능하다. 그러나 이러한 추정은 거의 독자가 마음속에서 만들어낸 것에 불과하며, 정확히 말해 20세기 후반의 이탈리아에서 지어진 집이나 창고의 모습에 대해 우리가 상상한 내용을 반영한 것에 지나지 않는다. 사실상 독자들은 먹이를 먹는 누에의 소리에 대한 것 이외에는(그것이 멀리서 들리는 총성과 구별된다는 것을 제외하고는) 다른 정보에 대해 들은 바가 없는 것이다. 따라서 우리는 잎사귀에 떨어지는 소리를 내는 사물들이 무엇인지, 왜 그런 소리를 내는지에 대해서, 이전에 알고 있거나 상상한 내용을 사용해서 틈을 메우게 된다.

한편 그가 잠을 이루지 못하는 이유가 무엇인지에 대해서는 다음 세 문장을 보면 알 수 있다.

나는 잠들고 싶지 않았다. 왜냐하면 나는 어둠 속에서 눈을 감으면 영혼이 몸 밖으로 빠져나간다는 사실을 오래전에 깨달았기 때문이다.

나는 밤에 폭격을 당한 날 이후 내 자신이 몸 밖으로 빠져나갔다가 다시 돌아오는 것 같은 기분을 느꼈으며, 그날 이후로 줄곧 이를 의식해 왔다.

이 부분을 통해서 독자들은 그가 왜 밤새도록 누에가 뽕잎 먹는 소리를 듣고 있었는지, 또한 그가 왜 그렇게 그 소리에 강박적으로 매달리는지도 짐작하게 된다. 그는 이 소리를 통해 멀리서 들리는 포화소리를 잊고자 했던 것이다. "폭격을 당했다"라는 말 속에는 그가 부상을 입게 된 과정과 사연이 담겨 있지만, 여전히 이 부분의 틈은 제대로 밝혀지지 않은 상태로 남아 있다. 이 사건이 끼친 직접적인 충격으로 인해 그가 몸 밖으로 영혼이 빠져나갔다가 다시 돌아오는 경험을 하게 되었다는 사실에 대해 알 수 있지만, 대부분의 독자들은 이런 체험을 해본 적이 없기 때문에 뭔가 보충설명을 얻어 이 부분을 좀더 채워 넣고 싶어 한다.

서사 읽기는 섬세한 조직을 한 지점에서 다른 지점으로 이식하여 삽입하는 일과 매우 비슷하다. 이러한 과정에서 독자들은 더읽기를 하는 경우도 적지 않지만, 한편으로는 서사를 경험하는 과정에서 큰 힘을 발휘하기도 한다. 다른 말로 하면, 서사가 끌어내는 동력은 우리 자신으로부터 나온 것이란 뜻이다. 서사 내부의 틈에 대해 장문의 글을 쓴 볼프강 이저Wolfgang Iser는 다음과 같이 말했다. "스토리가 역동성을 갖기 위해서는, 반드시 불가피하게 누락된 부분들이 있어야만 한다."[10] 그러나 동시에 독서 과정에서 일어나는 정신의 작용에 대해 정확하게 아는 바가 없다는 사실을 명심할 필요가 있다. 서사를 '역동적인 것'으로 만드는 방식 가운데 하나가 서사의 빈틈을 채우는 활동이라면, 또 다른 하나는 이 활동이 너무 지나치지 않도록 제약을 가하는 것이라고 할 수 있다. 존 밀턴John Milton은 『실낙원*Paradise Lost*』(1667)에서 지옥의 타오르는 호수에서 솟구쳐 오르는 사탄에 대해 묘사하는 장면에서 전략적으로 정보를 제한하는데, 이로 인해 오히려 광대함을 효과적으로 전달한다.

그는 날개를 펴고 하늘을 저어 간다.
하늘 높이, 어둑한 대기에 기대어
대기는 범상치 않은 무게에 짓눌린다(I, pp. 225~27).

밀턴이 악마의 키가 100피트, 날개 너비는 85피트, 무게는 대략 8톤에 이른다고 상세하게 묘사했더라면, 앞의 세 줄에서 묘사된 광대함에 대한 감각은 독자들에게 절반도 채 전달되지 못했을 것이다. 그는 오히려 여러 정보들을 생략함으로써, 즉 자세히 설명하지 않고 암시만 함으로써 효과적으로 의미를 전달한다. 앞의 시에서 사탄은 날아가는 것이 아니라 마치 배처럼 "하늘을 저어stears his flight" 가는 것으로 묘사된다. "어둑한 대기에 기대어incumbent on the dusky Air" 같은 구절에서 그는 낮은 'u' 소리로 표현된다. 웬만해선 어떤 것에도 동요하지 않는 대기조차 "범상치 않은 무게에 짓눌리felt unusual weight"는 것으로 나타난다. 마치 우리가 악몽을 꿀 때, 아무것도 볼 수 없지만 악마 같은 거대한 존재감을 느끼게 되는 경우와 같다. 악마는 독자가 상세한 세부 묘사를 선뜻 하려고 하지 않을 정도로 외경심을 불러일으킨다. 서사 영역에서 이는 흥미로우면서도 복잡한 또 하나의 난제에 해당한다. 어떤 서사는 틈을 채움으로써 더욱 생생해지는가 하면, 어떤 것은 채우지 않은 채 남겨둠으로써 생명력을 얻게 되는 경우도 있는 것이다. 과유불급이야말로 서사의 묘미라고 할 수 있다.

∴ 틈, 그리고 다수의 해석 ∴

"하나의 텍스트는 잠재적으로 다른 여러 가지 방식으로 현실화될 가능성이 있다. 어떠한 독자도 잠재력을 완전히 소진시킬 수 없다. 왜냐하면 모든 독자는 여러 가지 다른 가능성을 제외하고 그만의 고유한 방식으로 틈을 채워나가려 하기 때문이다. 독자는 책을 읽을 때 어떻게 틈을 메울지 스스로 결정을 내린다. 이러한 행동을 통해 독서의 역동성이 드러난다. 독자는 자신의 결정을 통해 텍스트의 무한한 해석 가능성을 암묵적으로 인정하는 셈이다. 독자들로 하여금 결정을 내리지 않을 수 없게 하는 힘도 바로 이러한 텍스트의 무한한 해석 가능성에서 비롯된 것이다." ─볼프강 이저, 『내포독자 The Implied Reader』, p. 280.

기점 基點

앞에서 우리는 모든 서사의 특징인 틈의 주요 특징에 대해 논한 바 있다. 한편 이들 가운데서도 어떤 틈은 해석의 영역에서 다른 것들보다 더 중요하게 취급된다. 대표적인 것이 『폭풍의 언덕』에서 히스클리프의 출신에 관련된 미스터리이다.

이 주제에 대해 독자들이 알고 있는 정보는 기껏해야 언쇼 씨로부터 얻은 "횡설수설하는" "침울한" "리버풀 거리에서…… 굴러먹던 굶주린 거지 녀석" 정도가 전부이다.[11] 브론테는 19세기 영국 사람들이 인종적 타자에 대해 갖고 있던 고정관념에 대해 기술한 것인가? 히스클리프는 무어인, 동인도인 선원, 집시, 아니면 아일랜드인 부랑자인가? 아니면 "네 아버지는 중국 황제이고 네 어머니는 인도 여왕일지 누가 알겠니?"(p. 98)라는 넬리의 위로처럼 왕족인가? 혹은 초자연적 존재인가? 저자의 자매인 샬롯 브론테가 1850년판 서문에서 주장했듯이 '악마 아프리트(구울)의 귀신이 들린 인간의 형상'(p. 40)인가? 그것도 아니면 그는 단지 영국 사람인가? 이러한 논점은 야수성, 사랑, 무자비한 편집증 등이 기묘하게 결합된 히스클리프의 성품에 대해 해석적인 평가를 내리고자 할 때 중요하게 취급된다. 19세기 인물인 내포 저자는 히스클리프가 비인간적인 인물임을 보여주고자 하는 것인가? 아니면 인간 이상의 인물이거나 보통 사람과 다르지 않은 인물임을 보여주려는가? 아니면 이 주제와 관련해서 독자들의 마음을 결정되지 않은 상태로 열어두고자 하는 것인가?

바로 이런 종류의 틈을 **기점**cruxes이라고 한다. 비평에서 기점은 곧잘 논쟁의 대상이 되는 작품의 구성 요소이며, 이를 어떻게 해석하는지에 따라 작품 전체의 해석에 중대한 영향을 줄 수 있다. 이를테면 앞에서 논의했던 헤밍웨이의 매우 짧은 단편 「이제 몸을 누이고」에도 기점이 존재한다. 이 소설에서 서술자가 경험한 전쟁의 상처가 지니는 의미와 서사의 후반부를 지배하는 기억의 의미 사이에는 틈이 존재하는데, 이것이 바로 서사의 기점을 형성한다. 그리고 그 틈으로 인해 한 가지 질문이 제기된다. 어떻게 서로 다른 두 개의 사건들이 한 스토리 안에 속해 있는가? 기억은 다음과 같은 과정을 통해 형성된다. 서술자는 깨어 있는 동안에 시간을 보내기 위해서 송어 떼를 회상하면서 시간을 보내곤 한다. 그는 마음속으로 그것들을 낚는 장면을 상상하고 있기에 그러한 회상에 몹시 익숙해져 있다. 그러나 그러한 상상마저 할 수 없게 되자 그는 자신이 아는 모든 사람을 위해 기도하고자 노력한다. 그는 자신에게 일어난 모든 일, 자신이 알고 있는 모든 사람을 머릿속에 떠올린다. 그러나 서술자가 기억해내려고 아무리 노력해도, 그의 머리에 떠오르는 추억은 단 한 가지밖에 없다. 이 기억은 세 단락에 걸쳐 매우 상세하게 서술된다. 이 기억의 내용은 다음과 같다. 예전에 아버지가 사냥을 하기 위해 외출한 적이 있었는데, 그때 어머니는 아버지가 소중하게 여기던 인디언 유물 수집품을 꺼내어 모두 태워버렸다.

아버지가 집에 돌아와서 마차에서 내려 말을 매었을 때, 불은 집 옆의 길가에서 여전히 타오르고 있었다. 나는 아버지를 마중 나갔다. 아버지는 엽총을 나에게 건네주고 불을 살펴보았다. "이게 뭐요?" 그는 물었다.
"지하실 청소를 했어요, 여보." 어머니가 현관에서 말했다. 그 자리에서 어머니는 웃으며 아버지를 맞았다. 아버지는 그 불을 보면서 뭔가를 발로 걷어찼다. 그러고 나서 아버지는 몸을 뻗어서 잿더미에서 무엇인가를 끄집어냈다. "닉, 갈퀴 좀 갖다 주렴." 아버지는 내게 말했다. 나는 지하실에 가서 갈퀴를 가져왔고 아버지는 매우 조심스럽게 잿더미 속을 긁어냈다. 그는 돌도끼와 돌칼, 화살촉 만드는 도구, 도자기 조각들 그리고 수많은 화살촉들을 끄집어냈다(p. 366).

헤밍웨이 특유의 문체가 그러하듯이 앞의 글은 1인칭 서술임에도 불구하고 어조가 극도로 자제되어 있다는 것을 알 수 있다. 서술자의 **목소리**는 대개 중립적이고 분명하게 평가를 하는 언어도 거의 사용되지 않는다. 그 결과, 독자들은 아버지를 지켜본 아들의 감정과 아들에 의해 이해된 아버지의 감정의 틈을 채워 넣어야 한다. 틈을 채워 넣는 과정에서 독자들은 불타버린 유물들을 조심스럽게 늘어놓으며 "가장 좋은 화살촉이 산산조각 난" 광경을 지켜보는 아버지의 모습을 바라보면서, 이 일이 얼마나 아버지에게 참혹한 사건인지 마음속으로 헤아리게 된다. 분노가 치밀어 올랐음이 분명하지만, 수집품들을 참을성 있게 보살피던 수년간의 세월을 산산조각 내버린 한 여성의 웃음 띤 얼굴을 향해서 그는 한마디의 고함이나 불평도 내뱉지 않는다. 여기에 또 다른 틈이 있다. 어머니는 정신이 나간 것인가? 아니면 그저 무심했던 것일까? 그녀는 자신이 무슨 짓을 했는지 알고 있기나 한 걸까? 그녀의 웃음 띤 얼굴로 인해 이 일은 계획적이고 잔혹한 횡포에 의해 저질러진, 더 불행한 사건으로 비춰지지 않는가? 이 마지막 틈에 관해서, 서사의 나머지 부분은 독자들에게 어떤 실마리도 주지 않는다(독자들 자신의 경험에 의거해서 틈을 채울 수는 있다). 그러나 독자들은 서술자의 아버지가 느꼈을 고통과 분노뿐만 아니라 상황을 직면하는 일의 버거움, 분노를 표현하고 저항하는 일조차 가로막는 철저한 무기력함(두려움? 부질없음?)에 대해 충분히 짐작하고도 남음이 있을 것이다.

∴ 틈 채우기 vs. 더읽기 ∴

헤밍웨이의 스토리를 볼 때, 서술자의 어머니를 독해하는 세 가지 방식(정신 나간, 무심한, 잔혹한 (여성)) 가운데 어느 방식도 더읽기와는 무관해 보인다. 각 해석은 모두 스토리 속에서 다른 요소들과 함께 작용한다. 그러나 독자는 어머니를 악마 또는 반대로 집 청소에 충실한 훌륭한 인물 가운데 하나로 해석할 수 있다. 이 경우, 독자는 자신의 시각에 맞추어 작품을 재해석하고 있는 것으로 보아야 한다. 첫번째 해석은 서사담화의 사실주의적 구조에 대한 분석과 조화시킬 필요가 있고, 두번째 해석은 남성들의 관점에 집중된 편향성을 지적하면서 발전시켜나가는 것이 자연스러워 보인다.

이저는 서사 속에 존재하는 틈들을 가리켜 서사에 역동성을 부여하는 활력소라고 했다. 이제 다시 나는 이러한 틈을 채워나가기 위해서 담화 속에 들어 있는 여러 자료에 대한 연구에 착수하고자 한다. 이저도 지적했듯이, 틈을 채우는 방식은 서사 그 자체를 바꿔버리기도 한다. 그러나 '기점'은 이와는 무관하고, 다음 질문과 관련이 있다. 전체적인 스토리 속에서, 서사의 앞부분에 나온 아들의 상처가 나중에 나오는 아버지의 상처와 어떤 관련이 있는가? 이들 가운데 하나는 정신적인 상처이며, 다른 하나는 심리적인 상처라고 할 수 있다. '실제' 시간 속에서는 시차時差를 두고 멀리 떨어져 있는 두 가지 상처는 이 짧은 단편을 구성하는 주요 사건에 해당한다. 왜 내포저자는 그 두 사건을 한데 연결시킨 것일까? 어떤 이유에서 그는 자신이 눈을 감으면 죽을 것이라는 공포에 시달리고 있는 부상병에 의해 회상된 불행한 기억에 매달리는 것일까? 독자들은 이들 두 사건을 서술자의 인생 스토리를 구성하는 두 개의 주요 사건들로 바라봐야 하는 것일까? 만일 그러하다면, 헤밍웨이의 스토리는 서술자에게 일어난 두 개의 나쁜 사건들을 단지 나열한 것에 지나지 않은가? 아니면 이 스토리는 두 개의 사건을 다른 방식으로 배열하고 있지는 않은가? 이들은 두 가지 다른 형태의 죽음을 의미하는가? 이들은 서술자의 마음속에서 한 가지 불행과 관련된 두 가지 측면을 의미하는가? '남성성'을 추구하는 전쟁의 와중에서 폭격에 맞아 '붕괴된' 존재의 외상은, 엽총을 들고 사냥을 나갔다 돌아온 후 불에 타버린 수집품들을 목격함으로써 '거세되어버린' 아버지에 대한 기억을 다시 불러일으키거나 혹은 그 기억과 한데 결합된다. 이 스토리는 델릴라에 의해 힘을 빼앗겨버린 삼손 또는 남성들을 돼지로 바꿔버린 키르케의 **마스터플롯**의 변주처럼 보이지 않는가? 만일 내가 제대로 된 문제 제기를 하고 있다면, 서술자에 의해 재현된 특정한 남성적 감성에 비춰볼 때, 여성과 전쟁은 삶을 위협하는 요소로서 서로를 규정하는 것으로 보일 수도 있다. 여성과 전쟁이라는 두 종류의 두려움은 그 근저에 동일한 두려움을 공유하고 있다. 나는 이 스토리를 이러한 방식으로 해석하고자 한다. 그러나 이러한 해석을 뒷받침할 만한 추가 증거를 어디에서 찾아야 할 것인가? 다시 말해서 더 읽기의 유혹에 빠지지 않기 위해 나 자신을 보호할 수 있는 방법은 어떤 것인가?

반복: 테마와 모티프

해석에서 난관에 부딪힐 때 도움이 되는 방법 가운데 하나는 반복되는 내용을 찾는 것이다. 서사에서 반복을 지칭하기 위해 가장 자주 사용하는 용어로는 **테마**와 **모티프**가 있다. 이들은 기술적인 용어로서 '모티프'가 좀더 많은 의미를 갖고 있긴 하지만, 서로 바꿔서 쓸 수 있다. 서사 연구를 위해 통용되는 법칙에 의하면, 테마는 추상적이고 모티프는 구체적인 의미로 사용된다. 이를테면 아름다움, 자연, 폭력, 사랑 같은 것들은 테마에 해당되며 장미, 정원, 주먹, "바키스는 좋아요"라는 구절은 모티프라고 할 수 있다. 테마는 모티프 내에 함축되어 있지만, 그 역은 성립하지 않는다. 제럴드 프랭스에 따르면, 모티프는 '테마의 최소 단위'(『서사학 사전』, p. 55)이다. 예를 들면, 『폭풍의 언덕』에서 창문은 모티프로서 사용되며, 브론테의 전개 방식을 고려해볼 때 이 모티프는 세 개의 테마(탈출, 추방, 감금)들이 벌이는 매우 복잡한 상호작용을 뒷받침해주는 역할을 한다. 또 다른 예로, 『데이비드 코퍼필드』에서 암호처럼 반복되는 구절 "바키스는 좋아요 Barkis is willin'"를 들 수 있다. 이 구절은 하나의 모티프로서, 클라라 페고티라는 여성에게 구애할 때 바키스라는 인물이 보여준 수줍고도 진심 어린 사랑을 환기하는 테마로서 사용된다. 테마와 모티프는 얼마든지 다른 해석을 만들어낼 수 있기 때문에, 이들을 찾아내는 것만으로 서사를 해석할 수 없다. 그러나 테마와 모티프를 구별해냄으로써 독자들은 작품이 무엇을 다루고 있고, 어디에 초점을 맞추고 있는지 결정하는 데 막대한 도움을 받을 수 있다. 뿐만 아니라 때로는 여러 해석들 가운데 어떤 것은 제외시키고, 어떤 것은 지지하는 데 이용되기도 한다. 『데이비드 코퍼필드』에서 바키스는 사랑을 표현하는 인물로서 등장하지만, 소설의 맥락에서 볼 때 에밀리를 유혹하는 교활한 사기꾼 스티어포스는 사랑의 테마를 전혀 다른 방식으로 표현하고 있다. 하나의 테마를 다양한 방식으로 함께 다룸으로써, 사랑이라는 복합적인 관념의 형상이 차츰 모습을 드러내기 시작한다.

여기서 다시 헤밍웨이의 「이제 몸을 누이고」에 대한 논의로 돌아가보자. 내가 남겨두었던 질문은 다음과 같은 것이다. 나는 전쟁으로 인한 서술자의 외상과 부모에 대한 기억 사이에 가로놓여 있는 틈을 채우기 위해 노력하는 과정에서 지나친 비약을 하고 있는 것이 아닐까? 결국 이 둘은 서사의 전개 과정에서 각각 다른 초점으로 나뉘는 별개의 사건인 것이다. 과연 나는 해석을 뒷받침해줄 만한 반복을 발견할 수 있을 것인가? **보충적 사건**이나 세부 기술 등과 같은 다른 요소들은 두 개의 주요 사건을 하나로 결합시키거나 아니면 별개로 남겨두는 데 도움이 될 수 있을 것인가? 이러한 질문에 답하기 위해, 서사에서 서술자의 부모님에 관한 일화로부터 조금만 시간을 거슬러 올라가보기로 하겠다. 그때 우리는 서술자가 기억할 수 있는 '가장 예전 기억'을 만나게 된다. "내가 태어났고 어머니와 아버지의 결혼 케이크가 담긴 양철 상자가 서까래에 매달린 그 집의 다락방에는, 나의 아버지가 아이처럼 수집해온 뱀과 다른 채집 표본들이 담긴 항아리가 있었다"(p. 365). 이러한 물건들을 통해서 두 가지 테마가 병치된다. 하나는 결혼이고 또 하나는 남자아이가 혼자서 열심히 몰두하는 관심거리들에 대한 것이며, 정확히 이 두 가지 테마들이 뒤에 이어지는 기억 속에서 서로 충돌하는 요소이다.

　자신의 부모님에 대한 기억을 회상한 이후에, 서술자는 역시 부상을 입은 채 잠을 이루지 못하고 있던 이탈리아인 간호병 존과 함께 나눈 대화를 떠올린다. 짧은 대화 속에서 존은 자신의 결혼에 대한 이야기를 들려주었을 뿐 아니라 자신의 '상관'을 향해서도 결혼해야 한다고 힘주어 말한다. "남자는 결혼을 해야 합니다. 후회하지 않으실 거예요. 남자라면 당연히 결혼을 해야지요"(p. 370). 또다시 결혼 테마가 등장한다. 이 테마는 세 군데서 표면 위로 부상했다. 그다음에 이 테마는 다시 한 번 불쑥 떠오르기 시작한다. 존과의 대화 이후에 서술자는 다음과 같이 말한다. "나는 어둠 속에 누워 눈을 뜬 채 새로운 생각에 잠겼다. 나는 알고 있는 모든 여성의 모습을 떠올리면서 그들이 장차 어떤 아내가 될 것인가 상상했다." 그러나 오래지 않아 그는 송어 낚시에 대한 생각이 또렷하게 남아 있었기에, 다른 생각으로 금세 옮겨간다. "머릿속에 몇 차례 떠올려본 후에, 그녀들의 모습은 점차 흐릿해지고 한 사람의 모습처럼 비슷해졌다. 나는 그녀들에 대한 생각을 완전히 접었다"(p. 371).

　송어 낚시에 관해 상상하는 대목에서 서술자는 강물의 흐름을 하나하나 떠올릴 수 있다고 자신하면서, 왜 모든 여성의 모습이 한 사람의 모습으로 겹쳐 보인다고 말하는 것일까? 이 틈을 채우기 위해서는 어느 정도 우리의 상상력에 의존할 수밖에 없지만, 그래도 1차적으로 서술자가 진술한 내용에서 근거를 찾지 않을 수 없다. 사실 이 스토리에 등장하는 유일한 여성은 서술자의 어머니인 것이다. 이 스토리의 주요 장면을 정확하게 읽었다면, 서술자의 어머니는 경고도 없이 한 남자가 애지중지하는 것들을 파괴할 뿐만 아니라 그의 힘을 빼앗는 위력을 가진 두려운 인물임을 알게 된다. 그렇다면 왜 서술자에게 있어 모든 여성은 한 사람의 이미지로 겹쳐지는가? 어떤 위협도 없으며 목적을 이루기 위해 자신의 육체적 힘과 지혜에만 의존할 수 있는 송어 낚시의 세계로 거듭 돌아가는 이유가 바로 이 때문인가? 내가 이 스토리를 읽은 바에 따르면, 이 두 질문에 대한 대답은 예스이다. 하지만 중요한 점은 내가 애초의 주장을 관철하기 위해 **테마** 분석을 전개했다는 점이다. 나는 스토리의 나머지 부분을 읽으면서도 여전히 다음과 같은 질문을 던졌다. "무엇이 반복되는가?" 이 질문은 다음과 같은 물음과도 통하는 것이다. "독자들이 서사를 해석할 때, 내포저자는 이들을 어디로 데려가려고 애쓰는가?"

    내가 이 스토리를 읽은 바에 따르면, 내포저자는 결혼을 집요하게 하나의 주제로 만듦으로써 서술자가 잘 알고 있는 하나의 특정한 결혼(이는 물론 부모님의 결혼을 가리킨다)이 갖는 의미를 강조하고 있는 것으로 보인다. 전쟁의 위험과 결혼의 위험이 갖는 관계에 대해 설명하는 것이 가능해졌으므로, 나는 이제 이들 사이에 놓여 있는 틈을 메우는 작업에 착수하고자 한다. 다시 말해 서술자의 관점에서 볼 때, 두 가지 사태로 인한 위협은 매한가지로 파괴적이라는 것이다. 이러한 독해는 저자가 배치한 또 하나의 장치로 인해 확실하게 결론을 짓는 것처럼 보인다. 저자는 서사의 결말 부분에서 한 차례 더 결혼에 대해 언급함으로써 끝 부분이 갖는 특별한 중요성을 확실하게 이용한다. 다음 구절은 이 서사의 마지막 대목이며, 이 글에서처럼 스토리를 해석한다고 가정할 때 서글프면서도 강렬한 종결이라는 느낌을 독자들에게 전달한다.

> (존은) 몇 달 전 나와 만난 지 몇 개월 후에 밀란의 병원으로 돌아갔고 내가 아직 결혼하지 않았다는 사실에 매우 실망했다. 아직까지도 내가 미혼이라는 사실을 알게 되면 그가 얼마나 딱하게 여길지 짐작이 간다. 그는 미국으로 돌아갈 예정이며 결혼에 대해 확고한 신념에 차 있다. 결혼이 모든 것을 해결해주리라고 생각하면서(p. 371).

해석은 수많은 숙고의 과정을 거쳐야 하는 정교한 기술이다. 이번 장에서 나는 서사를 해석하는 데 도움을 주는 네 가지 중요한 사항에 대해 집중적으로 설명했으며, 또한 앞장에서도 이미 논했던 개념들(**서술자**, **거리**, **구성적 사건**과 **보충적 사건** 간의 구별, **마스터플롯**, **종결**)에 대해서도 언급하였다. 그러나 이러한 개념들은 단지 해석을 위한 재료만을 제공해주는, 그 이상도 이하도 아닌 「이제 몸을 누이고」에 대한 필자의 해석을 함께 읽어가면서, 독자들은 수집한 정보를 일련의 연역적·귀납적 사유 과정에 계속해서 적용시키는 과정이 해석에서 많은 부분을 차지한다는 사실을 알게 되었을 것이다. 이러한 맥락에서 볼 때, 의미는 자료로부터 도출되어야 한다고 생각한다는 점에서 서사의 해석은 다른 영역에서 주장하는 바와 크게 다르지 않은 것이다.

더 읽어볼 서사학 이론

웨인 부스는 『소설의 수사학』에서 최초로 내포저자의 개념에 대하여 연구하였다. '내포저자'라는 용어는 이 책에서 처음으로 사용된다. 부스가 그 개념을 연구하는 관점에 대해 많은 논쟁이 벌어졌다. 이 논쟁에 대한 웨인 부스의 대답은 『우리의 동료들 The Company We Keep: an Ethics of Fiction』(Berkeley: University of California Press, 1988)에서 찾아볼 수 있다(특히 「친구이자 사칭하는 자로서의 내포저자 Implied Authors as Friends and Pretenders」(pp. 169~98)를 보라). 반면 데이비드 보드웰의 『허구적 영화에서의 서사』는 내포저자의 중심 위치를 대체하기 위한 시도로 해석된다. 동시에 이 책은 우리가 영화를 볼 때 '의사소통 모델'을 자동적으로 적용하는 실수를 바로잡으려고 한다. 제임스 펠란의 『말하기 위해 살다: 인물 서술의 윤리와 수사학』(pp. 38~49)에서는 내포저자에 관한 논쟁을 간략하게 요약하고 있다. 킨트과 뮐러의 『내포저자: 개념과 논쟁 The Implied Author: Concept and Controversy』은 더 자세하고 더 정확한 비평적 개요이다. '더읽기'와 '덜읽기'라는 용어는 프랭크 커모드의 훌륭한 연구서인 『비밀의 기원: 서사의 해석에 관하여』에서 빌려왔다. 서사 속 독자 구조에서 틈이 담당하는 역할에 관한 초기의 두 가지 연구 방법은 볼프강 이저의 『내포독자: 버니언에서 베케트까지 허구 산문에서 의사소통의 패턴』과 마이어 스턴버그 Meir Sternberg의 『소설 전개의 양식과 시간적 순서 Expositional Modes and Temporal Ordering in Fiction』에서 찾아볼 수 있다. 픽션서사 속의 틈에 대해 이저가 논의한 사항에 관한 중요한 전제는 루보미르 돌레첼Lubomír Doležel의 『헤테로코스미카: 픽션과 가능세계 Heterocosmica: Fiction and Possible Worlds』에 담겨 있는 「포화saturation」(pp. 169~84)를 참조할 수 있다. 19세기 작품의 기점(중요한 틈을 다수 포함하고 있는)에 대한 훌륭한 연구서로는 존 서덜랜드John Sutherland의 『히스클리프는 살인자인가? Is Heathcliff a Murderer?』 『제인 에어는 행복해질 수 있을까? Can Jane Eyre Be Happy?』 그리고 『누가 엘리자베스 베넷을 배신했을까? Who Betrays Elizabeth Bennet?』 연작을 추천한다. (옥스퍼드 대학 출판부에서 1996, 1997, 1999년에 각각 출판되었다.) 소설 속 반복의 문제에 대한 고전적 연구는 E. M. 포스터의 『소설의 이해Aspects of the Novel』 마지막 장인 「패턴과 리듬Pattern and Rhythm」을 참조할 수 있다. 반복에 관한 주제를 연구할 때 기준점이 될 수 있는 좀더 최근의 두 가지 상반된 연구로는 브루스 F. 카윈Bruce F. Kawin의 『계속해서 말하기: 영화와 문학에서의 반복Telling it Again and Again: Repetition in Literature and Film』(Ithaca: Cornell University Press, 1972)과 J. 힐리스 밀러J. Hillis Miller 의 『픽션과 반복: 7개의 영국 소설Fiction and Repetition: Seven English Novels』(Cambridge, MA: Harvard University Press, 1982)이 있다.

더 읽어보면 좋은 문학작품

문제적 서술자들(즉, 그들이 지닌 신뢰성이 해석의 기점인 서술자들)을 가진 모든 서사는 내포저자의 구조에 도전하는 서사들이다. 바로 앞장에서 다룬 여러 텍스트들은 내포저자를 구조화하는 문제에 대해 매우 좋은 연구 사례를 제시한다. 우리는 모두 '덜읽기' 때문에, 주의를 피해갈 수도 있는 중요한 요소들을 포함하고 있는 서사라면 모두 이러한 사실을 증명하는 데 도움을 줄 수 있다. 예를 들어, 호메로스의 『오디세이아』(BC 8세기~7세기 초), 무라사키 시키부의 『겐지 이야기Tale of Genji』(10세기), 스탕달의 『적과 흑The Red and The Black』(1830), 에밀리 브론테의 『폭풍의 언덕』(1848), 도스토옙스키의 『카라마조프의 형제들』(1880), 토마스 만의 『마의 산The Magic Mountain』(1924), 앙드레 지드의 『사전꾼들』(1926), 블라디미르 나보코프의 『에이다 또는 아더Ada or Ardor』(1969), 돈 드릴로의 『언더월드』(1997) 등 더 복잡하고 긴 서사들일수록 그 해석에 있어 중요한 요소들을 빼먹지 않고 읽는 일은 거의 일어날 수 없다. 또한 우리는 불가피하게 '더읽기' 때문에, 텍스트를 읽으면서 의미를 덧붙인다든가 텍스트에 나타나지 않은 서사적 소재를 끼워 넣는 일은 십중팔구 피할 수 없다. '틈'으로 비워져 있는 부분이 해석의 기점일 경우는 주의가 필요하다. 『폭풍의 언덕』에서 히스클리프는 힌들리 언쇼를 살해했는가? 『나사의 회전』(1898)에 등장하는 가정교사는 피터 퀸트와 닮은꼴의 환상을 만들어낼 정도로 그의 외모에 대한 설명을 들은 적이 있는가? 아니면 초상화를 보았던가? 텍스트에는 이런 식의 읽기를 뒷받침할 만한 정보가 확실하게 나와 있지 않다. 하지만 그렇다고 해서 이 소설에는 유령이 등장하지 않으며 단지 가정교사의 열정적인 상상이 투사된 것뿐이라고 해석하는 독자들이 텍스트를 읽는 과정에서 이러한 해석을 뒷받침할 만한 증거를 마음대로 끼워 넣는 일을 막지는 못한다. 틈의 폭이 매우 넓을 경우, 이는 모더니즘 텍스트와 포스트모더니즘 텍스트를 구별하는 지표로 여겨지기도 한다. 틈이 너무 넓은 나머지 전혀 신뢰할 수 없는 서사의 예로 눈에 띄는 것이 사뮈엘 베케트의 『몰로이』(1951)이다. 이 서사에서 흥미로운 부분은 독자들로 하여금 그 많은 틈을 채워놓도록 유도하는 방식이다. 그러나 이 서사는 확정적인 해석에 필요한 정보를 전혀 제공하지 않는다. 마이클 조이스의 하이퍼텍스트 소설 『오후, 어떤 이야기』(1987/1993)는 이러한 서사의 또 다른 예를 보여준다. 세번째 예로는 훌리오 코르타사르의 『돌차기 놀이』(1963)가 있으며, 마지막 네번째 예가 자기 자신 속의 틈을 주제로 한 소설 중에서 가장 자의식적인 작품으로 짐작되는 이탈로 칼비노의 『겨울밤의 나그네라면』(1979)이다.

18세기와 19세기 소설의 전형적인 선형성으로부터 이탈한 모더니즘 픽션의 상당수는 또한 모티프의 구조적인 지지에 의존하고 있다. 반복이라는 숙명적인 지지대 위에 세워진 모더니즘 텍스트 중에서 가장 유명한 예는 조이스의 『율리시스』(1922)이다. 그러나 이 소설 이전에 조이스가 처음으로 발표한 『젊은 예술가의 초상A Portrait of the Artist as a Young Man』(1916)은 풍부한 시적 서사들로 이루어진 소설로서, 어구의 배열과 함께 색채, 새, 물 등의 여러 이미지들이 다른 맥락에서 반복해서 등장할 때마다 복합적인 연상을 불러일으키고 있다. 반복의 기법을 중시하는 다른 모더니즘 텍스트로는 버지니아 울프의 『등대로To the Lighthouse』(1927), E. M. 포스터의 『인도로 가는 길A Passage to India』(1924), 마르셀 프루스트Marcel Proust의 장편 연작 『잃어버린 시간을 찾아서In Search of Lost Time』(1913~27) 등을 들 수 있다. 그러나 모더니스트들이 반복을 자신들의 트레이드마크로 여길 만큼 애용하기는 했지만, 이 기법의 역사는 서사 그 자체만큼이나 오래된 것임이 분명하다. 특히 호메로스의 서사시나 앵글로색슨의 『베어울프Beowulf』같이 구술 스토리텔링의 전통에서 나온 작품들은 '구술 관용적' 반복을 매우 중요하게 사용하고 있다. 이 구술 관용적 반복은 주로 손쉽게 암기하기 위한 장치이자 운율을 맞추기 위한 장치로서 사용되었지만, 주제와 관련된 의미를 전달하는 역할로도 사용되었다.

8장
⋰
서사 해석의 세 가지 방법

서사를 해석하는 방법은 많다. 하지만 대부분은 다음 세 가지 근본적인 접근 방식 가운데 하나에 속해 있는 경우가 많다. 의도를 헤아리며intentional 읽는 방법, 징후적인symptomatic 읽기 방법, 적용하며adaptive 읽는 방법이 바로 그것이다. 이들에 대해 설명하기 전에, 내가 앞장에서 기술했던 거의 모든 내용 뒤에 깔려 있는 한 가지 가설을 강조하고 넘어가기로 하겠다. 이 가설이란, 서사는 그 안에 들어 있는 모든 요소들이 서사의 의미를 **구성**하고 기여한다는 측면에서 하나의 '통합체'라는 사실이다. 프랭크 커모드는 질문의 형식을 빌려(『비밀의 기원』, p. 53) 다음과 같이 말했다. "어째서 서사에 일관성이 결여되어 있다는 사실을 믿는 편이, 일관성이 존재한다는 사실을 믿는 일보다 더 고된 노력을 필요로 하는가?"

서사의 통합성에 관한 질문

　심층적인 일관성 또는 통합성에 관한 가정은 해석의 역사 속에서 오랫동안 전해온 법칙의 이면에 숨어 있다. 1600년 전에 성 아우구스티누스는 성서와 관련해서 한 부분에서 발견된 의미는 다른 곳에서 발견된 의미와 "합치되는 것으로 보여야 한다"라고 적었다.[1] 이를 다른 말로 하면, 해석은 텍스트의 전체 의미를 설명할 수 있어야 한다는 것이다. 나는 「이제 몸을 누이고」를 읽을 때 이 법칙을 적용해보았는데, 서사의 모든 부분과 '합치하는' 해석을 찾기란 매우 어려운 일이었다. 그러나 이 글에서 내가 「이제 몸을 누이고」에 대한 총체적인 해석을 내리고자 한다고 가정해보자. 이 이야기의 **내포저자**는 특별한 성장 배경을 지닌 인물이 결혼을 삶에 대한 위협으로 간주하는 이유를 밝히려 하며, 더욱이 이 서사를 통해 남편을 파멸시키려 하는 아내들 때문에 모든 결혼은 남자들에게 지옥이라는 사실을 주장하고 있다고 가정해보자. 그리고 내가 이 글에서 이 내포저자의 의도를 밝혀내고자 한다고 생각해보자.

　만일 내가 성 아우구스티누스의 법칙을 따랐다면, 서술자의 간호병인 존의 존재 때문에 곧바로 문제에 봉착했을 것이다. 존은 자신이 행복한 결혼을 했다고 말한다. 이 일과 관련하여 존이 잘못 생각했을 가능성도 있지만, **서사담화 속에서는** 그가 말했던 내용과 다른 암시를 주는 구절을 단 한 줄도 찾아볼 수 없었다. 이 서사를 여성들은 결혼을 통해 남성들을 파멸시킨다는 좀더 크고 총체적인 명제를 전달하는 매개체로 본다면 존의 입장은 어느 정도 조정해야 할 필요가 있다. 나는 그가 기만당했거나, 속임수를 쓰고 있거나, 정신이 나갔거나, 혹은 결혼의 행복에 대한 그의 말이 신뢰할 수 없다는 암시를 찾아내야만 한다. 이 일은 가능할 것 같기도 하고 불가능할 것 같기도 하지만, 아우구스티누스의 법칙이 수많은 해석들이 존재할 가능성을 통제할 수 있게 해준다는 것만큼은 확실해 보인다. 이저는, 서사는 틈이 존재하기 때문에 이러한 해석의 다수성은 불가피하다고 했다. 아우구스티누스의 법칙은 해석의 다수성을 완전히 제거하지는 못하지만(아우구스티누스 자신도 이를 인정했다) 제한할 수는 있다. 이 법칙은 **더읽기**를 견제하는 중요한 수단이 된다.

그러나 서사가 반드시 통합성을 갖고 있어야 하는가? 우리는 어떤 근거로 그런 추정을 내리는가? 모든 서사는 통합성은커녕 불완전하고 단편적이며 심지어 자기모순적이라고 주장하는 사람도 있을 수 있다. 수많은 의미가 존재할 수 있는 가능성은 우리 인간의 다원성뿐만 아니라 언어 자체가 지닌 유동성을 반영하는 것이다. (예를 들면, 우리는 스토리만큼이나 자기모순적인 존재라고 말할 수 있다.) 이러한 학자들은 앞장에서 논했던 것처럼 서사에는 불가피하게 틈이 있을 수밖에 없으며, 이러한 틈이야말로 통합성의 관념을 통해 통제될 수 있는 혹은 통제되어야 하는 어떤 것보다도 훨씬 광범위하게 존재한다고 생각한다. 아우구스티누스의 경우 그가 해석하려 했던 텍스트는 성서였던 것이다. 성서의 저자로 생각되는 신이야말로 통합체를 만드는 데 전문가가 아니던가. 하지만 타락하고 분열된 존재인 우리에게 통합성은 서사 속에서 발견할 수 있는 것이라기보다 우리 자신이 서사에 부여하는 것이라야 맞다.

독자들이 통합성에 관해 관심이 있건 없건 간에, 이 장의 처음에서부터 이 논의를 계속하고 있는 이유는 통합성 또는 통합성의 결여에 관한 가정이 서사의 해석에 관한 문제와 밀접하게 연관되어 있기 때문이다.

∵ 상호텍스트성, 모방, 인유 ∵

줄리아 크리스테바Julia Kristeva가 1967년 처음으로 **상호텍스트성**의 개념을 소개한 이후 텍스트 통합성textual wholeness 개념에 대한 반론은 더욱 강화되었다. 상호텍스트성이란, 모든 텍스트는(영화, 연극, 소설, 일화 등) 다른 텍스트들로부터 구성된다는 사실을 가리키는 개념이다. 언어가 그 언어로 씌어진 텍스트보다 먼저 존재하고 있는 것처럼, 크게는 장르에서부터 어구의 미세한 변화에 이르기까지 서사의 모든 특질은 서사 그 이전에 존재하고 있다. 또한 이러한 특질들은 이미 존재하고 있던 표현 양식의 문화적 의미망에서 나온 것이다. 이런 관점에서 보면 서사는 경계가 없고 광대한, 열려 있는 (따라서 끊임없이 변화하는) 조직의 일부에 불과하다고 할 수 있다. 역으로 보면, 더 큰 범위의 문화 조직은 (끊임없이 변화하는) 서사의 의미에서 분리되지 않는 일부분을 구성하고 있다고 말할 수 있다. 상호텍스트적인 해석은 서사의 의미가 자기 자신이 유래한 문화와 맺고 있는 복잡한 관련성[2]을 찾아내는 것이다.

물론 모든 예술 작품처럼 서사들이 기존 장르에 의지하고, 기존의 서사를 **모방** 또는 **인유**한다는 것은 잘 알려진 사실이다. 그러나 **모방**, **인유** 같은 용어들은 점차 서사를 생산하고 효과를 창출하는 상호텍스트적 그물망으로부터 저자의 기술적 선별 과정을 통해서 형성되는 개별 서사로 강조점을 옮기고 있다. 상호텍스트성이 저자의 역할과 개별 작품의 통합성을 축소하고 있는 반면에, 인유와 모방은 저자의 통제력과 작품 특유의 통합성을 강조함으로써 그 반대 방향으로 나아가는 경향을 보여준다.

의도를 헤아리며 읽기

앞장에서도 말했듯이, 내포저자에 초점을 맞추고 작품을 읽는 방식은 서사의 배후에 단일한 창조적 감수성을 지닌 실체가 숨어 있다는 것을 가정하고 있다는 점에서 통합성을 상정하는 것이다. 그러한 감수성을 지닌 실체는 사건, 서술 순서, 포함되는 인물들, 언어, 숏의 연결 등을 선별하면서 만들어간다. 서사를 이러한 방식으로 읽어나갈 때, 우리는 **의도를 헤아리는** 읽기를 하고 있다고 할 수 있다. 이를 다른 말로 하면, 우리가 서사로부터 추론한 관념과 판단이 이러한 효과를 의도했던 감수성의 실체와 긴밀하게 연결되어 있는 것으로 이해된다는 것이다.

이 방식이 오로지 서사를 읽을 때만 유효하다고 주장하는 사람도 있지만, 보통 무언가를 해석할 때 일반적으로 우리가 취하는 방식과 일치한다는 점에서 이러한 의견에 반박할 수 있다. 다시 말해, 우리는 일반적으로 서사가 마치 하나의 문장처럼 의사소통을 원하는 어떤 사람으로부터 나온다고 가정한다는 것이다. 이에 대해 소설가 폴 오스터는 다음과 같이 짧게 말했다. "픽션을 읽을 때, 우리는 페이지 위의 단어들 이면에 의식을 지닌 하나의 정신이 숨어 있다고 가정한다."[3) 의도를 헤아리는 읽기를 통해서 독자들은 내포저자 뒤에 있는 저자를 향해 존경하는 마음을 돌리게 된다. 이는 대부분의 사람들이 자신의 서사를 통해 존경받기 원하는 것과 마찬가지라고 할 수 있다.

두 명 또는 그 이상의 저자가 존재하거나, 또는 영화 제작에서 저자와 감독이 팀을 이루어 작업하는 상황은 어떻게 설명할 수 있는가? 이러한 공동 작업에서는 진행 과정에서 단일한 감수성을 구축하는 절차가 암묵적으로 이루어진다고 주장할 수 있다. 다시 말해, 공동저자들은 서사의 내용들을 편집하거나 집어넣을 때 의식적·무의식적으로 함께 공유하고 마음속에 담아두는 것이 있게 마련인데, 내포저자도 그 가운데 하나인 것이다. **내포저자**는 작품을 조화롭게 연결시켜주는 장치이다. 만일 누군가 인생은 조화롭게 연결되어 있는 것이 아니며 사람들이(심지어 저자들조차) 분열되어 있다고 주장하며 반론을 제기한다면 이렇게 대답할 수 있을 것이다. 네, 하지만 서사는 다를 수 있어요. 계속해서 이렇게 주장할 수도 있을 것이다. 삶과는 달리 조화롭게 연결될 수 있다는 바로 그 이유 때문에 서사는 우리에게 즐거움을 주는 것이라고. 마치 모든 예술이 그런 것처럼. 서사는 혼돈으로부터 질서를 창조하는 한 가지 방식이며, 또는 로버트 프로스트Robert Frost의 말처럼, "혼란에 맞서는 일시적인 유예"이기도 하다. 내포저자는 아무리 복잡하고 난해한 감수성을 지녔다고 해도, 질서의 한 부분을 구성하고 있다.

∵ 내포저자의 재발견 ∵

이따금 소설은 저자들이 사전 협의 없이 한 장씩 돌려가며 쓰는 방식으로 완성되기도 한다. 저자 A가 첫 장을 쓰고 그것을 저자 B에게 메일로 보내면, B가 읽고서 바로 두번째 장을 쓴 후 그것을 저자 C에게 메일로 보내는 일이 작품이 끝날 때까지 계속된다. 『떠도는 제독The Floating Admiral』(1931) 같은 미스터리물이나 미국에서 화제의 베스트셀러가 된 『알몸으로 온 이방인Naked Came the Stranger』(1969)[4] 등은 이러한 과정을 거쳐 나온 작품들이며, 이는 내포저자가 기능적으로 구축된 것이라는 관념을 뒷받침해준다. 이를 다른 식으로 말하면, 함께 구상을 하지 않았더라도 각각의 이어지는 저자는 자신의 분량을 내포저자의 감각에 맞추려고 노력한다는 것이다. 스탠리 큐브릭이 작업을 시작하여 그의 사후에 스티븐 스필버그가 완성시킨 영화 「A. I.」(2001)는 스필버그가 큐브릭과 일치하는 내포저자를 구축하는 데 실패했다는 점에서 많은 비평가들의 표적이 되었다.

때로는 『런던에서 일어난 중대한 일 London Consequences』(1972)처럼, 여러 명의 저자들이 각각 앞의 소설에 내포된 감성과 의도들을 훼손하는 방식을 따름으로써 재미를 주는 경우도 있다. 어떤 작품은 '즉흥연극 theater improv'과 매우 비슷한 효과를 사용하기도 한다. (게이머들에 따르면, 롤플레잉 게임도 이와 거의 비슷하다고 한다.) 즉흥연극은 작은 팀으로 구성된 배우들이 관객들의 제안을 받아들여 즉석에서 서사를 만들어가는 공연을 의미한다. 즉흥연극에서 배우들은 '연출'과는 다르게 연기하라는 명령에 따라야 한다. 다시 말해 그들은 전개되는 서사의 일부를 구성하도록 만들어진 인물과 사건들을 서사의 일부로서 받아들여야 한다. 그러나 이러한 '사실'들이 주어졌을 때, 배우들이 해야 할 일은 스토리를 최대한 기존의 줄거리와 다르게 변형시켜야 한다는 것이다. 관객들이 연기자들에게 마틸다 숙모와 세 명의 아름다운 조카에 관한 스토리를 주문한다고 가정해보자. 배우 A는 마틸다 숙모가 국제 밀수 조직의 숨은 브레인이며 '조카'들은 금지된 약물이 든 가방을 드레스 속에 숨겨서 운반하고 있다는 스토리를 연기한다. 배우 B는 관객들에게 그 금지된 약물의 이름이 비아그라라고 말해준다. 나머지 부분도 이런 식으로 계속된다. 이런 즉흥연극은 도착적인 방식으로 배후에 자리하고 있는 규범을 증명하는 예외적인 형식이다. 이 규범이란 우리가 내포저자를 **찾아야 한다**는 것이 아니라, 내포저자를 찾고자 하는 성향이 **이미 주어져 있는 것 같다**는 것과 관련된다. 심지어 즉흥연극에서조차 우리는 최초의 정보로부터 인물들의 행동 양식과 사건들의 전개 방식을 설명해주는 내포된 감수성을 구축하기 시작한다. 관객들이 예측할 수 있는 성향을 갖고 있지 않다면 즉흥연극이 지닌 재미는 반감될 것이다.

의도를 헤아리며 읽는 해석에 대해서 부연하자면, 이 해석 방법은 널리 인정받고 있는 해석 평가의 기준 가운데 하나를 우리에게 제공해 준다는 사실이다. 의도를 찾는 해석은 서사를 통합체로 간주하고 그 이면에 있는 의도를 파악하고자 노력함으로써, 읽기를 바탕으로 하면서 읽기의 유효성을 옹호하는 방식을 취한다. 만일 이러한 해석 방식의 타당성이 가치가 있다면, 아우구스티누스의 법칙과 내포저자는 유용한 개념이라고 할 수 있을 것이다. 예를 들어, 실제저자가 관심을 가질 만한 글을 쓰는 사람으로서 독자의 신뢰를 얻게 된다고 가정해보자. 이러한 경우에 서사를 구성하는 여러 요소로부터 이들을 조직하고 생산하는 감수성을 지닌 누군가를 만들어내 제삼자로 설정하려 하는 것도 무리한 작업은 아닐 것이다.

∴ 해석의 타당성과 비타당성 ∴

해석의 타당성을 입증하는 일은 매우 어려운 작업이다. 궁극적으로 타당한 해석을 찾는 일은 불가능하다고 말하는 사람들도 있다. 어떤 이들은 내포저자에게 타당성을 부여하는 것은 텍스트의 의미를 찾는 것보다 통제하는 것에 더 가깝다고 말한다. 이러한 주장들이 힘을 얻는다고 하더라도 **타당하지 않은** 해석 사례가 수없이 존재한다는 사실에는 대체로 모든 진영의 학자들이 수긍하고 있는 듯하다. 대부분의 사람들은 금세 알아볼 수 있는 **타당하지 않은** 해석들이 수도 없이 존재한다는 사실에 동의할 것이다. 『보바리 부인』의 예를 들어보자. 이 소설의 내용은 행성 탐사와는 무관하며, 이 분야에 관련된 생각을 전개하거나 판단을 내리지도 않는다. 또한 바다달팽이나 러시아에서의 밀 수확에 관한 내용과도 전혀 관련이 없다. 이러한 가능성들을 열거하는 것이 어리석게 보일 수도 있으나, 이를 통해 우리는 하나의 텍스트를 해석하려면 그리고 사람들로부터 호응을 얻고자 기대한다면 명확한 한계를 넘지 말아야 한다는 사실을 명심해야만 한다.

징후적 읽기

의도적 읽기가 흠잡을 데 없이 타당한 방법이라는 것, 그리고 『보바리 부인』의 경우, (7장에서 언급했던) 복잡한 정서적 반응을 조절하는 섬세한 평정심이 플로베르가 소설을 창작하는 과정에서 만들어낸 내포저자와 잘 합치한다는 사실을 인정한다고 가정해보자. 그러나 동시에 당신은 이 책에서 진정으로 중요한 내용이야말로 여성들을 향한 분노와 증오의 표출이라고 추정할 수도 있다. 당신은 엠마가 겪는 고통이 그녀가 저지른 '죄'에 비해 너무 크고, 그녀의 죽음과 마지막 끔찍한 장면에서 내뱉는 검은색 구토가 과장된 것이라고 생각할지도 모른다. 이는 분명 플로베르가 동시대 남성들과 공유하고 있던 여성에 대한 두려움과 경멸 섞인 감정에서 비롯된 것이라고 생각할 수도 있다. 당신의 생각이 맞을 수도 틀릴 수도 있지만, 중요한 점은 이러한 해석이 내포저자와 **무관**한 해석에 근거하고 있다는 점이다. 아마도 당신은 내포저자가 자신의 해석에 동의하지 **않을** 것임을 분명히 알고 있지만, 심리학적으로나 문화적으로 소설에 중요한 내용을 담고 있다고 주장할지도 모른다. 저자가 당신의 독해에 동의하지 않으며 오히려 그 내용을 알면 충격받을지도 모른다는 사실은 오히려 당신의 입장을 뒷받침해주는 증거로 여겨질 수도 있다.

해석의 영역에서 이런 종류의 일은 의도를 헤아리며 읽는 방법 못지않게 다른 종류의 읽기에서도 심심치 않게 발생한다. 카프카의 단편 「일상적인 혼란」과 관련하여, 일반 독자들은 이 소설이 세계 속에 위치한 우리의 의식적 현존에 관한 미스터리를 다룬 보편적인 진술이라고 해석하며, 이러한 읽기를 통해 저자의 의도에 최대한 접근할 수 있다고 생각할지도 모른다. 이러한 읽기를 통해 다음과 같은 해석도 가능하다. 세계와 그 안에서 살아가는 우리의 처지를 정직하게 바라본다면 그것은 일종의 부조리로 보일 것이며, 우리는 까닭 없이 죄책감을 느끼면서 태어나고 이유 없이 고통과 죽음을 선고받는 존재라는 것이다. 이 경우에도 당신은 또한 이 해석이 정확한 의도를 헤아리는 읽기를 거친 것이라는 사실에 동의할 수 있지만, 이는 내포저자가 잘못 생각한 것이며 이 소설의 전체 내용은 부당하고 경직된 위계적 사회에 살고 있는 신경증적 존재의 징후를 그린 것이라고 주장하고 싶을 것이다. 또한 이 작품이 형이상학적 부조리에 관한 보편적인 조건을 다루고 있다고 주장할 경우, 이러한 의도적 읽기에 특권을 부여하는 행위는 비겁한 책임 회피에 지나지 않는다고 생각할지도 모른다. 저자는 이 세계를 가리켜 사회·경제적 조건에서 비롯된 악으로 물들어 있다고 비난하지만, 악이 세계에서 불가피한 부분이라고 말함으로써 스스로 궁지에서 벗어나는 방법을 선택하는 대신에 저자 자신이 이러한 조건을 바꿔나갈 수도 있는 것 아닌가? 이 경우에도 마찬가지로 당신의 생각은 맞을 수도 있고 틀릴 수도 있다. 그러나 여기서 중요한 점은 『보바리 부인』에 관한 대안적인 독해에서처럼, 당신이 의도를 헤아리는 읽기와는 다른 해석을 허용하는 프레임 내에 텍스트를 위치시켰다는 것이다. 이 프레임이야말로—심리학, 페미니즘, 문화유물론, 보수적인 도덕주의 등등—독자들에게 내포저자와는 다른 해석의 근거를 제공해준다. 이러한 종류의 독해를 **징후적 읽기**라고 부르며, 이러한 읽기는 서사가 징후적으로 자기 자신을 낳은 조건을 드러낸다는 관점을 취한다.

∵ 해체 ∵

징후적 읽기는 저자가 쓰는 과정에서 의식적으로 인식하지 않았던 읽기를 배후에서 찾아냄으로써 의도를 헤아리는 읽기를 해체한다는 점에서 가벼운 의미의 '해체적 읽기'의 한 예에 해당한다고 할 수 있다. '해체'를 비평적 용어로 처음 사용한 사람은 자크 데리다Jacques Derrida이다. 그는 결론이 주어지지 않은 상태에서 텍스트를 꼼꼼하게 읽을 경우 해체는 불가피하게 일어난다고 주장했다. 데리다는 이러한 개념을 만들어가는 과정에서, 기의된 의미는 적어도 이론상으로 무한하게 지연된 것이며, 따라서 그 너머에 있는 세계와 관련된 명징한 확실성을 확보하기 위한 기초로 삼기에는 무한하게 의심스러운 것으로 보았다. '해체'라는 용어는 적어도 암묵적으로는 다양한 수준으로 언어의 지시적 기능에 대한 신뢰를 유지하고 있는 학자와 비평가들에 의해서 폭넓게 전유되어왔다.

징후적 읽기는 서사의 모든 요소를 만들어낸 내포저자의 존재에 바탕을 두고 있지 않기 때문에 작품의 통합성에 대한 질문은 고려할 가치가 없게 되었다. 더욱이 징후적 읽기의 대상이 되는 저자들은 (내포저자를 통해서) 의도한 것과 드러내는 것 사이에서 분열되어 있는 존재로 여겨진다. 또한 서사는 징후적 의미를 보여주는 동시에 그 안에 감추고 있다. 예를 들면, 헨리 제임스의 『나사의 회전』 같은 작품은 의도적 수준에서는 악령의 빙의로부터 자신이 맡고 있는 아이들을 지켜내려는 가정교사의 비극적인 노력을 보여주지만, 동시에 징후적으로는 억압된 섹슈얼리티, 음란한 상상력, 그리고 권력과 억제를 갈망하는 광기 등을 폭로하고 있다고 해석할 수 있다(또한 그렇게 해석되어 왔다). 의도를 헤아리며 읽기처럼, 이러한 징후적 읽기는 서사에서의 **반복**을 근거로 하여 활발히 이루어진다. 이러한 반복은 전체, 통합된 작품의 일부가 아니라 승인되지 않은 채 작품 속에 삽입된 저자(실제저자)의 흔적이다. 예를 들면, 성적 매혹과 성적 공포가 뒤섞인 헨리 제임스 자신의 흔적이 가정교사가 자신의 고용주에게 품고 있는 강렬한 그리고 강렬하게 억압되어 있는 성적인 열정 속에 드러나 있다고 주장할 수도 있다. 결국 그녀는 (그녀가 돌보는 아이들을 타락시키려 하는 유령들로 짐작되는) 전임자의 성적인 '죄악'에 사로잡히게 되며, 또한 아이들의 성적인 '순수함'과 이 순수함을 지켜줘야 한다는 의무감에도 역시 사로잡힌다. 성적인 강박관념에 대한 **테마**는 다른 장면에서도 수차례 반복되며, 이를 통해 해석자들은 저자가 '순수하고 단순한 동화'라고 지칭한 소설 속에서 억압된 빅토리아시대의 금기들을 발견하게 된다.[5]

의도를 헤아리며 읽는 접근법과 징후적 접근법은 서로 대조적인 서사의 해석 방식처럼 보이지만, 서사 **배후에** 있는 것으로 추정되는 의미를 발견하려 한다는 점에서는 동일한 입장에 있다. 다만 의미가 내포저자에게서 발견되느냐, 실제저자에게서 발견되느냐(또는 그/그녀의 문화 속에서 실제저자를 통해 전달되느냐)라는 점에서 차이가 발생한다. 두 가지 방식은 이러한 차이점에 근거를 두고 있다. 그러나 징후적 읽기는 내적인 구성을 중시하는 내포저자 이론을 간과한다는 이유로 **곁텍스트**에 더 많은 비중을 두는 경향이 있다고 평가받는다. 예를 들어, 「이제 몸을 누이고」에서 닉이 보여주는 여성에 대한 두려움이 실제로 헤밍웨이의 여성에 대한 공포를 반영하는 것이라고 주장한다면, 나는 서사 외부에서 수많은 증거를 가져와야만 할 것이다. 헤밍웨이의 가족사, 위압적인 모친과의 혼란스러운 관계, 유약한 부친(그의 자살 또한 이를 증명한다고 볼 수 있다)에 대한 전기적 정보에서부터 시작해야 할지 모른다. 그의 편지들에 대한 검토 작업은 물론, 그의 작품에서 거듭 반복되는 내용들에 대한 조사는 필수이다. 그는 남성을 지배하는 두려운 여성(『해는 또다시 떠오른다 The Sun also Rises』의 브렛 애쉴리 부인이나 「프랜시스 매컴버의 짧고 행복한 생애 The Short Happy Life of Francis Macomber」의 매컴버 부인과 같은 여성)과 남성 주인공에게 헌신함으로써 '안전한' 여성(『무기여 잘 있거라 A Farewell to Arms』에 나오는 캐서린 버클리나 『누구를 위하여 종은 울리나 For Whom the Bell Tolls』에 나오는 마리아 같은 여성)의 식으로 여성상을 양분하여 제시했는데, 이러한 반복은 징후적 읽기에 많은 시사점을 던져준다. 의도를 헤아리는 읽기 역시 곁텍스트에서 중요한 증거들을 찾아낸다는 점에서는 매한가지이지만, 징후적 읽기의 경우 곁텍스트가 없으면 성공적으로 수행하기 힘들다는 점에서 차이가 있다.

적용하며 읽기

지금까지 두 가지 양식의 읽기에 대해 설명한 내용이 상식에 부합한다고 인정하더라도 「이제 몸을 누이고」에 등장하는 서술자의 어머니가 서사적 우주 전체를 이끄는 악령과도 같은 존재라는 생각을 지우기 어려울지도 모른다. 어머니가 마녀 같은 존재라고 가정한다면 빗자루를 갖고 있는 것도 이상하지 않다("지하실을 청소하던 중이었어요, 여보"). 그녀의 웃음은 악마적이며 그녀가 일으키는 불꽃은 지옥을 연상시키기도 한다. 어머니가 등장하기 이전의 문단에는 그녀가 집을 청소하는 장면이 나오는데, 이 대목에는 아버지가 수집한 물건, '뱀을 비롯한 다른 견본들'이 바로 지옥 같은 화염에 휩싸이는 장면이 묘사된다. "그 물건들은 알코올을 뿌려 붙인 불꽃의 열기로 인해 탁탁 튀어 올랐다. 불 속에서 타오르던 뱀들의 모습이 기억에 선하다……"(p. 365). 이 모습은 어머니와 『맥베스』의 마녀 간에 **상호텍스트적** 관계가 있음을 암시하지 않는가? "불은 타고 가마솥은 끓어라."

> 늪지대 배암의 살점아,
> 가마솥 안에서 익어라.
> 도롱뇽 눈알과 개구리 발가락,
> 개 혀와 박쥐 털,
> 독사의 갈라진 혓바닥,
> 장님뱀 독침에 도마뱀 다리와
> 올빼미 날개야……(『맥베스』, IV, I, pp. 12~16)[6]

서술자는 "누가 그 물건들을 태웠는지 기억하지 못하"지만 그런 일을 할 사람이 악마 같은 어머니 외에 누가 있겠는가? 게다가 그녀는 순수해 보이는 간호병을 주인공에게 붙여서 그녀의 기이한 자매들 가운데 하나와 결혼하도록 꾀지 않는가? 간호병은 그녀의 대리인이 아닌가? 넋을 빼앗길 정도로 혹독했던 전선에서의 폭격 역시 그녀의 소행이 아닐까? 그가 마치 반대 주문이라도 보내듯 '되풀이해서' 기도를 올리는 것도 이상하지 않다. 이 기도는 그를 도울 수 있는 유일한 분인, 하늘에 있는 **아버지**에게 보낸 간절한 염원인 것이다. 권능을 지닌 그 아버지야말로 어머니와 결혼한 유약한 세상의 아버지와는 다른 분이다. 또한 이 스토리의 제목에 함축되어 되어 있는 바로 그분인 것이다.

> 이제 몸을 누입니다.
> 주여 내 영혼을 지켜주소서.

만일 내가 눈뜨기 전에 죽거든,
주여 내 영혼을 거두어주소서.

의도를 헤아리는 읽기의 관점에서 보면, 앞에서 전개된 해석에는 수많은 문제점이 발견된다. 나는 여러 차례 더읽기를 사용해서 틈을 채웠고(빗자루, 서술자를 부상시킨 폭력의 배후에 어머니가 있다는 상상 등), 간호병의 성격을 마음대로 바꿨으며, 불일치하는 부분을 여러 군데 간과하고 넘어갔다(결국 서술자는 자신의 부모님 **두 분 모두**를 위해 기도한다). 징후적 읽기의 관점에서 볼 때 이 해석은 좀더 신빙성이 있는 것으로 보일 수도 있다. 왜냐하면 앞에서 기술한 마녀의 판타지는 악마와 같은 여성의 힘에 대해 비이성적인 확신에 사로잡혀 있던 저자의 생각과 일치하기 때문이다. 결론적으로 이러한 환상은 셰익스피어가 유럽의 상호텍스트를 사용하여 만들어낸 세 명의 마녀에 대한 장면과 같은 종류의 남성 판타지라고 단정 지어도 무리는 아니다. 그럼에도 불구하고, 심지어 징후적 읽기의 관점으로 볼 때도 앞의 해석은 텍스트를 지나치게 자의적으로 해석했다는 의심을 떨치기 어려우며, 이러한 해석을 정당화할 수 있을 만큼 충분한 곁텍스트 자료를 찾느라 무진 애를 먹을 것임이 틀림없다. 여기서 중요한 점은 해석을 수행할 때 넘어설 수 있는 선이 존재하며, 독자들은 더 이상 증거 분석을 통해서 자신의 해석을 뒷받침하는 것이 아니라 **적용**adaptation을 통해 하나의 읽기를 창조한다는 것이다. 그러나 창조라는 것은 어느 정도 해석의 일부이기 때문에, 이러한 선을 찾는 일은 우리를 또 다른 회색지대로 몰아넣는다.

「이제 몸을 누이고」에 대한 나의 독해가 이제 충분히 무르익고 다듬어진 것으로 생각된다. 따라서 홀린셰드의 『연대기Chronicles』에 등장하는 맥베스의 서사적 역사로부터 맥베스의 스토리를 따왔던 셰익스피어의 방식을 따라서 어쭙잖게나마 흉내를 내보기로 하겠다. 셰익스피어가 홀린셰드의 작품 속에서 찾아낸 맥베스의 스토리를 '해석'했을 때, 그는 홀린셰드의 의도를 꿰뚫어볼 수 있는 읽기를 제공하는 데는 관심이 없었다. 그는 홀린셰드의 서사가 징후적으로 드러나는 방식을 조명하려고도 하지 않았다. 그는 그 작품을 자기 식대로 해석함으로써 자신의 스토리를 만들어냈다. 내가 앞에서 「이제 몸을 누이고」를 악마 같은 여성상을 드러내는 내용으로 읽었던 것도 이와 마찬가지 방식의 읽기라고 할 수 있다. 만일 내가 이러한 읽기야말로 헤밍웨이의 내포 저자가 선호했던 방식이라고 주장하거나 미처 밝혀지지 않은 저자의 실질적인 정신 상태를 드러내는 것이라고 강변한다면, 당신은 아마도 나 자신의 창작품을 헤밍웨이의 것인 양 가장하여 슬쩍 들이밀고자 하는 불쾌한 느낌을 받을 것이다. 우리는 비평을 읽을 때 이러한 불편한 감정을 이따금 느끼게 된다. 우리는 의도적이든 징후적이든 하나의 해석이 경계를 넘나들고, 이야기 자체를 삶에 적용시키곤 해왔다는 것을 알고 있다. 이들 가운데 일부는 괴상망측하기 짝이 없지만, 어떤 것은 불쾌감을 불러일으킴에도 불구하고 놀라움을 주기도 한다.

하나의 해석이 자유로운 적용이 될 수 있는가에 대해서 숙고할 때 반드시 정도의 문제를 다루어야 한다는 사실을 강조할 필요가 있다. 이 장에서 중시되었던 주제를 다시 언급하면, 서사에서 의미를 만들어 낼 때 우리 모두는 적극적인 협력자이며, 그런 의미에서 모든 해석은 어느 정도 창작을 포함하고 있다는 것이다. 우리는 서사를 읽거나 보거나 혹은 듣는 순간에 받아들일 뿐만 아니라 덧붙이고, 뒤를 따르면서도 형체를 만들어가는 작업을 동시에 수행한다. 이 둘 사이에는 일종의 연속체가 존재하며, 어떤 점에서 우리는 이른바 해석이라고 하는 것이 점차 일종의 창작과 유사하게 되어가는 것처럼 느끼기도 하는 것이다. 그러나 악명 높은 오해라고 할지라도 해석은 여전히 존재한다. 비평가 해럴드 블룸Harold Bloom은, 모든 위대한 예술 작품은 필연적으로 선배 예술 작품에 대한 강력한 오해의 소산이라고 주장한 바 있다.[7] 이는 창작 과정에서 적용하는 읽기가 갖는 의미에 대한 탁월한 언급이며, 창조성과 해석 간에 존재하는 밀접한 관계에 대한 명확한 인식을 보여주고 있다. 왜냐하면 근본적으로 위대한 작가들뿐만 아니라 모든 저술가들은 스토리를 취해서 자신의 방식으로 고쳐 쓰는 과정에서 '적용하며 읽는adaptive'[8] 해석에 깊이 관여하고 있기 때문이다. 이러한 사실은 논픽션 서사를 쓰는 저자들에게도 마찬가지로 해당된다. 역사가들, 전기작가들, 저널리스트들은 자신의 연구에서 생소재를 발굴한 후, 스토리의 골격을 찾아내어 하나의 서사로 표현함으로써 자신의 작업을 완성한다. 다시 말해 하나의 스토리를 만드는 것은 그것을 이해하고자 하는 노력과 다르지 않은 것이다.

∴ 다른 연극으로 바뀐 연극 ∴

해석과 각색 간의 관계가 가장 논란이 되는 분야는 극예술이다. 무대서사가 현실에서 상연되기 위해서 필요한 것은 관객 외에도 많다. 극예술의 상연은 한 팀 모두의 참여를 필요로 하며, 따라서 이들은 저자의 텍스트와 관객들 사이에 개입하지 않을 수 없다. 한 팀의 구성원들은 조명, 음향, 세트 등을 창조해야 하므로 극작가보다 넓고 다양한 범위에 걸친 감수성을 보유하고 있어야 한다. 연극 팀에는 배역을 맡은 배우들, 무대를 총감독하는 연출가 역시 포함되어 있다. 만일 저자의 의도를 충실히 재현해야 할 필요가 있을 경우, 텍스트 해석을 위해서 드라마투르기가 고용되기도 한다. 그러나 대개 연극 공연은 엄청난 창조적 에너지를 필요로 하는 경우가 많다. 과연 이 상황에서 균형을 깨뜨리고 해석에서 새로운 창조로 나아가는 순간은 언제일까? 이쯤에서 또 다른 회색지대에 걸쳐 있는 모호한 경계선에 대하여 논의를 계속 이어가야 할 것 같다. 1988년에 사뮈엘 베케트는 네덜란드 극단 배우 전원이 여성으로 구성된 「고도를 기다리며」 공연을 중지해달라고 요청한 적이 있다. 그가 주장하는 요지는 전원 남성으로 구성된 연극의 배역을 여성으로 바꾼다면 결코 같은 연극이 될 수가 없다는 것이다. 베케트는 "여성은 전립선을 갖고 있지 않습니다"라고 말했다. 이러한 언급이 성차별주의적인 것으로 보일지 몰라도, 실제로 극중 인물 가운데 한 사람은 전립선 비대를 앓고 있는 것으로 설정되어 있었다. 그 인물의 증상은 꽤 심각한 것이어서 웃을 때조차 아픔을 느끼며 오줌을 눌 때마다 고통스러워한다. 이 밖에도 등장인물들이 남성임을 보여주는 표지는 여러 군데서 볼 수 있다. 이러한 연극이 그의 이름 아래 상연된다고 생각할 때, 베케트가 무엇 때문에 우려하는지 충분히 공감할 수 있을 것이다. 그러나 베케트가 자신의 주장을 관철했다고 가정해보자(그는 이에 실패했다). 저자가 반대했다고 해서 관객들은 이 흥미로운 각색물을 감상할 때의 걸림돌로 여길 것 같은가?

이 책의 다른 부분과 마찬가지로 이 장에서 나는 서사학에 관한 학술적인 접근과는 무관하게 기본적인 특징들을 집중적으로 설명하고자 했다. 많은 수의(전부 다는 아니지만) 마르크시즘적, 페미니즘적, 신역사주의적, 정신분석학적 비평은 다양한 형식의 징후적 해석을 포함하고 있다. 이러한 비평들이 가진 독특한 성향이나 양상을 살펴보면, 특징이나 배경을 구체적으로 밝히기는 어려워도 이들 모두 징후적 읽기를 바탕으로 해서 구축된 것임을 알 수 있다. 일반적으로 이러한 읽기는 의도를 갖고 있는 저자뿐 아니라 내포저자를 관통하거나 또는 넘어서는 것처럼 보이지만 그렇지 않은 예도 많이 존재한다. 예를 들면 버지니아 울프와 오드르 로드Audre Lorde의 작품을 페미니즘적으로 읽은 일부 논자들은 그들 작품에 지닌 의도를 찾아가며 읽은 비평에 대해 공정한 논박을 제시했다. 내가 이 장에서 개괄적으로 설명한 기본적인 접근법들의 특징과 차이에 대해서는 반드시 기억하고 넘어가야 한다. 왜냐하면 해석자가 어떤 접근법을 취하느냐에 따라 독자/관객들과 텍스트와의 관계, 그리고 결과적으로 그 안에서 들어 있는 의미의 종류가 달라지기 때문이다.

더 읽어볼 서사학 이론

나는 앞의 글에서 세 가지 기본적인 읽기 방식에 대해 평가한 바 있으며, 이같은 내용을 다른 연구에서는 아직 명확하게 밝히지 않았다. 앞서도 말했듯이, 징후적 읽기 방식은 여러 해석 분야에서 광범위하게 사용되고 있다. 징후적 읽기는 여러 분야에서 사용되고 있지만, 그중에서도 마르크시즘적 접근과 정신분석학적 접근은 징후적 읽기를 광범위하게 활용하고 있다. 최근에 페미니즘, 신역사주의, 해체주의, 퀴어 이론 등의 방법론들은 두 가지 양식의 읽기를 혼합해서 사용하고 있다. 최근 몇 년 동안에는 의도적 읽기를 변호하는 움직임과 함께 이에 대한 재조명이 급격하게 이루어지고 있다. 이러한 여러 가지 방식의 읽기에 대한 설명을 담고 있는 추천 자료 몇 가지를 소개한다. 이들은 이 분야에 관해 오랜 시간에 걸친 고찰을 담고 있는 책이다. 하지만 이들의 연구 범위는 서사적 텍스트에만 제한되어 있지 않다. 첫번째로 소개할 책은 움베르토 에코의 『해석과 과잉 해석*Interpretation and Overinterpretation*』(Cambridge University Press, 1992)이다. 이 책에서 특히 관심을 끄는 부분은 매우 다른, 주목할 만한 관점을 지닌 세 명의 이론가들에 대한 에코의 대답이다. 이 세 이론가들의 이름은 리처드 로티Richard Rorty, 조너선 컬러와 크리스틴 브룩-로즈이다. 다른 좋은 자료로는 볼프강 이저의 『해석의 범위*The Range of Interpretation*』(New York: Columbia University Press, 2000)가 있다. 세번째로 폴 암스트롱Paul Armstrong의 『어떻게 읽을 것인가: 해석의 다양성과 타당성에 대하여*Conflicting Readings: Variety and Validity in Interpretation*』(Chapel Hill: University of North Carolina Press, 1990)를 추천한다. 그리고 다소 범위가 좁기는 하지만 (개인적 소견으로는) 매우 진전된 내용을 담고 있는 자료를 두 가지 더 소개한다. 하나는 폴 리쾨르의 『해석 이론: 담론과 의미 과잉*Interpretation Theory: Discourse and the Surplus of Meaning*』(Fort Worth: Texas Christian University Press, 1976)이며, 또 하나는 패트릭 콤 호건의 『해석에 대하여: 법, 정신분석, 문학에 담긴 의미와 추론*On Interpretation: Meaning and Inference in Law, Psychoanalysis, and Literature*』(Athens: University of Georgia Press, 1996)이다. 해체와 관련된 저서로는 여전히 『해체와 비평Deconstruction and Criticism』(New York: Seabury Press, 1979)이 입문서로서 권할 만한데, 특히나 이 책은 다섯 명의 저명한 비평가(해럴드 블룸, 폴 드 만Paul de Man, 자크 데리다, 제프리 하트먼Geoffrey Hartman, J. 힐리스 밀러)들이 쓴 읽기 이론을 담은 것으로 유명하다. 명확한 언어를 사용한 근실한 연구로는 G. 더글러스 앳킨스G. Douglas Atkins의 『해체 읽기, 해체적 읽기Reading Deconstruction, Deconstructive Reading』(Lexington: The University Press of Kentucky, 1983)를 추천할 만하다. 상호텍스트성의 개념에 관한 다양한 견해를 알고 싶다면, 그레이엄 앨런Graham Allen의 『상호텍스트성Intertextuality』(London: Routledge, 2000)을 추천한다. IN.S.OMNIA 그룹은 온라인 매체를 통해 복수 저자에 대한 실험을 수행한 적이 있다. 이 결과에 대해 알고 싶다면 로브 위티그Rob Wittig의 『보이지 않는 조우: E-글쓰기의 새로운 지평, 연결 그리고 협력Invisible Rendezvous: Connection and Collaboration in the New Landscape of Electronic Writing』(Hanover, NH: Wesleyan University Press, 1994)을 참조하면 된다.

더 읽어보면 좋은 문학작품

서사세계 전체는 이 장에서 기술한 세 가지 양식으로 구성된 수많은 해석적 행위의 묶음이다. 그러나 저자의 생애에 대한 곁텍스트적 정보가 하도 잘 알려져 있어서 독자들로 하여금 의도를 헤아리며 읽는 접근법에서 징후적 접근법으로 이동해가도록 만드는 저자들도 적지 않다. 독자들은 헤밍웨이의 남성적 강박증에 대해 잘 알고 있기 때문에 그의 작품은 내포저자가 알았더라면 불쾌해했을 방식으로 종종 해석되기도 한다. 존 밀턴의 『실낙원』(1667)에 대해서는 징후적 읽기와 의도를 헤아리는 읽기 간의 치열한 전투가 18세기에 블레이크의 다음과 같은 진술과 함께 시작되었다. 밀턴은 악마의 무리에 속해 있었지만 그 사실을 알지 못했고 현재까지도 여전히 그러하다고 말이다. 밀턴의 서사시에 관한 논쟁에 비견될 만한 흥미로운 경우가 플래너리 오코너Flannery O'Connor의 작업이다. 오코너는 자신의 작업이 정통 기독교적 신념을 반영한다고 강조하고 있지만, 많은 독자들은 「좋은 남자는 찾기 힘들어A Good Man Is Hard to Find」나 「불구자들이 먼저 들어가리라The Lame Shall Enter First」 혹은 「숲의 풍경A View of the Woods」

(1955) 같은 스토리들은 이러한 입장과 맞지 않는다고 생각한다. 소설의 근간을 이루는 작품 가운데 하나인 새뮤얼 리처드슨Samuel Richardson의 『파멜라Pamela』 (1740)는 젊은 여성들에게 고용주이자 사회적으로 우월한 계층에 있는 난봉꾼의 덫에서 빠져나올 수 있는 길을 알려주는 지침서 역할을 한다고 선전되었다. 그러나 많은 독자들은 이 소설에서 성적 학대에 대한 저자의 음란한 취향을 찾아낸다. 『고백록Confessions』(1781, 1788)에서 자발적인 감정을 지닌 정직한 사람을 묘사하고자 했던 루소의 의도는 여러 차례 반복해서 징후적 읽기의 암초에 부딪치고 있다. 의도를 헤아리는 읽기와 징후적 읽기의 갈등을 촉발하는 서사의 예는 이 밖에도 수없이 많다. 각색적 읽기와 관련해서는 다음 장에서 좀더 논의하겠다.

9장

매체 간 각색

창조적 파괴로서의 각색

연극대본을 무대 위에 상연하면 이 둘 사이에는 창조적인 변화가 발생한다. 그런데 이 변화의 격차가 꽤 크다면, 각색을 통해 한 매체에서 다른 매체로 경계를 넘나들 경우 발생하는 간극은 엄청날 것이다. 이는 불가피한 결과이다. 영화 또는 연극을 가리켜 원작을 조잡하게 '번역translation'한 것에 지나지 않는다고 불평하는 평론가들이 있는 모양이지만, 이들은 매체 간 각색이 결코 번역이 아니라는 사실을 간과하는 듯하다. 실제로, 매체 간 각색 작업을 통해 원작에 충실한 번역물을 만들고자 하는 시도가 없었던 것은 아니지만, 이는 번번이 실패로 돌아갔다. 조지 블루스톤George Bluestone은 50년 전에 이러한 문제에 관해서 강경한 '파괴주의자'적 견해를 공식적으로 표명했다.

영화 제작자는 소설의 각색 작업에 착수할 때…… 결코 소설을 개조하는 것이 아니다. 그가 하는 일은 일종의 바꿔쓰기paraphrase라고 할 수 있다. 이때 소설은 생소재로 간주된다. 〔……〕 조잡한 영화가 어떤 식으로 뛰어난 소설을 '파괴'하는지 밝혀내기란 어렵지 않다. 그러나 이러한 파괴가 불가피한 것인지에 대해서는 충분하게 알려진 바가 없다. 말 그대로, 영화 제작자는 기존 저자의 번역자가 아니라 자신의 명의를 내건 새로운 저자가 되는 것이다.[1]

이러한 견해는 영화뿐만 아니라 연극에도 마찬가지로 적용할 수 있다. 초기의 비평가이자 연출가인 벨라 발라즈Béla Balázs에 따르면 "반델로가 쓴 스토리는 스토리텔링의 걸작으로 손꼽히지만, 셰익스피어는 그 작품의 예술적인 형식은 무시한 채 그 안에 서술되어 있는 순수한 사건만을 취했다"(블루스톤, p. 63)라고 한다. 바꿔 말하면, 각색자는 아무리 훌륭하다 해도 침입자라고 할 수 있다. 그들은 베끼는 것이 아니라, 그들이 원하는 것을 훔쳐오고 나머지는 버린다. 나 역시 앞장에서 헤밍웨이의 「이제 몸을 누이고」를 자유롭게 해석한(다시 말해 각색한) 바 있으며, 이때 내가 했던(적어도 하려고 했던) 작업 역시 일종의 각색과 유사하다고 할 수 있다.

이 문제에 관해서 연출가와 이론가들의 견해는 분분하게 갈린다. '뉴웨이브' 영화(1948년경~62)의 감독들은 블루스톤과 발라즈의 견해에 강한 공감을 표시했다. 스웨덴의 영화감독인 잉마르 베리만은 "영화는 문학과 아무런 관련이 없다. 두 예술의 등장인물과 내용이 상충하는 경우가 비일비재하다"[2]고까지 말했다. 좀더 최근에, 앤서니 밍겔라는 문학과 영화의 관계에 대해서 보다 신중하면서도 과감한 견해를 표명한 바 있다. 그는 퍼트리샤 하이스미스의 『재능 있는 리플리 씨 The Talented Mr. Ripley』를 각색했던 경험에 대해 다음과 같이 언급했다.

"음료수를 마신 다음에 입 속에 남아 있는 맛, 우리가 취하는 것은 바로 그 맛이다."[3)]

그러나 앙드레 바진이나 더들리 앤드루와 같은 다른 영화감독과 이론가들은 매체들 간에 좁힐 수 없는 간극이 있다고 가정하는 대신에 이들을 연결시킬 수 있는 가능성, 나아가 창조적인 공생을 가능케 하는 전망을 모색해야 한다고 주장한다. 이러한 관점에서 세르게이 예이젠시테인은 1944년 획기적인 논문을 발표했다. 이 글에서 그는, 초기 영화계의 거장인 D. W. 그리피스는 영화가 발명되기 훨씬 이전 시대의 소설가인 찰스 디킨스에게서 영화의 기술을 배웠다고 주장한다.[4)] 또한 같은 맥락에서, 더들리 앤드루는 "매체의 본질, 또는 개별 예술 작품들의 불가침성에 관한 논쟁"을 끝내야 한다고 주장한다. 그가 집중했던 분야는 각색된 작품에 드러나는 매체의 특성 그리고 독자 혹은 관중들이 작품을 읽고 의사소통하는 방식에 관련된 것이었다.

∵ 차용하기, 교차하기, 변형하기 ∵

더들리 앤드루는 이 주제에 관한 이해를 돕기 위해 영화 각색을 다음 세 가지 종류로 분류했다. ① **차용하기** borrowing는 예술 전 분야에서 볼 수 있는 **상호텍스트성**과 거의 비슷한 뜻이라고 할 수 있다. 이는 스토리, 아이디어, 상황 등을 가볍게 갖다 쓰는 것을 의미한다. 모든 종류의 창조적인 활동에서 차용은 피해갈 수 없는 과정으로 보인다. ② **교차하기** intersecting는 영화 제작자들이 원작과 최대한 가깝게 만들기 위해 시도하는 방법으로서, 원작의 세계와 구조를 가능한 한 충실하게 드러내기 위해 영화에서 여러 가지 다른 매체들을 사용하는 것을 뜻한다. 앤드루는 베르나노스의 원작을 영화로 만든 브레송의 「어느 시골 사제의 일기 Diary of a Country Priest」를 예로 든다. "영화를 통해 원작을 영상으로 감상하는 것은 새로운 경험이다. 물론 베르나노스가 쓴 원작을 전부 재현해내지는 못했지만, 영화 속에서 빛나는 개성은 온전히 베르나노스의 것이다. 영화 속에서도 여전히 그의 숨결을 느낄 수 있다." ③ **변형하기**transforming는 영화의 테크닉과 소재가 지닌 힘을 최대한 활용하는 각색 방식이다. 이 방법은 원작의 충실한 재현을 지향하면서도 동시에 새로운 매체를 통해 전면적인 변형을 시도한다.[5]

따라서 비평가로서 작품을 판단할 때 원작에의 충실성을 근거로 삼고자 할 경우 먼저 가려내야 점이 있다. 그것은 실제로 그 작품이 원작의 충실한 재현을 목표로 하고 있는가의 여부이다. 만일 그렇지 않다면 판단 근거를 변경해야 한다. 그러나 여전히 원작과의 비교 과정은 판단에 포함될 것이다. 각색한 작품은 심오함, 감각, 재미 등의 측면에서 원작과 어느 정도 차이가 있을 수 있다. 『로미오와 줄리엣』『헛소동』『십이야』 등의 작품은 여러모로 셰익스피어가 소재를 취한 마테오 반델로의 소설보다 낫다. 그러나 셰익스피어의 『트로일러스와 크레시다Troilus and Cressida』가 초서의 『트로일루스와 크리세이드Troilus and Criseyde』보다 훌륭한지는 분명하게 판정하기 힘들다. 그렇다고 해서 셰익스피어의 의도를 추정하여 그의 작품을 (초서를 비롯해) 다른 문헌들의 번역으로 봐야 할지, 아니면 부분적인 발췌나 혹은 정당한 참조 정도로 봐야 할지 등의 여부에 대해 논하는 것은 전혀 합리적인 비평에 속한다고 할 수 없다.

그럼에도 불구하고 이러한 비평이 매우 일반적으로 이루어지는 이유를 짐작하기란 어려운 일이 아니다. 베케트는 네덜란드에서 전원 여성 인물들로 구성된 「고도」를 상연했을 때, 이를 두고 자신의 작품으로 볼 수 없다고 불평한 적이 있다. 이때 그는 '고도를 기다리며'라는 제목을 붙인 한 편의 연극에 대하여 정당한 논점을 제기한 것으로 보인다. 등장인물 가운데 여성 인물이 단 한 사람만 등장해도 극 전체의 조화에는 근본적인 영향을 미칠 수밖에 없다. 비록 법정은 베케트에게 불리한 판결을 내렸지만, 네덜란드 공연이 원작과는 별개의 작품이라는 사실은 연극 공연의 **곁텍스트**paratext에도 어느 정도 암시되어 있다고 생각할 수 있다. 예를 들면, 제목과 작가가 붙인 부제를 통해서('사뮈엘 베케트의 희곡'에 따). 관중들은 이 공연 속에 두 편의 별개 연극이 존재하며, 창조적인 동인에서 비롯된 두 개의 다른 작품이 존재한다는 사실을 알아차릴 수 있다. 이때 다른 매체를 통해 재현되는 것으로 서사를 각색할 경우 문제는 엄청나게 복잡해진다. 영화 산업은 초창기부터 소설을 영화로 바꾸는 작업을 탐욕스럽게 수행해왔다. 게다가 영화는 성공적인 소설의 제목을 그대로 영화에 끌어왔는데, 이는 명백히 흥행상의 이유 때문이다. 「폭풍의 언덕」 「생쥐와 인간」 「누구를 위하여 종은 울리나」 「바람과 함께 사라지다」 「위대한 유산」 「톰 존스」 「시계태엽장치 오렌지」 등등, 목록을 헤아리자면 끝이 없다. 그러나 영화와 동명의 소설 작품들 간에 존재하는 차이는 네덜란드에서 상연된 「고도」와 베케트의 원작 간에 가로놓여 있는 격차보다 훨씬 크다고 할 수 있다.

이 장에서 나는 매체 간 각색이 이루어질 때 왜 이와 같은 큰 차이점이 발생할 수밖에 없는지에 대해 몇 가지 이유를 들어 논하고자 한다.

상연 시간과 속도

소설과 같이 산문으로 된 허구 작품은 시간에 구애받지 않고 읽을 수 있다. 휴대할 수 있을 뿐만 아니라 읽다가 내려놓거나 다시 집어 들어 읽을 수도 있다. 천천히 혹은 빨리 읽거나 앞으로 돌아가서 읽거나 다시 읽을 수도 있다. 심지어 앞부분을 건너뛰고 결말만 읽어도 된다. 반면에 극장에서 상연되는 연극과 영화는 휴대가 불가능하며 일시 중단시킬 수도 없다. 상연에 따른 비용, 설비 문제뿐만 아니라 관객의 인내심의 한계까지 고려할 때, 이들 매체가 전달할 수 있는 서사의 길이는 보통 두 시간 정도가 한계이다. 물론 예외도 없지 않다. 디킨스의 『니콜라스 니클비 Nicholas Nickleby』를 각색한 로열 셰익스피어 컴퍼니의 여덟 시간 삼십 분짜리 무대, 또는 에리히 폰 슈트로하임의 「탐욕」(1924)과 같은 작품이 그것이다. 특히 「탐욕」은 원래 상영 시간이 무려 열 시간 삼십 분에 달하는 거작이었으며, 이는 원작인 프랭크 노리스의 소설 『맥티그 McTeague』(1899)를 읽는 시간을 넘어서는 것이었다. 그러나 한편 「탐욕」은 앞에서 언급한 규범이 옳았음을 증명하는 예외적인 사례이기도 하다. 결국 스튜디오에서 상영 시간을 두 시간 반으로 대폭 줄일 수밖에 없었기 때문이다. 장편영화의 길이는 영화가 발전하던 초창기에 정해진 이후 업계의 표준으로 자리를 잡았다. DVD, TiVo를 비롯한 디지털 자료의 출현으로 인해 영화를 휴대하거나 여러 융통성 있는 관람 방식을 선택하는 일이 가능해졌다. 그러나 영화에서의 서사적 경험은 여전히 극장에서 볼 때처럼 연결해서, 중단 없이 감상하는 방식을 기본 모형으로 삼고 있다. 영화서사의 길이와 속도는 여전히 이러한 모형에 근거하여 결정된다.

　상연 시간의 차이는 각색에 있어서 중요한 의미를 갖고 있다. 소설과 같이 긴 산문서사들은, 헨리 제임스가 자신의 경쟁 작품들을 조롱할 때 사용했던 말처럼 '느슨하고 헐거운 괴물'이 되기도 한다. 이러한 서사들은 하나의 세계를 창조한다. 독자들은 이 세계에 자유롭게 드나들 수 있으며, 수많은 등장인물들은 그 안에 살면서 동시 발생적인 행위의 연쇄들을 발생시킨다. 19세기 미국, 유럽, 러시아 소설들의 분량은 800쪽을 넘는 경우가 일반적이었다.

20개월의 기간 동안 연재 형식으로 처음 발표되는 경우가 많았으며, 중국 고전소설에는 수백 명의 인물들이 등장하는 경우도 드물지 않다. 따라서 연극 무대와 스크린을 위해서 짧은 분량의 연속적인 형식으로 작품을 각색하는 일은 거의 외과적인 기술을 방불케 한다. 별로 길지 않으면서 그다지 복잡하지 않은 서사를 각색할 때도 대본 저자들은 원작을 사정없이 잘라내지 않을 수 없다. 400쪽 분량의 『폭풍의 언덕』은 19세기 소설로서는 짧은 분량이지만, 1939년 아카데미상 수상작인 동명의 영화에서 윌리엄 와일러는 캐서린의 죽음을 기점으로 하여 원작의 중간 지점에서 서사를 잘라냈다. 히스클리프의 죽음만 제외하고, 여러 등장인물들과 사건들을 포함하여 소설의 후반부가 모두 삭제되었다. 이러한 경제적인 작업은 불가피한 것이었으며, 이를 통해서 와일러의 영화는 책과 근본적으로 다른 서사로 재탄생할 수 있었다. 19세기에 무대에 올렸던 「폭풍의 언덕」 역시 영화와 마찬가지 이유로 같은 지점에서 서사가 중단된다.

그러나 와일러는 400쪽의 분량을 104분으로 압축하는 것 말고도 관객들이 혼란스러워하지 않도록 하기 위해 더욱 과감한 축약을 감행해야 했다. 한 가지 아이러니한 사실이 있다. 즉, 극예술은 서사의 속도를 조절하는 데 있어 절대적인 지배력을 행사하면서(관객을 거의 객석에 잡아놓다시피 하면서), 동시에 이 과정을 통해 관객들 자신에게도 연극에서 경험한 내용을 더욱 효과적으로 이해하고 통제하는 힘을 부여한다는 것이다. 그 결과 영화와 연극에서 스토리 라인의 중요성은 압도적으로 부각된다. 이는 하나의 지속적인 경험을 통해서 충분하게 파악될 수 있을 만큼 선명하게 드러나 있어야 한다.

이와는 달리 소설 독자들은 스토리 라인과 무관하거나 주변적으로

만 관련이 있는 수많은 소재들을 감내해야 한다. 여러 일화들, 내적 독백, 대화, 묘사 등 모든 요소가 소설의 서사적 틀 위에 축적된다. 하지만 이 때문에 소설의 매력(그리고 시장가치)이 줄어드는 것은 아니다. 예를 들어, 『트리스트럼 샌디』(1759~67)는 중심 스토리 가운데 별 존재감 없는 외부 소재들이 끊임없이 끼어들어 방해하는 줄거리로 이루어져 있지만, 매우 성공적인 소설이 되어 폭넓은 독자층을 거느리고 있다. 연극 또는 영화의 경우, 이러한 작품이 적어도 상업적인 측면에서 성공할 가능성은 매우 적다. 예외가 있다 해도 제한된 관객층의 흥미를 끌 뿐이다. 1939년 작 「폭풍의 언덕」의 시나리오작가인 벤 헥트와 찰스 맥아더는 이미 짧게 줄인 스토리 라인을 더욱 줄이기 위해서 캐서린의 죽음 이전에 등장하는 많은 소재들을 삭제해버렸다. 이때 삭제된 내용에는 헤어턴 언쇼의 출생, 히스클리프의 우연한 구출, 사거리에서 힌들리를 관찰하는 넬리, 히스클리프가 이사벨라의 개에 물리는 사건, 그랜지에서 벌어진 에드거 린턴과의 결투 장면 등이 포함되어 있다. 그러나 영화에서는 완결된 형식으로 분명하게 제시되는 내용임에도 불구하고, 소설의 독자들은 스스로 이해하기 위해 의도적인 노력을 기울여야 하는 경우도 적지 않다. 이를 소설에서는 **구성적 사건들**constituent events이라고 부른다. 영화 또는 연극에서는 하나의 사건이 다음 사건으로 연결되어가는 이음매가 소설에서보다 훨씬 더 분명하게 드러나는데, 이는 영화 제작자들이 시간의 제약이라는 문제를 해결하기 위해 만들어낸 고안물이라고 볼 수 있다.

이제까지 소설가들과 영화 산업 간의 관계는 순탄치 못했다. 왜 그럴 수밖에 없었는지에 대해서 수많은 이유를 들 수 있겠지만, 그중에서도 중요한 것은 영화에서는 스토리 라인을 좀더 뚜렷한 명징성과 단순성을 갖도록 만들 필요가 있었기 때문이다. 두 매체 간의 차이를 설명할 수 있는 한 가지 방식은 **지연**retardation에 관한 것이다. 지연은 매체가 허용할 수 있는 범위 내에서 서사담화의 속도를 어떻게 얼마나 늦출 수 있는가에 관한 논의를 다룬다. 지연은 서사에서 누릴 수 있는 커다란 즐거움 가운데 하나이다. 지연에 의해서 독자들은 수용한 내용을 차분하게 숙고할 수 있는 여유를 얻는다. 이는 또한 **서스펜스**의 전개에 핵심적인 역할을 한다. 그러나 일정한 한계를 넘을 경우 지연은 부담이 되기 시작하는데, 그 한계는 매체에 따라 다르다. 대부분의 서사에서처럼, 영화는 지연을 허용(사실은 적극적으로 이용)한다. 그러나 영화에서의 허용 범위는 소설에서보다 훨씬 더 제한적이다. 영화에서의 지연은 소설과 매우 다른 성질을 갖고 있기 때문에, 그들의 능력과는 무관하게 영화로 각색하는 작업을 불편하게 여기지 않는 소설가란 거의 없다.

등장인물

우리는 소설의 등장인물에게서 무엇을 보는가? 인간의 상상력에 대한 최근의 연구 결과에 따르면, 이 질문은 여러 면에서 대답하기 어려운 질문이다. 그러나 어떤 방식으로든 우리가 앞서 존재하는 **유형들**types에 의존하고 있다는 사실은 분명하다. 우리는 이들을 문화로부터 흡수하며, 서사를 읽어가는 가운데 등장인물을 표상하는 어떤 것(물론 등장인물 자체는 아니다)을 마음속에서 조합해낸다. 정도의 차이는 있을지 모르나, 각자가 조합해낸 표상들은 모두 제각기 독특하면서도 새로운 정보를 받아들일 수 있을 만큼 유연성도 갖고 있다.

히스클리프는 그가 사는 곳과 생활 방식에서 독특한 대조를 이루고 있었다. 그의 얼굴은 집시처럼 검었지만 옷차림과 태도는 신사와 같았다. 다시 말해 시골 유지 정도의 신사라고나 할까. 다소 단정치 못하기는 했지만, 곧은 자세와 멋진 풍채를 하고 있는 데다 진중하기까지 해서 허름하긴 해도 어색해 보이진 않았다.[6]

이 대목은 『폭풍의 언덕』 앞부분에서 히스클리프를 묘사하는 장면 가운데 일부이다. 여기에 묘사된 인물을 떠올릴 수 있는가? '검은 피부의 집시' 같지만 신사이며, 옷차림은 허름하지만 '곧은 자세와 멋진 풍채'를 가진 인물의 모습은 19세기의 인물 유형에 전혀 들어맞지 않는다. 따라서 우리는 이 진술이 심하게 과장된 것이라고 생각하든가, 아니면 앞에 연결된 특징을 한데 연결시킬 수 있도록 상상력의 폭을 넓혀야 한다. 더구나 이 묘사는 다른 곳에서 **신뢰할 수 없는 서술자**로 판단되는 록우드 씨를 통해 전달된다. 어리석고 경솔한 사람인 록우드는 놀랍게도 히스클리프를 묘사할 때는 계속해서 온화하면서도 신중한 모습을 보여준다. 이 사실을 염두에 두고, 우리는 히스클리프라는 인물을 계속 관찰하면서 록우드의 진술을 선별하여 걸러낼 수 있도록 (예를 들면 "그의 신중함은 감정을 눈에 띄게 드러내는 것을 혐오하는 성격에서 비롯된 것이다"라는 구절 같은 것) 주의를 기울일 필요가 있다. 스토리를 읽어나가면서, 우리는 이런저런 묘사들을 한데 모아 히스클리프의 말과 행동을 조합시켜나간다. 그 결과 복합적인 매력을 가진 ─매우 지적이면서 열정적이고, 명확하면서도 탐욕스럽고, 불안하고 흉악하면서도 잔인한─ 한 사람의 등장인물이 탄생한다. 그러나 무대 위에서 등장인물을 직접 만나거나 혹은 스크린에서 히스클리프를 연기하는 로런스 올리비에를 볼 때 이러한 풀리지 않는 이질성에서 느껴

: 로런스 올리비에Lawrence Olivier, 「폭풍의 언덕」
 (유나이티드 아티스츠, 1939)

지는 감정은 많이 해소된다. 이때 등장인물은 시각적으로나 청각적으로 상당히 안정적인 모습을 보여준다. 물론 이러한 식으로 이미지를 통해 등장인물을 고정시키는 작업은 인쇄물이든 하이퍼텍스트로든, 글로 씌어진 서사를 시각적으로 재현했을 때만 가능한 일이다.

무대 또는 스크린 위에서 등장인물의 내면을 보여주는 일은 훨씬 더 힘들다. 우리는 배우의 독백을 통해서 사적인 생각의 연속적인 흐름에 가깝게 접근할 수 있다. 또한 꿈 장면을 통해 내적인 투쟁을 재현할 수 있다. 그러나 (보고를 통한) **간접화법** 또는 **내적 독백** 기법은 인간의 깊은 내심을 폭넓게 탐구하는 데 있어 보다 유리할 수밖에 없다. 반면 이 점에서 영화 또는 연극은 비할 수 없이 취약하다. 연극과 영화의 관객들은 시각과 청각에 압도적으로 지배되기 때문에, 단지 추측에 의해서 인간의 내면을 이해할 수밖에 없다. 우리는 실제 삶에서도 이런 일을 경험한다. 한편 드라마 작가와 영화 제작자들은 이러한 제약을 극복하는 과정에서 오히려 놀라운 영감을 끌어내기도 한다. 예술에서의 제약이란 언제나 양면성을 갖고 있다. 대표적인 것이 영화 「400번의 구타」의 마지막 장면이다. 프랑수아 트뤼포는 한 어린이의 얼굴을 보여주는 것으로 영화를 끝맺는다. 스크린 위에는 어린이의 얼굴만 비칠 뿐 실제 장면은 스크린 밖에서 일어난다. 그러나 관객은 얼굴에 비친 표정을 보고, 그 아이가 느꼈을 실망과 절망의 감정을 충분히 짐작할 수 있다.

∴ 영화배우는 연극배우보다 강한 개성이 필요할까? ∴

무대 위에서 연기하는 인물과 스크린 위에서 연기하는 인물 간에는 어떠한 차이가 있는가? 레오 브로디Leo Braudy는 이에 대해 흥미로운 주장을 했다. 영화배우가 연극배우보다 반드시 강한 개성을 갖고 있는 것은 아니지만, 적어도 자신의 개성을 더욱 끌어낼 필요는 있다는 것이다. 이는 제작 과정의 근본적인 차이 때문이다. "연극배우들은 전체 역할을 정해진 순서대로 암기하고서 마치 의상처럼 역할을 몸에 덧입습니다. 그러나 영화배우는 자신의 역할을 부분적으로 조금씩 익혀나갑니다. 뿐만 아니라 시간적 순서를 따르지 않는 경우도 많죠. 따라서 영화배우는 마치 자신의 개성을 일종의 뼈대처럼 사용하죠. 마치 화가들이 캔버스를 전체 효과의 일부처럼 활용하는 것과 마찬가지라고 할 수 있습니다." 브로디의 말이 맞다면, 제임스 본드 영화와 같은 시리즈물에 출현하는 배우들에게 개성의 뼈대는 더욱 필수적인 것이라고 할 수 있다. 이는 TV 시리즈에 출현하는 배우들에게도 마찬가지이다.[7]

비유적인 언어

등장인물들을 재현할 때 어떤 매체를 사용하느냐에 따라 발생하는 차이점은 비유적 언어, 특히 은유를 사용할 때 나타나는 서술상의 차이점과 매우 유사하다. 페이지 위에서 등장인물의 내면은 은유적인 언어로 표현된다. 예를 들면, 『나사의 회전』에서 서술자 역할을 하는 가정교사는 자신이 맡은 아이들을 처음 만났을 때의 모습과 그 이후에 변화된 상황에 대해 다음과 같이 묘사한다.

그들은 한창 건강하고 행복해 보였다. 어쨌든 나는 한 쌍의 어린 귀족이나 고귀한 혈통을 가진 왕족들을 떠맡은 것처럼 느꼈다. 나는 이 애들이 모든 것으로부터 빈틈없이 차단되고 보호받으며, 앞으로의 미래 역시 낭만적이고 정원과 공원에서 펼쳐지는 낭만적인, 실로 고귀한 것이 되리라고 상상했다. 이때 무언가 느닷없이 침범해 들어왔고, 이 때문에 나는 이전의 순간에 느꼈던 정적을 더욱 매혹적인 것으로 느끼지 않을 수 없었다. 이는 무언가를 응축시켰거나 웅크리고 있는 듯한 순간의 고요함이었던 것이다. 이때의 변화에 놀라서 나는 사실 한 마리 야수가 뛰쳐나온 것처럼 느꼈을 정도였다.[8]

이러한 대목을 대화나 독백, 또는 해설을 사용하지 않고 드라마나 영화 대사로 각색한다고 상상해보라. 실로 엄청나게 도전적인 작업이 될 것이다. 어떻게 미래를 '낭만적이고 정원과 공원에서 펼쳐지는 낭만적인, 실로 고귀한 것'으로 상상하는 마음을 시각화해서 보여줄 수 있는가? 어떻게 평화로운 아름다움 가운데 웅크리고 있다가 뛰쳐나오는, 형체를 알기 어려운(그래서 더욱 놀라운) 야수에 대한 느낌을 무대 또는 스크린에 옮겨놓을 수 있겠는가? 어떻게 연극과 영화에서 요구하는 엄격한 경제성을 유지하면서 이런 일을 모두 해낼 수 있는가? 이런 면에서 볼 때, 산문서사는 시각적 장면과 청각적 효과가 주는 직접적이면서도 실제적인 활기는 놓칠지 몰라도 비유를 유연성 있게 사용할 수 있다는 점에서는 성공적이다.

그러나 무대와 스크린이 이러한 재원을 전혀 사용할 수 없다고 생각한다면 오류이다. 서사에 인물들이 있는 한, 인물은 차례로 묘사하는 사람이 될 수도 있고 대사를 사용하는 서술자가 될 수도 있다. 사실 이들은 서사에서 사용된 것 가운데 가장 강력한 비유적 언어 몇 가지를 우리에게 보여준 바 있다. 셰익스피어의 『안토니와 클레오파트라 Antony and Cleopatra』에 나오는 다음 구절은 안토니우스가 클레오파트라를 처음 본 장면을 이노바버스 Enobarbus의 입을 빌려 묘사하고 있다.

> 여왕이 탄 배는 윤을 낸 왕좌처럼
> 물 위에서 빛났습니다. 고물은 황금에 뒤덮이고
> 돛은 자줏빛, 어찌나 향기롭던지
> 바람들도 그들과 사랑에 빠졌죠. 노는 은빛이었고
> 플루트의 음색에 맞추어 노를 젓자
> 물결은 점점 더 빠르게 뒤쫓아옵니다.
> 젓는 노에 홀린 것처럼요.⁹⁾

이 대목을 가리켜 거리를 둔 객관적인 보고라고 말할 사람은 아무도 없을 것이다. 이노바버스는 '홀린' '홀딱 반한' 안토니우스의 감정을 바람과 물에 배어들도록 하기 위해 의인법, 과장법, 은유법, 난유 등을 포함하여 다양한 비유적 수사법을 사용한다. 그러나 이 작품을 극장에서 감상할 경우, 우리는 어느 정도 무대 위에서 상연되는 장면(이노바버스와 아그리파가 로마의 집에서 대화를 나누는 장면)으로부터 자신을 분리시킬 필요가 있다. 그리고 언어로 이루어진 서술을 들을 때 하던 방식대로 마음속에 떠올린 무대의 장면에 몰입해야만 한다. 영화에서는 히스클리프 같은 인물이 등장하는 경우처럼, 사진술을 통해 텍스트의 장면들이 현실의 영상으로 재현된다. 이노바버스가 대사로만

: 「클레오파트라」(20세기 폭스, 1963)

읊는 장면과 영화 속에서 클레오파트라의 '배'를 시각적으로 재현하는 광경을 비교해보라. 생동감과 실감 면에서 경쟁이 되지 않는다.

또한 드라마와 영화는 언어에 맞먹는 효과적인 자원인 시각적 효과를 전략적으로 배치할 수 있다는 장점이 있다. 예를 들면 앞에서 인용한 이노바버스의 대사는 가정적이며 현세적인 로마식 세트를 배경으로 할 때 한층 선명하게 돋보인다. 다시 말해 이러한 배경 속에서 아프리카의 강을 묘사한 상상적인 장면은 마치 다른 세계에 속한 듯한 이국적이면서 신화적인 느낌을 더하는 것이다. 이러한 대조는 작품에 놀라운 활력을 불어넣는다. 로미오가 발코니에 있는 줄리엣을 훔쳐보는 장면에서, 그는 다음과 같이 목소리를 높인다.

쉿! 저 창문 틈 사이로 흘러나오는 빛은 무언가?

여기는 동쪽, 그렇다면 줄리엣은 태양이로다!

떠올라라, 아름다운 태양이여, 그리고 질투하는 달을 살해하거라.

그 달은 벌써 슬픔으로 병들어 창백하구나.

자신의 처녀가 자신보다 더욱 아름답다는 사실 때문에 시름에 잠겼구나.[10]

이 대목에서도 역시 의인법, 과장법, 은유법이 사용되었음을 알 수 있다. 그러나 이 경우에는 관객들이 묘사하는 대상을 바로 눈앞에서 바라보고 있다는 점에서 차이가 있다. 아마도 줄리엣은 로미오가 묘사한 것만큼 뛰어나게 아름답지는 않을 것이다. 그러나 오히려 줄리엣이 보여주는 인간적인 아름다움과 낭만적으로 과장하는 로미오의 대사 간의 간극이 우리로 하여금 사랑의 힘에 대해 많은 것을 느끼게 한다.

틈

6장에서 언급했듯이 틈은 모든 산문서사에 존재한다. 서술자는 어쩔 수 없이 청중 또는 독자들로 하여금 틈을 메워줄 것을 요청할 수밖에 없다. 그러나 만일 스토리 속의 **등장인물**이 실제로 살아 있는 모습으로 우리 앞에 나타난다면, 그리고 **행위**가 발생하는 시간과 시계에 표시되는 시간이 일치하는 상태에서 눈앞에 펼쳐진다면 어떻게 될 것인가? 서술에 나타나 있는 틈들은 대부분 사라져버릴 것이다. 바로 이것이 무대 공연의 특징이다. 실제로 이러한 차이점은 매우 크며 이 때문에 일부 서사학자들은 무대 위의 행위를 서사의 유형에 포함시키지 않고, 그 대신 '**미메시스**' 또는 '사건제시' 등과 같은 범주에 넣기도 한다. 그러나 대부분의 산문서사에는 여러 대화 장면이 포함되어 있다는 사실 또한 간과해선 안 된다. 이 가운데는 분량이 매우 긴 것도 있다. 이러한 경우에 산문서사는 무대서사에서 볼 수 있는 틈이 없는 장면과 거의 비슷한 모습을 보여준다. 물론 연극에도 몇 군데 중요한 틈이 있다. 시간의 간격을 이용해서 행동의 단위를 분리시키는 막, 장 등의 휴지부가 바로 그것이다. 또한 20세기에 공연된 작품 가운데는 시간의 변이가 매우 유동적인 것이 많이 있다. 수수한 무대 세트를 배경으로 한 존 구아레의 연극「여섯 단계 법칙」은 대본의 분량만 무려 120쪽이 넘지만, 단 한 차례의 휴지부도 없이 하나의 시간과 장소에서 다음 장면으로 손쉽게 넘어간다. 일부 극작가들이 이러한 장치들을 사용해서 상당히 유연한 모습을 보여주고 있음에도 불구하고, 연극의 단위는 여전히 장scene이라고 할 수 있다. 장은 실제 시간 속에 위치하고 있다. 따라서 소설을 연극으로 각색한 작품은 행위와 강도 높은 정서를 담고 있는 장면을 찾아내서 이를 하나의 장으로 구성해야 한다. 이는 또한 매우 선별적인 과정을 거친다.

  틈에 대한 영역에서 영화는 극적 서사를 혁신적으로 발전시켰다. 영화는 시계적 시간과 결합되어 있던 미메시스(연행된 서사)를 독립시키고, 그 대신 산문서사에서 볼 수 있는 서사적 유연성을 부여했다. 이러한 발전은 놀라움을 불러일으켰다. 초창기의 장편영화는 연극을 그대로 촬영한 것이나 다름이 없었다. 그러나 영화는 빠르게 진화했다. 예이젠시테인이 지적했듯이, 이때 영화는 19세기 소설로부터 영감을 받은 것으로 보인다. 왜냐하면 영화예술은 틈을 조정하는 기술과 밀접한 관련이 있기 때문이다. 예이젠시테인은 이러한 기술을 '몽타주'라고 불렀다. 프랑스어 '몽타주'를 말 그대로 옮기면 '조립assembly'을 의미한다. 영화에서 몽타주 기법은 우리의 눈에 연속되는 것으로 보이는 서사를 만들기 위해 여러 가지 다양한 길이의 필름을 조합하는 기술을 의미한다. 예이젠시테인의 주장에 따르면, 한 개의 이미지에서 다음 이미지로 이동하는 기법은 두 개의 이미지의 합이 아니라 완전히 새로운 어떤 것을 만들어내는 효과를 낳는다고 한다. 이런 방식을 사용하면 몇 장면을 선별해서 보여주는 것만으로도 도시를 가로지르는 자동차 추격전을 전부 보여줄 수 있게 된다. 몽타주 기법을 사용하여 자동차 추격, 계단 오르기, 창문에서의 추락, 갑작스럽게 껴안기, 대화와 같은 연속적인 사건들을 전달함으로써 영화는 90~120분가량에 달하는 진행 과정에서 엄청난 효율성을 발휘하게 된다. 그러나 사건의 연속성을 보여주는 기능은 몽타주 기법의 단면에 불과하다. 이 밖에도 이질적인 숏들을 나란히 배열하는 기법 등을 통해 특정한 의미를 전달할 수 있는데, 이는 상당한 호소력을 발휘하는 경우도 적지 않다. 「지옥의 묵시록Apocalypse Now」(1979)에는 바그너의 「발퀴레」 선율에 맞춰 하늘을 날던 공격 헬리콥터의 돌격 장면이 갑작스럽게 바뀌어, 촌락 지역에 거주하는 베트남의 어린 학생들과 이들이 지르는 소리를 묘사하는 광경으로 넘어가는 대목이 있다. 두 대조적인 장면을 통해서 관객은 촌락에 가해지는 끊임없는 폭격 행위를 목격할 뿐 아니라 습격하는 자와 습격당하는 자들 간의 도덕적인 격차 역시 깨닫게 된다. 요약해서 말하면, 몽타주 기법을 사용함으로써 영화는 서사적 움직임을 좀더 자유롭게 조절할 수 있으며, 이는 소설가들이 누리는 자유(앞으로 건너뛰고, 뒤로 돌아가고, 속도를 붙이거나 늦추고, 등장인물에서 다른 등장인물로 이동하는 기법 등)에 필적하는 것이라고 할 수 있다. 더욱이 서술자의 목소리는 여전히 우리를 카메라가 도달하지 못하는 장소에 데려다줄 수 있는 이점이 있기는 하지만, 소리와 장면을 직접적으로 제시함으로써 얻는 영화의 장점에는 비할 수 없다.

만화는 일부 하이퍼텍스트 소설과 더불어 영화가 지닌 시각적 효과와 산문 특유의 서사적 유연성을 동시에 활용하는 서사예술 형식이다. '정식' 예술로서 오랫동안 소외되었던 만화는 스콧 매클라우드, 프랭크 밀러, 닐 게이먼과 같은 예술가들의 혁신적인 작품이 상당한 수준의 평가를 받게 되면서 최근에 와서야 이론적 관심의 대상이 되기 시작했다. 다시 한 번 말하면, 이들 이론의 중심부를 차지하는 것은 틈의 법칙이다. 매클라우드는 『만화의 이해』라는 저서에서 연속되는 이미지들 사이에 규칙적으로 개입하는 필수불가결한 틈인 '여백'에 대해 설명하면서, 틈이 지니는 중요한 비중에 대해 생생하게 증언하고 있다.

∴ 잔상 ∴

영화는 사실 움직이는 것이 아니다. 우리가 스크린 위에서 보고 있다고 생각하는 모든 움직임은 사실 정지된 그림들을 연속시킨 것에 불과한 것이다. 우리가 움직인다고 보고 느끼는 것들은 실제로 '잔상'의 원리에 의해 발생한다. 이미지들은 최초로 우리들에게 지각된 이후에 대략 10분의 1초 동안만 동공에 남아 있다. 이러한 잔상은 하나의 필름 프레임에서 다음 프레임으로 옮겨가는 과정에 그대로 남아 있어서, 관객으로 하여금 움직이는 영상을 보고 있는 것처럼 착각하게 한다. 만일 이러한 잔상 작용이 없었더라면 우리는 정지된 그림이 연속적으로 등장하는 것으로 보아 넘겼을 것이다. 다른 말로 표현하면, 영화서사의 미세한 층위에서조차 우리는 꾸준히 틈을 메우는 작업을 하고 있는 것이다.

: 스콧 매클라우드 Scott McCloud, 『만화의 이해 Understanding Comics』 (1993)에서

초점화

　5장에서 나는 초점화를 구술서사와 문자서사에서 독자에게 행위를 보고 있다는 환상을 부여하는 한 지점(또는 이를 통해 행위를 볼 수 있는 눈)이라고 정의했다. 예외가 없는 것은 아니지만, 일반적으로 초점화는 선택된 관찰자의 감각(사고와 정서)의 흔적을 포함한다. 연극에서는 물론 본다는 **환상**이 존재하지 않는다. 관객이 보고 있는 것이 다름 아닌 경험적 실제로, 주로 실제 시간 속에서 공연하는 배우에 의해 구현되는 서사이기 때문이다. 그러나 연극에서 초점화는 고정되어 있는 경우가 많다. 관객들은 객석의 좌석이라는 고정된 시점에 앉아서 서사 전체를 관람한다. 무대 기술을 이용해서 관객의 초점을 하나의 지점에서 다른 지점으로 이동시킬 수 있는 방법이 없는 것은 아니다. 조명의 변화를 통해서 관객의 주의를 무대 위의 한 지점에서 다른 지점으로, 한 배우의 그룹에서 다른 그룹으로 돌리는 것도 가능하며, 암전 역시 관객의 시야를 제한하는 방식으로 사용된다. 이러한 장치들은 관객의 주의력을 조절하고, 어느 정도 서사의 수용을 시각적으로 통제할 수 있다는 점에서 매우 중요하게 취급된다. 그러나 연극에서 초점화는 대개 관객의 시각 중심에 놓여 있으며 고정되어 있다. 다른 매체로 각색하는 과정을 거친 모든 작품이 그러하듯이, 이 경우에도 너무 많은 제약 조건이 오히려 솜씨를 단련시키는 결과를 낳는다. 극작가들과 연출가들은 고정된 시각적 공간 내에서 작업해야 한다는 제약 조건으로 인해 자신들이 지닌 기예를 날카롭게 숙련시키지 않을 수 없다. 그러나 연극이 주는 스릴의 많은 부분은 관객이 3차원의 공간에서 실제 사람들이 등장하는 스펙터클에 참여하고 있다는 점, 바로 자신이 거기에 있는 것처럼 눈앞에 펼쳐지는 장면을 목격한다는 점에서 비롯되는 것이다.

영화에서의 상황은 전혀 다르다. 영화의 시간을 자유롭게 한 몽타주 기법은 영화의 공간 역시 자유롭게 해방시켰다. 다른 말로 하면, 몽타주 기법이 틈의 기법을 이용하여 영화에서 서사를 구축하는 작업의 폭을 넓혔듯이, 초점화에 있어서도 역시 자유를 주었다고 볼 수 있다. 관객들은 스크린으로 향한 단 하나의 시야에 갇힌 채 극장 안에 앉아 있지만, 카메라의 눈은 관객을 대신해서 스크린 위의 초점자 역할을 수행한다. 더욱이 편집의 자유는 거의 무제한에 가깝기 때문에, 이를 통해 관객의 눈은 산문소설에 필적하는 속도와 유연성을 갖고 하나의 관찰 지점에서 다른 지점으로 이동할 수 있다. 또한 산문서사와 마찬가지로, 영화는 초점화의 기법을 통해 관객들을 어느 곳에나 데려갈 수 있다. 〔예컨대 「콘택트」(1997)의 시작 부분은 지구를 떠나 우주로 빠르게 이동하는 광경을 묘사하고 있다.〕 일부 연구자들은 이러한 '외부' 초점자에게서 관음증의 성격을 엿볼 수 있다고 주장하기도 하지만, 카메라 눈은 대개 인간적인 감성이 결여된 냉정한 태도를 보여준다. 그러나 영화는 등장인물의 시선에 맞춰져 있는 숏들을 사용함으로써 그/그녀의 관점을 손쉽게 자신의 것으로 만들 수도 있다. 카메라 눈은 술에 취하거나, 비틀거리거나, 의식을 잃을 수도 있다. 미케 발은 이를 두고 영화에서의 '등장인물에 근거한 초점화'(pp. 105~14)라고 불렀다. 특히 「블레어 위치」(1999)는 이에 대한 생생한 예를 보여준다. 이 영화에는 극중 인물이기도 한 젊은 영화 제작자들이 자신의 핸드헬드 카메라를 통해 보이는 영상을 그대로 전달하는 장면이 여러 군데 등장한다. 이때 관객들은 스크린을 통해 눈으로 목격한 장면들뿐 아니라, 카메라의 움직임을 통해 나타나는 강력한 공포까지 생생하게 느끼게 된다. 또한 영화의 (집 안에서의 장면을 포함하는) 마지막 장면에는 야간 숏이 등장하는데, 이때 관객들은 자신들의 시야가 인물들의 카메라 조명에 갇힌 듯한 느낌을 받게 된다. 관객들의 시각은 그들의 시각과 거의 동일하게 포개진다. 또한 라스트 신은 땅에 떨어진 카메라에 비친 초점이 맞지 않는 숏으로 표현되는데, 이를 통해 등장인물이 죽었다는 사실을 알게 된다.

「블레어 위치」는 매체의 한계를 확장하여 주목할 만한 효과를 만들어냈다는 이유로 **역작**tour de force의 반열에 들 만하다. 외부 초점화에서 등장인물에 기반한 초점화로 쉽게 이동하는 기법을 사용함으로써 영화에서도 산문 또는 구술서사가 갖고 있는 유연성을 상당 부분 공유하고 있다. 하지만 소설에서는 손쉽게 도달할 수 있는 내부 초점의 깊이까지 포착하는 것은 매우 어려운 일이다.

그/그녀와의 대화는 그에게 매우 기묘한 효과를 주었다. 모호하고도 혼란스러운 감정 때문에 그는 어지러웠다. 마치 심원하면서도 아스라한 무언가가 그에게 근심을 안겨다주는 것 같았다. 그는 심원한 것들에 대해 이해해왔지만 이번에 느끼는 감정은 훨씬 더 컸고, 마치 가혹하게 (실은 불합리하게) 마치 그들이 표면상 포기해버린 것에 대한 책임이 그에게 있는 것처럼 느끼게 만들었다. 그것은—그 안에 있는 뭔가 오래되고 차가운 것들을 통과해서—그가 실제 사물이라고 불렀을 바로 그것이었다.[11]

『대사들 The Ambassadors』(1903)에 나오는 이 구절은 전형적인 헨리 제임스식의 문체로 표현되어 있다. 이 작품에서 그는 언어가 말로 표현할 수 없는 것들을 찾아내고 표현하는 방식을 보여주는데, 이는 제임스가 다른 매체의 기법으로부터 많은 영향을 받았다는 사실을 암시해 준다. 소설을 통해서 시각과 청각적 지각과 같은 즉각적인 경험을 얻는 것은 불가능하지만, 상상력이 갖고 있는 유연한 재현 능력을 통해 충분히 보완할 수 있는 여지는 언제나 열려 있다.

∴ 카메라의 눈은 과연 냉정한가? ∴

카메라의 눈이 냉정하다는 주장은, 영화에는 소설의 서술자와 같은 의식을 보여주는 초점자가 없다는 의미로 받아들여지기도 한다. 그러나 에드워드 브래니건은 모든 영화 속에는 항상 "배후에 (틀을 설정하지만 자기 자신은 틀에 들어가지 않는) 전지적 서술의 층위와 (관찰하지만 자기 자신은 관찰당하지 않는) 관음증적 수용의 태도가 존재하며, 이들은 함께 다른 층위의 서술이 존재하는 것과 같은 허구적 외양을 만들어낸다"라고 주장한다.[12] 여러분의 생각은 어떠한가?

시장의 제약

문화는 모든 서사를 제약한다. 관객들은 받아들일 수 있는 것과 없는 것에 한계를 설정하고, 자신들의 반응을 통해서 어떤 서사가 반복되고 어떤 것은 폐기되는지를 선별한다. 그럼에도 불구하고 우리가 한 문화의 서사 집합을 이해하고 또 그 안에 진입하려면 문화적 기준으로부터 이탈할 필요가 있다. 어떻게 이러한 일이 가능한가? 이는 흥미로우면서도 신비로운 일이다. 그러나 문화적 관습을 거스르는 경향 역시 점차로 대중의 인기를 얻어가면서 다시 문화의(또는 하위문화의) 기준이 되며, 이를 통해 보편 법칙을 견고히 하는 데 기여한다. 이러한 식으로 서사가 사회 전체에 확산되는 과정에서 관객의 기대는 서사의 형식과 내용을 크게 통제하게 된다. 의심할 바 없이 우리는 초창기의 구전 방식으로 되돌아가고 있는 것이다.

서사의 시장성에 관련된 문제는 서사의 전달을 위한 새로운 기술과 결합하여 서사의 문화적 제약이라는 논점 전체에 복잡한 혼란을 불러일으켰다. 유럽의 르네상스에서, 시장성이 있는 서사 기술은 책과 무대 연극이었으며, 서로 대조적인 두 매체는 비약적인 호황을 누렸다. 양 매체는 최소한의 수입 목표를 충족시켜야 했기에 유료 관객들을 반드시 필요로 했다. 그러나 이들 양 매체의 수요자들은 부분적으로 겹치기는 했어도 두 매체를 생산하는 데 소요되는 비용의 차이만큼이나 서로 달랐다. 이 시기에 문자서사를 (특히 비교적 최근에 발견된 묵독을 통해) 사적으로 읽는 경험이 주목받기 시작하면서 책을 위한 틈새시장이 자리 잡게 되었다. 이는 더 큰 규모의 문화 규범과 전적으로 다른 가치관을 지닌 소규모 하위문화의 출현을 의미했다. 책들에는 또한 '재고 유효기간'이 있어서 17세기 서점 주인들은 독자들이 찾아와 책을 구매하기까지 끈기 있게 기다릴 수 있었다. 그러나 무대 연극들은 정해진 시간에 상연되는 큰 규모의 이벤트였다. 그들은 자금과 노동의 막대한 투자를 필요로 했다. 이들에게는 급료를 지불해야 하는 극단과 짓거나, 사거나, 대여해야 하는 극장 등이 필수적이었던 것이다. 그들은 또한 흥행을 위해서는 여러 범위에 걸쳐 있는 사회의 폭넓은 단편들을 화제로 한 작품을 무대에 올려야만 했다. 이들 두 서사 매체에 관련된 기술과 마케팅의 차이는 시간이 지날수록 더욱 커져갔다. 현재는 인쇄된 서사물들이 양과 다양성 면에서 무대 공연을 훨씬 압도한다. 페이퍼북은 대략 10~20달러인 반면, 도시 극장에서 상연되는 연극의 저렴한 좌석은 30~90달러이다.

그러나 일류 극장에서 상연하는 최고급 연극을 관람한 후 이들 매체가 지닌 상품 가치의 차이와 그 영향력을 현저하게 느낀다면, 책이 연극보다 형식 면에서 더 모험적인 매체라고 성급한 일반화를 내리지는 않을 것이다. 뛰어나게 혁신적인 책들도 종종 출판업자들의 시선을 잡기 위해 지독하게 혹독한 시련을 견뎌내야 하는 경우가 적지 않다. 한편 소규모 극장들은 놀라우리만치 위험을 무릅쓰고 모험을 감행해왔다. 이에 대한 전형적인 예가 바로 1953년 1월 5일, 파리에서 개장한 테아트르 드 바빌론이다. 이 극장의 배우이자 감독인 로저 블린은, 무명작가이자 한 번도 무대에 작품을 올려본 적이 없는 극작가가 쓴 두 편의 작품을 받아본 후에 최소한의 배경(한 그루의 앙상한 나무)과 가장 저렴한 의상(두 쌍의 방랑자들을 위한 낡은 옷)으로 상연할 수 있는 작품을 선택했다. 중요한 사건이라고는 하나도 일어나지 않는 두 개의 긴 막으로 구성된 이 연극은 초연되었을 무렵에 각양각색의 반응을 불러일으켰다. 그러나 이 작품의 명성은 점차적으로 열기를 더한 채 높아졌으며, 결국 20세기를 상징하는 주요한 연극으로 자리매김했다. 이 연극은 다름 아닌 사뮈엘 베케트의 「고도를 기다리며」(베케트는 1969년에 노벨문학상을 수상했다)였다. 이와 같은 사건은 연극계에서는 드물지 않은 일이다. 시장이 상연되는 연극들의 성향을 길들이는 데 강력한 위력을 발휘하는 것은 사실이지만, 서사의 유통 과정에 영향력을 미치는 것은 시장만이 아니다. 특히 변두리 소규모 극장의 제작자들은 정기적으로 혁신적인 소재의 작품들을 무대에 올리는 모험을 감수하곤 한다. 시장을 예측할 수 있는 능력에는 한계가 존재하는데, 이와 마찬가지 이유로 서사는 필연적으로 변화할 수밖에 없다. 에즈라 파운드의 말을 빌리면, 관객들은 예술가들이 언제나 '새롭게 만들어줄 것'을 주문하고 있는 것처럼 보인다.

연극을 제작하는 데 비용이 많이 든다고 한다면, 영화를 제작하는

데 드는 비용은 가히 천문학적이라고 할 수 있다. 영화는 막대한 자본의 투자를 필요로 하기 때문에 유형화된 등장인물에 의존하거나 마스터플롯을 가볍게 손보는 식의 작업이 영화 산업에서 공공연하게 이루어지는 것이 사실이다. 영화는 팀에 의해 창작되고 관객들에 의해 테스트를 받기 때문에 대기업에서 만든 영화는 검증된 시장 잠재력을 지닌 등장인물, 배우, 상황들을 전략적으로 배치한 '하이콘셉트'[13]의 틀로 전락했다. 심지어 와일러의 「폭풍의 언덕」과 같은 빼어나게 훌륭한 각색 작품에서조차, 원래의 서사는 상업적으로 받아들여질 수 있도록 순화되고 길들여진다. 브론테가 창조한 히스클리프는 매력적이면서도 소름끼치는 성격을 지닌 매우 불안한 성품의 소유자로 그려진다. 그는 어린 소녀에게 '양쪽으로 사나운 따귀를 내려치는' 일도 서슴지 않는다. 그는 힌들리 언쇼의 살해범으로 추정되며 어린 캐시와 린턴에게 "나를 무서워하는 표정을 짓는 것들에게 더 못된 짓을 하고 싶어지다니 참으로 이상하지! 내가 법이 덜 엄격하거나 풍속이 덜 까다로운 곳에서 태어났더라면 저녁 오락거리로 저 두 녀석들을 산 채로 천천히 해부해버렸을 텐데"[14]라고 말할 수 있는 인물이다. 영화 속에서 히스클리프를 연기하는 올리비에에게서는 이러한 야수 같은 면모를 찾아볼 수 없다. 유난히 질투심이 많은 연인으로서, 올리비에가 연기하는 히스클리프는 공포보다는 연민을 자아낸다. 그가 저지르는 유일한 폭력은 캐서린의 얼굴에 가하는 두 차례의 약한 따귀뿐이며(브론테의 히스클리프에서는 상상할 수 없는 행동이다), 그 이후에 그는 깨진 유리창 틀에 손목을 대고 그음으로써 자신의 행동을 속죄한다(마찬가지로 소설에서는 상상할 수 없는 일이다). 올리비에의 히스클리프에게서는 브론테의 히스클리프가 지닌 불안정한 면모라고는 찾아볼 수 없다. 대신 좌절된 사랑을 다루는 1930년대 할리우드의 **마스터플롯**과 훨씬 더 유사한 정서를 불러일으킨다.

그러나 여기서 우리는 다시 한 번 성급한 일반화를 경계해야 한다. 영화 내용에 대해 점점 더 큰 문화적 제약을 가하는 시장의 거대한 압력에도 불구하고, 주목할 만한 일탈의 시도가 이루어졌다. 「칼리가리 박사의 밀실」(1919)에서부터 「브라질」(1985)에 이르는 수많은 영화들은 스튜디오와 제작자들이 항상 위험을 회피하는 것만은 아니라는 사실에 대해 충분한 증거를 제공한다. 「클루리스」(1995, 제인 오스틴의 『엠마』를 각색한 작품), 「러브드 원」(1965, 이블린 워의 동명 소설을 각색한 작품)은 영화로 각색한 작품이 반드시 축소의 예술을 의미하는 것은 아니라는 사실을 보여준다. 문자로 된 서사의 개인적 형식이 훨씬 넓은 범위의 다양한 소재들을 다룰 수 있다는 것은 사실이지만, 더욱 비용이 많이 들어가는 서사의 공식적인 형식이 반드시 전복적인 저항 문화를 소거해버린다고는 말할 수 없다.

더 읽어볼 서사학 이론

영화 각색에 대해 다룬 훌륭한 2차 자료는 더들리 앤드루의 『영화 이론의 개념 Concepts in Film Theory』의 '각색'에 대한 장이다. 영화 각색과 관련 주제에 대해 다룬 두 편의 우수한 논문집에는 데보라 카트멜Deborah Cartmell과 이멜다 윌러한Imelda Whelehan의 『각색: 텍스트에서 스크린으로, 스크린에서 텍스트로Adaptations: From Text to Screen, Screen to Text』(London: Routledge, 1999)와 티모시 코리건Timothy Corrigan의 『영화와 문학: 입문과 독본Film and Literature: An Introduction and Reader』(New Jersey: Prentice-Hall, 1999)이 있다. 조지 블루스톤의 고전적인 연구서 『소설에서 영화로Novels into Film』(Berkeley: University of California Press, 1957)는 50년이나 된 연구서지만, 여전히 매우 유용한 자료이다. 더 최근의 책으로는 마리-로르 라이언의 논문선집 『매체와 서사: 스토리텔링의 언어Narrative across Media: The Languages of Storytelling』가 있는데, 이 책은 서사를 '직접 경험하기face-to-face,' 사진, 영화, 음악, 디지털 매체와 같은 다섯 가지의 다른 방식으로 조정하는 방식에 대해 다루고 있다. 또 다른 최근 연구로는 라이언이 쓴 『스토리의 아바타(전자 매체로 각색하기) Avatars of Story (Electronic Mediation)』(Minneapolis: University of Minnesota Press, 2006)가 있는데, 이 책은 전자 매체에서의 스토리텔링의 변형 기법에 대해서만 다루고 있다. 만화의 서사 기법을 다룬 훌륭한 입문서로는 스콧 매클라우드의 세 권짜리 시리즈(만화 형식으로 쓰여졌음)인 『만화의 이해』(1993), 『만화의 재구성 Reinventing Comics』(2000), 『만화 제작Making Comics』(2006)이 있다. 이 책들은 모두 DC 코믹스[15] 판으로 구할 수 있다. 텍스트의 '전환'에 대해 역사적으로 광범위하게 다룬 연구에는 주네트의 매우 야심적인 분석 『고쳐 쓴 양피지: 2단계의 문학』의 '트랜스텍스트성transtextuality'이 있다.

더 읽어보면 좋은 문학작품

연극과 영화의 역사를 살펴보면, 각색은 예외적이라기보다 통례적으로 이루어지는 작업이었음을 알 수 있다. 연극을 영화로 각색한 예는 수없이 많다(테네시 윌리엄스의 「욕망이라는 이름의 전차」, 유진 오닐의 「밤으로의 긴 여로」, 데이비드 마메트의 「글렌게리 글렌로즈Glengarry Glen Ross」 등). 셰익스피어의 주요 연극 하나만 해도 수많은 영화로 각색되었다. 이 중에서 나는 세 가지 판본을 선별하고자 한다. 로런스 올리비에와 케네스 브래너는 『헨리 5세』(각각 1944년과 1989년)를 각색한 작품에서 감독과 연기 모두를 담당했다. 올리비에 판은 특히 글로브 극장의 공연 장면으로 시작하며, 이러한 방식으로 영화의 '리얼리티'를 높였다는 점에서 높이 평가된다. 또한 이 작품들은 전쟁을 재현하는 방식에서 역사적으로 흥미로운 차이점을 보여준다. 2차 세계대전 중에 촬영된 1944년판은 브리튼의 전투태세뿐만 아니라 민족주의적인 전쟁 의식 또한 반영하고 있다. 평화시에 촬영된 1989년 판은 전쟁이 야기하는 도덕적이고 정서적인 희생에 대해 더욱 명징한 인식을 보여줌으로써 암시적으로 올리비에 판과 대비되는 모습을 보여주고 있다.

구로자와 아키라의 「피의 왕관」(1957)과 「란」(1985)은 『맥베스』와 『리어왕』을 매우 자유롭게 각색한 작품으로, 구로자와 아키라 감독의 경력에서 시작과 끝에 위치한다. 구로자와는 두 원작의 스토리를 중세 일본으로 옮겨놓음으로써 더욱 정교하게 만들었는데, 이는 문화 간 각색에 대한 매혹적인 연구 결과를 보여준다. 이와 비교할 만한 각색 작품으로, 나는 오손 웰스의 1948년 작 저예산 영화 「맥베스」(감독 자신이 주연을 맡았다)와 깊은 경지에 이른 연기력을 보여주는 걸작인 피터 브룩스의 1971년 작을 추천하고자 한다. 아마도 연극 텍스트를 가장 기묘하게 각색한 작품 가운데 하나로서, 노먼 메일러가 대본을 쓰고 피터 셀러스와 우디 앨런이 연기한 장-뤼크 고다르의 1987년 작 「리어왕」을 꼽을 수 있을 것이다.

영화로 각색된 작품 가운데는 연극을 각색한 것보다 장편소설과 단편소설을 각색한 것이 훨씬 더 많은 수를 차지한다. 각색 작품으로 매력적인 연속물은 1968년 스탠리 큐브릭과 아서 C. 클라크의 「2001: 스페이스 오디세이」로 시작되었다. 이는 클라크의 스토리 「파수병The Sentinel」을 각색한 것이다. 이후에 클라크는 자신이 쓴 스토리를 영화로 각색한 「2001」을 다시 장편소설로 각색했고, 그 이후에는 후속작인 「2010: 오디세이 2」를 썼다. 이 작품은 1984년 피터 히엄스 감독에 의해 「2010: 우주여행2010: The Year We Make Contact」이라는 이름으로 영화화되었다. 클라크는 계속해서 「2061: 오디세이 3」이라는 이름으로 시리즈를 만들었다. 사건의 순서가 지극히 복잡할 뿐만 아니라 거의 신비로울 만큼 얽혀 있는 원작 소설의 내용을 영화로 명료하게 보여주는 뛰어난 각색 작품의 대표적인 예가 앤서니 밍겔라 감독의 「잉글리시 페이션트」이다. 이 작품은 마이클 온다티예Michael Ondaatje의 『영국인 환자The English Patient』(소설은 1992년, 영화는 1996년에 발표됐다. 밍겔라는 대본과 감독을 모두 담당했다)를 각색한 것이다. 훌륭한 소설 가운데 각색 작업을 통해 표현상의 자유를 누림으로써 나름대로 성공작이 된 예가 많이 있다. 이 가운데 본문에서도 언급했던 이블린 워Evelyn Waugh의 『사랑받는 이The Loved One』를 각색한 토니 리처드슨Tony Richardson의 「러브드 원」(소설은 1948년, 영화는 1965년에 발표됐으며, 테리 서던과 크리스토퍼 이셔우드가 대본을 썼다), 앤서니 버지스Antony Burgess의 『시계태엽장치 오렌지』를 각색한 스탠리 큐브릭의 영화(소설은 1962년, 영화는 1971년에 발표됐다), 또한 제인 오스틴의 풍속소설 『엠마Emma』(1816)를 베벌리힐스의 고등학교로 배경을 옮겨 번안한 에이미 해커링Amy Hackerling의 1995년 작 「클루리스」(이 역시 앞에서 언급한 바 있다) 등을 대표적으로 꼽을 수 있다. 이와는 대조적으로, 『엠마』를 원작에 충실하게 스크린 위에 '변형'한 작품으로는 디어미드 로런스Diarmid Lawrence의 1997년 작 TV 드라마를 들 수 있다. 마지막으로 세기의 전환기에 벌어진 식민지 개발을 다룬 조지프 콘래드의 『암흑의 핵심』(1899)을 베트남 전쟁을 배경으로 각색한 뛰어난 역작인 프랜시스 코폴라의 「지옥의 묵시록」(1979)이 있다.

10장

등장인물과 서사 속의 자아

서사에 관해 자명한 한 가지 사실은, 그것이 우리가 자기 스스로에 대해 아는 방법 가운데 하나라는 것이다. 결국 우리도 한 사람의 등장인물이 아니겠는가? 다시 말해 우리는 등장인물과 **비슷하며**, 또한 등장인물은 대부분의 스토리에서 **행위**와 더불어 두 가지 주요 요소 가운데 하나를 구성한다. 극단적인 견해를 갖고 있는 사람들 가운데 일부는 우리가 스스로를 서사 속의 인물로서 구성해야만 자신에 대해 알 수 있다고 믿는다. 이러한 진술이 전적으로 사실이라고는 할 수 없다. 왜냐하면 과학자들은 정적인, 비서사화된 조건에서 인간을 해부하고 분석할 수 있으며 이러한 방식으로 우리 자신을 구성하는 물리적·화학적·생물학적 요소에 대한 이해를 광범위하게 넓힐 수 있기 때문이다. 따라서 좀더 정확한 일반화를 위해서는 다음과 같이 말해야 한다. **시간을 통해 행위하는 활동적인 실체로서, 우리 자신에 대해 이해할 수 있는 유일한 방법은 오로지 서사를 통해서이다.** 이 점에 있어서는 인간에 대해 연구하는 과학자들조차도 우리 자신을 서사적인 실체로 볼 필요가 있는 것이다. 심리학자들은 인간 행동에 대해 엄격하게 통제된 실험을 수행하면서, 대상이 되는 사람들의 위치를 스토리 속의 등장인물들과 유사하게 배치한다. 이러한 스토리들은 사실 매우 사소한 것에 불과할 때도 많지만, 서사의 뼈대가 되는 구조는 가장 제한된 유형의 자극과 반응에까지 적용된다. ("공이 단단한 물체를 통과하는 것처럼 보일 때 어린아이의 얼굴은 놀라움의 신호를 나타낸다.")

이 장에서 우리는 등장인물과 일반적으로 '자아'라고 불리는 등장인물의 신비로운(혹자는 실체가 없다고 말하는) 특성을 서사적으로 재현하는 문제와 관련해서 제기되는 몇 가지 중요한 논점과 질문에 대해 살펴볼 것이다.

등장인물 vs. 행위

2000년이 넘는 시간을 거슬러 올라가보자. 서사에서 **등장인물**과 **행위** 사이의 구분이 도입된 이래, 이론가들은 전자 또는 후자 가운데 하나를 우선시하는 경향이 있었다. 아리스토텔레스에게 있어서 행위('스토리에서의 사건들')가 등장인물보다 중요하다는 것은 의심의 여지가 없는 사실이었다.

등장인물은 우리에게 어떤 성품들을 전달하지만 우리를 행복하게 하거나 그 반대로 만드는 것은 우리의 행위—우리가 하는 것—를 통해서이다. 그러므로 연극에서 행위는 등장인물들에 대해 여실히 묘사하기 위해 사용되는 것이 아니다. 오히려 행위를 드러내기 위해 등장인물들을 포함시키는 것이다. 그러므로 사건fable과 플롯이 바로 비극의 목표

이자 목적이며, 어떤 경우에든지 목표야말로 가장 중요한 것이다.[1]

한편 19세기 말엽 영국에서 저술 활동을 하던 레슬리 스티븐Leslie Stephen은 이와는 정반대 견해를 피력한다. 그는 서사적 행위의 가장 중요한 목표는 등장인물의 제시라고 생각했다. 스티븐은 당대의 명사였으며 1881년에 『대영 인명사전Dictionary of National Biography』의 초대 편집장이 되었다. 이 사전의 제작은 그 자체로 이러한 강조점의 이동을 매우 징후적으로 보여주는 사건이었다. 『대영 인명사전』은 이러한 종류의 작업으로는 최초였으며, 영국 국립 초상화 미술관을 서사적인 작업으로 옮겨놓은 것이나 마찬가지였다. 스티븐에 말에 따르면, 특히 전기는 "인물의 본질을 드러내는 초상화가 되어야 하기 때문"[2]이다.

등장인물과 행위를 구별할 수 없다고 주장하는 또 다른 입장도 있다. 스티븐과 동시대인인 헨리 제임스는, 처음에 등장인물을 만드는 법을 배우고 그다음 행위를 고안해내는 방법을 배우는 방식으로는 소설 쓰기의 기술을 습득할 수 없다고 주장하였다. 마침내 등장인물과 행위는 구분할 수 없이 '모든 순간에 서로 녹아드는' 것이라는 결론에 도달한다.

등장인물은 사건의 결정체가 아니라면 무엇인가? 사건은 등장인물이 현실화된 것이 아니라면 무엇인가? 〔……〕 한 여자가 테이블 위에 손을 짚고 일어나는 것과 특정한 방식으로 당신을 쳐다보는 것은 모두 하나의 사건이다. 만일 그것이 사건이 아니라면 뭐라고 말해야 할지 모르겠다. 동시에 그것은 등장인물에 대한 표현이다.[3]

이러한 논리를 부정하기는 어렵다. 사건이 사람들을 포함하고 있는 한, 이러한 사건들이 나타나는 방식은 포함된 사람들의 성격에 의해 좌우될 수밖에 없다. 서사학적인 용어로 표현하면, 등장인물들은 **행위력**agency을 갖고 있다고 말할 수 있다. 이들로 인해 무언가가 발생한다. 역으로 말하면, 이들 인물들이 행위를 추동할수록 그들은 필연적으로 동기, 강점, 약점, 신뢰, 사랑, 증오, 귀애, 숭배, 비탄 등의 능력과 관련된 자신의 본성을 드러낼 수밖에 없다. 우리는 그들을 행위를 통해 알게 되는 것이다.

그러나 제임스는 소설에 대한 '유기적인' 견해를 강하게 주장했으면서도 또한 스티븐처럼 등장인물에 우선권을 두었다. 행위를 등장인물로부터 분리하는 것은 불가능하다 할지라도, 제임스에게 있어 행위는 등장인물을 드러나게 한다는 점에서만 의미가 있다. 이런 점에서 제임스 역시 소설이 초상화와 유사하다고 주장한다. "소설이나 그림 가운데 등장인물과 관련되지 않은 것이 있는가? 그것이 **아니라면**, 우리가 그 안에서 추구하고 또 발견하고자 하는 것은 대체 뭐란 말인가?"(p. 16) 제임스와 스티븐은 등장인물을 강조함으로써 근대 서구의 '개인주의 시대'를 재현했던 것으로 볼 수도 있지만, 그 밖의 수많은 문화권에서도 서사 속에서 행위를 추동시킬 뿐 아니라 사람들의 주목을 받는 등장인물들은 과거에나 오늘날에나 수없이 많이 존재했던 것이 사실이다. 고대 그리스에서 호메로스의 서사시『오디세이아』는 오늘날 의미하는 것처럼 '모험으로 가득한 긴 여행'을 의미하는 제목이 아니었으며 '오디세우스에 관한 서사시'를 뜻했다.

∴ 작품명이 된 남녀 주인공들 ∴

소설 속에서 등장인물이 집중적인 관심 대상이 되고 있다는 사실을 알려주는 한 가지 징후는 남녀 주인공의 이름이 작품 제목으로 쓰이는 경우가 빈번하다는 사실이다. 이러한 경향은 애프라 벤의 『오루노코 또는 왕실 노예』(1678)와 같은 17세기 발생기 소설로 거슬러 올라가 18세기의 『로빈슨 크루소』 『파멜라』 『톰 존스』 『험프리 클링커』 『트리스트럼 샌디』 『러모의 조카』 『젊은 베르테르의 슬픔』과 같은 18세기 소설에도 계속되었고, 『엠마』 『데이비드 코퍼필드』 『제인 에어』 『아담 비드』 『대니얼 데론다』 『사촌 비트』 『고리오 영감』 『보바리 부인』 『더버빌 가의 테스』 『테레즈 라캥』 『안나 카레니나』와 같은 19세기 소설로 이어졌다. 이들 목록은 끝도 없이 이어질 수 있으며, 이는 개인을 향한 '근대인들의' 매혹을 반영하는 것이다. 그럼에도 불구하고 주동인물의 이름을 서사의 제목으로 하는 일은 긴 계보를 갖고 있다는 사실을 언급하지 않을 수 없다.

이는 르네상스 비극에서는 흔한 일이었을 뿐만 아니라(『맥베스』 『파우스투스 박사』 『말피 공작부인』) 아리스토텔레스가 행위의 우위를 주장하면서 논거로 든 그리스 비극에서조차 마찬가지였다(『오이디푸스 왕』 『아가멤논』 『메데이아』). 주인공의 이름이 제목이 되는 경우는 아시아의 서사 전통에서는 비교적 드문 일이었지만, 11세기 일본의 위대한 고전인 『겐지 이야기』 같은 것을 들 수 있다. 또한 중세 중국에서 빈번하게 재구술되는 이야기로서 7세기의 『뮬란 이야기』가 있다. 이렇듯 주인공의 이름이 자주 작품의 제목이 된다는 사실은 서사에서 등장인물을 중시하는 경향이 오랜 시간 동안 여러 문명에 걸쳐 존재했음을 알리는, 작지만 의미 있는 징후라고 할 수 있다.

등장인물이 서사를 지배한다는 것이 사실이든 아니든, 등장인물은 일반적으로 행위보다 논의하기 힘든 대상인 것이 사실이다. 행위는 사건의 전개 또는 사건들의 연쇄를 말한다. 그것은 스토리 안에서 일어난다. 어떤 서사들은 마침내 스텁스 위원을 죽인 사람이 누구인지 알게 되는 끝 장면까지 완전한 연쇄가 드러나는 것이 지연될 수도 있다. 어떤 서사들은 실망스럽게도 행위의 연쇄들을 다 드러내지 않는다. 그러나 일단 드러나면, 스텁스 위원 살해 스토리의 행위는 A→B→C→D(여기서 D는 스텁스의 죽음이다)와 같은 선형적인 연쇄의 형태로 기술될 수 있다. 이는 상대적으로 단순한 인과관계를 기술한 것이며, 기억하기 힘들 정도로 복합적인 연쇄고리를 지닌 서사들도 존재한다. (당신은 『리어왕』의 플롯이나 「엑스파일」의 서사를 얼마나 쉽게 재진술할 수 있는가?) 그러나 일단 모든 연쇄를 분류하고 그 과정을 목록화하게 되면 우리는 사건을 동기화하는 실체의 성격, 다시 말해 등장인물에 대해 기술하는 것이 얼마나 힘든 일인지 여전히 깨닫게 된다. 등장인물들은 일반적으로 행위보다 이해하기 어렵다. 그들은 서사 속에서 가장 흥미를 불러일으키는 틈으로서 나타나기도 한다.

그는 부탁했다. "제발, 기회를 한 번만 더 줘요!"
갑자기 그녀는 두통이 시작되는 것을 느꼈다.

이 장면에서의 행위는 다음과 같다. A(그의 탄원)→B(그녀의 두통). 그러나 왜 그의 탄원이 그녀의 두통을 불러일으켰는지에 대해 의문을 가진다면, 우리는 여기 등장하는 인물들이 어떤 종류의 사람들인지 묻지 않을 수 없다. 결국 이들이 지닌 행위력들이 복합적으로 작용하여 이러한 원인과 결과의 연쇄를 만들어냈음이 분명하기 때문이다. 이 점에서 우리는 수평적 분석으로부터 수직적 분석으로 이행해야 한다. 이는 그녀의 복합적인 감정을 설득력 있게 이해하기 위해 등장인물 내면으로 들어가는 것을 뜻한다. 그녀의 두통은 죄의식 때문에 생긴 것인가? 그녀는 (아마도 의식하지 않고) 자신이 이 가엾은 남자에게 배려심이 부족한, 냉정하고 동정심 없는 여자라고 느낀 것인가? 그렇지 않으면 그녀는 자신을 교묘하게 속여 넘기려 하는 시도로 여기고

화를 냈으며, 그녀의 두통은 이러한 분노를 표현할 수 없기 때문에 찾아온 것인가? 아니면 그녀는 그를 열정적으로 사랑하고 있으며 두통은 그의 연약함에 동조하지 않으려는 노력으로부터 온 것인가? 아니면 이 두통은 절망에서 비롯된 것인가("이것은 내 인생의 스토리이다"라는 구절에서 표현된 것처럼)? 아마도 이 글을 읽는 대부분의 사람은 이렇게까지 깊은 생각을 하지는 않을 테지만, 그녀의 성격이 점차 분명하게 드러날 것이라는 가정 하에서 글을 읽게 될 것이다. 아니면 그녀가 마음속으로 무슨 생각을 하고 있는지 우리가 정확하게 알 수 있을 만큼 그녀의 성격은 이미 분명하게 제시되어 있을 수도 있다. 그러나 마침내 서사를 해석함으로써 우리는 이 틈을 채우는 방식을 만들어 가거나 아니면 발견하게 될 것이다. 요약해서 말하면, 외부적인 원인들은 일반적으로 알아내기 쉽지만, **내적인** 인과의 화학작용은 짐작하기 어렵다는 것이다. 우리는 등장인물의 내면을 들여다볼 수 없다. 다만 추정할 뿐이다.

평면적 인물과 입체적 인물

등장인물은 항상 이런 종류의 어려움만 던져주는 것이 아니다. E. M. 포스터는 숨겨진 복합성을 갖고 있지 않은 등장인물을 지칭하기 위해 **평면적 인물**이라는 용어를 도입했다. 이러한 의미에서 이들은 깊이를 갖고 있지 않다(따라서 '평면적'이라는 단어를 사용했다).[4] 평면적 인물들은 희극, 풍자, 멜로드라마에 자주 등장하며, 편협한 범주 내의 예상할 수 있는 행동거지에 제한되어 있다. 이런 인물들의 예는 디킨스의 소설 전체에서 발견할 수 있는데, 이들은 "바키스는 좋아요"와 같이 등장인물을 요약하는 반복구(**모티프**)에 의해서 더욱 평면적으로 보이게 된다. 철학자 앙리 베르그송에 따르면, 이러한 등장인물들은 인간이 기계로 축소된 모습을 보여주기 때문에 우리에게 웃음을 주게 된다고 한다. 이때 우리의 눈에 보이는 것과 이해하는 것 사이에는 어떠한 신비로운 간극도 존재하지 않는다. 이들은 자신의 모티프들을 통해 스스로를 드러낸다. (또 한 사람의 평면적 인물인) 선원 뽀빠이의 모티프를 빌려 말하자면? "I yam what I yam"[5]이라고 말하는 것처럼.

포스터에 따르면, 평면적 인물에 대립되는 용어는 **입체적 인물**이다. 입체적 인물은 다양한 수준의 깊이와 복잡성을 지니고 있으며, 따라서 그들은 "한 문장으로 요약될 수 없다"(p. 69). 예를 들면, 랠프 엘리슨의 소설 『보이지 않는 인간』에서도 입체적인 중심인물은 뽀빠이 특유의 모티프 "I yam what I yam"을 사용하지만, 이는 'yam'이란 단어가 강력한 상징이자 실제적인 구성 요소를 이루고 있는 아프리카계 미국인의 문화적 유산과 자신이 맺고 있는 혼란스러운 관계를 상기시키기 위해서이다. 따라서 이는 뽀빠이의 경우와는 상당한 차이가 있다.[6] 'yam'과 'I am'의 언어유희는 역으로 상호갈등을 일으키는 생각, 감정, 가치관들의 복잡한 거미줄에서 하나의 작은 구성 요소를 차지한다. 우리는 이들로부터 '보이지 않는 인간'의 성격을 이해하기 위한 정보를 조합하고자 한다. 이러한 종류의 복잡성에 대한 관심 때문에 많은 비평가들은 입체적 인물을 평면적 인물보다 우위에 둔다. 비록 평면적 인물들이 놀랍도록 흥미로운 모습을 보여줄 경우가 있더라도, 또한 풍자가 평면적인 인물에 목표를 한정시킴으로써 집중도와 신랄함을 높여줄지라도 입체적인 인물들은 복잡성을 통해 실제 인물의 모습에 좀더 가깝게 접근한다는 장점을 갖고 있는 것으로 보인다.

그러나 실제 인물의 모습에 접근하는 방식에 관한 주제는 우리로 하여금 또 다른 복잡한 문제와 질문에 맞닥뜨리게 만든다.

등장인물이 현실적으로 될 수 있는가?

이 질문은 다른 식으로 바꿔 말할 수 있다. 등장인물들은 어떻게, 그리고 어디에 존재하는가? 그들은 사람들이 활보하고 이런저런 일을 하는 실제의 경험적인 세계에 존재하는가? 아니면 그들은 많은 사람들이 생각하는 스토리의 존재 방식에 따라서, 오로지 정신 영역에서만 존재하는 구조물처럼 존재하는가? 다시 말해 쓰고 있는 저자의 마음 속이나 읽을 때의 독자들 마음속, 또는 관람할 때의 관객들 마음속, 다른 이들을 바라볼 때의 사람들 마음속에만 존재하는 것으로 여기는가? 적어도 허구적 서사의 경우에는, 이러한 질문에 대해 다음과 같이 답할 수 있다. 보바리 부인을 묘사하거나 그녀의 말을 옮기는 부분의 페이지에 나오는 언어들은 과거든 현재든 간에, 이른바 실제세계에 존재하는 인물들을 지시하는 것으로 여겨서는 안 된다. 실제로 보바리 부인이라는 인물은 존재하지 않으며, 그녀는 페이지 위에 표기된 기호일 뿐이다. 이러한 기호들은 보바리 부인을 **지시**한다기보다 독자의 마음속에 보바리 부인의 표상이 떠오르도록 자극하고 촉진하는 역할을 하는 것으로 보아야 한다. 그녀는 기호 **이전**에는 존재하지 않았으며 기호로 표기된 **이후**에 나타난 존재로, 사람마다 다르게, 때로는 크고 때로는 작게 여러 가지 모습으로 변주되어 반복적으로 출현한다. 이러한 현상은 연극과 영화에서도 마찬가지로 설명할 수 있다. 물론, 이들 매체에서는 상상하는 작업을 우리 대신 수행해주며, 따라서 관객은 (일반적으로) 의상은 물론 목소리 등을 포함하여 등장인물의 외양과 관련된 정보들을 '충분히 제공받게 된다.' 그러나 이러한 매체에서 우리는 또한 다른 틈들을 메우는 서사 작업 역시 수행하게 된다. 이는 **더읽기**overreading와 **덜읽기**underreading라고 부르는 작업으로서, 우리는 일상에서 다른 사람들을 만날 때도 이러한 절차를 수행한다. 허구적 서사 속에서 등장인물을 구성하는 작업의 모형은 다음과 같이 표기할 수 있다.

독자/관객 + 서사 → 독자/관객의 등장인물 구성 작업

그러나 만일 앞의 모형을 사용해서 **비허구적** 서사에 등장하는 인물들에 적용시키고자 한다면, 우리의 상상을 벗어난 영역이 있다는 사실을 언급하는 일은 불가피한 것으로 보인다.

독자/관객서사 → 독자/관객의 실제 인물 구성 작업

아무리 조악하게 구성되어 있고 아무리 독자가 부실하게 읽거나 관람한다고 할지라도 역사, 전기, 신문 기사, 법률 서류, 다큐멘터리, 전기 영화 등은 모두 실제 인물들에 대해 이야기하려는 의도 하에서 만들어진 것이다. 그러나 실제 인물들을 등장인물이라 할 수 있는가? 아니면 등장인물은 서사 속에서만 존재하는 것인가? 비허구적 서사 속의 등장인물들은 우리에게 사실을 알려주는가, 아니면 환상을 만들어내는 것인가? 많은 사람들은 후자가 옳다고 주장해왔다. 사르트르의 대표작 『구토』(1938)에서, 주동인물(로캉탱)은 18세기 후반의 역사 인물(롤봉)에 대한 전기를 쓰는 일을 맡고 있다. 소설이 진행됨에 따라, 로캉탱은 그가 롤봉의 알려진 행동들 가운데 모순적인 측면들을

하나로 통합하는 것이 불가능하다는 사실을 깨닫게 된다. 요컨대, 특정한 성격을 지닌 인물이라는 것은 없으며, 화해할 수 없는 행위들로 구성된 카오스만 존재한다는 것이다. 사르트르는 우리가 정직하게, 적어도 명료하게 우리 자신과 다른 사람의 모습에 대해 생각하는 순간, 우리 모두가 스스로에게서 발견하게 되는 조건이라고 주장했다. 그에게 있어서 등장인물이란 인간 존재에게 부여된 하나의 관념일 뿐이었다. 등장인물들은 실제 인물들에게는 어울리지 않는 명료함과 분명함을 갖추고 있다. 우리는 다음 장에서 허구와 비허구 간의 차이에 대해 설명하면서 이 문제를 다시 한 번 논의하게 될 것이다.

∴ 여기서 잠깐…… ∴

책의 페이지에 표기된 기호들과 연극·영화에서의 재현은 저자가 상상했던 등장인물과 관련이 있다고 말할 수 있는가? 플로베르가 우리에게 보바리 부인의 존재를 매개시키는 기호들을 표기하는 순간, 틀림없이 그의 마음속에는 자신이 창조한 한 사람의 보바리 부인이 존재했으리라는 사실은 의심의 여지가 없다. 그의 마음속에 나타난 그녀의 모습은 매우 생생한 것이었으며, 그는 다음과 같은 말을 통해 이러한 사실을 증명한다. "마담 보바리, 그것은 나다." 그러나 우리는 여기서 다시 한 번 심리학의 회색지대와 대면하게 된다. 사실, 등장인물의 마음속에 자리한 강렬한 생명력은 저자로부터 나온 것이며, 이러한 일은 서사가 글로 옮겨지기 이전부터 일어난다. 그러나 등장인물들은 저자를 놀라게 할 만한 능력 또한 갖고 있다. 윌리엄 포크너는 친구 필 스톤에게 집필 중인 소설에 대해 언급하면서 다음과 같이 말한 적이 있다. "플렘 스놉스가 어젯밤에 무슨 짓을 했는지 생각해보게." 또한 나는 이 책의 앞부분에서, 브론스키가 안나 카레니나와 사랑을 나눈 직후에 자살 마음먹기 시작했다는 사실을 깨닫고 톨스토이가 놀라움을 금치 못했다고 기록했던 사실을 언급한 바 있다. 톨스토이는 그 장면이 어떻게 종결될지 알아차렸다고 몹시 흥분한 어조로 기록을 계속한다. 이 두 사람의 예는 모두 포스터의 유명한 경구 "내가 쓴 것을 내가 보게 되기 전까지 내가 무슨 생각을 하고 있는지 어떻게 알 수 있겠는가?"를 연상케 하는 경우라 할 수 있다. 그러나 이들은 적어도 허구적 서사에서 등장인물과 관련된 '지시reference'의 문제가 얼마나 까다로운 문제인지 보여준다. 이 책의 다른 부분에서처럼, 여기서 나는 '의도를 헤아리며 읽기'를 개념화하는 가장 적절한 방법이야말로 등장인물을 우리가 만든 구성물로 보는 것임을 주장하고자 한다. 이때 등장인물들은 텍스트에 의해 촉매되는 것으로서, 우리가 만든 또 하나의 구성물인 **내포저자**의 개념과도 잘 부합한다.

유형

어떠한 등장인물도 실제 인물들이 지닌 복잡성이나 가변성과는 비교할 수 없다는 입장에 충분히 동의한다면, 모든 등장인물은 아무리 '입체적'일지라도 만드는 과정에서 어느 정도의 평면화를 포함하고 있다는 주장에도 동조하지 않을 수 없을 것이다. **유형**이라는 주제는 특별히 이 문제와 관련이 깊다. 모든 문화와 하위문화는 모든 다양한 서사 양식에서 널리 통용되는 수많은 유형을 포함하고 있다. 여기에는 위선자, 바람둥이, 사악한 어린애, 낙천주의자, 강한 어머니, 엄격한 아버지, 사기꾼, 말괄량이, 착한 이웃, 겁쟁이, 얼간이, 바가지 긁는 여자, 정력 넘치는 남자, 잘 속는 사람, 비단결 같은 마음씨의 창녀, 적대적인 남자, 고아, 여피족, 굴종적인 흑인, 반역자 등이 있다. 서구 영어권 문화는 허구와 비허구 사이 그리고 문학예술과 다른 서사 수단 사이의 경계선을 자유로이 오가면서 수많은 최신 유형들을 보유하고 있으며, 앞에서 나열한 것들은 그 가운데 아주 적은 수만 가려 뽑은 것이다. 그러나 이러한 유형들을 실제 인물들에게 적용시켜보면, 이런 유형들이 불가피하게 이들을 '평면화'하고 있음을 알게 될 것이다. 최소한 인물들을 유형으로 한정 짓는 일은 그들에게 충분한 인격을 부여하는 일을 가로막는다고 항변할 수 있다. 우리는 지난 수천 년 동안 인류를 유형으로 분류해 낙인찍는(이는 실로 적절한 단어라고 할 수 있다) 일이 가져온 무시무시한 결과에 대해서 분명하게 목격해왔다. 집시, 유대인, 카피르Kafir,[7] 국Gook,[8] 세르비아인[9]들과 같은 단어들이 이러한 유형에 해당한다. 어떤 단어는 사전적으로 정의할 때 중립적인 인종의 범주를 지칭할 수도 있고, 은밀하게 비방의 의미를 지닐 수도 있는 것이 사실이다. 그러나 어떤 경우든 간에 어떤 사람을 특정 인물 유형으로 한정하는 일은, 제약을 뛰어넘는 행위를 통해 우리를 놀라게 할 수 있는 인물들의 능력을 부정하는 일이다.

이는 강력한 논쟁을 불러일으키지만, 이에 더해서 또 다른 질문이 발생한다. 유형을 **사용하지 않고** 등장인물을 만드는 일은 불가능한 것일까? 우리는 과연 유형을 고려하지 않고서 사람들에 대해 사유하는 방식을 알고 있는 것일까? 만일 당신이 한 친구를 다른 친구에게 소개하는 과정에서 "그 사람은 씀씀이가 좀 헤퍼요, 그래도 마음씨는 곱죠. 아마 벌레 한 마리도 죽이지 못할 걸요"라고 말한다고 가정해보라. 이 과정에서 당신은 무려 세 가지나 되는 유형을 사용하고 있는 셈이다. 나는 앞장에서도 로베르트 무질의 『특성 없는 남자』를 언급한 바 있는데, 이 긴 분량의 미완성 소설은 특정 유형으로 파악되는 반복적인 특성이라고는 전혀 없는 한 남자에 대한 이야기를 다루고 있다. 그러나 울리히(특성 없는 남자로 추정되는 인물)는 과학자이고 회의론자이며 연인이고 질투심 많은 남자이다. 사르트르의 로캉탱은 등장인물을 신뢰하지 않는 저자의 특성으로부터 기인한 인물로 보이면서, 거울을 들여다보면서 인간적인 특징이라고는 전혀 나타내지 않는 낯선 달빛 속의 풍경을 응시하는 모습으로 표현된다. 그러나 우리는 이 책을 읽으면서 작가이자 이상주의자이며, 위선자의 적이면서 재즈 애호가이며 깊이 있는 사색가로 보이는 한 인물을 목격하게 된다. 인간적인 것에 대해 재현할 때 유형을 고려하지 않는 것은 매우 힘든 일이다.

사뮈엘 베케트는 「핑」이라는 제목의 짧고 난해한 작품에서 바로 이런 종류의 고민을 한 흔적을 보여준다.

꿰맨 것처럼 붙어 있는 1야드 길이의 다리에 의해 고정되어 있는 모두 알고 있는 온통 흰 나신의 흰 육신. 한 번도 본 적 없는 환하고 따뜻한 1제곱야드의 흰색 바닥. 한 번도 본 적 없는 1제곱야드의 흰 천장 두 개와 연결되어 있는 한 야드 길이의 흰색 벽. 오로지 눈에 의해 오로지 제대로 고정되어 있는 나신의 흰 육체. 흔적들은 거의 흰색 위에 입힌 흰 색에 가까운 밝은 회색을 흐릿하게 만든다. 손바닥이 내보이는 손들 함께 직각을 만들고 있는 앞쪽의 흰 발꿈치들……[10]

어떤 사람은 크라이스트[11]를 산문시 배후에 있는 하나의 유형으로 보기도 하고, 또 다른 사람들은 상자 안에 들어 있는 꼭두각시로 보기도 한다. 그러나 어떤 종류의 행위도 드러내지 않는 상황에서 둘 중 어느 쪽이라고 딱 잘라 말하기는 어렵다. 이것이 바로 중요한 점이다. 베케트는 등장인물로 하여금 기존의 서사적 유형을 피하도록 하기 위해 서사를 제거할 수밖에 없었다.

유형에 따라 인물을 만들고 사유하는 행위는 우리 정신의 작동 기제

중 일부에 해당하는 것으로 보이며, 또한 인간의 풍부한 복잡성과 끊임없이 변화하는 본성은 이러한 서사적 기제에 의해서 적절하게 포착될 수 없는 것일지도 모른다. 그러나 등장인물은 기만적일 수밖에 없으며, 이로 인해 서사는 환상에 대해서만 다룰 수 있다고 말하는 것은 이와는 전혀 다른 문제라고 할 수 있다. 이른바 비허구적 서사 속에 등장하는 인물들은 거짓되고 기만적이며, 불공정하고 믿을 수 없는 것이 사실이다. 그러나 이들은 과연 **예외 없이** 거짓되고 기만적이며 불공정하고 믿을 수 없는 인물인가? 등장인물을 만들 때 정확성과 비정확성의 단계가 존재하는 것은 아닌가? 다음 장에서 실제 사람과 사건들을 재현할 때 사용하는 서사 기제의 적절함 또는 부적절함과 관련되어 있는 혼란스러운 문제를 다시금 논하게 될 것이다.

논의를 계속하기 전에 유형에 대해서 한 가지 사실을 더 언급하고자 한다. 우리 가운데 많은 사람들은 특정 유형을 향한 열망을 매우 중요하게 생각하지만(두려움 없는 군인, 정의감 넘치는 법률가, 청렴한 정치가, 슈퍼맘 등), 자신이 특정 '유형으로 규정되는 것'에는 반감을 갖는 경우가 많다. 멍청이, 여피, 식충이, 심지어는 천사로 간주되는 것을 좋아하는 사람이 어디 있겠는가? 유형화는 우리를 상자 안에 넣어두고 자유를 제한하는 행위와 같다. 물론 풍자의 경우엔 누군가를 이렇게 상자 속에 넣는 방식을 통해서 수사적 위력을 획득하기도 한다. 하지만 이때 얻어지는 위력은 포장당하는 것을 싫어하는(자신의 의사에 반한 것일 때는 더더욱) 인간의 본성에서 비롯된 것임에 틀림없다. 또한 유형들은 대개 매우 평면적인 인물일 경우가 많다. 그러나 유형은 사실 반드시 평면적 인물이 되라는 법이 없으며—이것이 바로 이 문단에서 말하고자 하는 핵심이다. 유형에 따라 등장인물을 만드는 과정에서 수많은 인간의 복잡성을 담을 수 있다. 셰익스피어, 톨스토이,

초서, 조지 엘리엇의 서사를 보면 중심인물들이 일부 지배적인 유형에 해당한다는 사실을 알 수 있다. 예를 들면 권모술수가(리처드 3세), 부정한 여인(안나 카레니나), 경건한 체하는 사기꾼(면죄부 파는 사람), 불결한 학자(캐소번) 등이 있다. 그러나 이들 등장인물들은 단순한 유형이 아니라 유형의 복합체이다. 호메로스의 『일리아드』에 등장하는 아킬레스는 전쟁 영웅의 유형에 해당될 수 있지만 또한 직업 군인, 완고한 남성, 변덕쟁이, 정열적인 사람, 헌신적인 친구 등이 복합된 인물이기도 하다. 「라이언 일병 구하기」(1999)에서 톰 행크스가 맡은 역할은 전쟁 영웅 유형에 속하면서도 온건한 사람, 교사, 내키지 않게 군인이 된 사람, 책임감 있는 사람 등이 복합된 인물이다. 앞에서 언급한 두 전쟁 스토리에는 전쟁 영웅의 유형에 속하는 두 명의 인물이 등장한다. 그러나 이 두 사람은 완전히 다른 개인이다. 우리 대부분은 이러한 방식에 따라 친구들과 지인들에 대해 생각하는 경우가 많으나, 한편으로는 이들에게 특정한 성격을 부여하기 위해 애를 쓰기도 한다.

우리는 자신의 친구에 대해 "아, 그는 씀씀이가 큰 사람이야"라고 말하면서 다음과 같이 덧붙이기도 한다. "그러나 알다시피 그는 돈을 헛되이 낭비하지는 않아. 그는 정말로 가치 있는 일에만 돈을 쓰지. 그리고 푼돈도 잘 관리한다고. 그러고 보면 그는 '**정확히 말해서**' 씀씀이가 큰 사람은 아닌 것 같아……" 미움을 받는 악마 또는 사랑받는 천사의 유형을 적용할 경우, 표상 작업은 더욱 손쉬운 일이 아닐 수 없다.

자서전

　우리가 알고 있는 다른 사람들에 대해 서사적으로 기술할 때, 유형을 현실에서 지각한 내용과 연결시키는 문제는 매우 부담스러운 일이 아닐 수 없다. 더욱이 그 대상이 우리 자신에 대한 것일 때는 그 부담이 한결 커질 수도 있다. 다시 말해, 만일 우리가 사실 스스로 비모범적인 유형으로 여긴다면(그럴 가능성은 적다), 아니면 우리의 삶을 그럴듯하게 보이게 하기 위해 의도적으로 더읽거나 덜읽을 경우(이럴 가능성은 좀더 크다) 부담스러운 작업이 될 수밖에 없다. 틀림없이 자서전의 역사는, 전기의 경우와 마찬가지로 사실대로 기술하기에는 그다지 적절치 않은 삶의 이야기들로 가득 차 있을 것이다. 현직 정치가가 쓴 정치적인 자서전은 대개 이러한 범주에 들어가는 경우가 많다. 이러한 서사는 유령 작가에 의해 집필되어 선거운동 직전에 출판되는 경우가 많으며, 아마도 후보자의 인생 가운데 의도하는 이미지와 상충되는 불편한 사건들은 내용에 포함시키지 않을 것이다. 우리는 그가 가난하게 태어났으며, 힘든 일을 하며 성장했고, 금전의 가치를 알고 있지만 동시에 동정심 많고 모친에 대한 효심이 지극한 인물이란 사실 등등을 알고 있다. 이러한 인물의 **유형**이야말로 우리가 원하는 적합한 공무원 상인 것이다. 이러한 유형에 어울리는 **마스터플롯**을 선별하여 사용하고 있음은 물론이다.

　그러나 일반적으로, 스스로를 더 영웅적이거나 더 정직하거나 더 동정심 많거나 하는 등(W. N. P. 바벨리온을 생각해보라)의 유형으로 바꾸어 허구화하려는 의식 없이 자서전을 쓴다는 것은 매우 어려운 작업이 될 것이다. 메리 매카시는 자신이 1940년대에서 1950년대에 발표했던 자전적 작품들을 한데 모아 살펴본 후, 자신이 현실을 허구화하는 몇 가지 유형들을 만들어냈음을 알아냈다. (그녀의 아버지는 위풍당당하고 낭만적인 인물로, 자신은 고아로 묘사했다.) 그녀는 각 장마다 일련의 부록을 붙임으로써 기록을 수정하는 방식으로 이 작품들을 한데 엮어『가톨릭 소녀 시절의 회고록』(1957)이란 제목으로 출간했다. 그 결과 매혹적인 이중 관점, 즉 인생에 관한 것과 그녀가 당면한 난점들과 인생을 기록하는 과정에서 범한 실질적인 거짓 내용에 관한 것이 드러났다. 사르트르는 자신의 자서전을 쓸 때 이와 같은 문제를 다른 방식으로 해결했다. 소설『구토』에서 이러한 작업의 불가능성에 대해 언명한 지 25년이 지난 후, 사르트르는『말』(1964)에서 자기 자신이 열한 살이 되었을 때 스스로를 서사적으로 기술하는 일을 끝낸다. 그리고 사르트르는 자신이 이때부터 현재에 이르기까지, 마스터플롯에서 주요한 역할을 맡는 고귀한 유형에 맞추어 삶을 살아온 것에 지나지 않는다고 언명한다.

유형과 현실 간에 내재적인 갈등이 존재한다는 생각, 다시 말해 등장인물을 만들 때 유형을 활용하는 것이 한 사람 또는 다른 사람들의 자아가 갖고 있는 실상을 모호하게 만들 수 있다는 생각은 비교적 최근에 발생한, 문화적으로도 국지적인 딜레마이다. AD 400년 성 아우구스티누스는『고백록』을 씀으로써 회심자의 자서전이라는 불후의 형식을 발명했다. 이때 그가 공개적인 목표로 삼았던 것은 자신의 독창성을 표현하는 것이 아니라 자신의 경험이 **유형에 따라서** 전개되는 과정을 보여주기 위함이었다. 그가 따랐던 유형은 기독교인 회심자의 모습이었으며, 이는 최초의 무지, 구원으로 향하는 바른 길에 관한 소식, 반복되는 일탈, 반복되는 다른 사람의 인도, 반복되는 노력의 갱신, 심오한 사유, 유혹, 분투, 고통, 회심의 결정적인 순간을 포함하는 마스터플롯에 속해 있는 것이었다. 이러한 회심의 순간에는 특징적으로 신적인 개입이 이루어지며, 그다음 과거의 길을 버리고 새로운 길을 나서고자 하는 확고한 결심이 뒤따라 나오게 된다.

유형에 따라 글을 쓰는 것의 장점 가운데 하나는 효율성이다. 아우구스티누스에게 있어 회심자의 모델을 자신의 인생에 적용시키는 것은 그에게 일어났던 수많은 불연속적인 사건들과 미시사건들을 솎아내는 것을 의미했다. 또한 자서전은 회심의 마스터플롯에 부합하면서도 스토리의 중심에 있는 유형이 갖추어야 할 요건들을 충족시켜주는, 그의 인생 스토리 속의 결정적인 사건들을 그의 기억으로부터 '수집'하거나 '재수집'하는 문제와 관련이 있었다. 성 아우구스티누스의 『고백록』은 엄청나게 풍부한 서사이다. 이 작품은 통찰력 있는 기지로 가득하며, 오늘날에도 이러한 풍부함은 높이 평가되고 있다. 그러나 이러한 서사와 설명의 풍부함은 다른 사람의 인생 스토리를 답습하고자 하는 저자의 시도를 가리기 위해 의도된 것이 아니다. 아우구스티누스의 서사 속에서는 문학적인 유형을 부과함으로써 진실을 가리게 될지도 모른다고 염려하는 메리 매카시의 불안을 전혀 찾아볼 수 없다. 오히려 아우구스티누스의 서사는 유형과 마스터플롯 모두가 지닌 미덕을 따르고자 하는 의도를 갖고 씌어진 것이다. 아우구스티누스는 작품의 서사적 시각을 그 둘 모두에 초점을 맞추도록 유지함으로써 이러한 효과를 거두었다.

이와는 반대로, 자서전에서 자기 유형화를 회피하는 것은 서사적 세부 사항을 엄청나게 증대시키는 결과를 낳을 수 있다. 이로 인해 서사가 비현실적으로 비대해지는 결과도 적지 않다. 1766년 장-자크 루소가 『고백록』의 집필에 착수할 당시 선언한 다음과 같은 말에서 이러한 특징을 볼 수 있다. "나는 내가 알고 있는 어떤 사람과도 닮지 않았으며, 존재하는 그 누구와도 유사하지 않다. 나는 적어도 독창성을 주장할 수 있으리라. 자연이 나를 만들어낼 때 틀을 지혜롭게 갱신했는지의 여부는 오로지 이 작품을 읽은 후에야 결정할 수 있을 것이다."[12] 물론 그는 여기서도 어쩔 수 없이 정직한 사람이라는 특정한 유형을 답습하고 있다. 그 결과로 나온 것이 수천 페이지가 넘는 분량의 저서이다. 이는 자신의 삶에서 경험한 세부 사항들을 담고 있으며, 그중 일부는 극도로 혼란스러운 내용으로 이루어져 있다. 게다가 그가 책을 끝마치기 전에 사람들은 이미 그가 쓴 것을 읽고서(원고의 사본이 유통되고 있었기 때문에) 그가 어떤 **유형**의 인간인지에 대한 생각들을 만들어가고 있었다. 따라서 그는 오로지 이러한 잘못된 인상을 바로잡기 위해서 몇 페이지를 추가로 집필하게 된다. 이것은 길고도 이길 가망이 없는 전투이지만, 한편으로 자서전 쓰기와 관련된 또 다른 문제를 예고하는 것이기도 하다. 이는 바로 독자에 관한 문제이다. 독자들은 언제나 **덜읽거나 더읽는** 경향이 있다. 그들은 아무도 의도하지 않았던 곳에서 유형들을 찾아내며 서사에 어떤 보증을 덧붙일지라도 이러한 사태를 치유할 수가 없다.

∴ 자아에 관한 멈추지 않는 기획 ∴

멈출 수 없는 자서전에 관한 사유는 루소가 자신의 『고백록』을 시작하기 몇 년 전에 이미 희극적인 스타일로 정점에 도달한다. 로렌스 스턴의 『트리스트럼 샌디』(1759~67)에서, 그의 허구적 자서전 작가는 세 권 반이나 되는 분량에 겨우 하루가 지나가도록 함으로써 행동이 실로 느리게 흘러간다는 사실을 발견한다.

> 나는 이번 달에 열두 달 전보다 일 년이나 늙었다. 그리고 당신도 알다시피 거의 내 책의 네번째 권 중간까지 도달했다—내 인생 첫날만큼 멀리 가지는 않았지만—내가 지금 쓰고 있는 바로 이 시간, 이 글을 처음 시작했던 날 이후로

360일이나 걸렸다는 것은 매우 큰 의미를 갖고 있다. 따라서 이야기를 더 진행하는 대신, 일반적인 작가들처럼 내가 해온 일을 적어온 작품들 속에서—반면에 나는 이 많은 수의 책에 담겨 있는 내용을 되돌아보고자 한다—내 삶의 모든 일상은 다 이처럼 바쁜 날이었던가—그러면 왜 안 되지?—그리고 이러한 일상에 관한 업무와 견해를 기술하기 위해선 이렇게나 많은 묘사가 필요한데—왜 이런 것들을 요약해야 하지? 어쨌든 이런 사정으로 나는 기록하는 속도보다 364배나 빠르게 살아야 하는데—따라서 나는 쓸수록 당연히 더 많이 써야 한다는(아이고, 하느님) 것이고—결과적으로 당신들도 더 많이 읽는 것을 경배할수록, 더 많은 것을 읽어야 한다는 것도 기정사실이리라.[13]

샌디의 딜레마는, 루소의 작품이 비극적인 것과 비례하여, 그의 작품이 그만큼 재미나다는 데서 비롯된다. 인생의 서사에서 중요한 것은 무엇인가? 그들의 삶을 구성하는 **필수적인 사건들**이 존재하는 것인가? 어떤 이유에 근거해서, 그들은 사건들을 선택하기도 하고 또한 배재하기도 하는가? 이러한 문제는 오늘날에도 여전히 유효하다. 테네시의 로버트 실드 경이 여든네 살의 나이로 죽었을 때, 그는 아흔한 개의 상자 속에 3,750만 단어나 되는 일기를 남겼다. 그는 아침에 일어나서 잠자리에 들 때까지 자신이 살았던 모든 나날과 모든 시간에서 경험한 모든 사건에 대해 기록했던 것이다. 좀더 최근의 예를 살펴보면, 일부 사람들은 블로그를 통해 실드 경이 했던 것 이상으로 자신의 삶에 대해 자세히 기록하고 있음을 알 수 있다. 'Jennicam.org' 사이트에서는 정지 화면을 사용해서 매일 밤낮으로 스물네 시간 동안 제니가 한 일을 끊임없이 기록하고 있다. 이 경우 그녀가 서사를 만들고 있다고 규정하기는 어려울 것이며, 차라리 실시간으로 일종의 냉정한 초점화 작업을 하고 있는 것으로 보는 편이 옳을 것이다. 그러나 모든 서사가 그러하듯이 많은 문제가 여전히 풀리지 않은 채 남아 있다. 이는 스크린 밖에는 어떤 일이 일어나고 있으며, 숏 사이의 막간에는 무슨 일이 발생하고 있는지에 관한 질문을 포함하고 있다. 심지어 그녀의 혈액순환과 미토콘드리아 수준의 사랑과 삶을 포함해서, 신체 기관 내에서 벌어지는 일에 관해 우리는 얼마

만큼 알고 있는가? 인물의 마음속에서 벌어지고 있는 많은 일들을 우리가 그대로 놓쳐왔던 것은 말할 것도 없다.

연행으로서의 삶에 관한 글쓰기

"서사를 끝마친다는 것은 대체 무엇을 의미하는가?" 이 질문은 아마도 "자기 자신에 관한 서사에 관해서 이만하면 족하다고 생각하는 때는 언제인가?"라는 질문에 대한 가장 좋은 대답이 될 것이다. 이런저런 방식을 사용해서 한 가지 이상의 방식으로 글을 쓴다는 것은 세상에서 발생하는 행위의 한 가지 형태를 의미한다. 이런 맥락에서 글쓰기는 **연행적**performative이다. 글쓰기는 기능과 결과를 갖고 있으며, 이 가운데 일부는 의도된 것이기도 하고 그렇지 않기도 하다. 삶에 관한 글쓰기 역시 이러한 규칙을 벗어나지 않는다. 성 아우구스티누스는 『고백록』을 쓸 때 매우 분명한 목표를 갖고 있었으며, 그러한 까닭에 이 작품은 감탄스러울 정도로 구성이 훌륭하다. 이는 연행이 훌륭하게 이루어졌음을 뜻한다. 그러나 당신이 다음과 같이 말한다고 가정해보라. "내가 원하는 것은 오로지 **나 자신**에 대해 진실을 말하는 것뿐이다." 그러나 이때 말하는 진실과 목표는 어떤 것을 의미하는가? 성 아우구스티누스는 신성한 것으로서의 진실에 대해 강하게 의식하고 있었으므로 그의 회심의 스토리가 신성한 진리를 향한 여행의 스토리인 한, 이는 그가 생각하는 진실을 말하고 있는 것이라고 볼 수 있다. 한편 루소 역시 나름의 생각으로 스스로에 관한 진실을 말하려고 노력했다. 진실을 구성하는 것에 대한 루소의 목적과 의식은 아우구스티누스와는 전혀 달랐다. 그의 목적은 독자들에게 자신의 개성과 정직함에 대해 확실하게 알려주는 것이었다. 그는 진실을 사실에 충실한 것으로서 의식했으며, 적어도 큰 것이든 작은 것이든 사실에 충실하고자 하는 성실한 시도로 생각했다. 그의 자서전은 효과적인 연행이라고 할 수 있는가? 그럴 수도 있고 아닐 수도 있다. 루소의 『고백록』은 출판된 지 오랜 세월이 흐른 후 수많은 독자들로 하여금, 비록 모두에게 그런 것은 아니지만, 용기 있는 정직한 인간의 기록이라고 믿게 하는 데 성공했다. 그러나 그가 살아 있던 시대에는 그의 삶을 평가했던 사람들을 설득시키기에 역부족이었으며, 적어도 루소가 생각하기에는 불충분한 수준에 머물렀다.

요약해서 말하면, 만일 우리가 **모든** 진실을 말하는 것이 불가능하다면(그리고 진실이란 결국 무엇인가?), 그리고 무엇을 선별할지에 관한 보편적인 기준(다시 말해 사적인 역사에서 무엇이 중요한지 판명할 때 우리 모두에게 다 적용될 수 있는 기준을 말한다)이란 것이 없다면 자서전은 결국 연행적일 수밖에 없는 것이다. 자서전은 저술 활동을 하던 시기의 작가를 위해 항상 (효과적이든 그렇지 않든) 모종의 역할을 수행한다. 따라서 우리는 언제나 자서전을 읽는 행위와, 그것이 속해 있는 맥락에 대해 경계의 눈길을 늦추지 말아야 한다. 한 가지 예를 들어보면, 역사적인(자서전적인) 의미에서 W. N. P. 바벨리온이 1917년 12월 31일에 사망했다는 사실은 틀린 것이라고 할 수 있다. 그러나 하나의 행동으로서, 그의 때 이른 사망 발표에는 숨겨진 의도가 있다. 거짓이야말로 우리에게 모종의 진실을 말해주는 것이다. 좌절된 야망을 가진 인물의 전기라는 맥락 속에서 살펴보면, 이러한 거짓은 자서전 저자가 일종의 비극적인 차별성을 갖고자 하는 강렬한 동기가 있음을 드러낸다. 바벨리온은 동물학자로서 상당히 전도가 기대되는 인물이었으나 병에 걸려 좌절하고 만다. 심지어 그가 발자크의 『인간희극』

에 필적하는 영국 판본을 쓰게 될 시간조차 충분히 갖지 못하리라는 사실이 확연하게 드러났을 때, 그에게 남겨진 것이라고는 병뿐이었던 것이다. 그는 자신의 병이 얼마나 위중한지 알게 되기도 전에, 자신의 병세가 충분히 위독하지 않다는 사실에 대해 반#진담 조로 불평을 토로한다.

나는 여러 가지 질병을 조금씩 경험해봤지만 한 번도 정통으로 걸려본 적은 없다. 그러나 스스로를 불치병에 걸린 영웅적 희생자로 여길 수 있을 만큼의 위로도 갖지 못한다면 무섭도록 불편하고 매우 불행한 감정밖에 들지 않을 것이다. 나는 결핵에 걸린 스티븐슨처럼 되지 못하고, 소화불량에 걸린 존스와 같은 신세가 됐을 뿐이다. [……] 왜 나는 일급의 병에 걸리지도 못하고 일급 동물학자가 되지도 못하는 것일까?[14]

이러한 맥락에서 『어느 절망한 남자의 일기』를 살펴보면, 결론부를 맺고 있는 허위가 일종의 진실을 담고 있는 표현이라는 것을 알게 된다. 그러나 나는 또한 이러한 주장을 하는 가운데, **의도를 헤아리며** 읽기에서 **징후적인** 읽기로 이행하는 과정을 보여주고 있는 것이다. 이런 방식의 읽기—다시 말해 텍스트의 연행적인 위상에 대해 고찰하는 것—는 의도를 찾는 양식과 징후적인 양식의 두 가지 해석 사이를 넘나드는 과정을 포함하는 경우가 적지 않다. 또한 비록 이러한 분석에서 역사적이거나 자서전적 진실이 중요하긴 하지만, 그 분석은 '자필적autographical' 진실, 다시 말해 **저자가 쓰고 있는 그대로의** 저자에 대한 진실을 발견하는 데 보탬을 준다. 언제나 그렇듯이, 이러한 진실은 추론적인 것에 불과하다는 사실을 강조하지 않을 수 없다. 나는 『어느 절망한 남자의 일기』의 결말 부분과 관련하여 내가 내린 해석이 최종적인 것이라고 확정할 마음이 없다. 그러나 이러한 읽기 방식이 많은 지지를 얻도록 강화하는 것은 가능하다고 생각하며, 또한 설득력이 떨어지는 수많은 해석 역시 충분한 고려의 대상으로 삼았음을 알린다.

더 읽어볼 서사학 이론

문학의 등장인물에 관해 가장 일반적으로 인용되는 E. M. 포스터의 『소설의 이해』가 나오고 나서 W. J. 하비W. J. Harvey의 『소설 속의 등장인물Character in the Novel』(Ithaca: Cornell University Press, 1965)이 출간되기까지 오랜 시간이 흘렀다. 그 이후로 다른 입장을 취하는 많은 책들이 씌어졌다. 이 가운데 참조할 만한 것으로는 토머스 도허티Thomas Doherty의 『(부재한) 등장인물 읽기Reading (Absent) Character』(New York: Oxford University Press, 1983), 바루크 호크먼Baruch Hochman의 『문학 속의 등장인물Character in Literature』(Ithaca: Cornell University Press, 1985) 그리고 제임스 펠란의 『사람 읽기, 플롯 읽기: 등장인물, 진행 그리고 서사의 해석Reading People, Reading Plots: Character, Progression, and the Interpretation of Narrative』(Ithaca: Cornell University Press, 1965) 등 세 권의 저서를 들 수 있다. 등장인물을 문학에만 특별하게 나타나는 현상으로 차별화하는 조건들에 대해 다루고 있는 간결하고 논리적으로 탁월한 이론 공식에 대해 알고 싶다면, 유리 마골린Uri Margolin의 「문학 서사에서 등장인물의 도입과 유지: 몇 가지 조건들Introducing and Sustaining Characters in Literary Narrative: A Set of Conditions」〔*Style*, 21.1(1987): pp. 107~24〕을 참조할 수 있다.

자서전에 관해 다루고 있는 훌륭한 저서 역시 많이 있다. 중요한 에세이들을 모은 기념비적인 컬렉션으로 제임스 올니James Olney가 편찬한 『자서전: 이론 및 비평 문집Autobiography: Essays Theoretical and Critical』(Princeton University Press, 1980)을 들 수 있다. 좀더 오래된 것으로는 엘리자베스 브루스Elizabeth Bruss의 『자서전적 행위들: 문학 장르의 변화하는 상황Autobiographical Acts: The Changing Situation of a Literary Genre』(Baltimore: Johns Hopkins University Press, 1976)이 있다. 브루스는 매우 넓은 형식적 범주에 걸쳐 자신에 관해 쓴 글과 역사적인 맥락과 저자의 의도에 관련된 연행적인 특징에 대해 포착했다. 폴 존 에킨Paul John Eakin은 자서전에 관한 두 권의 안내서를 썼다. 『자서전에 관한 허구들: 자기 창조의 기술에 대한 연구Fictions in Autobiography: Studies in the Art of Self-Invention』(Princeton University

Press, 1985)와 『세상 접촉하기: 자서전에 대한 참고서 Touching the World: Reference in Autobiography』(Princeton University Press, 1992)가 그것이다. 앞의 책은 비허구적 형식이 허구가 되는 방법에 초점을 두었고, 뒤의 책은 이러한 허구적 양식이 실제로 '실제세계'와 관련을 맺는 방식에 대해 초점을 두었다. 좀더 최근에 에킨은 『우리의 삶을 스토리로 만드는 방식: 자아 만들기 How Our Lives Become Stories: Making Selves』(Cornell University Press, 1999)라는 책에서 신경학, 인지과학, 기억에 대한 연구, 발달심리학 등 일련의 인문학 연구들을 적용해 다시금 자아 구축에 관한 주제를 연구한다. 심리학자인 제롬 브루너는 자기 이해와 관련된 서사의 역할에 대해 오랜 시간 동안 주목할 만한 연구를 수행해왔다. 그의 저서 『스토리 만들기: 법, 문학, 삶 Making Stories: Law, Literature, Life』에 실려 있는 「자아에 관한 서사적 창조 Th Narrative Creation of the Self」라는 장은 이 주제와 관련된 그의 연구 결과를 간략하게 요약한 결정본이라고 할 수 있다. 서사가 정체성 확립에서 담당하는 역할은 많은 수의 여성학 연구서에서 핵심적으로 논의되는 문제 가운데 하나이다. 이에 관한 학술적 성과는 계속 늘어나고 있는 추세이며, 여기서는 이 가운데 세 권을 골라서 추천하고자 한다. 샐리 로빈슨 Sally Robinson의 『자아의 발생: 현대 여성 소설에서의 젠더와 자아 표상 Engendering the Subject: Gender and Self-Representation in Contemporary Women's Fiction』(State University of New York Press, 1991), 랜서 Susan Saniader Lanser의 『소설과 저자성: 여성 작가들과 서사의 목소리 Fictions of Authority: Women Writers and Narrative Voice』, 그리고 이 책을 영화와 텔레비전에 맞게 확장한 로빈 워홀 Robyn Warhol의 『한바탕 울기: 여성적인 감정들과 서사의 형식 Having a Good Cry: Effeminate Feelings and Narrative Forms』(Columbus: Ohio State University Press, 2003) 등이 바로 그것이다.

더 읽어보면 좋은 문학작품

맥신 홍 킹스턴 Maxine Hong Kingston의 『여성 전사 The Woman Warrior』(1976)는 하나의 문화로부터 전수받은 유형들과 자신의 삶에 대한 개인의 감각을 조화시키기 위한 노력을 그린 매혹적인 자서전적 작품이다. 오드르 로드의 『암환자의 일기 The Cancer Journals』(1980)는 질병과 관련하여 저자를 범주화하고자 하는 모든 시도를 단호히 거부하는 강력한 수행의 의미를 담고 있다. 로드와 킹스턴의 서사들은 사회적으로 부과된 틀에 구애받지 않고 정체성을 확립하고자 하는 노력을 생생하게 재현하고 있으며, 이러한 노력은 소수자 또는 변방의 인물들에 대한 자서전적 문학 전체에 걸쳐 쉽게 찾아볼 수 있다. 노예서사를 담고 있는 19세기 미국 장르는 피부색에 의해 규정된 편협한 스테레오타입에 저항하여 자신의 정체성을 확립하고자 하는 작가의 노력을 중심으로 하고 있다는 점에서 거의 예외가 없다. 이 가운데 내가 강력히 추천하는 작품은 『프레더릭 더글러스의 생애에 관한 서사Narrative of the Life of Frederick Douglass』이다. 생애에 걸쳐 네 차례의 판본으로 발표한 더글러스의 사적 서사를 서로 비교해보는 것도 매우 흥미로운 일이 아닐 수 없다. 1845년 판본은 다른 세 개의 판본과 함께 마이클 마이어Michael Meyer가 편찬한 『프레더릭 더글러스: 서사와 선집Frederick Douglass: The Narrative and Selected Writings』(New York: Random, 1984)에 실려 있다. 아우구스티누스와 루소의 작품에 버금가는 것으로서 자기 형성을 그린 초기의 명작으로는 『아빌라의 성녀 테레사의 생애The Life of Saint Teresa of Avila by Herself』(1565년경)가 있다. 자서전적 서사의 영역에 속하는 작품들은 특히 수적으로 매우 풍부하다. 만일 두 작품만 더 선별하라고 한다면 나는 일단 『검은 고라니는 말한다Black Elk Speaks』(1932)를 들고자 한다. 이 작품은 '다른 사람이 말한 것을 들은 대로 옮긴as-told-to' 형식의 매우 감동적인 자서전이며, 미국이 오글랄라 수Oglala Sioux족을 장악하고 있던 최후의 역사적 단계에 전사이자 샤먼으로서의 개인적 대응 내용을 기록하고 있다. 그 결과 이 책은 서술자의 정체성을 구축하고 있던 전체 형이상학적 체계가 명백하게 붕괴하는 과정을 포함하는 비극적인 내용을 담고 있다. 또 다른 텍스트인 에드먼드 고스Edmund Gosse의 『아버지와 아들Father and Son』(1907)은 킹스턴의 『여성 전사』처럼 보편적인 자서전의 마스터플롯을 기초로 구축되어 있다. 따라서 이 작품은 부모의 상반된 기대를 받고 있음에도 불구하고, 이에 반해 자신의 정체성을 깨닫고자 노력하는 내용을 담고 있다.

11장

서사와 진실

픽션과 논픽션

앞서 3장에서, 바벨리온(브루스 커밍스)이 죽었다고 알려졌으나 실제로는 그가 죽지 않고 살아 있었다는 사실이 대중에게 알려지고 나자 그 이야기(『어느 절망한 남자의 일기』)를 받아들이는 대중의 태도가 돌변했다는 일화를 전한 바 있다. 비록 그 사건 이전과 이후에 그 서사는 한 단어도 변하지 않고 그대로인 상태였지만, 사실을 알고 난 뒤 대중의 태도는 전혀 다르게 변했던 것이다. 그렇다면 브루스 커밍스가 만약 자신의 일기를 소설이라는 픽션으로 출판했다면 어떠했을까? 그랬다고 해도 대중들의 인식은 달라졌을까? 대답은 간단하다. "바벨리온이라는 인물이 적어도 실제 삶에서는 결코 존재하지 않았다"라는 그 단순한 이유 때문에 대중의 인식은 변하지 않았을 것이고 그의 명예도 그대로 유지되었을 것이다. 정말로 바벨리온이 소설 속의 허구적인 실체로 존재했다면 더 좋았을 것이다. 그 속에서라면 바벨리온은 원하면 언제라도 죽을 수 있었을 테니까.

그러나 만일 『어느 절망한 남자의 일기』가 논픽션이 아닌 소설로 시장에 출판되었다면 생각만큼 잘 팔리지는 않았을 것이다. 물론 단순한 추측이기는 하지만, 여기에서 우리는 한 가지 흥미로운 사실을 생각해 볼 수 있다. 픽션이 가지고 있는 강력한 이점들에도 불구하고, 논픽션 서사들은 이것은 **실제로 일어난 진짜 이야기**라고 주장할 수 있다는 점에서 픽션이 갖지 못한 특별한 매력을 가진다는 것이다. 이는 역사나 전기, 자서전이나 다큐멘터리 영화 그리고 실제 주인공을 재현하는 각색된 독백의 인터뷰와 같은 서사들이 (그리고 지질학이나 고생물학, 천문학 그리고 다른 과학 학문의 서사들을 포함해, 어떠한 사실들이 제때에 정말 발생했는지에 대한 설명을 포함하는 그런 문제에 관한 서사들이) 지니는 커다란 매력이라고 할 수 있다. 요컨대 실제로 일어난 진실은 독자들에게 인기가 있다. 게다가 이처럼 진실을 전달하는 종류의 이야기인 경우, 독자들은 그것이 예술성이 조금 부족하다든가 심지어는 서사적 긴장을 전혀 주지 못한다고 하더라도 그런 문제들에 대해서는 쉽게 덮어주려는 경향이 있다. 어쩌면 이런 종류의 텍스트 안에 너무 많은 예술적·서사적 요소들이 담겨 있다면, 그것은 도리어 그 이야기의 진실이 의심스러워 보이도록 만들지도 모른다. 그리고 바로 이러한 이유 때문에 예술성과 흥행성 사이에는 모종의 거래가 성립될 수 있는 것이다.

작가 제임스 프레이James Frey가 처해 있었던 딜레마 역시 이런 유의 문제일 수 있다. 마약중독과 범죄, 고통과 회복에 관한 제임스 프레이의 이야기는 처음 픽션으로 출판되었을 때 그다지 잘 팔리지 않았다. 그런데 픽션으로는 팔리지 않았던 그 텍스트가 『백만 개의 작은 조각들 A Million Little Pieces』(2003)이라는 '회고록' 형식으로 개작되었을 때,

그 책은 메이저 출판사(Doubleday)에서 인정받고, 『뉴욕 타임스』의 베스트셀러 목록에 이름을 올릴 수 있을 만큼 성공적인 결과를 얻었다. 똑같은 이야기임에도 불구하고 픽션으로는 부족했던 이야기가 논픽션으로는 마케팅 상에 커다란 이점을 가지고 있었던 것이다. 프레이는 성공한 작가가 되었고, 가는 곳마다 인터뷰를 했으며, 그리고 그의 삶을 다룬 바로 그 이야기는 오프라 윈프리의 북클럽Oprah's Book Club에 채택되기까지 했다.

하지만 저자의 다양한 감옥 생활이 대부분 픽션이었다든가, 그가 마취제 없이 신경치료를 받은 적이 없었다든가 하는 수많은 불일치점을 더스모킹건닷컴thesmokinggun.com이라는 한 웹사이트가 찾아냈을 때, 그 책은 도덕적으로 불확실한 상태에서 몇 달이나 구설수에 올라야만 했다. 게다가 시간이 지나면서 더 많은 조사 자료들이 나타났다. 그리고 결국 이 책이 최초에 픽션으로 출간되었다는 사실이 공개되면서 그의 명예는 땅바닥으로 내동댕이쳐지고 말았다. 나락으로 떨어지는 그 과정은 이 책이 베스트셀러가 될 때만큼이나 흥미로웠다.

하지만 이것은 픽션과 논픽션에 관한 또 다른 흥미로운 지점을 생각하게 만든다. 즉, 픽션과 논픽션 사이에는 어떠한 중간지대도 존재하지 않는 것처럼 보인다는 것이다. 버지니아 울프는 이것을 다음과 같은 말로 표현했다. "그냥 사실로 내버려두거나, 그게 아니면 그냥 픽션으로 두어야 한다. 왜냐하면 상상력은 결코 두 명의 주인을 동시에 가지지 않기 때문이다."[1]

제임스 프레이의 스토리가 성공과 실패 사이를 왔다 갔다 하는 동안, 픽션과 논픽션을 혼합한 특정한 상태를 공식화해보려는 시도들이 있었다. 그리고 만약 성공했다면, 그것은 프레이의 스토리가 지니고 있던 명성을 유지해줄 수 있었을 것이다. 더스모킹건닷컴 사이트가 이러한 스캔들을 폭로한 지 3일 후에 오프라 윈프리는 그 책이 마약중독자들을 치료할 수 있는 모델이 될 수 있다는 점에서 진위 문제를 충분히 덮어줄 만큼 가치가 있으므로 자신은 여전히 그 책을 지지한다고 말했다. 프레이 자신은 더욱 서사적으로 변명했다. "나는 내 책에 있는 이야기들이 마치 밀물과 썰물의 변화처럼 좀더 드라마틱하게—모든 위대한 이야기가 요구하는 긴장감을 가지게 되기를 원했다."[2] 그러나 이러한 변명은 오래 지속되지 못했다. 2주 후에 오프라 윈프리는 공식석상에서 "수백만 독자들을 배신했다"라는 말로 제임스 프레이를 비난했다.[3]

도릿 콘은 픽션과 논픽션의 차이를 간결한 서사적 용어로 옮겨놓았다. 물론 픽션과 논픽션 서사 모두 **스토리**와 **담화** 요소가 작용하는 방식은 같다. 그러나 논픽션 서사에는 픽션에는 존재하지 않는, 즉 추가적으로 그것을 정의하는 요소로서 **실제세계에 대한 지시대상**이라는 항목이 존재한다.

픽션 : 스토리 ↔ 담화
논픽션 : 지시대상 ↔ 스토리 ↔ 담화[4]

게다가 논픽션에는 종종 지시대상과 스토리 사이의 관계가 더 중요시되는 경우가 있기 때문에, 이것이 스토리와 담화 사이의 중요성을 무색하게 만들 수도 있다. 어떤 스토리가 스스로를 진짜 존재하는 논픽션이라고 주장하는 경우엔, 독자들(그리고 출판사들)은 그 스토리가 가진 예술적 역량(즉, 담화를 다루는 솜씨)의 결함에 대해서 더 관대한 태도를 보이는 것이다. 오히려 독자들은 논픽션이 '너무 그럴듯하면' 도리어 의심한다. 그리고 종종 너무도 진짜 같아서 의심스러웠던 바로 그 스토리가 정말로 **거짓**이었다는 사실을 알게 되면 (『백만 개의 작은 조각들』의 예가 보여주는 것처럼) 가차없이 등을 돌린다.

  그렇다면 역사나 전기 혹은 다큐멘터리 영화들은 오직 진실만을 말해야 하는 것일까? 하지만 실제로 대부분의 역사학자들이나 전기작가들은 기록 보관소를 뒤져 얻어낸 불완전한 기록을 가지고 작업을 한다. 다큐멘터리 영화 역시 제한된 자료를 가지고 작업할 수밖에 없다는 점에서 동일한 문제를 갖고 있다. 요컨대 그들은 이미 알려진 사실을 바탕으로 하고는 있지만, 아주 빈번하게 추론의 과정을 거쳐야만 하는 것이다. 그래서 대부분의 독자들이 역사 서술에서 기대하는 것은 진실 자체보다는 오히려 진실을 전달하고자 하는 의도인 것이다. 어떤 점에서 이것은 일종의 계약인 셈이다. 논픽션 서사가 **거짓을 말할 수도 있다**는 것은 일상적인 표현이기는 하지만, 사실 논픽션 서사는 실제 사건의 재현이기에 정확성을 따지는 것이 당연하다는 의미를 다소 잘못 표현한 것이다. 일반적으로 논픽션은 확증할 만한 증거물들, 즉 그 서사를 지지하는 추가적인 증거물들에 의해 가치를 판단받는다. 그것은 마치 변호사들이 일련의 동일한 사건들에 대해 좀더 많은 목격자를 찾고 싶어 하는 이유와도 비슷하다. 물론 진실성을 지지하기 위해 제공된 서사(들) 역시 확실하게 검증된 것이라고 할 수는 없다. 그러나 역사적 진실성은 항상 이런 방식으로 타당성을 시험받는다는 것이 중요하다. 따라서 역사는 정기적으로 더 정확한 역사에 의해 대체될 수밖에 없다. 반면에 픽션은 위조된 것임을 입증할 수 없다. 왜냐하면 그것이 말하는 스토리는 진실도 거짓도 아니기 때문이다. 19세기의 루앙에서 엠마 보바리라는 이름의 여자가 정말로 독약을 먹고 죽었는지 확인할 수 있는 증거를 찾는다는 것은 이치에 맞지 않는다. 따라서 (만약) 어떤 허구서사가 시효가 지난 것으로 느껴진다면, 그것은 역사와는 달리 거짓을 말했기 때문이 아니라 다른 이유 때문일 것이 분명하다. 사실 수없이 많은 허구서사들이, 심지어 그것이 잘못되어 폐기처분된 역사에 관한 내용을 담고 있을지라도, 결코 시대에 뒤처진 것으로 여겨지지는 않는다. 예를 들어, 셰익스피어의 작품 속에는 리처드 3세의 실제 모습에 대해 잘못된 내용들이 많이 있지만, 우리가 그런 사실을 알고 있다고 해서 리처드 3세를 주제로 한 셰익스피어의 비극이 가진 위상이 훼손되지는 않는다.

∴ 출판 시장의 미스터리 ∴

『뉴욕 타임스』지의 베스트셀러였던 『백만 개의 작은 조각들』은 순식간에 추락하기는 했지만, 그래도 그 책은 거의 4개월 동안 오프라가 공공연히 그 작가를 모욕한 후에도 베스트셀러 목록 순위에 올라 있었다. 심지어 그 책은 지금도 여전히 잘 팔리고 있다. 우리는 이러한 사례를 통해 서사가 시장에서 호응을 얻으려면 픽션과 논픽션의 '규범' 간에 존재하는 뚜렷한 간극을 넘나드는 요소들을 포함해야 한다는 사실을 깨닫게 된다. 서양 문화에서 악평은 이런 요소들 중 하나이다. 결과적으로 '욕을 먹은' 작가들이 가장 많은 관심을 받고, 그의 엉터리 픽션들도 황당하게 그 작가의 새로운 작품이란 점 때문에 새로운 관심을 받는다. 이와 유사한 흥미로운 사례는 바로 『외로운 소녀 15 Lonely Girl 15』와 『리틀 로카 Little Loca』이다. 유튜브에서 인기 있었던 이 연작들은 일반인들의 실제 이야기라고 알려졌지만, 결국 여배우들이 대본에 따라 연기했다는 사실이 드러났다. 상황이 이렇다 보니, 대본 없는 진짜 논픽션은 변종이라고 보일 정도이다. 유튜브의 제작자는 다음과 같은 이야기를 했다. "나에게 흥미로웠던 것은 그가 다른 어떤 스토리도 가지고 있지 않았다는 점이다. 〔……〕 그는 유명하지 않았다. 자신의 스토리에 대해 말하는 흔히 볼 수 있는 나이 먹은 사람일 뿐이다. 그 점이 나를 매혹시켰다."[5]

어떻게 픽션과 논픽션을 구별하는가?

어떤 텍스트를 단지 눈으로 훑어본다고 해서, 그 텍스트가 픽션인지 논픽션인지를 구분하기란 어려운 일이다. 그래서 보통은 다른 방식으로 정보를 얻어야만 한다. 일반적으로 우리는 제목에서 정보를 얻는다. 예를 들어 부제로 붙인 '회고록'이라든가 '소설' 같은 단어를 통해 픽션과 논픽션을 구분할 만한 정보를 얻을 수 있다. 하지만 그런 정보는 책표지에 적혀 있는 광고 문구를 통해서도 올 수 있고, 혹은 그 텍스트에 대한 소개나 혹은 사람들의 논평으로부터, 그 텍스트가 속해 있는 베스트셀러 목록의 장르에서, 그리고 다른 수많은 **곁텍스트**paratext에서 올 수도 있다. 이런 점에서 픽션과 논픽션은 완전히 '하향식' 카테고리에 속한다고도 할 수 있다. 카테고리가 먼저 정해지고 텍스트가 그 뒤를 따라오는 것이다. 우리는 어떤 텍스트가 어떤 범주에 속하는지 미리 알고 있으며, 그 상태에서 읽는 것들에 따라 반응한다. 물론 『백만 개의 작은 조각들』의 사례에서처럼 우리는 속을 수도 있다. 회고록이라고 생각했던 것이 실제로는 픽션이었다는 사실을 독서 중간에 알게 된다면 씁쓸한 느낌을 받을지도 모른다. 그러나 프레이의 경우처럼 우리가 실수를 했다는 소식은 보통 텍스트 바깥에서부터 온다.

이러한 관점에서라면, 픽션과 논픽션 사이의 차이라는 것은 서사와 비非서사 사이에 존재하는 차이와는 다르다고 할 수 있다. 가령 서사와 비서사 사이에 존재하는 차이는 텍스트 그 자체를 읽고 경험하는 동안 발견된다는 점에서 '상향식' 결정 과정을 거치게 된다. 우리는 어떠한 텍스트를 보거나 읽는 동안 그것을 서사로서 인식한다. 이를 다른 말로 표현하면, 픽션이나 논픽션 텍스트가 의도에 의해 만들어지든 아니든 상관없이, (의도를 가장하든 속이든 간에) 서사는 의도와 무관하게 발생한다는 것이다. 저자의 의도가 성공할 것인지 혹은 반만 성공할 것인지, 아니면 전혀 성공하지 못할 것인지에 대한 문제는 전적으로 독자나 관객이 결정할 사항이다. 서사와 비서사의 구분은 **서사성**narrativity 의 수준을 통해서만 결정할 수 있다. 서사는 '스칼라'[6)]의 범주에 속한다. 서사성의 척도는 분명히 서사임을 알 수 있는 스토리에서부터 서사의 범주에 넣기 힘들 정도로 서사성이 희박한 텍스트들(명상록, 논문, 해설, 서정시 따위)을 망라하고 있다.[7)]

그렇다면 하나의 텍스트를 픽션이나 논픽션으로 구분할 수 있는 내적인 증거는 전혀 찾을 수 없다는 것일까? 철학자 존 설John R. Searle은 단호하게 없다고 주장한다. 다음과 같은 주장은 아주 빈번하게 인용된다. "통사론적이든 의미론적이든, 하나의 텍스트를 픽션이라고 인정할 수 있는 어떠한 텍스트적인 특성도 존재하지 않는다."[8)] 그러나 도릿 콘은 (적어도 언어서사에서는) 지시적 기능reference function에서 자유롭다는 픽션의 특성에 바탕을 둔 중요한 예외가 존재한다고 말한다. 바로 입 밖에 내지 않은 생각과 느낌을 전달하기 위해 사용하는 장치들이야말로 허구성을 증명하는 내적인 증거라는 것이다. 엄밀히 말하면 이 장치는 역사가에게는 허락되지 않으며, 오로지 픽션 작가들만 쓸 수 있는 것이다. 픽션에서 서술자는 실제세계에서 정말로 일어난 일에 의해서 제한받지 않는 일종의 허구적인 장치라고 말할 수 있다. 따라서 만약 실제저자가 어떤 내용을 픽션 내의 서술자가 알게 만들고 싶다거나 말하게 만들고 싶다면 **그렇게 하도록** 만들 수도 있다. 그러나 역사 서술자의 경우는 이와 다르다. 도릿 콘에 따르면, 역사의 서술자는 실제저자에 의해 통제받는 도구가 아니라, 사실상 책의 맨 앞표지에 나와 있는 실제저자 그 자신**이다**. 이러한 까닭으로 인해 픽션을 해석하는 '첫번째 법칙'(실제 작가를 서술자와 혼동해서는 안 된다는 법칙)은 논픽션 서사에는 통용되지 않는다. 역사가는 근거 없이 중심 대상들의 내적인 삶에 대해 말할 수도 혹은 기록할 수도 없다. 이것은 픽션의 서술자가 중심인물의 내면에 대해 보다 자유롭게 말할 수 있는 것과는 분명한 차이가 난다.

그러나 그 고통 때문에 그는 갑자기 구역질이 났다. 그는 진실에 의해 드러난 적나라한 자신의 모습에서 예정대로 실현된 끔찍한 형상의 운명을 본 것 같았다. 그는 자신의 삶이라는 밀림을 보았으며 거기에 숨어 있던 야수도 보았다. 그리고 그 끔찍하고 거대한 야수가 그를 덮치려고 공중으로 뛰어오르는 것을 보았다. 그는 눈앞이 깜깜해졌다. ―그 야수가 가까이 다가왔다. 그는 본능적으로 몸을 돌렸다. 그리고 환상 속의 야수를 피하기 위해 본능적으로 무덤 위로 몸을 던졌다.[9]

헨리 제임스의 소설 「밀림의 야수」에서 대단히 잘 형상화되어 있는, 끔찍한 인식에 대한 이 풍부한 내적 설명을 이른바 역사라고 일컫는 텍스트에서 발견했다고 가정해보자. 아마도 경악할는지 모른다. **간접사고**(사고 보고 thought report)를 사용한 구절들은 **내적 독백** interior monologue이나 **자유 간접사고** free indirect thought만큼이나 장편소설이나 단편소설에서 아주 많이 나타난다. 그리고 물론 이런 것들은 역사나 전기류의 작품에서는 아마도 거의 발견되지 않을 것이다. 그러므로 적어도 픽션의 담화 속에 관련된 장치들에 대해서는 설의 주장보다는 도릿 콘의 관점이 옳을 수도 있다. 만약 텍스트 안에서 이런 구절들을 만난다면 그것은 픽션을 읽고 있다는 증거일 수도 있는 것이다. 하지만 만약 설의 말 중에서 딱 한 단어, 즉 픽션이라는 말만 다르게 고쳐 쓸 수 있다면 그의 주장은 맞는 표현이 될 수도 있을 것이다. 그리고 문장을 고쳐본다면 다음과 같은 명제가 될 것이다. "통사론적이든 의미론적이든, 하나의 텍스트를 논픽션이라고 인정할 수 있는 어떠한 텍스트적인 특성도 존재하지 않는다." 이 명제는 픽션에는 적용되지 않지만 논픽션에는 적용된다. 이것은 픽션이 **논**픽션에서 발견할 수 있는 모든 장치를 자유롭게 모방할 수 있으며, 그러면서도 여전히 픽션으로 남을 수 있기 때문에 가능한 일이다. 이것은 매우 중요한 문제이기 때문에 다음에서는 바로 이에 대해 논할 것이다.

∴ 논픽션에서 인간의 내면을 표현하는 것은 가능한가? ∴

사실 논픽션 안에도 의식의 표현은 많이 존재한다. 그러나 콘이 말하고 있는 것처럼, 인간의 내면을 확실하게 알도록 허용된 픽션에서의 서술자와는 달리 논픽션은 확실성을 가지고 기술되지 않는다. 꼼꼼한 역사가들의 산문은 확실성을 강조하기보다는 추론을 나타내는 관용적인 표현들을 주로 사용한다. 예를 들면, "나이팅게일은 그렇게 생각했을지도 모른다" "나이팅게일은 그렇게 생각했을 가능성이 대단히 높다" "나이팅게일은 그렇게 생각했던 것이 틀림없다" 등의 표현들은 추론의 정도를 표현하는 상투어들이다. 하지만 콘이 구분해놓았던 이런 경계를 역사가들이 넘는지 안 넘는지 감시하는 사람은 없다. 그래서인지 때때로 역사가들은 그런 경계선을 그냥 넘어버리기도 한다. 리턴 스트레이치Lytton Strachey는 플로렌스 나이팅게일의 내면을 다음과 같이 표현한다.

> 그녀는 스스로에게 부여한 그 이상의 것을 원했던가? 그들에게 침상 위에 창백한 얼굴로 누워 가쁜 숨을 쉬고 있는 그녀를 보여주라. 그녀가 몸을 사린다고 말할 수 있을까? 그녀는 왜 휴식을 갖고자 하는 것일까? 그녀는 자기 자신을 위해 이런 요구를 하는 것이 아니었다. 그녀 자신을 위해서는 정말로! 아니었다! 그들 모두 그것을 알고 있었다! 오직 일을 위해서였을 뿐이었다.[10)]

자유 간접사고의 사용에 주목해보자. 스트레이치는 자신의 가장 유명한 저서 중 하나인 『빅토리아시대의 명사들Eminent Victorians』(1918)에서 바로 이러한 소설적 자유로움을 보여준다. 그러나 리턴 스트레이치는 어떤 특정한 순간의 생각을 포착하기 위해서가 아니라, 나이팅게일의 편지에서 추론한 일반적인 내면 상태를 보여주기 위해 그렇게 했을 수 있다. 역시 이러한 소설적인 자유로움을 가지고 역사를 기술할 수 있는 역사학자들은 사실상 매우 드물다. 『빅토리아시대의 명사들』이 성공했던 것은, 빅토리아시대의 전기작가들이 가지고 있던 숭고한 태도를 보여줌으로써 감동과 즐거움을 줄 수 있었기 때문이었다. 사실 어떤 점에서, 부분적으로는 그것이 가지고 있는 소설적 자유로움 때문에 그 책은 역사책으로서의 지위를 오래전에 넘겨주었는지도 모른다. 그러나 그것은 여전히 '문학' 고전으로서, 그리고 1900년대 초의 근대 문화계를 휩쓴 격렬한 반빅토리아주의 사조를 면밀하게 기록한 역사적인 기술로서 남아 있다.

픽션 속의 역사적 사실

지금까지 나는 독자들이 논픽션과 픽션이라는 두 종류의 서사를 분명하게 구별한다는 사실을 보여주었다. 독자들은 세계를 창조하는 서로 다른 방식과 다른 종류의 진실을 통해 픽션과 논픽션을 구별한다. 소설과 대부분의 희곡 그리고 영화들을 대할 때, 우리는 이것을 픽션이라고 인식하며 반응한다. 따라서 픽션에 대해서는 우리가 논픽션에서 기대하는 만큼의 역사적 정확성에 대해 부담을 느낄 필요는 없다. 우리는 때때로 소설이 역사의 형식을 모방하고, 영화가 다큐멘터리를 모방한다는 사실을 알고 있지만, 그럼에도 불구하고 여전히 픽션에 대해 역사적인 정확성을 기대하지는 않는다. 어떤 것을 픽션으로서 인식한다는 것은 현실세계의 실제 사건과 사람들과의 지시관계—도릿 콘이 말했던 논픽션의 특징—에 대해서 마치 스위치를 내리듯 관심을 중단하는 것을 의미한다.

그러나 실제 현실에서는 역사적 정확성이라는 문제에 대해 픽션과 논픽션 사이에 비대칭성이 발생한다. 이것을 설명하기 위해 『뉴욕 타임스』의 픽션 코너에서 3년 이상 베스트셀러를 차지했던 댄 브라운의 『다빈치 코드』를 생각해보자. 이 작품은 가공의 이야기 속에서 가공의 인물들을 다루고 있는 분명한 소설이다. 그러나 텍스트를 집요하게 붙들고 늘어지는 (사실 그래서 더욱 판매를 부추기기도 했던) 논쟁들이 존재한다. 그것은 텍스트 속에 나타나는 역사적 사실들이 '거짓말'임을 밝히기 위해 노력하는 사람들이 존재하고 있다는 사실이다. 브라운은 새롭게 수정된 그리고 매우 논쟁적인 역사를 스토리 안에 담았다. 예수가 마리아 막달레나와 결혼했고 그녀가 예수의 십자가형 이후 프랑스로 도망쳐 예수의 아이를 낳았으며 그 무리의 후손들이 오늘날 여전히 살아 있기 때문에, 이러한 사실을 지워버리기 위해 교회가 노력해왔다는 것, 그리고 심지어는 지금 그들의 후손들을 박해하고 있다는 바로 그런 역사 말이다. 물론 이 '역사'는 픽션으로서, 즉 소설의 현재 스토리를 구성하기 위해 만들어진 허구의 역사서사로 읽혀질 수 있다. 그리고 이 소설 속에 나타난 수정된 역사를 픽션의 일부로 받아들이며, 소설을 소설로 즐기려는 수많은 독자들이 있다. 그러나 이 책이 의심할 여지없는 소설이라는 사실조차도 브라운의 역사에 '오류'들이 있음을 규명하기 위해 노력하는 수많은 책들이나 블로그, 특집 기사와 공식 웹사이트에 올라오는 불만들을 다 막아주지는 못한다.

그렇다면 역사적 정확성에 대한 문제는 역사 기술의 경우만큼이나 픽션에서도 중요한 비평 기준이 되는 것일까? 그렇다고 가정한다면,

독자들의 반응은 보통 두 가지 문제에 따라 갈리게 된다. 첫째는 그 픽션이 역사를 얼마나 심각하게 다루고 있는가 하는 문제이고(『다빈치 코드』에는 실제 역사 원전으로부터 가져온 예증들을 포함해 대단히 학문적인 논평들이 포함되어 있다), 둘째는 독자들이 그 특별한 역사에 대해 얼마나 관심을 기울이는가 하는 것이다. 『다빈치 코드』에 분노하는 독자들의 대부분은 기독교의 정통적인 역사를 신봉한다. 하지만 그 소설이 제시하는 새로운 역사를 믿거나 혹은 그것이 사실일 수도 있다는 생각에 흥미를 가진 사람들은 그와는 다른 더 즐거운 경험을 하게 된다. 물론 어떠한 역사적 서사가 더 정확한가에 대한 논쟁은 여기에서 중요한 것이 아니다. 중요한 것은 우리가 픽션에 반응하는 방식이 역사의 진실성에 대한 우리의 인식에 따라 아주 효과적으로 변할 수도 있다는 점이다. 셰익스피어가 『리처드 3세』를 쓰려고 했을 때, 그는 그저 좋은 비극 한 편을 쓰려고 했는지도 모른다. 그러나 그가 표현하고 있는 영국의 역사는 리처드 왕을 절대적인 악으로 재현함으로써 기득권을 유지하려 했던 튜더 왕조의 관점에 따라 진행되고 있다.[11]

문학 고전 중에는 **역사극과 역사소설이** 대단히 많다. 누구나 이 두 범주를 일종의 장르라고 말할 수 있다. 그러나 여기에서 우리가 다루려 하는 문제는 장르의 문제보다는 좀더 광범위하다. 왜냐하면 지금 우리는 우리가 살고 있는 실제 세상을—물론 여기에는 역사도 포함된다—이해하는 방식이 픽션 속에서 세계를 구성하는 데 얼마나 중요한 역할을 하고 있는지에 관해서 말하고 있기 때문이다. 그리고 이 질문에 대한 답은 실제 세상에 대한 우리의 이해가 대부분의 픽션에서 정말로 막대한 영향력을 발휘한다는 것이다. 사실 우리는 픽션의 세계를, 누군가 그것이 현실세계와 무관한 것이라고 말하지 않는 한, 우리가 살고 있는 세상의 이미지와 일치한다고 가정한다. 이와 관련해 마리-로르 라이언은 **최소 이탈의 원칙**the principle of minimal departure이라는 신조어를 만들어냈다. 이 용어는 허구적 서사가 만들어내는 세계는 '텍스트 그 자체에 위배되지 않는' 한 '자신들이 살고 있는 경험적 현실의 세계'와 일치한다고 여기는 독자들의 무의식적인 가정을 표현하고 있다.[12] 그녀는 이러한 가정이 서사의 수많은 틈을 채워나가는 하나의 방식이라고 말한다. 특히 언어로 내용을 전달하는 픽션의 작가들은 자신들이 창조하는 서사세계를 이해할 수 있는 것으로 만들기 위해 독자들의 이런 능력에 크게 의지하게 된다.

이러한 사실은 11장의 마지막에서 내가 말하게 될 내용을 보완해준다. 다시 말해 픽션에는 모든 형태의 역사적 글쓰기가 들어갈 수 있으며, 픽션의 세계에는 역사를 포함하고 있는 실제세계가 들어갈 수 있는 것처럼 보인다. 픽션을 읽을 때, 우리는 장미에는 가시가 있고 집에는 문이 있으며 사람들은 팔다리를 갖고 있다는 사실을 누가 말해주지 않더라도 짐작할 수 있다. 게다가 이런 보편적인 모습들뿐 아니라 좀더 특별한 사항들까지도 우리는 머릿속에서 보충할 수 있다. 가령 그것이 동시대의 시카고에서 벌어지는 스토리라면, 특별한 정보가 따로 존재하지 않는 한, 시카고에는 미시간 애비뉴와 쇼어 드라이브 강과 시어스 타워가 있다는 사실을 가정하게 된다. 더 나아가, 만일 해리 S. 트루먼이란 이름의 인물이 스토리 안에 등장한다면, 우리는 사실과 반대되는 정보가 존재하지 않는 한, 그가 미국의 33번째 대통령이자 민주당원이며 1948년 토머스 듀이와의 선거전에서 승리했고, 히로시마와 나가사키에 원자폭탄 투하를 지시한 바로 그 사람이라고 짐작하게 된다.

물론 논리적으로는 시카고와 해리 S. 트루먼은 소설 속의 허구적 실체이다. 저자는 절대적인 권한을 갖고 있으며, 자신이 원하는 대로 시카고와 트루먼을 그려낼 수 있다. 저자는 다이너마이트로 시어스 타워를 폭파시킬 수도 있고, 트루먼이 선거에서 듀이에게 지도록 만들 수도 있다. 돌레첼이 저서 『헤테로코스미카: 픽션과 가능세계』에서 주장한 바에 따르면 고정된 것은 오직 이름뿐이다(물론 이름조차도 소설이 진행되는 과정에서 얼마든 변경될 수 있다). 소설 『전쟁과 평화』에서 "톨스토이가 묘사하는 '나폴레옹'은 톨스토이가 창조한 '피에르 베주호프'만큼이나 허구적이다."[13] 그러나 그런 사실들이 특별히 수정되지 않는다면, 소설을 읽는 과정에서 역사에 대해 우리가 가진 지식들은 함께 떠오르게 마련이다. 게다가 소설 속의 역사적 인물과 사건은 우리가 품고 있는 감정뿐만 아니라, 그 역사에서 무엇이 옳고 그른지에 대한 신념과도 결코 분리될 수 없다. 물론 우리의 생각은 옳을 수도 있고 틀릴 수도 있으며, 그저 황당무계한 상상일 수도 있다. 우리의 감정 역시 정당화될 수도 있고 그렇지 못할 수도 있다. 그럼에도 불구하고 우리의 생각이나 감정은, 라이언의 용어에 따르면 '우리의 경험적인 현실'과 관련된 중요한 특징이다. 그리고 이러한 것들은 허구서사의 틈에 넘쳐난다. 그래서 만약 역사소설이나 연극, 영화 속의 **내포저자**가 히로시마에 원자폭탄이 떨어졌다는 그런 역사적 사건을 터무니없이 다르게 말한다면, 독자와 관객들은 논픽션의 해설 속에 나타난 오류를 지적할 때처럼 화를 낼지도 모른다. 그런 사람들에게 별로 도움이 되지는 않겠지만 한마디만 해주고 싶다. "이건 그냥 픽션입니다. 안심하고 즐기십시오."

∴ **픽션과 논픽션의 하이브리드** ∴

우리에게 잘 알려진 실제세계를 픽션에 자유롭게 포함시키는 수없이 많은 다양한 역사적·전기적 픽션들이 있다. 마릴린 먼로의 '철저히 핵심만을 뽑아낸 인생'을 담고 있는 조이스 캐럴 오츠Joyce Carol Oates의 『금발머리Blonde』(2000)와, 작가 자신을 중심인물로 해서 초점화하고 있는 노먼 메일러Norman Mailer의 『밤의 군대들the Armies of the Night』(1968), 1941년에 있었던 닐스 보어와 베르너 하이젠베르크의 역사적인 만남에 대한 불확정적이고 서로 일치하지 않는 세 개의 판본을 담고 있는 마이클 프레인Michael Frayn의 희곡 「코펜하겐Copenhagen」(1998), 죽어가는 지그문트 프로이트의 허구적 독백을 담은 D. M. 토머스의 『파블로바 먹기Eating Pavlova』(1994) 등이 바로 그 사례들이다.

이런 작품들을 열거하자면 끝이 없지만, 내가 하고자 하는 말은 바로 이것이다. 우리가 그 작품을 픽션으로 다루어도 괜찮다는 어떠한 표지가 있기만 하다면(메일러 작품의 부제는 '소설로서의 역사, 역사로서의 소설' 이었다), 비평가들이 뭐라고 말하든 상관없이 사람들은 이러한 실험을 받아들일 거라는 사실이다. 그러나 역으로 만약 픽션이 그 자체를 역사로서 자처한다면 도리어 더 큰 문제가 될 수 있다. 에드먼드 모리스Edmond Morris의 『더치: 로널드 레이건의 회고록Dutch: A Memoir of Ronald Reagan』(1999)은 대통령의 '공인된 전기'로 선전되었고, 이는 사실인 듯하다. 그러나 모리스는 자기 자신을 레이건의 지인 중 한 사람으로 설정해 허구적인 역할을 스스로 부여하여 허구적인 장면과 인물들을 등장시켰다. 모리스는 신망 있는 역사가였지만, 이른바 '역사'라고 말한 그의 저서에 쏟아진 사람들의 비난을 피할 수는 없었다. 또한 레이건이 워낙 속을 알 수 없는 사람이었기 때문에 픽션을 사용할 수밖에 없었다고 말한 그의 변명도 소용이 없었다. 어느 비평가의 다음과 같은 언급은 다수의 정서를 대변한다. "사실과 픽션의 그런 혼합은 완전한 픽션일 뿐이다. 그것은 전기작가가 도달할 수 있는 가장 근접한 기록의 진실이라는 전기의 정의를 훼손할 뿐이다."[14]

사람들이 픽션에서 기대하는 것과 논픽션에서 기대하는 것 사이에는 비대칭성이 있다. 이것은 우리 문화의 일부이기도 하다. 제임스 프레이의 허구적 자서전을 읽었던 몇몇 독자들은 자신들이 '사기를 당했다'고 느꼈기 때문에 법적인 소송을 제기하기까지 했다. 이 글을 쓰고 있는 현재, 저자와 출판사는 그들이 비판받을 가능성이 높다고 생각했기 때문에 (범죄를 인정하지는 않았지만) 합의를 보는 데 동의했다.

픽션의 진실

요약하면, 논픽션 서사는 지시적 기능이라는 측면에서 픽션 서사와는 다르다. 우리는 논픽션 서사가 가능한 한 실제 사건의 진실을 그대로 잘 전달하기를 기대한다. 그만큼 그것은 '거짓말을 하게 될' 수도 있다. 특히 역사적인 인물의 자의식처럼 진실이 상세히 기록될 수 없는 영역일수록 논픽션은 더욱 확실한 증거를 요구받는다. 따라서 논픽션이 이용할 수 있는 서사적인 장치에도 한계가 있을 수밖에 없다. 반면 픽션 서사에는 그런 속박이 없다. 픽션의 서사는 인물들의 내면과 생각을 확실하고 정확하게 기록할 수 있다. 픽션의 세계를 구성하기 위해, 그것은 우리의 세계를 마음대로 가져와 덧붙이거나 삭제하며 변화시킬 수 있다. 또한 픽션은 논픽션 서사가 사용하는 장치들을 사용해 서사 전체를 구성하기도 한다. 그래서 그것은 역사 다큐처럼 보일 수도 있고, 혹은 완전히 기이한 것으로 보일 수도 있다. 그것이 역사적 사건을 다루는 방법은 절대적인 찬성을, 반대로 거센 반감을 가져올지도 모른다. 하지만 그렇다고 해서 그것이 픽션으로서의 지위를 훼손하지는 않는다.

이러한 차이를 받아들인다면, 특별히 픽션에만 한정된 진실이라는 것도 존재하는지에 대해 생각해볼 필요가 있다. '허구적 진실'이란 말은 모순형용처럼 들리기는 하지만, 자주 쓰는 말인 데다 그와 유사한 말들, 예를 들면 "정말이야" "그거 진짜 같은데?" "인간의 마음에 관한 진실을 전달하고 있어" "아주 현명해" "심오한걸!"과 같은 관용구들이 픽션 서사에 적용되기도 한다. 아리스토텔레스는 이런 종류의 진실을 철학적인 진실 혹은 보편적인 진실이라고 불렀다. 그리고 이것을 역사에서 발견할 수 있는 진실과 대비시켰다. 이러한 역사적 진실은 실제로 발생한 특정한 사실에 연결되어 있다.[15] 아리스토텔레스의 해설은 시간을 초월해 지금까지도 여전히 픽션 서사가 전달하는 진실에 관한 가장 보편적인 설명이다. 즉, 픽션이 말하는 진실이란 **사실**fact보다는 오히려 **의미**meaning에 관한 진실이다. 픽션 속에서 활용할 수 있는 수많은 장치들을 통해 저자는 등장인물을 대표적인 유형으로 만들 수 있고, 그들을 결합해 도덕적이고 실제적인 결과를 생생하게 이끌어 낼 수도 있다. 사실fact도 픽션의 세계에 속해 있을 수 있지만, 우리가 우리의 세계 안에서 생각하고 행동할 때 서사는 의미로 더 충만해질 수 있다. 아리스토텔레스는 픽션의 가상적 공간 속에 몰입되어 살아가는 우리에게 이런 종류의 진실이야말로 어떠한 추상적 철학 진술보다도 더 크게 영향을 미칠 수 있다고 주장했다. 아리스토텔레스의 논의는 그야말로 선구적인 내용을 담고 있다.

이처럼 픽션 안에는 생각을 전달하고 그것을 심오한 감정과 융합시킬 수 있는 힘과 유연함이 내재해 있다. 하지만 지난 세기 동안 정작 우리가 해결하기에 좀더 까다로웠던 질문은 따로 있다. 서사는 과연 세상을 어떻게 가공하는가 하는 것이다. 그러나 이 책에서는 이 주제에 대해 다음의 중요한 두 논점으로만 논의를 국한했으면 한다. 어쩌면 이 둘은 서로 역설적인 관계에 있는 것처럼 보일지도 모르겠다.

① 픽션의 진실이 반드시 참일 필요는 없다.

② 픽션의 진실은 논픽션에서도 발견할 수 있다.

첫번째 명제는 사실 오래전에 이미 알려진 사실이다. 아리스토텔레스의 스승이었던 플라톤은 『국가론』에서 픽션을 비난했다. 픽션이 필연적으로 진실을 왜곡할 수밖에 없다고 믿었기 때문이었다. 플라톤은 우리의 세계와는 또 다른 차원의 세상에 완벽한 진실이 존재한다고 믿었다. 그에 따르면, 우리 세계의 존재들은 또 다른 세계의 그림자일 뿐이며, 픽션을 통해 묘사되는 세계의 존재들은 그림자의 또 다른 그림자일 뿐이다. 그래서 이런 관점에서라면, 소설을 읽고 나서 "이 얼마나 진실한가!"라고 말하는 모든 사람은 실제로는 거짓에 속고 있는 셈이다. 그러나 최근, 특히 니체 이후로 재현에 관한 대부분의 이론들은 (물론 전부는 아니지만) 플라톤이 말하는 절대 진리와는 별로 관련이 없다. 이러한 관점에서 본다면, 결국 도달할 수 있으리라는 희망이 없어도 계속해서 추구하고 있는 세계는 역설적이게도 우리가 살고 있고 그 안에서 삶을 영위하고 있는 실제세계인 것이다. 이것을 서사적인 용어로 바꾸면 다음과 같다. "만약 서사담화가 언제나 스토리를 전달하는 것이라면, 결국 스토리와 담화는 차례로 우리가 세계를 바라보는 방식을 전달하게 된다. 수사학은 세상을 변화시키는 강력한 힘을 가지고 있다. 이를 이용해 서사는 우리와 세계 사이에 개입한다."

이것을 다른 방식으로 설명해보자. 어떠한 허구서사든 그것은 세계에 관한 어떠한 관념idea을 전달한다. 그러나 이러한 관념들은 처음부터 세계 안에 이미 존재하고 있는 것은 아니다. 그것은 오히려 추후에 세계에 적용된다. 관념들은 서사의 내용뿐만 아니라 서사라는 전체 구조물에도 영향을 미친다. 다시 말해 관념은 서술 방식, 인물들의 구성 방식, 세부 사항의 조직, 초점화자, 구조물을 지지하는 마스터플롯,

시작과 결말 등과 무관하지 않다는 것이다. 물론 이러한 관념들 가운데 어떤 것은 오류일 가능성도 있다. 그러나 여전히 픽션을 읽는 대중들은 "맞아, 정말로 그렇지!"라고 말할지도 모른다. 그러므로 모든 종류의 **장르**에는 세계에 대한 관념들이 미리 내재되어 있다. 예를 들어 19세기 탐정소설을 비롯해 고전 서사시, 1950년대의 묵시론으로 가득 찬 SF, 18세기 서간체 소설들, 제임스 1세 시대의 복수극 그리고 누아르 필름에 이르기까지, 이 모든 장르 안에는 각각 성 문제, 인식론, 행복의 기회, 선택의 자유, 신의 존재와 부재와 같은 주제와 연결된 하위문화적 관념들이 담겨 있다. 이렇게 볼 때 픽션의 서사는 새로운 지식을 알리기보다는 우리가 가지고 있는 환상을 증명하는 데 더 많은 시간을 할애한다고 말할 수도 있을 것이다. 그래서인지, 이른바 사실주의 소설조차 진실에 대해서는 별로 관심을 두지 않는 것 같다. 롤랑 바르트의 신조어 '리얼리티 효과reality effect'라는 것도 결국 서사가 삶에 대한 진실을 말하고 있다는 점을 확인시켜주는 세부 사항들의 효과를 의미한다. 바꿔 말하면, 리얼리티란 우리가 잠재의식 속에서 해독해내는 효과 그 자체를 의미한다.[16] 픽션의 진실이란 우리가 세상을 어떻게 이해하는지에 따라 만들어지는 구조물이며, 이러한 관점에서 그런 모든 진실은 서로 동등하다고 할 수 있다. 물론 이 문제에 관한 논쟁은 여전히 진행 중이다.

두번째 명제는, 독자들과 비평가들이 픽션에서 찾는 진실은 논픽션과 동등할 수 있다는 것이다. 이러한 견해는 특히 지난 30년간 많은 주목을 받아왔다. 물론 논픽션 안에는 픽션에서 발견할 수 있는 유연함이나 서사적 장치들이 존재하지 않을지도 모른다. 하지만 그렇다고 해서, 그것이 역사가들로 하여금 서사적 세부 사항을 사용하지 못하게 만들지는 않는다. 역사가들은 이야기를 강조하고, 숨 가쁜 서스펜스와 종결의 순간을 조정하며, 초점화와 어조를 통해 특정한 관점을 보여준다. 요컨대 역사가들은 스토리가 존재하지 않는 리얼리티 세계로부터 스토리를 이끌어내기 위해 서사적 기법이라 불릴 수도 있을 법한 방법들을 사용할 수도 있는 것이다. 역사가 헤이든 화이트는 단순한 **연대기적** 사건의 기록을 처음과 중간, 끝이 있는 이야기로 바꾸는 과정을 **플롯 짜기**emplotment란 말로 표현한다. 이것은 하나의 사건을 다른 사건과 연결하고, 생각과 감정을 전달하는 **장르**와 스토리의 심층구조(**마스터플롯**)를 통해 이야기를 이끌어간다. 그리고 이런 방식으로 서사화되는 과정 속에서 비로소 과거 안에는 의미가 담기게 된다. 요컨대 **실제 사실들**은 그 자체로는 아무런 의미가 없으며, 우리는 그것들을 해석해야 한다. 그런데 이처럼 시간 순으로 전개되는 사실을 해석한다는 것은 그것들을 하나의 스토리로 변화시켜야 한다는 말과 다름없다. 결국 **역사**history라는 단어 속에는 **스토리**story라는 뜻도 포함되어 있는 것이다. 프랑스어에서 역사와 스토리는 모두 histoire로 표기된다. 그러므로 역사란 정말로 과거에 실제로 발생한 일이라기보다는, 오히려 누군가가 그 과거를 서사화할 때까지 기다려야만 하는 것인지도 모른다. 이러한 논리는 2장에서 언급했던 컬러의 주장, 즉 스토리는 서사담화를 앞서나가는 것이 아니라 단지 뒤따를 뿐이라는 입장을 뒷받침한다.

이런 논리를 얼마나 더 발전시킬 수 있는가? 역사서사에서는 지시적 기능이 무시될 수 있기 때문에, 역사가들은—그들이 그것을 알고 하든 모르고 하든—기본적으로 소설가들이 하고 있는 일을 하는 것일까? 화이트는 역사를 기술하는 것은 "본질적으로는 픽션을 만드는 과정이다"라고 주장해왔다. 사실 이 말은 200년 전까지만 하더라도 역사가들이 당연히 여기던 생각을 반복한 것일 뿐이다. "역사적 상황이란 **본질적으로** 비극적이지도, 우습지도, 로맨틱하지도 않다. 그것은 역사가 스스로가 특정한 의미를 부여하고자 역사적 사건들과 일정한 플롯을 교묘히 조합시킴으로써 탄생된 것일 뿐이다"[17]라고 화이트는 말한다. 그렇다면 과거는 어떤 스토리에나 자유롭게 쓰일 수 있을 만큼 만만한 것일까? 그러나 '홀로코스트 실험'은 화이트 이론의 난제 중 하나이다. 말하자면 그것은 다음과 같은 논리라고 할 수 있다. 유대인 학살이라고 하는, **누구나 알고 있는 그 엄청난 사실**을 과연 코미디로 각색할 수 있을까? 혹은 그 사건을 나치 장교 아돌프 아이히만이 영웅으로 등장하는 비극에서도 이용할 수 있을까? 이제는 망령이 된 히틀러 치하의 제3제국에서 그런 비극을 쓰는 역사가들을 누군가는 상상할 수 있을지 모른다. 그러나 홀로코스트의 진실을 알고 있는 한, 인간적인 기준에서 본다면 그것은 정말 끔찍한 일이다.

돌레첼은, 픽션과 논픽션이 다른 두 종류의 세계와 연관되어 있다는 사실을 충분히 이해하기만 한다면 화이트와 같은 극단적인 '구성주의적' 이론을 지지하기는 어려울 것이라고 주장한다. 가령 돌레첼은 역사와 픽션 모두 많은 서사적 **틈**들이 있지만 그 종류는 서로 다르다고 말한다. 픽션의 틈(아무리 추론을 해도 서사로부터는 도저히 채워 넣을 수 없는 바로 그것—7장을 보라)은 작가가 채워 넣지 않기로 선택했다는 그 단순한 이유 때문에 채워질 수 없다. 이 문제의 고전적인 예는 『맥베스 부인』의 자녀에 관한 질문이다. 만약 맥베스 부인이 아이를 가지고 있다 해도, 과연 몇 명의 자녀인지 우리는 결코 알 수 없다. 왜냐하면 셰익스피어가 자신의 허구적 세계 안에 아이들의 존재/부재에 관한 내용을 넣지 않기로 선택했기 때문이다. 만약 셰익스피어가 자녀들에 대한 부분을 넣었거나 혹은 그들의 부재를 확인해주었다면 그것은 맥베스 부인을 바라보는 방식에, 어쩌면 연극 자체를 보는 방식에 분명 어떤 식으로든 영향을 미쳤을 것이다. 하지만 그가 설명하지 않기로 결정한 것을 어쩌겠는가. 이와는 반대로, 역사의 틈에는 역사적으로 중요한 실체와 사건들이 포함되어 있으며, 이 사실에 대해 우리는 왈가왈부할 여지가 없다. 우리는 그 틈들이 의미하는 것이 무엇인지 모를 수도 있다. 아니 어쩌면 절대로 모를 수도 있다. 그러나 만약 후대의 다른 역사가 비어 있던 그 틈을 채워 넣는다면, 이전의 역사는 더 이상 유효하지 않은 것으로 여겨질 것이고, 똑같은 이유로 그 역사의 '플롯 구조'와 '의미' 역시 과거의 것으로 치부되고 말 것이다.

그럼에도 불구하고 동일한 사실이 다르게 해석될 수도 있다는 말은 여전히 사실이다. 화이트는 서사의 수사학이 역사와 같은 사실을 재현하는 데 얼마나 광범위하게 사용되고 있는지를 잘 보여주었다. 요컨대 과거는 해석이 가능한 열린 텍스트이며, 우리의 문화와 개인의 정체성, 그리고 미래에 대처하는 방식들이 어느 정도는 우리가 과거를 이해하는 방식에 따라 결정된다는 것이다. 따라서 어떤 역사가 말하고 있는 스토리가 어떻게 형성되고 있으며, 또 그가 무엇을 빼놓았는지를 검토하는 일은 무엇보다 중요하다.

이제 마지막으로 다시 픽션에 대한 내용으로 돌아가 보자. 픽션에 대해서도 우리가 역사서사를 대할 때 하는 것과 비슷한 종류의 검토가 필요할까? 비평가들과 독자들, 관객들이 허구서사의 성공과 실패를 평가할 때, 그 평가는 완전히 픽션의 세계 속에서만 내재적으로 이루어지는 것일까? 아니면 그들이 가지고 있는 '각자의 경험적 리얼리티'도 함께 평가에 개입되는 것일까? 만약 그렇다면, 그러한 경험적 리얼리티, 즉 허구적인 경로를 따라 구조화되는 서사의 모방 그 자체는 문화적인 이데올로기에 의해 지배되고 있는 것일까? 물론 이것은 대단히 복잡한 문제이다. 그러나 현실에 대한 인식은 분명 우리 삶의 구조에도 영향을 끼치는 것처럼 보인다. 다시 말해 누군가가 죽거나, 당신이 무일푼이 되고, 혹은 시력을 잃거나, 혹은 누군가가 당신에게 도움의 손길을 내밀거나 하는 일들처럼, 우리의 인생에 불쑥 끼어드는 일들을 헤아리자면 끝이 없으며, 이런 일들이 우리 자신과 세계관을 변화시키기도 한다. 이런 일들이 실제로 우리에게 일어날 때, 우리는 마음속에 이미 가지고 있는 서사적 모형들을 이용해서 우리의 삶을 **정상화**하려고 노력할 것이다. 물론 기억상실증에 걸리지 않는 한 실제로 발생한 일과 그 결과가 잊혀지지는 않겠지만 말이다. 게다가 삶의 과정을 거치며 누구나 비슷한 경험을 겪게 된다는 점에서, 우리는 이와 같은 경험적 진실의 대부분을 다른 이들과 공유한다. 우리는 매개를 통해서 세계를 경험하기도 하지만, 살아가는 데 지장을 주지 않을 만큼 충분히 정확하게 그러한 경험을 집합적으로 다룰 수 있었다. 덕분에 우리는 인류로서 생존할 수 있었는지도 모른다. 그리고 바로 이로 인해, 우리는 어떤 이들을 좀더 현명하다고 평가하기도 한다.

그래서 마침내 경험의 결과는 픽션 서사를 판단하는 과정에도 개입한다. 예를 들어, 누군가가 어떤 소설을 놓고 '너무 감상적'이라고 말할 때, 그는 좀더 분별력 있는 내용이 어떤 것인지에 대해 어렴풋하게나마 지각하고 있는 것으로 보인다. 이러한 경우, 인생을 잘 모르는 어수룩한 존재의 눈과 입을 통해서 서사적 목소리와 초점화가 작동하고 있다고도 말할 수 있다. 또는 우리가 아는 인간 본성에 비추어볼 때 소설의 종결이 식상하다고 평가하기도 한다. 요컨대 논픽션의 서사적 틈에 관해 언급했던 돌레첼의 지적은 픽션에 대한 판단에도 역시 적용될 수 있는 것이다. 기술적인 측면으로 말하자면 단서가 주어지지도 않은 상태에서, 서사적 허구의 틈 속에 들어 있다가 독자에게 발견되기를 기다리고 있는 스토리는 존재하지 않는다. 그러나 무엇인가가 당연히 있**어야 한다**고 판단했다면, 그것은 그 허구서사에 무언가 인식이 결여되었다는 것을 의미한다. 다시 말해, 삶에서 경험하는 엄혹한 사실들을 보여주지 못한다면, 이런 종류의 감성적 소설은 신뢰를 주지 못한다. 제아무리 픽션 속의 내용이라 할지라도, 아우슈비츠를 가벼운 코미디로 재현하는 것을 참을 수 없는 것과 같은 이치이다.

∴ 픽션의 집에는 방이 많다 ∴

서사의 진실에 대한 집중적인 논의에도 불구하고, 우리는 '삶'이라고 부르는 것에 대해 그다지 심각한 태도를 취하지 않거나 겉치레조차 하지 않는 서사적 허구가 수없이 많이 존재한다는 사실에 대해서는 간과하기 쉽다.

> 어수선한 생각에 빠져 있을 때,
> 불꽃처럼 타는 눈의 재버워크는
> 어두운 숲을 지나 흔들흔들 달려와,
> 곁에 와서 웅얼웅얼 지껄였다!
>
> 으앗, 하! 으앗, 하! 그리고 푹, 푹
> 날카로운 칼날로 단숨에 꿰뚫었다!
> 괴물을 죽여 머리를 잘라 들고
> 의기양양 돌아왔다.[18]

이 주제가 복잡하기는 하지만, 그래도 이제 재현의 기본적인 세 종류를 구별할 단계가 되었다. 이는 사실의 재현, 거짓의 재현, 그리고 허구적 재현이라고 한다. 앞의 두 방식, 사실의 재현과 거짓의 재현은 같은 영역, 즉 막연히 현실이라고 부르는 우리가 살고 있는 세계에 속해 있다. 이 세계에서는, 우리는 대상과 사건들을 올바르게 이해할 수도 있고 잘못 이해할 수도 있다. 단순한 실수 때문이건 혹은 사기를 당해서건, 우리가 대상과 사물을 잘못 이해했을 때, 사람들은 때때로

"그거 픽션 같은데!"라고 말하는 경우가 있다. 하지만 여기서 진행되고 있는 게임은 이 세계에 관한 정확성에 관한 문제이기 때문에, 이 맥락에서는 '픽션'이라는 말이 부정의 의미를 함께 가지게 된다. 이런 종류의 게임은 역사가나 전기작가, 언론인과 다큐멘터리 제작자의 영역에 속한다. 우리의 기준으로 본다면, 역사가들의 전반적인 풍조가 현실을 잘못 이해하는 것처럼 보일지도 모르지만, 이들의 문화 속에서도 사실과 거짓을 구별하는 차이는 엄연히 존재한다. 그리고 그런 구별을 하는 일이 자연스러운 인간의 특성인 것처럼 보인다.

하지만 좀더 놀라운 점은 우리는 또 다른 종류의 게임, 즉 픽션의 게임도 할 수 있다는 사실이다. 픽션을 기껏해야 시간 낭비라고 생각하는 엄격한 청교도주의자들도 있다. 하지만 이들을 제외한다면, '픽션'이라는 말은 더 이상 부정적인 의미를 담고 있지 않다. 픽션의 게임에서는 다른 세계가 창조된다. 이것은 우리의 세계처럼 보일 수도 있고, 혹은 완전히 다르게 보일 수도 있다. 그러나 대부분의 픽션 세계는 그것이 아무리 기상천외하다 할지라도 우리 자신의 세계와 유사하다. 다시 말해 픽션은 그 세계의 경계 안에서 사실과 거짓, 그리고 픽션 사이의 차이를 유지할 수 있는 것이다. 따라서 픽션 세계의 인물들 역시 어떠한 사건을 올바르게 이해할 수도 잘못 이해할 수도 있다. 단지 그들은 우리가 살고 있는 세계의 사실에 의해서가 아니라 그들이 살고 있는 세계의 사실에 의해 그렇게 행동할 뿐이다. 더 놀라운 사실은 우리가 그것을 아주 쉽게 이해할 수 있다는 점이다. 허구의 세계를 만드는 것은 우리가 서사의 능력을 획득하는 것만큼이나 일찍 가지게 되는 능력이다. 이러한 능력은 우리로 하여금 또 다른 세계에서 노닐게 만들 수도 있으며, 그것을 통해 우리 세계가 가진 의미를 되돌아보게 만들 수도 있다. 물론 우리는 이 두 세계, 픽션과 실제세계를 혼동하지 않는다. 정말로 그것들을 혼동하는 사람이 있다면, 그는 정말 아주 이상한 병에 걸린 것인지도 모른다.

그러나 여기 마지막 반전이 있다. 인생에서 우리가 하는 행위들이 어떠한 병리적인 상황에 놓이게 된다면 그것이 정말로 허구적 서사를 감염시킬 수도 있다는 사실이다. 이런 식으로 감염된 픽션들은 실제로 여러 매체를 통해 나타나고 있으며, 지난 세기 동안 꾸준히 증가하고 있다. 더구나 그와 같은 감염은 다분히 의도적이다. 요약하면, 이런 서사들 안에는 서로 충돌하는 둘 이상의 세계가 공존한다. 당연히 이것은 거짓과 사실을 구별하는 모든 작업을 더욱 복잡하게 만들 수밖에 없다. 다음 장에서는 서사세계 만들기에 관한 일반적인 주제들을 다루면서, 이런 병리적인 픽션 몇 편을 함께 살펴볼 것이다.

더 읽어볼 서사학 이론

제임스 프레이는 필립 르쥔Phillipe Lejeune이 말한 '자서전의 규약'을 위반한 셈이다. '자서전의 규약'에 대한 개념은 르쥔의 『자서전에 관하여 *On Autobiography*』 (Minneapolis: University of Minnesota Press, 1989)에서 볼 수 있다. 픽션의 특정한 인물에 대한 유용한 연구로는 도릿 콘의 『픽션의 특징 *The Distinction of Fiction*』이 있다. 진실과 허구에 대한 복잡한 주제를 다루고 있는 훌륭한 연구서로는 레너드 J. 데이비스Lennard J. Davis의 1983년 작 『사실적 픽션: 영국 소설의 기원 *Factual Fictions: the Origins of the English Novel*』 (Philadelphia: University of Pennsylvania Press, 1996), 바버라 폴리Barbara Foley의 『진실 전달하기: 다큐멘터리 픽션의 이론과 실제 *Telling the Truth: The Theory and Practice of Documentary Fiction*』 (Ithaca: Cornell University Press, 1986), 토머스 파벨Thomas Pavel의 『픽션의 세계 *Fictional Worlds*』 (Cambridge, MA: Harvard University Press, 1986), 마이클 리파테르Michael Riffaterre의 『픽션의 진실 *Fictional Truth*』 (Baltimore: Johns Hopkins University Press, 1990) 등이 있다. 장-폴 사르트르의 소설 『구토』(1938)와 논문집 『문학이란 무엇인가? *What is Literature?*』 (1947), 자서전 『말』(1964)에는 '진실한 스토리'에 대한 통렬한 비판이 담겨 있다. 헤이든 화이트는 『메타역사: 19세기 유럽의 역사적 상상력 *Metahistory: The Historical Imagination in Nineteenth-Century Europe*』 (Baltimore: Johns Hopkins University Press, 1973)을 통해 역사문헌에 관한 구성주의적 이론을 보여주었다. 그는 『담론으로의 회귀: 문화비평에 관한 에세이 *Tropics of Discourse: Essays in Cultural Criticism*』 (Baltimore: Johns Hopkins University Press, 1978)에서 역사문헌과 픽션의 결합에 대한 자신의 이론을 더욱 발전시켰다. 화이트와 그를 비판했던 사람들 사이의 논쟁은 W. J. T. 미첼Mitchell의 『서사에 관하여 *On Narrative*』에서 볼 수 있다. 사울 프리들랜더 Saul Friedländer의 『표현의 한계에 대한 탐색: 나치와 유대인 학살 *Probing the Limits of Representation: Nazism and 'the Final Soultion'*』 (Cambridge, MA: Harvard University Press, 1992)은 '홀로코스트 실험'에 대해 다루고 있다. 화이트의 이론에 대한 돌레첼의 반응을 그의 논문 「허구와 역사서사 *Fictional and Historical Narrative*」와 데이비

드 허먼의 『서사학: 서사 분석에 관한 새로운 인식Narratologies: New Perspectives on Narrative Analysis』에서 찾아볼 수 있다. 픽션에 대해서 고민할 때 마주하게 되는 또 다른 문제들에 대한 간결하고도 훌륭한 개요를 보고 싶다면 데이비드 허먼, 만프레드 얀, 마리-로르 라이언이 쓴 『루틀리지 서사학 백과사전』에서 데이비드 고먼David Gorman이 작성한 서문 「픽션, 그에 관한 이론들Fiction, Theories of」을 참조할 수 있다.

더 읽어보면 좋은 문학작품

볼프강 힐데스하이머Wolfgang Hildesheimer의 『마르보Marbot』(1982)는 무명의 영국 낭만주의 예술비평가에 대한 전기물을 표방하고 있는데, 논픽션과 너무도 유사하기 때문에 그것을 처음 접한 독자들이 속을 수밖에 없었을 정도였다. 물론 만약 정말로 사람들을 속이려는 의도라면 그 픽션은 분명 사기라고 말할 수 있다. 1980년에, 약 60장 분량의 손으로 직접 쓴 노트가 230만 달러에 팔렸는데, 후에 이것은 『히틀러의 일기The Hitler Diaries』란 제목으로 출판됐다. 하지만 노트를 분석한 법의학 분석가들에 따르면, 그 모든 것이 서적 수집가들이 벌인 사기극에 불과했다. 이 글은 여전히 영어로 번역돼 출판되고 있다. 월터 스콧Walter Scott은 『웨이벌리Waverley』(1814)로 시작되는 일련의 시리즈물을 통해서 '역사소설'을 창시한 것으로 알려져 있다. 톨스토이의 『전쟁과 평화』(1865~69)는 나폴레옹의 쇠락을 가져온 러시아 침공(1812)을 러시아인의 눈을 통해 그려낸 대하 서사시이다. 톨스토이의 소설을, 영화예술의 거장 세르게이 예이젠시테인의 장편서사 영화 「폭군 이반Ivan the Terrible」(1945, 1946)과 비교해볼 만한 가치가 있다. 또한 철학자 비트겐슈타인이 버트런드 러셀, G. E. 무어와 맺었던 복잡한 관계를 말하는 브루스 더피Bruce Duffy의 소설 『내가 찾은 세계The World as I Found It』(1997) 또한 빼놓을 수 없다. 트루먼 커포티Truman Capote는 실제 인물이었던 캔자스 다중살인마의 내면을 직접 취재해 재구성한 소설 『냉혈한In Cold Blood』(1965)을 통해 '논픽션 소설'이란 신조어를 만들어냈는데, 동시대의 사건을 다뤘다는 점에서 역사소설과는 구별되는 새로운 장르가 되었다. 그렇다면 대니얼 디포Daniel Defoe의 『페스트의 나날Journal of the Plague Year』(1722) 역시 논픽션 소설로 볼 수 있을지 모른다. 커포티의 소설은 그것을 1967년 영화화한 작품과, 여성 연쇄 살인범 에일린 워노스를 사실적으로 재현해낸 패티 젠킨스Patty Jenkins의 2003년 작 『몬스터Monster』와 함께 살펴보면 좋을 듯하다. 혹은 커포티가 만난 살인마들의 이야기를 영화화한 두 개의 논픽션 영화, 베넷 밀러Bennett Miller의 「커포티Capote」와 더글러스 맥그래스Douglas McGrath의 「인퍼머스Infamous」를 『냉혈한』과 비교해보는 것도 좋을 것이다. 좀더 자유롭게 실제 범죄들을 다룬 작품으로는 마거릿 애투드Margaret Atwood의 『앨리어스 그레이스 Alias Grace』 (1996)와 에드나 오브라이언Edna O'Brien의 『숲속에서In the Forest』(2002)가 있다.

12장

서사세계

서사 공간

1장에서 나는 그림에서도 서사를 발견할 수 있다고 종종 언급한 바 있다. 실제로, 서사적으로 해석하지 않을 경우 이해할 수 없는 그림들이 많이 있다. 이 장에서 나는 이 진술을 다음과 같이 바꿔 말하고자 한다. 시간뿐 아니라 공간에서도 어느 정도 길이의 서사를 발견할 수 있다. 물론 이 명제 역시 참이다. 영화와 드라마에서 이러한 사례를 찾기란 어렵지 않다. 결국 영화화된 서사는 '움직이는 그림'의 문제인 것이다. 텅 빈 무대 위에 상연된 연극에서조차 관객들은 서사적 시간의 흐름에 따라 바뀌는 공간 속에 위치한 인물의 모습을 볼 수 있다. 그럼에도 불구하고 아리스토텔레스가 플롯(**뮈토스** muthos), 다시 말해 행위의 경과에 가까운 개념을 중시했던 이유는 그 당시의 연극들이 대부분 텅 빈 무대에서 상연되었다는 사실에 부분적으로 기인한다.[1] 그 때 이후로 대부분의 서사 연구는(이 책을 포함하여) 아리스토텔레스가 강조했던 내용을 대체로 따르고 있다. 그러나 서사가 시간에 따라서 사건들을 재현한 것이라는 내용이 참인 만큼이나, 공간에 따른 재현이기도 하다는 것 역시 사실이다.

단지 추측일 뿐이지만, 서사 연구에서 공간을 중요하게 취급하지 않는 성향은 서사학자들, 특히 초기 학자들이 구어와 문어, 즉 언어로 이루어진 서사에 주로 관심을 가졌다는 사실로부터 비롯된 것 같다. 언어로 된 서사 형식의 경우, 독자들은 사건이 벌어지는 광경을 물리적으로 목격할 수 없다. 아니면 이러한 성향은 **서스펜스**, 즉 서사의 동력을 강조하는 태도에서 비롯된 것일지도 모른다. 서스펜스는 시간 집약적인 개념이다. 이는 **과거에 무슨 일이 일어났으며 다음에는 무슨 일이 일어날 것인지** 알고 싶어 하는 마음에서 생기는 즐거운 조바심이며, 청중들로 하여금 뒤를 돌아보거나 앞을 내다보도록 강요하는 힘이다. 그러나 서사에 대한 논의에서 손쉽게 요약해서 말할 수 있는 것은 아무 것도 없다. 서사적 공간에 관한 문제 역시 예외는 아니다.

아버지께서 들판을 가로질러 익사한 소년의 시신을 운반해오셨다.[2)]

이는 앨리스 먼로Alice Munro의 단편 「몬태나 주, 마일즈 시티Miles City, Montana」의 첫 문장이다. 첫 대목에서부터 바로 서스펜스가 발생한다. 여기서 독자는 과거에는 무슨 일이 있었고(이 소년은 누구인가? 어떻게 익사했나?) 미래에 어떤 일이 일어날 것인가(이 소식이 어떻게 알려질 것인가? 누구에게?)에 대해 몹시 궁금해 할 것이다. 그러나 독자는 동시에 공간을 만드는 작업에 들어간다. 불과 일곱 개의 어절로 이루어진 첫 문장을 읽자마자 독자는 이미 들판을 만들어내고, 그곳에 아버지와 떨어진 곳에서 지켜보고 있는 아이(서술자)를 그곳에 배치한다.

문장 나머지 부분을 통해서 독자는 익사한 소년의 모습과 함께 보이지 않는 풍경 너머, 즉 서술자의 아버지 뒤편 어딘가에 물웅덩이 같은 것이 있다는 사실을 알게 된다. 우리는 이미 러시아 문학이론가 M. M. 바흐친이 은유를 사용해 제시한 시간의 '응축thickening'이란 개념에 대해 알고 있다. 사실 이러한 응축의 효과는 서사에서 매우 보편적인 것이다. 따라서 바흐친은 시간이란 단어를 부적절한 것으로 간주하고, 시간과 공간을 동시에 포함하는 새로운 단어를 고안해낸다. 그는 그리스어 단어인 **시간**chronos과 **공간**topos으로부터 차용하여 이를 **크로노토프**chronotoph라고 새롭게 명명한다.[3] 크로노토프는 실제로는 훨씬 더 포괄적인 개념이긴 하지만, 앞에서 기술했던 과정도 이 안에 포함되어 있다.

공간이 서사에서 차지하는 비중을 단적으로 보여주는 예는 청중을 놀라게 하기 위해 시각적 정보를 전략적으로 제한하는 경우이다. (7장에서 예로 든, 사탄에 대한 밀턴의 묘사를 생각해보라.) 이러한 소름끼치는 공간을 묘사하기에 안성맞춤인 형식이 바로 라디오극이다. 라디오극은 소리에 전적으로 의존함으로써 효과를 증폭시킨다. 일흔다섯 편의 라디오극을 쓴 존 딕슨 카John Dickson Carr는 어두운 배경을 즐겨 사용함으로써 이러한 이점을 빈번하게 활용했다. 다음에 묘사된 강신술 모임 장면은 이러한 특징을 어김없이 보여준다.

해리(숨을 몰아쉬며): 세상에, 대체 무슨 일이오?

펠 박사: 내 생각엔 불을 비춰보는 게 좋을 것 같소.

프랜시스 경: 원을 깨뜨리지 말게! 그만해.

펠 박사(엄하게): 내 생각엔 우리가 동시에 불을 비추는 것이 좋을 것 같소.

리븐 씨!

(대답이 없다)

해리: (자기 자신도 모르게 미신적인 공포에 사로잡혀서) 선생님, 그러니까, 저 말입니까?

펠 박사: 그렇소!

(의자 삐걱거리는 소리와 여기저기 나는 발걸음 소리. 의자 하나가 넘어진다.)

펠 박사: 서둘러요!

해리: 알았습니다!

(스위치 소리가 날카롭게 들린다. 음악소리 외에는 침묵, 그때 마저리가 비명을 지른다. 축음기가 서서히 멈추다가 공허하게 긁히는 소리가 나더니 멈춘다.)

해리: (잠시 침묵 후 의심하는 투의 낮은 목소리로, 거의 떳떳하지 못한 어조로) 나는…… 믿을 수가 없어요.

마저리: (목소리를 낮추어. 신경질적이 아닌 긴장된 목소리로) 저건…… 피가 아니죠, 그렇죠? 리븐 씨의 목 위에 홍건한 것 말이에요.[4]

「암흑의 순간」이 1941년에 처음 방영되었을 때, 아나운서는 청취자들로 하여금 불빛을 꺼서 어울리는 환경을 만들 것을 제안했다.

서사 공간에 대해 인식함으로써 우리는 이른바 공간이 결여된 서사에서 느낄 수 있는 특별한 영향력에 대해서도 깨닫게 되었다.

언젠가 그는 자기 자신의 모습을 보게 되리라. 가슴 아래로부터 두 팔, 마침내 두 손에 이르기까지. 처음에는 팔 길이만큼의 거리를 엄격하게 유지하고 있다가, 떨면서 자신의 눈을 향해 가깝게 다가서리라. 그는 자신이 걷고 있는 중임을 알게 된 이후 처음으로 멈춰 선다. 한쪽 발은 다른 쪽 발 앞에, 발바닥은 더 높이, 그리고 발가락은 더 낮게 한 채 결정을 기다린다. 이윽고 그는 움직인다.

공간이 결여되었다는 사실을 느낌으로써, 우리는 평소에 서사의 시간성뿐 아니라 공간성에 대해 많이 의식하고 기대하며, 심지어는 간절히 원하고 있다는 사실에 대해 새삼 깨닫게 된다. 앞의 인용문에서 우리는 행위가 어디에서 일어나고 있는지, 그것이 점유하는 장소가 어떤 곳인지, 이 공간 안에 뭔가 다른 것이 있는지, 크기가 얼마나 되는지, 어떻게 제한되어 있는지, 어떤 모양이고 어떤 느낌인지 알고 싶어 한다. 저자(사뮈엘 베케트)는 이 사실을 잘 알고 있기에, 이 단편 속에서 자신의 목적을 달성하기 위해 일부러 독자들을 불만스럽게 만든다. 그러나 일단 베케트가 등장인물들에게 움직임을 부여하자마자, 일종의 공간이 발생하는 것을 볼 수 있다.

어둠을 무릅쓰고 그는 길을 손으로 더듬어 찾지 않았다…… 그 결과 그는 자주, 즉 모퉁이를 돌 때마다 길을 둘러막고 있는 벽에 부딪쳤다. 왼쪽으로 돌면 오른손이, 오른쪽으로 돌면 왼손이 부딪쳤고 때로는 발이, 때로는 정수리가 부딪쳤다……[5]

한마디로 말하면 행위에 의해서 빈약하나마 공간이 만들어진다는 것이다. 이는 모든 서사에서 사용되는 방식이며, 심지어는 아버지가 아이를 향해 들판을 가로질러 걸어가는 장면 같은 사소한 순간에도 공간이 생성되는 것을 볼 수 있다.

공간의 발생은 지리적인 규모로도 발생할 수 있는데, 특히 여행담 또는 탐색담의 구조를 갖고 있는 스토리가 대표적인 예라고 할 수 있다. 다음 장면은 「몬태나 주, 마일즈 시티」에서 중심이 되는 행위를 보여주고 있다. 여기서 독자는 더욱 큰 공간이 발생하는 광경을 목격한다. 서술자는 처음 등장한 이후로 20년의 세월이 흐른 뒤에 남편과 두 명의 어린 딸과 함께 서부 해안에서 온타리노까지 차를 타고 여행을 하고 있다. 먼로는 독자들이 서사의 진행 과정 내내 이 공간을 마음속에 기억해두도록 노력을 기울인다. 이러한 목적을 달성하기 위해서, 그는 서술자로 하여금 초반에 맏딸에게 자신들의 여정에 대해 설명해주도록 한다.

나는 신시아에게 지도 위에 그려져 있는 우리의 경로를 보여주었다. 맨 처음 나는 그 애에게 캐나다의 아랫부분도 함께 나와 있는 미국 전체 지도를 보여주었다. 그다음엔 우리가 통과하고 있는 각 주들, 워싱턴, 아이다호, 몬태나, 노스다코타, 미네소타, 위스콘신 주의 개별 지도를 보여주었다. 나는 미시간 호수를 가로지르는 점선을 보여주면서 이것이 우리가 탈 나룻배의 경로라고 알려주었다. 그리고 나서 나는 미시간 호수를 가로질러 미국과 캐나다를 연결하는 다리에 해당하는 온타리오 주 사니아, 우리의 집이 있는 곳까지 차를 타고 간다고 일러주었다(p. 379).

이러한 방식을 통해서 독자는 스토리의 절정에 도달하는 순간, 자신의 위치를 정확하게 알 수 있다. 그러나 저자가 (독자의 것이기도 하면서 동시에 서술자의 것이기도 한) 여행의 초입 단계에서 서사적 공간-시간에 관한 계획을 알려주는 것에는 또 다른 의도가 숨어 있다.

당초 계획과는 달리, 스토리가 발생하는 실제 공간과 시간 속에서 어떤 일들이 일어날 것인지는 아무도 모른다. 초반에 세웠던 계획과 실제 일어나는 사건의 예측불가능성은 서로 선명한 대조를 이루면서 스토리를 흥미롭게 만들 뿐 아니라 서스펜스와 놀라움을 제공한다. 이러한 유의 스토리는 전혀 새로운 것이 아니다. 여행길 위에서 차례로 일어나는 사건들은 어머니가 사전에 배치해둔 공간화된 스토리의 예상을 비껴가면서 안정감과 평화를 깨뜨리게 된다.

다시 스토리의 첫 문단으로 돌아가 보자. 이 대목에서 우리는 서사에서 시간이 '응축'되는 또 다른 방식을 발견할 수 있다.

아버지께서 들판을 가로질러 익사한 소년의 시신을 운반해오셨다. 수색에서 돌아온 몇 명의 남자들이 함께 있었지만, 시신을 운반해온 사람은 아버지였다. 그 남자들은 진흙투성이에다 지쳐 있었으며, 부끄러운 듯 고개를 아래로 떨군 채 걷고 있었다. 개들마저 차가운 강물을 뚝뚝 떨어뜨린 채 기운을 잃은 모습이었다. 몇 시간 전, 그들 모두 출발하는 순간 개들은 흥분해서 짖어댔고, 남자들은 긴장한 상태로 결의에 차 있었으며 장면 전체에 부자연스러운, 말할 수 없는 흥분이 흐르고 있었다. 그들이 뭔가 무시무시한 것을 발견할지도 모른다는 생각이 들었다.

먼로는 개들과 몇 명의 남자들로 장면을 채워놓음으로써 공간감각을 증폭시킬 뿐만 아니라, 분위기mood를 사용함으로써 공간을 두텁게 하고 있다. 남자들이 부끄러운 듯 "고개를 아래로 떨군 채 걷고 있었고" "개들마저 기운을 잃은 모습이었다." 그들이 출발하는 순간 "개들은 흥분해서 짖어댔고, 남자들은 긴장한 상태로 결의에 차 있었"다. 그리고 더욱 미묘한 대목은 출발하는 "장면 전체에 부자연스러운, 말할 수 없는 흥분이 흐르고 있었다"와 같이 "뭔가 무시무시한 것"을 발견할 가능성과 관련된 흥분이 글의 맥락에서 드러나는 순간이다. 앨런 파머는 모든 허구적 서사에 나타나는 대부분의 행위는 실제로 '정신적 행위'라는 사실을 설득력 있게 주장했다. 등장인물들은 대개 신체적인 사건의 영향을 받을 때, 또는 신체적인 사건이 일어나도록 할 때(어떤 일을 하려고 마음속으로 결심할 때처럼) 생각과 감정 모두 시시각각 변화한다. 그러나 이러한 행위와는 상관없이 정신은 하나의 상태에서 다른 상태로 넘어가는 일도 흔하다. 이러한 행위는 신체적인 행위가 시간에 맞추어 발생하는 것과 마찬가지로 시간에 맞추어 발생한다. 앞의 문단에서, 분위기의 변화는 소년의 시신을 발견한 일에 맞추어 함께 이루어진다. 한때 일어났던 흥분되는 감정은, 이제 슬픔과 수치로 변한다. 그러나 파머도 주장했듯이, 이러한 심리적 행위 가운데 많은 부분은 "한 사람의 범위를 넘어선다." 다시 말해 이러한 행위는 등장인물의 내면뿐만 아니라 이들 간의 관계 속에서도 발생한다. 다음 문장은 정서적인 분위기를 묘사한다. "장면 전체에 부자연스러운, 말할 수 없는 흥분이 흐르고 있었다."

감정을 확장시키고자 한다면, 아니면 더 바람직한 경우 서사 공간을 복잡하게 만들고자 한다면 다른 방법을 사용할 수도 있다. 이를 설명하기 위해 나는 우선 먼로의 이야기에서 이어지는 다음 문단의 시작 부분을 따로 떼어놓도록 하겠다. 이 부분은 공간 속에 고정되어 있는, 죽은 소년에 대해 묘사하는 장면이다.

그의 머리카락과 옷은 진흙색이었으며 몇 조각의 죽은 나뭇잎, 나뭇가지, 풀들이 묻어 있었다. 그는 겨우내 버려져 있던 한 무더기의 쓰레기처럼 보였다. 그의 얼굴은 아버지의 가슴 쪽을 향해 돌려져 있었지만, 나는 초록빛을 띤 진흙이 꽉 차 있는 한쪽 콧구멍과 귀를 볼 수 있었다.

그러나 앞의 내용은 서술자가 실제로 목격한 장면이 아니라는 사실이 드러나게 된다. 이는 다음 문단에서 서술자가 한 말에서 짐작할 수 있다. "그럴 리 없어. 나는 실제로는 이 장면을 모두 보았을 것이라고 생각지 않아…… 그의 콧구멍 속에 있는 진흙 같은 것들을 볼 수 있을 정도로 가깝게 접근하는 일이 내게 허락됐을 리 없기 때문이야." 이러한 진술과 함께 이야기는 갑작스럽게 새로운 초점을 향하는 것으로 보인다. 이제 어떤 일이 일어났는지에 대해서뿐만 아니라 이 소녀가 기억 속에서 그 일을 어떻게 처리했는가 하는 것에 관심이 집중된다. 그녀가 죽은 소년을 목격했을 당시의 모습을 잘못 기억했다는 사실은 일종의 왜곡으로 간주될 수 있다. 하지만 그 순간 그녀는 죽음에 대해 새로운 인식을 갖게 된 것으로 보이며, 따라서 기억의 오류는 이러한 각성의 내용을 정확하게 보여주는 일종의 재현이라고 할 수 있다. 소녀는 어떻게 죽음이 시신을 '쓰레기'로 만들며 어떻게 대지가 시신의 벌어진 틈을 침범하면서 이를 받아들이는지에 대해 깨닫게 된 것이다.

물론 이러한 각성의 시작은 과거에 대한 서사의 실제적 시간 속에서 발생한 심리적 '사건'이다. 그러나 서사는 또한 **사건 이후에 형태를 갖추어 지속되는 서술자의 두려움과 염려**를 보여주기도 한다. 다시 말해서 우리는 시간에 따른 사건을 기술하는 스토리를 읽으면서, 동시에 이 과정을 통해 이야기를 뛰어넘는 정신의 광경을 동시에 포착하게 되는 것이다. 사실 먼로는 익사에 관련한 이 특이한 스토리에 독자들을 지나치게 몰입시키고 있으며, 중심 스토리인 20년 후의 가족 여행으로 넘어가기 전에 거의 두 페이지에 걸쳐서 이야기를 마치고 있다. 그러나 이들 페이지에서 서술자는 과거로부터 어떤 것을 어떻게 선별했는가를 통해 끊임없이 자신을 드러내고 있다. 우리는 그 익사 사건이 부모의 태만에 의해 발생했다는 사실과〔소년은 '어쩌다 아버지가 된 것처럼 보이는 기이한 사람'(p. 375)의 보호 아래 있었다〕 장례식의 질서 있는 의례가 어린 소녀에게는 일종의 은폐처럼 느껴졌다는 것을 알게 된다. 그녀는 의례가 지닌 부정직성에 대해 '격한 그리고 구역질나는 불신'에 휩싸이며, 이러한 감정은 마침내 '희미하고 친숙한 의심' (p. 376)으로 사그라진다. 이러한 부모의 태만, 죽음이라는 혹독한 결말, 그리고 이러한 결말을 은폐하기 위한 사회적 노력 등의 **주제**는 마음속에 무엇보다 생생하게 남아 이 작품의 서사를 만들어간다.

요컨대 어느 정도 길이를 가진 모든 서사는 네 가지 차원으로 구축되며, 여기에는 시간과 공간, 그 안에 거주하며 자기 자신의 내면세계를 갖고 있는 등장인물 그리고 내면세계가 포함된다. 이 내면세계는 자기 차례가 되면 내포되어 있는 상태에서 벗어나 유동적인 정서적·지적 분위기로 전환되어 서사의 시공간을 채우는가 하면, 심지어 이 범위를 넘어서기까지 한다. 이는 서사에서 자주 볼 수 있는 사례이기 때문에 일부 학자들은 서사 연구의 초점을 스토리에서, 스토리를 표현할 때 생성되는 세계로 재설정하려고 노력해왔다. 이러한 의미에서 서사는 '한 세계를 만들고 이해하는 예술'인 것이다.[6]

∴ 어떤 용어를 사용할 것인가 ∴

루보미르 돌레첼은 '서사세계'라는 용어를 사용하고 데이비드 허먼은 '스토리세계'라는 용어를 사용한다. 둘 중 어느 것을 쓰더라도 '스토리'라는 용어를 반드시 포기할 필요는 없다. (따라서 "엄마, 스토리세계를 들려주세요"라는 식으로 고쳐 말할 필요는 없다.) 이들 용어는 한 사람이 다른 사람에게 스토리를 들려줄 때 '실제로 발생하는 일'을 강조하고 있다. 이들 용어 가운데 어떤 것을 선택하든지 '디에게시스'보다는 훨씬 나아 보인다. 디에게시스는 일상어에서는 낯선 개념일 뿐 아니라 '서사세계'와 구별되는 의미(서사의 전달the telling of narrative)로 사용되기 때문이다.

스토리세계의 정신

바흐친은 시공간 개념을 물리학에서 차용하여 이를 크로노토프라고 명명했으며, 이때 자신이 이 용어를 '거의 은유에 가깝게'(그러나 전적으로는 아닌, p. 84) 사용하고 있다고 말했다. 바흐친이 러시아어 원문으로는 어떻게 표현했는지 정확히 모르지만, 영어로만 보면 그의 조심스러운 표현은 적절한 것으로 보인다. 한편으로 보면 크로노토프는 **문자 그대로**의 뜻에 충실한('전적으로 은유만은 아닌') 용어이다. 서사는 공간 속에 들어 있는 사물과 사건들이 시간을 통해 나타나고 발생하는 모습을 연속적인 흐름처럼 제시하는 경우가 많기 때문이다.[7] 하지만 이 글에서 나는 이 용어를 **은유적으로**('거의 은유라고 할 수 있는') 사용하는 과정을 보여주고자 한다. 이러한 성격은 시간과 공간의 축을 사용해 도식화할 수 없는 서사에서 더욱 뚜렷하게 나타난다. 스토리 속에서 사건이 발생하는 순간, 서술자의 정신은 시간에 침투하여 그 안에 자리 잡는 과정을 거치게 된다. 나는 앞 단락에서도 이러한 절차에 대해 잠시 설명한 바 있다. 다음에 이어지는 내용들은 바흐친의 텍스트 내용에 충실하다기보다 그에게서 영감을 받았다고 표현하는 것이 옳을 것이다. 나는 이를 통해 서사를 시간이 응축된 것 또는 축적된 것으로 분명히 파악할 수 있게끔 추가적인 설명을 덧붙이고자 한다.

앞의 소설에서 서술자는 자신의 여행을 제시하는 과정의 대략 중간 쯤에서, 몇 개의 **소급제시**analepsis 가운데 하나를 스토리의 줄거리에 끼위 넣는다. 이러한 방식은 처음엔 부적절한 것처럼 보인다. 젊은 어른이 된 그녀는 한때 자신이 폭우가 내린 후 농장에서 칠면조를 구출하는 일을 도왔던 일에 대해 회상한다. 폭우는 들판을 "많은 섬이 있는 호수로 바꿔놓았으며 칠면조들은 이 섬들 위에 걸쳐져 있"어 언제 물에 빠질지 모르는 위기에 처해 있었다.

우리는 물이 빠지기를 기다리고 있을 수 없었다. 우리는 집에 있던 오래된 보트를 타고 나갔다. 나는 노를 젓고 아버지는 무거운, 젖은 칠면조들을 보트 위로 끌어올렸으며, 나는 그것들을 헛간으로 운반했다. 여전히 비는 약간씩 내리고 있었다. 그 일은 어렵고, 부조리하고, 난처한 작업이었다. 우리는 웃었다. 나는 아버지와 함께 일하는 것이 즐거웠다(p. 383).

이 장면은 자신의 보호 아래 있는 가장 멍청한 동물들조차("아버지는 말씀하셨지, '닭 말이니? ······글쎄, 닭은 칠면조에 비하면 아인슈타인이라고나 할까?'") 구하려고 안간힘을 쓰며 일하는 책임감 강한 아버지를 회상하는 기억의 한 조각이다. 아버지와 함께 일할 기회를 가졌을 때 행복감을 느꼈을 만큼, 아버지에 대한 그녀의 사랑은 명백하다.

이제 나는 건너뛰어 스토리의 절정으로 향하고자 한다. 이 일은 가족들이 매우 무더운 날 마일즈 시티에 머물렀을 때 일어난다. 그들은 안전요원을 설득해서 그녀의 점심시간에 어린 딸들을 규정상 닫아두어야 하는 시립 수영장에서 놀게 한다. 부모들은 쉬기 위해 차로 돌아온다. 그러나 자기 보호 아래 있는 생명들에 대해 책임감을 갖고 있는 감시자가 아니었으며, 아이들보다는 자신의 남자친구에게 훨씬 더 많은 관심을 기울인다. 이 일은 순전히 우연에 의해 일어났다. 서술자가 음료수 기계를 찾으려고 차 밖으로 나왔을 때 그녀는 수영장 안에 큰딸만 보이는 것을 알게 되고 갑작스러운 공황 상태에 빠진다.

"신시아!" 내가 두 번이나 소리치고 나서야 그녀는 내 목소리가 들리는 쪽을 알아보았다. "신시아! 메그는 어디 있니?"
 나는 이 장면을 회상할 때마다 신시아가 매우 우아하게 나를 향해 몸을 돌린 다음 물속에서 한 바퀴 돌고—발레리나가 발끝으로 선 자세를 연상시켰다—무대에서의 몸짓처럼 팔을 뻗는 모습을 떠올렸다. "없-어-졌어요!"
 신시아는 원래 우아한 아이였고 무용 레슨을 받았으므로 정말 내가 묘사한 대로 움직였을 수 있다. 그녀는 수영장을 모두 돌아본 다음 "없어졌어요"라고 말했으나, 목소리나 몸짓이 기묘하게 꾸민 듯한 스타일을 하고 있었고 위급함이라고는 찾아볼 수 없었는데, 아마도 이는 내 기억이 만들어낸 산물일 것이다. 메그가 보이지 않았던 바로 그 순간에 느낀 공포 때문에—심지어 그 애가 얕은 곳에 있을 거라고 스스로에게 말하는 순간에도—나는 신시아의 움직임이 참을 수 없이 느리고 어색하다고 느꼈으며, "없어졌어요"라는 말의 의미를 채 깨닫기 전이었기에 (그게 아니라면, 그 애는 마음에 담아두고 있던 죄를 숨기고자 했던 것일까?) 그녀의 말에 담긴 어조는 내게 기묘하면서 괴상하게 냉정한 것으로 들렸다.
 나는 소리쳐 앤드루를 불렀고 안전요원이 나타났다. 그녀는 수영장 가장자리 깊은 곳을 가리키며 말했다. "저게 뭐죠?"(pp. 389~90)

다음 장면에 일어난 일에 대해 나는 말하지 않을 생각이다. 사람들도 아마 그쪽을 더 원할 것이다. 어쨌든 여기서 보여주고자 하는 것은,

이 스토리를 들려주는 과정을 통해 서술자가 세 가지의 다른 기억들을 어떻게 쌓아올렸는가 하는 것이다. 이 기억에는 부모의 역할, 익사에 의한 죽음의 위협이란 주제도 포함되어 있다. 이때 '쌓아올렸다'라는 표현은 적절하지 않은 것 같다. 이들 기억의 끈은 한데 얽혀서 서술자의 의식 속에 공존하는 사고와 감정의 복합체들을 만들어낸다. 물론 이들 세 가지 기억은 시간과 공간의 차원이 없다면 생성되지 못했을 것이다. 그러나 의식 속에서 이들은 시간과 공간의 좌표들을 뛰어넘는 방식으로 한데 모여서 새로운 종류의 존재로 변용된다.

이 스토리에 대해서는 더 언급할 것이 많지만, 바흐친의 크로노토프 개념[8]의 폭과 독창성에 대해 충분하게 논하는 것이 불가능한 것처럼, 여기서 이 스토리가 지닌 사고와 감정의 집중도에 대해서 본격적으로 논하기는 힘들다. (또 다른 먼로의 작품들도 마찬가지이다.) 그러나 이 서사는 허구적인 창조자의 정신으로 가득 채워져 있는, 그리고 일부 현재의 불편한 심사를 반영하도록 의도된 서사세계의 좋은 예가 된다. 이러한 의미에서 정신은 모든 곳에 동시에 존재한다고 할 수 있으며, 이러한 방식은 여러 종교에서 창조자의 정신이 창조된 세계의 모든 장소에 반영되어 있다고 여기는 것과 비슷하다. 이는 이 세계의 시간 밖에 존재하는 정신이기에, 역설적으로 이 세계의 모든 곳에 동시에 존재할 수 있는 것이다. 바흐친은 이러한 전체적인 분석 과정을 이 책에서 전개한 내용보다 훨씬 심도 있게 다루었는데, 그는 서사에 기입되어 있는 문화의 정신이 텍스트 속의 정신을 통해서 가공된 것이라고 보았다. 창조자의 정신에 대한 일반적인 시각과는 달리 텍스트 속의 정신은 공개적이고 분열되어 있고 진화하는 정신이며, 항상 대화중인 다른 목소리들의 집합으로 이루어져 있다. 저자가 아닌, 스토리세계 안에 있는 동종제시 서술자에게 적용된 무한하게 풍부한 종류의 **징후**

적 해석을 일일이 파헤칠 시간이나 공간이 내게는 허락되어 있지 않다. 그러나 대부분의 서사에서 A점에서 B점으로의 이행은 시간이나 공간의 문제일 뿐만 아니라, 인식의 층위에 쌓아올린 층의 더미로 비유적으로 표현할 수밖에 없는 어떤 것의 문제이며, 이 글은 그 이유를 밝히는 첫걸음이 될 수 있을 것이다.

복합적인 세계들: 갈림길서사

먼로의 스토리에서 서술자는 짧은 **삽입서사** embedded narrative를 끼워 넣는다. "나는 축 늘어진 몸을 하고 소소한 짐들을 무겁게 걸머진 채 희미한 냄새가 나는 안개 속에서 움직이고 있는 그런 엄마의 모습으로 변하고 있다는 두려움을 갖고 있었다"(p. 380). 이 대목에서 우리는 잠깐 동안 자신만의 스토리와 중심인물들을 포함하는 또 다른 세계가 열린 것으로 볼 수 있다. 이보다 뒷부분에는 온 가족이 찌는 듯한 더위 속에서 마일즈 시티를 향해 갈 때, 해변에 앉아 레모네이드를 더 마시고 싶다고 신시아가 부모들에게 조르는 장면이 나온다. 그녀의 엄마는 심기가 뒤틀린 나머지 비아냥거리는 말투로 다음과 같은 또 다른 상상세계를 만들어낸다. "나는 마술 봉을 휘두르기만 하면 그런 것들을 만들어낼 수 있어…… 알겠니, 신시아? 그보단 포도주스가 낫지 않니? 하는 김에 해변도 하나 만들어볼까?"(p. 387) 이러한 장면은 철학자들이 '가능세계'라고 말한 것에 해당된다. 독자들은 소설의 모든 곳에서 가능세계들이 '실제세계'에서 솟아나는 것을 발견할 수 있다. 이는 서사세계가 우리가 살고 있는 실제세계를 복제하는 또 한 가지 방식에 해당된다. 우리는 매일 소망하고, 꿈꾸고, 두려워하고, 강요하고, 최면을 걸고, 판타지를 만드는 등 여러 가지 방식을 사용해 존재하지 않는 세계를 창조한다. 그들은 가능세계 속에 머물러 있지만, 그것들이 없는 인생은 생각하기 힘들다. 그러나 신시아의 엄마가 비꼬는 듯한 질문을 한 순간 레모네이드와 포도주스를 담은 컵이 갑자기 그녀의 딸 손에 쥐어지는 장면을, 또한 가족들이 푸른 물결의 드넓은 해변이 펼쳐지는 것을 바라보는 장면을 상상해보라. 이러한 경우 판타지의 가능세계는 이야기의 실제세계가 된다. 이것은 우리가 사는 실제세계에서는 일어날 수 없는 일이다. 그러나 허구세계에서는 일어날 수 있다. 그렇게 되면 아마도 사실적인 양식으로 씌어진 먼로의 스토리는 엉망이 되고 말 것이다. 그러나 실제세계와 가능세계가 매우 자유롭게 서로 몸바꿈 할 수 있는 소설 양식은 따로 있다. 어슐라 르 귄Ursula Le Guin의 소설 『하늘의 물레 The Lathe of Heaven』(1971)에서 주동인물은 역사마저 포함해 실제세계를 변형시키는 꿈에 의해 시달리고 있다. 그가 꾸는 꿈은 현실이 된다. 「사랑의 블랙홀 Groundhog Day」(1993)과 「롤라 런 Run, Lola, Run」(1998)이란 영화에서, 시간이 반복해서 되감기면서 주동인물은 다른 결과를 만들어낼 수 있는 새로운 기회들을 갖게 된다. 페니 페니스턴의 연극 「지금, 그리고 다시」(2001)에서는 매 장면에 의해 스토리가 진행되지만, 특정한 행동에 의해 소급적으로 변화를 일으킨다.

이른바 경쟁하는 세계들이 서로를 침범하는 **갈림길**서사의 예는 특히 판타지 또는 공상과학소설에서 많이 볼 수 있다. 또한 설명할 수 있는 범위 안에서 매우 다양한 모습을 갖고 있다. 『사자, 마녀, 그리고 옷장』 또는 『이상한 나라의 앨리스』와 같은 서사에서는 가능한 것에 대한 두 개의 다른 조건들을 지닌 두 개의 다른 세계와 두 개의 다른 종류의 시간이 존재한다. 그러나 이들은 서로 갈등을 일으키지 않으며 비밀스러운 통로에 의해 연결되어 있다. 다시 말해 이들은 두 세계를 모두 포함하고 있는 더 큰 영역에 속해 있는 것으로 보인다. 이와 관련해서 『하늘의 물레』는 독자의 이해력에 대한 도전이라고 할 수 있다. 우리는 한 세계에서 다른 세계로 넘어가는 메커니즘—이는 주동인물의 꿈이다—에 대해선 알 수 있지만(비록 이것이 어떻게 작동하는지 또는 왜 이 꿈꾸는 자가 선택받은 사람인지는 모르지만), 이 과정에서 한 세계는 역사를 포함하여 다른 세계로 대치된다. 이러한 점에서 보면 이 소설은 『사자, 마녀, 그리고 옷장』이 갖고 있는 안정성을 결여하고 있다. 만일 소설 속의 연결되는 세계들을 포함한 큰 영역이 있다면, 주동인물과 (등장인물보다는 약한 정도로) 다른 두 명의 등장인물들이 실제세계의 이전 모습을 희미하게 기억하고 있다는 사실에 의해서 독자들은 더욱 신비로운 느낌을 받게 된다.

갈림길서사의 극단적인 경우, 독자 또는 관찰자가 서사세계의 간극들을 심지어 **자연스럽게 받아들이도록 하는** 더 큰 영역의 존재를 알려주는 어떠한 암시도 없다. 쿳시의 『자코부스 쿳시의 서사 The Narrative of Jacobus Coetzee』(1974)에서 서술자는 자신의 흑인 하인 얀 클로에가 강을 건너던 도중 하마 굴에 빠져 발을 헛디디며 영영 사라져버리는 장면을 묘사한다. "그는 평생 들어본 적 없는 목소리로 도와달라는 말을 짧게 외쳤지만 내게는 그를 도와줄 힘이 없었다. 그는 마침내 굽이진 곳 주변에서 사라졌고 둘둘 만 담요와 식량 전부를 짊어진 채 죽음을 맞이했다." 그러나 바로 다음 문장에서 클로에는 살아 있다. "강을 건너는 일은 한 시간이 꼬박 걸렸다. 왜냐하면 우리는 하마 굴에 빠져 두 다리가 날아갈지도 모른다는 두려움 때문에 발자국을 디딜 때마다 매번 강바닥을 주의 깊게 살펴보았기 때문이다."[9]

되풀이해서 다른 서사세계의 갈림길로 들어서는 장면이 나오는 소설의 고전적인 예가 알랭 로브-그리예의 『미궁에서』(1959)이다. 이 소설에는 낯선 마을에 들어선 지친 군인이 겪는 험난한 과정이 나온다. 그 군인은 라이헨펠 전투의 영웅일 수도 아닐 수도 있고, 부상을 입었을 수도 안 입었을 수도 있으며, 사실 죽었을 수도 죽지 않았을 수도 있다.

그 군인은 옷과 각반, 그리고 무거운 군화를 그대로 걸친 채 누워 있다. 팔은 양 옆구리에 놓여 있다. 코트 단추는 풀려 있고, 그 아래 보이는 유니폼 재킷의 왼쪽 옆구리는 허리 가까운 곳이 피로 얼룩져 있다.
아니, 사실 이 장면을 차지하는 또 다른 사람은 붐비는 카페 문밖에 있는 다른 부상자이다. 그 군인은 뒤에 있는 문을 닫자마자 작년에 징병됐던 군인인 젊은 남자가 그를 향해 다가오는 것을 본다……[10]

사람들은 이 대목의 분열을 군인이 피로한 정신으로 인해 일으킨 착란이라고 설명함으로써 이들을 **자연스러운 것으로 만들**고자 노력해왔다. 그러나 이 장면의 서술은 대부분 **외부제시**extradiegetic, 즉 3인칭으로 이야기하는 서술자에 의해 이루어지는 것으로 보인다. 그리고 서술자가 간단하게 소설의 처음과 끝에서 자기 자신을 언급하고 있지만, 그가 이들 지점 사이에 있는 자기 자신에 대해 적고(말하고?) 있는 것인지도 전혀 확실치 않다. 이 소설에서는 여러 개의 세계가 공존한다는 생각, 즉 다중 세계의 관념이 제시되어 있으면서도 이를 일부분이나마 자연스럽게 받아들이도록 하는 어떤 장치(예를 들면, 정신착란 같은 것)를 사용한 흔적은 어디에도 명확히 남아 있지 않다.

복합적인 세계들: 서사적 메타제시

실제로 모든 서사에는 적어도 두 개 이상의 세계가 존재한다. 이들은 서사의 층위에 해당한다.

① 등장인물이 존재하고 사건이 발생하는 **스토리세계**
② **서술**이 발생하는 세계

서술세계는 보이지 않는 경우가 많으며, 특히 **외부제시적**extradiegetic 서술자가 있는 경우에는 더욱 그러하다. 그러나 삽입서사에서 **동종제시적**homodiegetic 서술자, **이종제시적**heterodiegetic 서술자가 있는 경우, 또는 일부 **외부제시적** 서술자의 경우에서도 독자들은 마치 **액자서사**에서처럼 어느 정도 서술세계의 전개 과정을 볼 수 있다. 이러한 현상은 일반적으로 다른 범주에서(『암흑의 핵심』에서 말로가 자신의 스토리를 들려주는 넬리 호의 갑판) 또는 사후에 (『암흑의 핵심』의 경우에는 몇 년 후) 발생한다. 따라서 이러한 경우는 세번째 범주로 분류할 수 있다.

③ 스토리세계와 서술세계를 모두 포함하는 **제작세계**

이 세계는 거의 대부분 작품 속에 내포되어 있다. 이 세계는 일반적으로 영화나 드라마의 제작에서 비롯된 요소들의 재현으로서 나타난다. 일부 영화 이론가들은 이 세계를 서술세계 안에 포함시키고 싶어할지 모른다. 하지만 나는 이 세계가 영화를 제작하는 실제세계의 모습을 재현하고 있기 때문에, 또 다른 종류의 공간과 시간을 점유하고 있는 것으로 보아야 한다고 생각한다.

　이들 두 세계 사이의 경계가 침범되었을 때, 예를 들면 어떤 사람이 한 세계에서 다른 세계로 들어갈 경우, **메타제시 서사**라는 용어를 사용한다. 스턴의『트리스트럼 샌디』(1759~67)에서 서술세계는 서술자의 인격, 의견, 여담, 독자에 대한 발언 등으로 요란하게 채워져 있다. 그러나 때로 그의 세계는 스토리세계와 융합되기도 한다. 예를 들면 서술자가 계단을 천천히 내려오고 있는 두 명의 늑장부리는 등장인물들 때문에 서술이 진척되지 않는다는 사실을 고백하는 장면 등이 대표적이다.

　　한 층의 계단을 내려오는 데 일어난 일을 가지고 두 장이나 채운 것이 부끄럽지 않다는 말인가? 왜냐하면 우리는 겨우 첫번째 층계참을 내려왔을 뿐, 바닥까지 내려가려면 열다섯 개가 넘는 계단이 더 남아 있기 때문이다. 그리고 잘은 모르지만, 우리 아버지와 **토비** 삼촌이 농담을 주고받고 있는 중이라. 계단 수만큼의 장이 더 펼쳐질지도 모르겠다……[11]

　이 대목에서 서술은 다른 세계에서 일어난 사건의 시간(서술자의 탄생 이전에 존재하는 시간)과 결합되어 있다. 트리스트럼은 심지어 비상 사태임을 알리기 위해 끼어들기도 하는데, 이때 누가 그를 도와줄 비평가를 찾아달라고 호소한다. "누군가 우리 아버지와 **토비** 삼촌이 계단을 떠나 잠자리에 들도록 제지해주실 분이 있다면 그들 중 한 분께 기꺼이 왕관을 선사하겠습니다"(p. 207).

　더욱 악명 높은(그리고 자주 예시되는) 메타제시의 예는 존 파울즈의『프랑스 중위의 여자』(1969) 뒷부분에 등장한다. 이 부분에는 '수북한 콧수염이 있는' '마흔 살가량의' 남자가 찰스의 차량으로 들어오는 장면이 있다. 찰스는 평소 혼자 여행하기를 소망해왔다. 찰스가 마침내 잠이 들자, 그 남자는 '전지한 신의 시선을 하고' 찰스를 응시하는데, 그는 결국 서술자에 의해 서술자 자신이라는 사실이 폭로된다. 사실 이 인상적인 남자는 서술자가 아니라 저자이며, 그가 이 순간 서사에 개입한 이유는 두 가지 결말 가운데 어떤 것을 소설에 적용해야 할지 결정하지 못했기 때문이다. 그는 자신의 유일한 해결책이 두 가지를 모두 적용하는 것이라고 생각한다. 하지만 그는 역시 어떤 것을 먼저 오게 할지 결정해야 한다. 작가가 알아차리지 못하는 동안에(멋진 장면이다) 찰스는 때마침 잠이 깨어 그가 동전 던지는 모습을 보게 된다.

∴ 서술세계는 항상 서사세계보다 나중에 오는가? ∴

실제 스토리(전기, 신문 기사, 역사 등)의 서술은 서술된 사건 이후에 기술되는 것이 당연하며 (스토리가 예언이 아니라면) 대부분의 허구 역시 이러한 조건을 모방하고 있다.

서술에서 일반적으로 과거 시제를 사용하는 것은 이 때문이며, 심지어 미래로 배경이 설정된 공상과학소설에서도 마찬가지이다. 서술에서 현재 시제가 사용될 때에는 보통 '역사적 현재'로 이해될 때가 많다. 이는 과거의 사건을 더욱 생생하게 표현하기 위한 방식이다. ("나폴레옹은 안장을 돌려 검을 뽑으며 그의 병사들을 향해 소리쳐 사기를 북돋운다.") 그러나 도릿 콘은 1인칭 '동시 서술'의 경우 '서술 자아와 체험 자아' 간의 시간은 "문자 그대로 영점으로 축소된다"라고 주장했다. "고양이처럼 조용히, 맨발로 종을 감싼 채 나는 통로를 기어올라 열쇠구멍에 귀를 갖다 댄다. 아무 소리도 들리지 않는다."[12] 만일 콘이 옳다면 이 장면에서 우리는 한 개의 세계만을 갖고 있는 것일까, 아니면 여전히 두 세계가 존재하는 것인가?

연극과 영화에서는 제작세계의 출현 또는 재현이 항상 메타제시적인 침입으로 나타난다. 베르톨트 브레히트는 이러한 침입을 완화된 형태로 사용했다. 그는 무대 뒤쪽을 열어놓아 관중들이 실제세계에서의 통로를 무대 위 세계의 배경으로 여기도록 했다. 사뮈엘 베케트의 『엘류테리아』에서는 한 배우가 관객 가운데 한 사람을 연기하고 있다가 3막에서 배우들에게 '이 소극'에 대해 훈계하려고 무대 위에 올라가지만, 생각의 맥락을 점점 더 잃어버리는 장면이 나온다. 또한 이 극에는 프롬프터[13]가 대본을 멋대로 바꾸는 일이 여러 차례 벌어지자 화가 나서 작업을 그만두는 장면이 나온다. 자유분방한 메타제시를 보여주는 좋은 예는 「미친 오리」라는 만화에 등장하는 1953년판 대피 덕이다. 이 만화의 첫 장면은 머스켓 병사 복장으로 등장한 대피가 배경이 그려져 있지 않다며 당황하는 모습이 등장한다. ("헤이, 잠깐. 누가 여기 배경 담당이지? 배경이 어디 있는 거야?") 그때 영화 제작자가 그를 위해 농가의 앞마당을 그려준다. 대피는 뛰어나갔다가 농부 차림으로 돌아오지만 장면은 그사이에 바뀌어 있다. 이 서사의 갈등은 기본적으로 대피와 그의 제작자 간의 세계의 전쟁이며, 대피가 점점 더 성마르게 반응할수록 패배자가 될 뿐이다. 결말 부분에서 우리는 사실상 그의 악마와 같은 제작자가 누구인지 알게 된다. 이 결과는 주석에서 밝혀놓겠다.[14]

메타제시는 매우 복잡하고 다면적인 주제가 되었으며, 최근 점점 더 많은 비평적인 관심을 받아왔다. 이는 포스트모던 서사에서 매우 일반적으로 볼 수 있지만, 학자들은 라신, 발자크, 조지 엘리엇 등의 작품에서도 예를 찾아냈으며, 회화와 같은 정적인 예술에서 볼 수 있는 유사한 종류의 **액자 깨기**(예를 들면, M. C. 에셔와 르네 마그리트의 작품

: 「미친 오리Duck Amuck」(워너브라더스, 1953)

들)와도 연관시킨다. 메타제시와 갈림길서사는 긴장을 풀고 그 자체로만 바라볼 경우 큰 재미를 준다. 많은 독자들과 관객들에게 있어 이러한 감상 태도는 후천적으로 습득되는 자질이며, 노력을 통해 얻을 가치가 있는 것이기도 하다. 그러나 정신에 압박을 주는 이들 서사적 장치가 정작 가장 크게 영향을 미치는 분야는 우리 자신에 대한 것이다. 이들은 낯선 것을 자연스럽게 받아들이고자 하는 우리의 반성적인 요구에 대해서, 또한 우리가 그러한 요구를 어느 정도까지 넘어설 수 있는가에 대해서, 그리고 그에 대한 보답으로 우리는 자신에 관해 무엇을 배울 수 있는가에 대해서 말해준다. 이러한 장치들이 우리의 정신적인 습관들을 교묘하게 이용하는 한 **우리**야말로 바로 이런 소설들의 주제라고 말해도 좋을 것이다. 포스트모던 소설에서 이러한 장치는 소설이 실제로 현실을 왜곡 없이 반영할 수 있다는 널리 퍼진 가정에 대해 깊이 불신하는 모더니즘 성향의 속편이라고 할 수 있다. 이러한 생각은 우리를 이전 장의 끝 부분에서 펼쳤던 논의와 질문으로 다시 돌려놓는다. 서사 관습들은 우리와 세계 사이에 어느 정도로 개입하는가? 이들 관습은 세계를 우리가 가정한 바에 어울리는 형상으로 만듦으로써, 어느 정도로 우리가 사실이라고 생각하는 것을 보이지 않게 구축하는 요인으로서 작용하는가?

∴ 버스에 오르는 사람은 히치콕인가 아니면 다른 사람인가? ∴

알프레드 히치콕은 자신의 영화에 카메오로 출현하는 것을 좋아했다. 예를 들면 「북북서로 진로를 돌려라」에서 우리는 아주 짧은 순간 버스에 오르고 있는 그의 모습을 목격하게 된다. 이를 메타제시의 한 사례로 볼 수 있는가? 만일 당신이 히치콕을 알아보지 못한다면 이를 메타제시로 보기는 어려울 것이다. 그러나 그를 알아본다면, 이 경우에도 여전히 버스에 올라타고 있는 남자를 재현하는 배우의 한 사람으로 보게 될 것인가? 히치콕의 이미지는 이러한 환상을 계속 유지하기에는 지나치게 외부제시적인 요소로 보아야 할 것인가? 개인적으로 나는 이런 경우를 제작세계로부터 스토리세계로 침입한 것으로 보고자 한다. 이런 이유로 히치콕을 알아보았을 때 동요하는 관중도 있는 것이다. 유사하지만 다소 차이가 있는 장면이 「지옥의 묵시록」에 등장한다. 베트남 마을에 공격이 시작되었을 때 윌러드는 자신이 「지옥의 묵시록」 감독인 프랜시스 코폴라가 지휘하는 촬영팀을 지나쳐서 뛰고 있다는 사실을 알게 된다. 코폴라는 다음과 같이 외친다. "카메라를 보지 말아요! 지금 TV 프로그램 촬영 중이오!" 이 순간 제작세계가 영화 속으로 들어온 것처럼 보일 수도 있다. 그러나 이 장면은 관객으로 하여금 영화 제작 층위에서 들어온 침입자가 아닌 TV 촬영팀을 보고 있는 것으로 생각하게 하기 때문에(특히 트레이드마크인 콧수염을 하고 있는 코폴라를 알아보지 못했을 경우) 메타제시라고 할 수 없다. 그럼에도 불구하고 이 장면은 영화 자신이 하고 있는 일—대중의 소비를 위해 전쟁을 재현하는 작업—을 보여주는 연출된 장면으로서 볼 수 있다는 점에서 흥미를 끈다. 따라서 이는 매우 **반성적인**reflexive 장면이라고 할 수 있다.

세계 만들기는 대부분의 서사에서 상당히 중요한 역할을 하기 때문에, 일부 서사학자들은 이를 서사를 정의하는 특징 가운데 하나로 포함시키기도 한다.[15] 내 생각에는 서사를 **정의하는** 개념으로 이를 확대하는 것은 옳지 않다고 생각한다. 왜냐하면 시간에 따른 행위는 서사의 필수적인 요소이지만, 공간 또는 세계 만들기는 그렇지 않기 때문이다. 한 세계는 사건이 없어도 상상할 수 있지만 서사는 상상할 수 없다. "내 개에는 벼룩이 있다"라는 문장은 우리에게 작은 세계를 떠올리게 해준다. 마음속에서 우리는 세계에서 공간을 차지하고 있는 개의 모습을 상상할 수 있다. 우리는 그의 몸에 있는 벼룩을 볼 수 있고 심지어 개의 내면 공간에 들어갈 수도 있으며, 벼룩이 있는 상태의 고통을 나눌 수도 있다. 그러나 무슨 일인가 발생하지 않으면 아무것도 서술할 수 없다. 그리고 서사가 실제로 흥미를 불러일으키기 시작하는 지점은 사건들이 서로 마찰을 빚으며 발생하는 순간이다. 이것이 바로 **아곤**agon이다. 이와 더불어 강렬한 사유와 정서가 발생하는데, 이들은 서사의 시간이 응축되는 데 상당한 기여를 한다. 나는 이 책의 마지막 장에서 초점을 되돌려 이와 관련된 서사의 양상을 다루고자 한다. 특별히 갈등에 대한 이론은 풀리지 않는 문제를 해결하고자 노력할 때 유용한 관점을 제공해준다. 그러나 그 이전에, 나는 넓은 분야에 걸친 중대한 갈등 상황 속에서 서사가 일종의 무기처럼 사용되는 방식에 대해서 주목하고자 한다.

더 읽어볼 서사학 이론

서사가 공간을 만드는 방식에 대한 두 권의 훌륭한 입문서가 있다. 하나는 데이비드 허먼의 『스토리 로직』에 있는 '공간화하기'라는 장이고, 또 하나는 데이비드 허먼이 엮은 『케임브리지 서사 지침서 The Cambridge Companion to Narrative』에 있는 테레사 브리지먼Teresa Bridgeman이 쓴 '시간과 공간'이라는 장이다. 또한 데이비드 허먼이 엮은 『서사 이론과 인지 과학 Narrative Theory and the Cognitive Sciences』(Stanford, CA: CSLI Publications, 2003), pp. 214~42에 있는 마리-로르 라이언의 '인지 지도와 서사 공간의 구축' 또한 참고할 만하다. 앨런 파머의 『허구적 정신』과 리사 준샤인의 『왜 우리는 소설을 읽는가: 소설과 심리에 관한 이론』 역시 인식과 인지에 대한 최근 연구에 대해 광범위하게 기술함으로써 서사의 '정신적 행위'를 이해하는 데 있어 주요한 진전을 이루었다. 나는 '갈림길서사'라는 용어를 데이비드 보드웰의 신조어 '갈림길영화'에서 빌려왔다. 이 용어는 또한 보르헤스의 「끝없이 두 갈래로 갈라지는 길들이 있는 정원」에서 영감을 받아 만든 것이다(「영화의 미래」, *Substance*, 97(2002): pp. 88~104). 지금은 고전이 된 브라이언 맥헤일의 저서 『포스트모더니즘 소설』은 포스트모던 소설의 난해한 세계 게임 일부에 대한 훌륭한 소개글을 담고 있다. 좀더 간단한 저서로는 브라이언 리처드슨이 직접 편집한 『서사의 역학: 시간, 플롯, 종결, 액자에 관한 에세이 Narrative Dynamics: Essays on Time, Plot, Closure, and Frames』(pp. 47~63)에 실려 있는 '스토리와 담화를 넘어서: 포스트모던과 비모방적 소설의 서사적 시간'에서 이 매력적인 분야 일부에 대해 개괄한 것이 있다. 「미친 오리」의 독특함에 대해 논한 연구로는 데이비드 보드웰과 크리스틴 톰슨의 『영화예술: 입문 Film Art: an Introduction』 8판(New York: McGraw-Hill, 2008, pp. 373~75)을 참조하라.

더 읽어보면 좋은 문학작품

서사적 공간을 제한한 흥미로운 예는 프란츠 카프카의 작품에서 볼 수 있다. 특히 「굴 The Burrow」을 추천하고 싶은데, 이 작품에서 독자는 굴을 파는 설치류의 시야에 제한되어 있다. 독자들은 또한 사뮈엘 베케트의 후기극 일부(지금은 영상으로 볼 수 있다), 특히 『그 시간 That Time』(머리만 등장한다)과 『난 아냐 Not I』(입술 하나만 등장한다)에서 극단적으로 시각을 박탈당한 상태가 주는 오싹한 효과를 경험할 수 있다. 현재 갈림길서사와 메타제시 서사의 예는 매우 많아서 나의 추천 목록은 다소 자의적인 것이 될지 모르겠다. 세계 속에 있는 수수께끼 같은 세계를 가장 완벽하고도 재미있게 구축한 작품 가운데 하나는 나보코프의 『창백한 불』(1962)이다. 훌륭한 단편으로는 로버트 쿠버의 「베이비시터 The Babysitter」(1969)가 있다. 영화에서 자주 언급되는 갈림길서사는 피터 호위트의 「슬라이딩 도어스 Sliding Doors」(1998)가 있다. 드라마에서는, 카릴 처칠의 주목할 만한 연극 「클라우드 나인 Cloud Nine」(1978)에서 등장인물들과 양립할 수 없는 시간들 가운데 벌어지는 믿을 수 없이 복잡한 전환을 볼 수 있다. 또한 쿳시의 뛰어난 초기 소설 『시골 한가운데서 In the Heart of the Country』(1977)를 추천하며, 다음과 같은 질문을 던지고자 한다. 당신은 극단적인 불일치를 자연스러운 것으로 받아들일 수 있는가? 또 다른 질문을 던지도록 하겠다. 영화 「존 말코비치 되기 Being John Malkovich」(1999)에 나오는 다중세계의 장치가 갖는 특징에 대해 기술할 수 있는가? 르귄의 『하늘의 물레』를 1980년 TV를 위해 만들어진 영화와 비교할 수도 있을 것이다. 레이먼드 퀴노 Raymond Queneau가 쓴 매우 메타제시적인 소설 『이카루스의 비행 Flight of Icarus』(1968)은 진행 중인 소설의 페이지로부터 탈출한 등장인물(이카루스)을 잡으려는 일련의 필사적인 노력들을 그리고 있다. 플랜 오브라이언 Flann O'Brien의 코믹 소설 『헤엄치는 두 마리 새 At Swim-Two-Birds』(1939)에서는 등장인물들이 저자의 조정을 벗어나려 할 뿐 아니라 저자가 잠든 동안에 그를 살해하려 모의하기까지 한다. 스티븐 손드하임의 뮤지컬 「숲으로 Into the Woods」(1986)에서 등장인물들은 실제로 서술자를 거인에게 잡아먹히도록 함으로써 그를 죽이는 데 성공한다. 20세기 초반에 루이지 피란델로 Luigi Pirandello는 고전적인 3부작 『저자를 찾는 여섯 명의 등장인물 Six Characters in

Search of an Author』(1921), 『각자 자신의 길에서Each in his Own Way』(1924), 『오늘밤 우리가 즉석 공연을 한다Tonight We Improvise』(1930)에서 모든 메타제시적인 가능성을 끌어냈다. 이 작품들 속에는 등장인물, 배우, 저자, 연출자, 비평가, 관중 등 연극을 제작할 때 갈등 상황에 놓이는 모든 특징적 요소들이 설정되어 있다. 최근 영화에서 메타제시의 예를 보여주는 것은 「스트레인저 댄 픽션Stranger than Fiction」(2006)이다. 이 영화에서 주동인물(윌 페렐)은 자신이 진행 중인 소설 속에 등장하는 인물이라는 사실을 알아차리게 된다.

13장

서사의 경합

서사의 경합

여기 한 편의 서사가 있다. 때는 1892년 더운 여름날, 아버지와 의붓어머니는 7시에 일어나 아침식사를 한다. 큰딸은 외출 중이다. 작은딸은 9시에 막 일어나서 가볍게 아침을 먹는다. 이제 초로에 접어든 아버지는(작은딸의 나이가 서른하나이므로) 업무가 있어서 시내로 나갔다. 그는 은행가로, 이 나른할 정도로 조용한 매사추세츠 주의 소도시에서 유력 인사이자 부호로 꼽히는 인물이다. 작은딸은 그날 아침 어떤 병자에게서 방문해달라는 연락을 받았노라고 의붓어머니에게 짤막하게 말한다. 하녀에게 창문을 닦으라고 말하고, 의붓어머니는 위층으로 올라간다. 아버지는 그날 오전 늦게 집에 돌아온다. 도보로 다녀온 탓에 지쳐 있다. 딸이 그를 도와 거실에 있는 소파에 눕도록 한다. 이윽고 그녀는 손수건 몇 장을 다림질하기 위해 다리미판을 설치한다. 그러나 곧 일손을 멈추고 보호용 천을 고정해줄 납 조각을 찾기 위해 창고로 나간다. 이삼십 분 정도 후에 돌아온 그녀는 일종의 마찰음, 신음 소리 같은 것을 듣는다. 거실에 들어선 그녀는 아버지가 몸을 반쯤 소파에 걸친 채 머리에 피를 흘리고 있는 광경을 목격한다. 아버지는 심한 타격을 입어 거의 의식을 잃은 상태이다. 충격으로 넋이 나간 딸은 현관 마루로 나와 하녀를 불러 의사를 모셔오도록 한다. 한 이웃 사람이 어쩔 줄 몰라 하는 그녀의 모습과 하녀가 황급히 달려 나가는 광경을 보고 건너온다. 하녀가 돌아온 후에, 딸은 의붓어머니가 집에 있다는 사실을 어렴풋이 생각해내고, 하녀와 이웃 사람에게 그녀를 위층에서 불러줄 것을 요청한다. 하지만 의붓어머니는 위층에 있는 손님용 침실 마룻바닥에 쓰러져 있는 채로 발견된다. 그녀의 손에는 먼지떨이가 들려 있으며, 머리에는 끔찍한 타박상을 입은 상태이다. 그녀는 대략 한 시간 반쯤 전에 사망한 것으로 추정되며, 그날 오전 위층으로 올라간 직후에 사건이 일어난 것으로 밝혀졌다. 십오 분 정도 후에 경찰이 도착한다. 생존자들은 비탄에 빠져 있으면서도, 범인이 아직 집안에 숨어 있을 것을 두려워한 나머지 겁에 질려 있다. 이들은 경찰이 집안을 샅샅이 수색한 직후에야 마음을 놓기 시작한다. 범인의 정체가 미궁에 빠진 상태에서, 외부에서 침입한 흔적이 없고 금품이 사라진 흔적도 없다는 사실이 밝혀지자 작은딸의 이름이 용의자로 지목되기에 이른다. 그러나 그녀에게 혐의를 두는 것은 아무래도 치명적인 오류로 보인다. 그녀는 아버지에게 헌신적인 딸이었으며 의붓어머니와도 예의바른 관계를 유지해온 선량한 여성이기 때문이다. 그녀는 여가 시간을 주로 교회 활동이나 선행을 하는 데 사용했으며, 서른한 살의 생애 동안 오점이 될 만한 일을 한 적이라고는 한 번도 없었다. 더구나 그녀의 몸에는 한 방울의 핏자국도 없으며 머리 모양 역시 흐트러진 곳 없이 완벽하다. 만일 그녀가 도끼 같은 흉기를 여러 차례

휘둘러 가족들을 살해했다면, 핏자국 또는 격렬한 몸싸움의 흔적을 남기지 않는 것이 가능할 리가 있겠는가? 게다가 흉기는 어디에 있는가? 지하실에 있는, 오래되어 녹슬고 먼지 낀 손도끼들 가운데 혈흔이 남아 있는 것은 하나도 없다. 만일 그녀가 손도끼를 사용했다면 그 짧은 시간 동안 그것을 닦아내거나 바꿔치기하는 것이 가능한가? 그럴 리 없다. 범행은 외부인의 소행이며, 아마도 그녀의 아버지에게 개인적인 원한을 갖고 있는 사람일 가능성이 높다. 그는 마침 옆문에 빗장이 채워져 있지 않은 틈을 타 집안에 들어와 숨어 있었을 것이다. 그는 마침 의붓어머니에게 모습이 발각되자 그녀를 죽이고 나서, 아버지의 귀가를 기다리며 숨어 있다가 그를 살해한 후 집에서 도주했으리라. 집 근처에서 낯선 남성을 목격했다는 제보가 적어도 두 건 이상이나 들어왔던 것이다. 더구나 그녀의 아버지는 존경받기는 했지만 크게 사랑받는 사람이라고 볼 순 없었다. 그는 대부분의 삶을 부를 축적하는 데 바친 수전노였다. 불과 두 주 전에, 그는 기부를 요청하는 사람을 물리치면서 집에서 나가라고 노발대발 소리쳤던 것이다. 한마디로 말해 이 사건은 억울하게 기소당한 무고한 사람의 시련으로 인해 더욱 더 끔찍하게 되어버린 소름끼치는 이야기인 것이다.

 여기 또 한 편의 서사가 있다. 이 이야기는 평범해 보이지만 마음속엔 거의 광기에 가까운 적의와 증오를 품고 있는 한 여성에 대한 것이다. 이 여성은 어머니가 죽자마자 재혼을 한 아버지를 결코 용서하지 못한다. 칠 년 전, 아버지가 의붓어머니에게 집에 대한 소유권의 절반을 양도했을 때 그녀는 '어머니'라고 부르는 대신 의붓어머니를 공식적 호칭인 성姓으로 부르기 시작했다. 그녀는 매우 심한 소외감에 시달렸으며, 부모님과 함께 식사를 하는 일조차 드물었고, 그 운명적인 사건이 벌어진 아침에도 역시 마찬가지였다. 그녀가 보기에 의붓어머니는

'교활한 밥벌레'에 불과했으며, 다섯 달 전 한 친구에게도 이렇게 말한 바 있다.[1] 의붓어머니가 살해된 날 아침, 사건을 수사하는 경찰관의 말을 다음과 같이 바로잡을 정도로 그녀의 적의는 매우 심각했다. "그녀는 제 어머니가 아니라 의붓어머니입니다. 제 어머니는 돌아가셨어요"(p. 106). 이 여성의 내면에서는 타오르는 듯한 살의가 느껴진다. 범행을 겨우 이틀 앞둔 날, 그녀는 한 친구에게 아버지 주변에 적들이 있으며 뭔가 끔찍한 일이 집에서 일어나려 한다는 사실을 은밀하게 고백한다. 과연 그녀가 한 일은 범행을 예상할 수 있는 단서들을 만들어내기 위한 것이었을까? 범행 하루 전날, 그녀는 물개 모피로 만든 망토 단을 세탁하는 데 쓴다고 둘러대고 맹독 가운데 하나인 청산을 구입하려고 시도한다. 청산은 의사 처방 없이 절대 판매할 수 없는 약물이기 때문이기 약사는 당연히 판매를 거부한다. 그녀는 이 독극물을 범행에 사용하려고 했던 것이 아니었을까? 청산을 손에 넣는 데 실패하자 1892년 8월 4일 운명의 날 아침, 그녀는 범행을 저지르기 위해 다른 방법을 사용한다. 그녀가 의붓어머니에게 전달된 '방문 요청' 전갈은 순전히 날조된 것이었다. 그녀는 이런 식으로 하녀로 하여금 두 차례의 범행이 있던 시각 사이에 의붓어머니가 자리에 없었던 사실을 기억하도록 만든다. 방문을 요청하는 전갈이 담긴 메모는 어디에서도 발견되지 않았고, 이를 보냈다는 사실을 확인해주는 단체 역시 전혀 없었다. 그녀는 9시 30분경 의붓어머니가 손님용 침실을 청소하러 2층으로 올라간 직후에 범행을 저지른다. 그다음 흉기를 감춘다. 그녀의 드레스는 감싸는 천 또는 다른 드레스로 감싸여 있어 피가 묻지 않았고, 이때 입은 겉옷 역시 감춰버린다. 한 시간 십오 분 후에 아버지가 집에 돌아오자, 다림질 준비를 하면서 아버지가 소파에서 잠들기를 기다린다. 그녀는 창고로 가기 위해 나온 것은 아니다. 그곳은 일 년 중 가장 더운 날에 이삼십 분씩이나 보내기는 적당하지 않은 장소이다. 대신 그녀는 숨겨진 장소에서 손도끼를 가져와서 아버지를 살해한다. 피 묻은 천 또는 드레스, 그리고 손도끼는 지금 그녀 혼자 알고 있는 장소(들)에 숨겨져 있다. 그녀는 냉정한 태도로 하녀를 부른다. 눈물 한 방울도 흘리지 않는다. 살해자가 주변에 있을지도 모른다는 사실에 대한 두려움 역시 찾아볼 수 없다. 그녀는 의붓어머니가 일찍 돌아오는 소리를 들었다고 말하면서 하녀와 이웃 사람에게 위층으로 올라가 그녀가 있는지 확인해줄 것을 요청한다. 물론 그녀는 의붓어머니가 집 밖으로 나가지 않았다는 사실을 잘 알고 있다. 다음에 벌어질 일은 충분히 예상할 수 있다. 그들은 그녀가 범행을 저지른 장소에서 의붓어머니의 시신을 발견한다. 사건은 명료하다. 그녀는 이 이중살인을 저지를 동기와 기회를 모두 갖고 있는 유일한 인물이다. 다른 사람을 범인이라고 가정하고 추리할 경우 앞뒤가 전혀 맞지 않는다. 눈에 띄지 않고 들어와 의붓어머니를 살해한 다음, 집안에 숨어 있다가 한 시간 반 후에 돌아온 아버지를 잠든 후에 살해하고, 누구의 눈에도 띄지 않은 채 귀중품에는 손도 안 대고, 흉기조차 남겨놓지 않는다는 것이 가능할 리가 없다. 벌건 대낮에 피투성이가 된 옷을 입고 피 묻은 손도끼를 든 채 도망치는 일은 있을 수 없다. 범인으로 지목할 수 있는 유일한 사람은 오로지 딸뿐이다. 그녀가 용의선상에 오른 지 3일째 되는 날, 범죄를 증명할 수 있는 결정적 정황이 발생한다. 그녀가 난로에 드레스 한 벌을 태운 것이다. 혹시 피 묻은 드레스인가? 그녀는 그 옷에 페인트가 묻었다고 말한다. 그러나 이 말 역시 거짓 진술로 의심된다.

이것은 일 년 전 아버지와 의붓어머니를 살해한 죄목으로 1893년 여름에 재판을 받은 리지 보든이란 여성에 관한 잘 알려진 스토리이다. 독자들도 짐작하듯이, 실제로 이 스토리는 한 개가 아니라 서사의 경연장에서 경합을 벌이는 여러 스토리들의 모둠으로 이해해야 한다. 이 점에서 서사는 재판 또는 법적 논쟁과 유사하다. 이들은 **인물 간의 아곤**agon **그 자체가 서사들의 경합이 되는** 복합적인 서사들을 만들어낸다는 점에서 구로자와 감독의 영화 「라쇼몽」을 연상시킨다. 기소인 측과 변호인 측은 각각 **주동인물과 반동인물**에 해당된다(둘 가운데 어디에 해당하는가는 독자의 관점에 따라 달라진다). 이들은 자신의 순서가 돌아오면 마치 스토리의 저자처럼 작동하기 시작하며 자신의 스토리를 효과적으로 서술함으로써 판사 또는 배심원에 해당되는 청중들로부터 신임을 이끌어내기 위해 최선을 다해 노력한다.

그러나 「라쇼몽」에서는 각각의 서사들이 순차적으로 전개되는 데 반해 재판은 구조적으로 더욱 복잡할 수밖에 없다. 기소인 측과 변호인 측은 자신들의 서사를 조직해가는 과정에서 서로 겹쳐지기 때문이다. 이들은 목격자들의 진술을 직접 검토하는 과정에서는 물론, 모두진술과 최후진술을 통해서 자신의 스토리에 관련된 입장을 전달할 수 있다. 뿐만 아니라 반대편 증인의 진술에 대해 교차 검증을 하는 것 역시 허용되어 있다. 대립하는 양측은 각각 자신의 서사를 확고히 하기 위해, 또는 상대편의 서사를 훼손하기 위해 각고의 노력을 기울인다. 이러한 방식을 통해서, 재판 기록에 나와 있는 전체적인 서사는 한쪽 입장을 대변하는 서사에서 다른 쪽 입장의 서사로 계속해서 번갈아가며 교차하는 내용으로 구성되어 있다. 예를 들어보자. 리지 보든의 재판에서 기소인 측은 보웬 박사를 호출한다. 그는 범행 현장에 처음 도착한 사람 가운데 한 명으로서, 사건 당일 오전 리지가 입고 있던 드레스의 색을 목격한 사람이다. 이들은 이 과정을 통해 피고인 측에서 리지가 입었던 것으로 제출한 드레스가 당일 아침 실제로 입고 있던 드레스 색과 다르다는 것을 입증하고자 노력한다. 이런 조치를 통해서 기소인 측은 자신의 서사에 등장하는 두 가지 행위를 뒷받침하는 작업에 들어간다. 첫번째 행위는 자신이 입었던 드레스를 피고인이 폐기했다는 사실이고, 두번째는 다른 드레스를 법정에 대신 증거로 제출했다는 것이다. 이 과정에서 기소인 측은 사건에 대해 자신들이 설명한 내용을 설득력 있게 입증하는 동시에 리지의 됨됨이를 교활하고 속임수 많은 사람으로 믿게 만들도록 한다. 그러나 변호인 측은 시신들을 발견한 직후 리지의 상태를 알아보기 위한 교차 심문 과정에 이 목격자가 임석했던 때를 상기시킨다. 유도 심문을 통해, 모든 부인의 시신이 발견된 이후에 도착한 보웬 박사가 리지를 목격했을 때는 이미 네 명의 여성들에게 둘러싸여 있었다는 사실을 변호인 측은 알아낸다.

질문: 그들은 무엇을 하고 있었습니까?
답: 그들은 그녀를 위해 애를 쓰고 있었죠. 잘 모르겠어요―부채질을 하기도 하고 달래기도 하고, 정확히 무슨 일을 하고 있었는지는 모르겠어요. 손목과 머리를 문지르기도 하고……(p. 151)

이러한 식으로 변호인 측은 자신의 서사에서 중대한 위치를 차지하는 **보충 사건**을 끼워 넣는다. 이러한 작업은 기소인 측이 자신의 서사를 구축하고 그 중심에 사악한 등장인물을 설정한 지 불과 몇 분이 지나지 않아서 일어난 일이다. 이러한 과정을 통해 피의자는 냉혈한 살인자가 아니라 참혹한 상황에 맞닥뜨렸을 때 자연스럽게 비탄의 감정을 표현하는 사랑스러운 딸이라는 사실을 효과적으로 전달하게 된다.

모든 재판의 기록은 이러한 종류의 미시서사들로 가득하다. 어느 부분을 들춰봐도 이러한 서사들을 발견할 수 있으며, 이들과 주요 서사에서 끊임없이 신빙성의 이동이 일어나 전체 사건에 규칙적인 반복 운동을 발생시킨다. 다음의 예에서 우리는 미시서사들이 서로 경쟁하는 모습을 살펴볼 수 있다. 흉기를 찾는 과정에서 손잡이 없는 손도끼 머리 하나, 그리고 손도끼 네 개가 지하실에서 발견되었다. 그런데 핏자국 흔적이라곤 전혀 찾아볼 수 없는, 녹슨 재투성이의 손도끼 머리가 시신의 상처에 들어맞는 유일한 흉기임이 판명된다. 변호인 측은 최종변론에서 손잡이 없는 손도끼의 이야기를 다음과 같이 들려준다.

그것은 경찰서에 운반된 후 눈에 띄지 않은 채 바닥에 놓여 있었습니다. 그리고 그들은 내가 잘 챙겨두었던 네 개의 손도끼에 대한 사전 조사를 마치고, 이 피고인의 유죄를 입증할 만한 충분한 증거를 찾아놓은 상태였죠. 그때 우드 교수가 나타나 그 도끼들에선 아무것도 찾을 수 없으며 다른 물건을 조사해야 한다고 말했습니다. 그러자 그들은 손잡이 없는 손도끼를 가져왔고…… 마침내 최후 수단으로서 이 자리에 미심쩍은 그리고 자신 없는 태도로 들어와서 이 사건의 모두진술에서 "우리는 이 손잡이 없는 손도끼를 가져왔습니다. 그러나 이것이 흉기로 사용됐는지의 여부에 대해선 확신할 수 없습니다"라고 말했습니다(pp. 315~16).

다음은 피고인을 적극적으로 옹호하고자 하는 동정심 많은 대중들의 정서를 대변하는 이야기이다. 이제 기소인 측은 동일한 사건의 연쇄를 자신의 서사적 틀로 설명해냄으로써 반격을 가해야 할 차례이다.

그들은 그 손도끼를 경찰서로 가지고 갔습니다. 그들은 다른 도끼가 흉기라고 추정했기 때문에—그런 추정을 할 만했죠—그것은 그곳에 눈에 띄지 않은 채 놓여 있었습니다. 우드 교수가 한 말이나 돌렌 박사의 말, 그리고 그들 자신이 본 바에 따르면, 보스턴에 있는 전문가에게 맡겨진 손도끼가 피와 털로 덮여 있었기 때문입니다(그것들이 인간의 것이 아니라는 사실이 밝혀졌습니다). 그리고 이 손도끼는 그곳에 그대로 놓여 있었죠. 그러나 첫번째 손도끼가 보스턴에서 되돌아왔고 우리는 그 손도끼가 사건과 무관하다는 증거를 제출했습니다. 그때 힐라드는 정직하고도 공정한 탐정의 업무로서 다음과 같이 말했습니다. "이 손도끼는 어떻습니까, 조사해봅시다." 우드 교수는 그것을 넘겨받아 검토한 후 여러분들에게 그 결과를 보고한 것입니다(p. 369).

이것은 신중하고도 조직적으로 일을 처리하는, 책임감 있는 사람들의 입장을 반영하는 스토리이다. 이들 작은 단편들을 읽어보면, 모든 재판 과정에서 짧은 서사들이 다른 짧은 서사들과 어떤 방식으로 경쟁을 벌이는지에 대해 알 수 있다. 이처럼 하나의 재판은 거대하면서도 세련되지 않은 서사의 경연장으로 기술될 수 있다. 이는 저자들이 두 편으로 나뉘어 벌이는 경쟁과 흡사하며, 양편의 저자들은 각자 자신들의 수사적 효과를 강화하도록 서사의 단편들을 가공해서 자신들의 중심서사를 주도적인 것으로 만들려고 노력한다. 이들은 전쟁과도 같은 치열한 논전을 벌이며 경쟁하고, 이 가운데서 많은 단편들이 번갈아가며 최종 변론을 향해감에 따라 구축과 해체를 반복한다. 이처럼 재판은 엄청나게 복잡한 서사적 구조물이다.

그러나 좀더 자세히 살펴보면, 재판은 서사적으로 더욱 심오한 복잡성을 갖고 있다는 사실을 깨닫게 된다.

서사의 격자 구조

리지 보든 재판의 한 장면, 기소자 측은 해너 리건을 증인으로 호출한다. 폴리버 경찰서의 여간수로서, 자신의 감독 하에 있는 동안 리지가 언니인 엠마와 함께 다음과 같은 대화를 나누었다는 사실을 보고한다.

리지: 언니는 날 포기했지, 그렇지?
엠마: 아냐, 리지, 그렇지 않아.
리지: 아니, 언니는 그랬어. 하지만 나는 언니한테 한 치도 물러서지 않는 모습을 보여주겠어(p. 234).

리건에 따르면, 이 대화 후에 리지는 손가락으로 목소리를 낮춰야 한다는 몸짓을 취했다고 한다. 그다음 그녀는 언니에게 등을 돌리고 오전 내내 말을 건네지 않았다. 이 짧은 서사의 단편은 두 건의 살인 사건과 직접적인 관련성이 있다고 보긴 어렵다. 그러나 기소인 측이 이 대화를 재판에 끌어들인 것은 리지가 간접적으로 죄를 인정했다는 사실을 암시하기 위한 것임이 분명하다.

리지가 언니와 나눈 대화 내용이 모호하다는 점을 강조함으로써 변호인 측은 반격을 가할 수 있을 것이다. 하지만 그들은 다른 강력한 방법을 선택한다. 반대 심문을 하는 동안, 그들은 리건이 이 이야기를 언론사에 제공했으며 또 얼마 후에는 자신의 말이 거짓임을 증명하는 진술서에 서명함으로써 이를 철회했다는 정보를 얻어낸다. 변호인 측은 리건이 앞서 제공했던 서사를 둘러싸는 또 하나의 **액자서사**를 만들어냄으로써(이 서사에서 리건은 더 이상 서술자가 아닌 행위자로 등장한다) 그녀의 말에 대한 신빙성을 약화시키고자 노력한다. 다시 말해 변호인 측은 그녀를 **신뢰할 수 없는 서술자**로 만들어버림으로써, 앞서 6장에서 논했던 서사의 신빙성이라는 광범위한 문제와 관련하여 그녀의 최초 진술을 무효화시키고자 한다. 자신의 차례가 되자, 기소인 측은 '재심문re-direct'(증인에 대해 재차 '직접 심문'을 하는 것) 과정에서 액자서사에 보충적인 세부 사항을 추가함으로써, 리건에게 서술자로서의 신뢰성을 회복시켜주고자 노력한다. 기소인 측은 리건이 서명한 서류가 변호인 측과 가까운 사람에 의해 사전에 준비되었던 것이며, 그가 그녀에게 다음과 같이 말함으로써 압력을 행사했다고 주장한다. "만일 당신이 이 서류에 서명하면, 리지 보든 양과 그녀의 언니 사이에 관한 일은 모두 정당화시킬 수 있어요"(p. 236). 다른 말로 하면, 기소인 측은 이 액자서사를 진술하는 동안 이렇게 반박함으로써, 변호인 측의 **신뢰성 결핍**unreliability을 암시하는 증거를 내놓은 것이다.

해너 리건의 서사는 수많은 보조적인, 그러나 때론 매우 중요한 역할을 하는 서사들 가운데 하나이며, 이 서사들은 리지 보든의 재판에서 중심적인 경쟁서사들을 보충하기 위해 끌어온 것이다. 이러한 과정을 거쳐 이 재판은 다른 모든 재판과 마찬가지로 핵 사건으로부터 원심적으로 확장되는 서사의 전체적인 격자 구조를 갖출 수밖에 없다. 이러한 서사의 격자 구조 가운데서 어떤 부분은 다른 부분에 비해 더 중요한 의미를 갖고 있으며, 이러한 부분들의 서사적 신빙성이 훼손되거나 또는 지지되는 정도에 따라 전체 구조의 강도 또한 달라진다. 해너 리건의 경우, 기소인 측이 자신들의 액자서사를 수정하는 작업을 했음에도 불구하고, 변호인 측은 또 다른 서사의 격자 구조를 추가해 자신들의 이야기를 조직함으로써 리건의 스토리에 타격을 입혔다. 리건이 주장한 내용을 리지의 언니가 나중에 전면적으로 부인함으로써 이러한 손상은 더욱 돌이킬 수 없는 것이 되었다.

해너 리건의 서사 외에도 법률적으로 허용되는 증거의 범주 안에 진입하지 못한 서사들은 수없이 많이 있다. 이들은 위성서사narrative satellites라고 한다. 사건이 일어난 날로부터 열이틀이 지난 후에 손도끼를 들고 피 묻은 옷을 입고 있는 한 남자를 숲에서 보았다고 주장하면서 '불쌍한 보든 양'이라고 연신 되뇌던 프랑스계 캐나디언 농부의 서사가 바로 이에 해당한다. 리지가 사건 하루 전날 청산을 사려고 시도했던 일 역시 위성서사의 또 다른 예로 볼 수 있다. 이들 서사는 한두 가지 법적인 이유 때문에 판사의 명령에 의해서 배심원이 청취하는 긴 서사로부터 제외되었다. 그러나 이들은 증거로서 부적합한 지위를 갖고 있음에도 불구하고 **곁텍스트**paratext로 남아 있게 된다. 일반 대중들은 이들 텍스트에 큰 흥미를 갖고 있으며, 결국 읽고야 마는 것이다. 따라서 곁텍스트는 재판과 관련이 있는 여러 서사들이 모여 구성한 거대한 모둠 가운데 일부를 구성하게 된다.

증거로 제시된 서사 외에도, 재판 그 자체는 점차 진행되는 과정에서 **반성적으로**reflexively 한 편의 서사로서 완성되어간다. 다시 말해서 양쪽 편은 이따금씩 되돌아보면서, 자신과 다른 편의 행위들을 서로 연관시킴으로써 수사학적 효과를 거두게 된다. 기소인 측 변호사는 최종 변론에서 다음과 같이 진술한다. "저는 금요일에 엠마 양의 진술을 청취했습니다."

저는 불행한 숙녀가 더 불행한 처지에 놓인 동생에게 보여주는 성심과 충절을 높이 평가하고자 합니다. 솔직히 말씀드리면, 저희는 그녀에게 많은 질문을 던질 수 없었습니다. 그녀는 무고한 여인이 처할 수 있는 가장 절박한 곤경에 처해 있었습니다. 그녀의 가장 가까운 혈육, 유일한 자매가 위태로운 지경에 있기에, 그녀는 어떻게든 구하고자 할 겁니다. 그녀는 가족들의 관계가 평화로웠다고 우리에게 작은 소리로 말했습니다. 그러나 안타깝게도 그렇지 못했다는 사실을 우리는 알고 있습니다(p. 336).

이 진술은 자매들 가운데 한 사람은 혹독하게 비난하면서 또 다른 사람은 관대한 영혼의 소유자로 미화하는 전술을 구사하고 있다. 기소인 측은 서사를 반성적으로 구축하는 과정을 통해 엠마의 관대한 성품을 부각시킨다. 이러한 전술은 "솔직히 말씀드리면, 저희는 그녀에게 많은 질문을 던질 수 없었습니다"라는 진술을 통해 자신의 관대함을 과시함으로써 설득력을 높이고자 하는(이는 살인자가 무죄 방면될지 모른다는 위험을 감수한 것으로 보인다) 기소인 측의 의도와 잘 들어맞는다. 이러한 관대함은 역으로 '안타깝게도 (진상을) 알고 있는' 배심원에게까지 영향력을 미치게 된다. 이러한 방식, 그리고 수많은 다른 방식을 통해서 양쪽 편은 재판 자체를 서사의 원천으로서 이용한다. 마지막 발언을 통해, 기소인 측 변호사는 배심원들에 대한 예언적인 스토리를 들려줌으로써, 자신이 서사로 구성한 재판의 내용을 미래로까지 확장시킨다.

또한 어떠한 의견을 내세우지 않고 공정하면서도 사려 깊은 정신을 통해 곰곰이 생각해보시기 바랍니다. 오로지 진실을 구하시기 바랍니다. 그러면 여러분은 강렬한 감정, 편견, 고양된 감정의 범주를 넘어서서 이 사건을 이성과 법률이 자리하는 명료한 공간에서 숙고하실 수 있을 것입니다. 만일 이런 일이 가능하다면, 우리는 일종의 고상한 이성을 사용해 이 재판을 신의 섭리에 비추어 판단할 수 있을 것입니다. 그러면 결국 하느님이 세상을 통치하시는 정의를 미약하게나마 드러낼 수 있을 것입니다(p. 392).

새도 스토리

미국 법체계 아래 수행되는 대부분의 일급살인 재판이 그러하듯이, 리지 보든 재판에서 서사를 구성하기 위해 더욱 무거운 책임을 져야 하는 쪽은 기소인 측이다. 이들은 한 편의 스토리를 구성하는 수준에 머물러서는 안 된다. 스토리는 완벽해야 한다. 스토리에 필요한 중심 인물은 '합리적 수준에서 의심의 여지없이' 범죄를 저지를 수 있는 동기, 기회, 방법, 능력을 충분히 갖추고 있어야만 한다. 다시 말해 그는 완결된 행위를 통해서 스토리의 처음, 중간, 끝에 관여되어 있어야 한다. 이때 중심인물은 반드시 의미심장한 일을 할 필요는 없다. 그녀는 아침을 먹고, 다림질 준비를 하고, 납 조각을 찾는 것으로 족하다. 물론 그녀 아버지의 시신이 발견된 일이 의미심장하긴 하다. 하지만 이는 그녀의 입장에서 보면 의도된 행위가 아니라 한 불행한 여성에게 일어난 우발적인 사고에 해당되는 일이다. 그녀는 하녀를 부르고 의사를 부른 후 기다린다. 이들은 모두 서사임이 분명하지만 **스토리**라고 하기엔 부족하다. 이들은 그저 **보충 사건**일 뿐이다. 우리가 알고 싶어 하는 진짜 스토리는 살인 미스터리이다. 보든 부부를 살해한 사람은 과연 누구인가? 그러나 이러한 질문과 관련해서 변호인 측은 누군가 다른 사람이 이들 범행을 저질렀을 가능성이 있다는 것만 밝혀내면 된다. 그들은 범인이 누구인지, 왜 범행을 저질렀는지에 대해 자세히 설명할 필요가 없다. 단지 누군가 다른 사람이 했을 수도 있다는 사실만 설명하면 족하다. 변호인 측의 입장에서 볼 때 살인 스토리는 섀도 스토리이다. 이는 불완전하고 핵심 요소가 빠져 있는 이야기이다. "미스터리를 해명하는 것은 여러분의 일이 아닙니다." 최종 변론의 모두에서 변호인은 배심원들에게 "여러분은 누가 살인을 저질렀는지 알아내고자 이곳에 있는 것이 아닙니다…… 여러분은 오로지, 그리고 단순하게 과연 이 여성 피고인이 유죄인가?(pp. 287~88) 하는 질문을 하기 위해 있는 것입니다"라고 말한다. 변호인 측의 서사에서 살인 스토리는 **가능세계**possible world의 그림자 속에 숨겨져 있다.

재판은 이러한 섀도 스토리들로 가득 채워져 있다. 기소인 측의 요청에 따라, 판사는 권한 위임 시에 배심원들에게 "범행이 다른 사람에 의해 개인적으로 저질러졌다고 하더라도 그녀가 현장에 있었으며, 보조, 공모, 고무, 조장하는 일 등을 통해 관계했다는 사실을 합리적 수준에서 의심의 여지없이 입증하는 증거만으로도 피고를 기소할 수 있습니다"(p. 388)라는 말을 하는데, 이는 섀도 스토리의 도입부에 해당한다. 이 말을 마치자마자, 단번에 또 다른 섀도 스토리의 윤곽선이 언뜻 드러나기 시작한다. 다시 말해 이 스토리는 리지가 누군가 다른 살인범과 함께 공모했을지도 모른다는 의심을 불러일으킨다. 만일 그녀가 누군가와 공모했다면(그녀의 언니? 다른 사람? 한 사람 이상?) 실제 살해를 저지른 사람은 누구이며, 대체 무슨 이유로 그런 범죄를 저질렀는가?(동정? 개별적인 원한? 돈?) 이에 대한 답은 결국 주어지지 않는다. 재판의 서사적 격자 구조 속에서 논쟁을 불러일으키는 대부분의 스토리들은 어느 정도 그림자에 가려져 있다. 해너 리건에 관한 스토리는 결코 해명되지 않는다. 일 년 중 가장 더운 날에 창고 안에 있었다고 하는 리지의 설명과 관련하여, 두 명의 소년이 들려준 보조적인 스토리는 또 어떠한가? 변호인 측에 의해 소환된 두 명의 소년은 살인이 있던 날 창고에 들어갔으며, 그곳의 실온이 오히려 바깥보다 더 시원하다는 사실을 증언한다. 그들은 거짓말을 하고 있는 것일까? 그들은 의식적 또는 무의식적으로 변호인 측을 도와주려고 했던 것일까? 아니면 아이들이 으레 그러하듯이 뭔가를 착각하고 있는 게 아닐까? 이러한 물음들은 모두 여러 가지 다양한 가능세계를 제시하고 있다.

　재판이 섀도 스토리, 즉 서사가 되기에는 한참 모자라는 불완전한 서사들로 가득하다는 사실은 양쪽 편에 반드시 해가 되는 것만은 아니다. 섀도 스토리는 모든 상황에서 사용되며, 어떤 때는 무의식적으로 그리고 에둘러 사용되기도 한다. 기소인 측이 6월에 창고를 방문한 배심원들의 정황을 묘사한 대목을 보면 이 같은 사실이 잘 드러나 있다.

　　어떤 친절한 친구가—저는 어떤 오해를 드리려는 게 아닙니다. 한순간이라도 여러분을 오도할 의도는 없습니다—앞문과 창문을 열어주지 않았더라면 열기에 숨이 막혔을 것입니다. 상대적으로 시원한 6월의 날씨였는데도 불구하고 말입니다. 제 말은 8월과 비교했을 때 그렇다는 것입니다(p. 351).

　부정을 통해 의미를 완곡하게 전달하는 방식을 눈여겨보라. 자신은 전혀 의심을 갖고 있지 않다고 주장하면서, 그는 모종의 '친구'가 존재할지도 모른다는 그림자와 같은 가능성을 친절하다기보다는 교묘하게 암시하고 있다. 또한 그는 변호인 측이 그들의 입장을 뒷받침하기 위해 제시한 창고의 실온에 관한 발언을 의도적으로 바로잡고 있다.

동기부여와 성격

새도 스토리는 모든 서사에 불가피한 조건이 존재한다는 사실을 보여주는 하나의 극단적인 예라고 할 수 있다. 6장에서 논했던 것처럼, 서사를 읽는 것은 **틈**을 메우는 문제와 관련되어 있다. 이 글에서 나는 '새도 스토리'란 용어를 (모호하긴 하지만) 서사 속의 틈이 매우 커서 일부 보편적인 독자들이 완결된 이야기라는 만족감을 느끼지 못하는 스토리란 뜻으로 사용하고 있다. 그러나 어쩔 수 없이 존재하는 틈을 메움으로써 이야기를 완성시키는 사람은 다름 아닌 독자들이라는 사실을 잊어서는 안 된다. 나는 이 사실을 이번 단락을 시작하면서 환기하고자 하는데, 그 이유는 이론의 여지가 있기는 해도 형법에 관련된 서사에서 우리가 채워 넣도록 요청되는 가장 중요한 틈이 다름 아닌 동기이기 때문이다. 앞서 10장에서도 논했듯이, 적절한 등장인물과 동기를 부과하는 작업은 행위와 사건들을 만들어내는 것보다 더욱 어려운 경우가 많다. 특정한 사건이 발생했다는 사실은 분명하게 확정할 수 있다(앞의 재판의 경우는 폭력에 의해 두 사람이 살해당한 사건). 범행에 사용한 흉기 같은 것도 확실하게 알아낼 수 있는 경우가 많다(이 경우에는 무게가 나가는 날카로운 도구, 아마도 손도끼 같은 것). 이들은 증거로부터 많은 도움을 받아 메울 수 있는 틈이다. 그러나 재판서사에서 동기는 눈에 보이지 않는다. 동기를 증거로부터 추론하는 것은 가능하지만 결코 겉으로 드러나지는 않는다. 그것은 때로 포착할 수도 알 수도 없다. 물론 때로는 동기가 뚜렷이 드러날 때도 있는데, 이는 매우 단순해서 동기가 훤히 들여다보이는 사람들이 있는 것이나 마찬가지이다. 그러나 사람들은 한편 매우 복잡한 존재이기도 하다. 게다가 겉보기엔 단순해 보여도 실제로는 복잡한 사람도 많은 것이다.

　동기의 문제뿐만 아니라 기소인 측은 더욱 복잡한 또 다른 문제에 직면하게 된다. 이는 서사를 구성하는 성격에 관한 문제이다. 동기는 본래 불충분한 것이다. 사람은 살인을 저지를 만한 동기를 가질 수 있지만 그것을 실행에 옮길 수 있도록 하는 성격은 갖고 있지 않을 수도 있다. 사실 리지 보든 재판 속에 잠재해 있는 새도 스토리 가운데 하나는, 자신의 의붓어머니를 극도로 싫어하고 아버지의 재혼과 의붓어머니에 대한 편애에 대해 격심하게 분노하는 한 여성에 관한 스토리이다. 다시 말해서 리지 보든은 그들을 살해할 만한 강력한 동기를 갖고 있지만, 실행에 옮길 수 있는 성격은 갖추지 못한 인물일 가능성이 있는 것이다. 따라서 기소인 측은 동기뿐만 아니라——의붓어머니에 대한 증오와 아버지에 대한 분노——범행을 저지를 수 있는 가능성까지도 입증해야만 한다. 이 때문에 그들은 리지의 '정서적 결함'을 부각시킨다. 그녀가 아버지의 시신을 발견했을 때 비명을 지르지 않았다는 것, 시신을 발견한 후 집 안에 앉아서 기다리고만 있었다는 것, 조사관이 보든 부인을 '어머니'라고 불렀을 때 정정했다는 사실 등이 이러한 결함을 뒷받침하는 사유가 된다. 즉, 플릿 경찰관의 말을 인용해서 요약하면 "그녀는 냉정한 사람"이라는 것이다(p. 173). 이러한 정서적인 결함은 다른 심리적인 설명(이를테면 쇼크 등)으로 채울 수 있는 서사적 틈에 해당하기 때문에 이는 힘겨운 작업이다. 또한 변호인 측은 지적하길 주저하고 있지만, 기소인 측의 작업을 더욱더 어렵게 하고 있는 것은 1892년 8월 4일까지의 리지에 관한 기록이 '오점 없는 삶을 살아온 존경할 만한' 여성임을 말해주기 때문이다. "그녀는 신자로서 교회 일에 관심을 갖고 있었으며 자선사업을 위한 여러 조직에 관련되어 있었고, 여러 선행과 자선사업에 기꺼이 도움을 제공해왔던 것으로 알려져" 있다(p. 253).

∴ 민사 재판: 동기부여가 필요 없는 스토리들 ∴

다른 나라의 형법과 마찬가지로 미국 형법에서는 범행 의도 또는 동기를 확실히 밝혀내는 것이 기소자의 주장에서 필수적인 부분을 차지한다(이를 **범죄 요건**mens rea이라고 한다). 그러나 이는 미국 민사소송에서는 필수 요건이 아니다. 민사소송은 사건, 행위, 품행에만 관여하며 그 이상의 사실은 요구하지 않는 경우가 많다. 불법행위 관련 사건에서는 다음과 같은 질문이 요구된다. 이 행위를 통해 피해가 발생했으며, 피고인은 이에 책임이 있는가? 만일 소송의 핵심적인 사건이 부주의에 의해 야기되었다면— 잘못 주차된 차가 이웃집으로 들어간 사례 등— 나의 인격에는 흠결이 없고, 이웃을 향한 악의가 전혀 없다고 할지라도 소송의 결과는 같다. 만일 소송에서 불리한 판결을 받을 경우, 나 또는 나의 보험사는 이웃집 담장을 변상해주어야 한다.

그러나 만일 내 차가 이웃집으로 굴러들어갔고 나의 부주의에 뚜렷한 악의가 포함될 때, 부주의가 일상적으로 행해지는 것일 때는 형법상의 부주의 요건을 적용하여 형사소송으로 다룰 수도 있을 것이다. 이 경우에 나의 성격은 적어도 검토 대상이 될 수 있다.

마스터플롯과 유형들

앞서 말했듯이 형법에서는 행동의 동기와 성격을 규정하는 절차를 필요로 하며, 이때 특히 중시되는 것이 마스터플롯의 적절한 배치와 활용이다. 4장에서 지적했던 것처럼, **마스터플롯**은 여러 **유형**type의 인물들을 필요로 하는데, 이들 등장인물들이 지닌 동기와 성격은 마스터플롯에서는 필수적인, 거의 고정적인 요소라고 할 수 있다. 이처럼 유형은 활성화되었을 때 강력한 수사학적 도구가 된다. 그것들은 피고인의 인간성이라는 복잡한 실체를 유형이라는 단순성으로 흡수할 수 있다. 리지 보든의 재판에서, 기소인 측은 마스터플롯과 유형을 활용하기 위해 가능한 노력을 다한다. 심지어 손잡이 없는 손도끼는 예수 그리스도에 관한 스토리를 연상시키는 마스터플롯에 끼워 맞춰진다. 기소인 측은 손도끼를 경멸조로 대하는 변호인의 태도에 대해, "이 모든 일의 요점은 무엇입니까? 손도끼 머리는 지하실에서 발견되었습니다. 처음엔 사람들에게 조롱과 멸시를 받으면서 말이죠. 왜냐하면 거짓 왕이 세워져 자신을 숭배하도록 했기 때문입니다. 그가 물러난 후에야 사람들은 손도끼를 시험해봐야겠다고 생각했습니다"(p. 370)라고 반박한다. 기소인 측은 이 말을 통해서 「이사야」에 있는 잘 알려진 그리스도에 관한 예언을 사람들에게 상기시킨다. "그는 멸시를 받아서 사람에게 싫어버린 바 되었으며 간고를 많이 겪었으며 질고를 아는 자라"(「이사야」, 53:3). 이러한 발언을 통해 기소인은 19세기 미국 배심원들의 마음속에 반향을 일으켰으리라는 추측을 해볼 수 있다. 그러나 이러한 종류의 수사학적 수단이 으레 그러하듯이, 이 방법은 함축된 내용을 지나치게 자세하게 생각하지 않을 때에만 효과를 거둘 수 있다. (손잡이 없는 손도끼가 하느님이 보낸 구원의 사자란 말인가? 우리가 그것을 '경배'해야 한단 말인가?)

한편 변호인 측에서 마스터플롯을 사용하여 리지의 스토리를 재구성하는 일은 이보다는 손쉬워 보인다. 왜냐하면 여러 기록을 통해서도 알 수 있듯이 리지의 삶은 착한 딸의 스토리를 담은 마스터플롯과 일치하는 점이 많기 때문이다. 그녀는 집안일을 처리했고 교회에 출석했고 자선사업을 했으며 아버지를 보살폈다(아버지의 사망 당시 손가락에 끼워져 있던 반지는 그녀가 열두 살 때 선물한 것이었다). 피고인 측 변호사는 최종 변론에서 이 사실을 강조한다. "깊이 생각해보십시오. 그러면 이 여성에 대해 우리가 증거도 없이 어떤 누명을 씌웠는지 알게 될 것입니다. 우선 괴물의 형상을 만들고, 그 안에 악마의 본능과 의식을 불어넣으십시오. 한 인물의 모습이 떠오를 것입니다. 그러나 여성의 본능과 딸의 사랑을 지닌 한 여성의 모습으로부터 시작해보십시오. 당신이 상상한 형상이 낯설고도 비천하게 보일 것입니다"(p. 313). 이 대목에서 변호인 측이 성性 전략을 사용한 것을 주목할 필요가 있다. 심지어 변호인 측은 문법적으로 사악함을 여성성과 양립할 수 없는 것으로 만든다. "그him 안에 악마의 본능을 불어넣으십시오."

기소인 측은 곧바로 이러한 성 가설을 지적함으로써 반박을 가한다. 그는 전원 남성으로 구성된 배심원들을 향해 말한다. "우리는 여성을 존경하며, 그들에게 예의를 갖추고자 합니다만, 그들은 우리와 같은 인간입니다. 그들은 우리보다 나을 것이 없으며, 더 나쁜 존재도 아닙니다." 여기까지는 좋다. 그러나 이들이 의도한 것은 여성의 성품이 남성과 동등하다는 것을 의미한 것이 아니었다. 기소인 측은 곧이어 호감을 주지 않는 몇 가지 유형의 여성들과 스테레오타입들의 목록을 열거한다. "그녀들은 힘과 강인함, 용기가 없는 대신 교활함, 신속함, 기민함, 잔인성 등으로 이를 보완합니다. 그녀들의 사랑이 남성들보다 강하고 더 지속적이라면, 증오 역시 더욱 끈질기고 강하고 지속적으로 작용하지 않을까요?"(p. 327) 유형을 설정한 후에 그는 널리 알려져 있는 무시무시한 마스터플롯을 서사적으로 각색한 내용을 환기시킴으로써 계속 공격을 가한다.

제가 읽은 역사와 소설 속에 등장하는 유명 범죄자들 가운데 상당수가 여성이었습니다. 인간 본성에 대한 위대한 스승, 초인적인 현명함을 지닌 시인은 우리에게 다음과 같은 이야기를 들려줍니다. 남성의 용기가 실패한 순간, 왕을 쓰러뜨리고 남편이 왕위를 계승하도록 만든 것은 여성의 결의, 용기, 비정한 분노였습니다(p. 327).

기소인은 맥베스의 마스터플롯과 맥베스 부인의 유형을 상기시킴으로써, 자신의 주장에 셰익스피어의 '초인적인' 지혜의 광휘를 부여한다. 뿐만 아니라 남성을 죽일 수도, **그리고** 남편을 지배할 수도 있는 여성의 모델을 배심원들에게 제시한다. 이러한 시도가 얼마나 효과적이었는지는 다만 추측할 수 있을 뿐이다. 또한 기소인 측 변호인은 리지의 유형을 구축하기 위해 카인(pp. 340, 342), 유다(p. 346)와 같은 남성의 마스터플롯과 유형을 끌어온다. 그러나 그는 주로 여성 유형을 정교하게 묘사하는 데 대부분의 노력을 기울인다. 이는 전원 남성으로 구성되어 있는 배심원들이 동일시할 수 있는 유형과 구별되는, 여성의 타자성을 강조하기 위한 조처이다. 이러한 방식으로, 그는 살인이라는 비상식적·비사실적인 사건의 특성을 부각시키며 도전해오는 상대편의 논리를 반박한다. 그가 묘사한 유형의 여성상은 범행 못지않게 미스터리한 심리를 갖고 있는 인물이며, 이를 통해 그는 한 사람의 반동인물을 구축하는 데 성공한다. 그는 배심원에게 다음과 같이 말한다. "여러분은 살인자도 여성도 아닙니다. 여러분은 살인자의 계교도, 여성의 교활함과 민활함도 갖고 있지 않습니다"(p. 357). 이 대목에서 그는 살인자와 여성을 연결시키고 있을 뿐 아니라, 이 두 범주를 정상적인 남성의 경험 바깥에 위치시키고 있다. 따라서 그는 '정상적인' 남성이 자신의 경험에 근거하여 해석하고자 하는 노력, 극단적인 타자를 대할 때 사용하는 공감적인 이해력 모두를 부질없는 것으로 만들어버린다. 다시 말해 여성은 일반적인 남성의 능력을 훨씬 뛰어넘는 일을 할 수 있는 존재라는 것이다. 예를 들면 리지가 피를 묻히지 않은 이유는 무엇인가 하는 물음에 그는 다음과 같이 답변한다. "저는 그 질문에 대답할 수 없습니다. 그러나 여성의 민첩함과 살인자의 교활함은 우리 생각의 범위를 넘어섭니다"(p. 363). 손잡이 없는 손도끼의 손잡이는 어디에 있는가? "여성이 이러한 종류의 물건을 숨길 수 있는 방법은 수없이 많습니다"(p. 364).

논픽션 서사에서 동기를 설명할 수 없을 경우에 그 동기는 궁극적으로 광기의 형태로 나타난다. 재판 역시 그런 쪽으로 몰고 가는 경우가 많다. 광기에 빠진 인물들은 가장 섬뜩한 '진짜' 스토리를 만들어낼 수 있다. 이들이 빚어내는 스토리야말로 사건이 발생하는 동기와 배후에 대한 세간의 이해력을 뛰어넘는다. 여성 인물이 등장하는 경우에도 예외가 없다. 변호인 측 역시 이 사실을 잘 알고 있음이 틀림없다. 따라서 이들은 모두발언에서 사건의 비현실성을 강조함으로써 이 유형의 인물이 갖는 설득력을 상쇄하고자 한다.

사실과 허구는 수많은 범죄의 비범한 사례들을 제시합니다. 이들은 감정에 충격을 주고 인간의 이성을 혼란에 빠뜨립니다. 그러나 이들 가운데 어떤 것도 여러분이 숙고하고 있는 사건의 미스터리보다 더한 것은 없습니다. 상처들이 보여주는 야수성은 무모함, 선택된 시간과 장소를 통해 저질러진 것으로밖에 생각할 수 없습니다. 배심원장님, 그리고 신사 여러분, 대부분의 사람이 생각하는 것처럼 이 사건을 광인 혹은 악마의 소행으로 돌린다면, 가장 나이 어린 딸이야말로 희생자 중 한 사람으로 여길 수밖에 없을 것입니다(p. 253).

기소인 측은 이에 굴하지 않고 동일한 논거를 사용해 공격할 수 있는 가능성을 포착해낸다. 여성은 교활함과 잔인함을 특징으로 삼을 수 있을 만큼 충분히 악하다고 주장한다. 이들에 따르면, 리지는 단순히 한 사람의 여성일 뿐 아니라 미치기까지 했다는 것이다. "우리는 그 당시 그녀가 목적을 갖고 계획적으로 사건을 일으켰다고 확신합니다. 그녀는 미쳐버렸습니다…… 악마가 그녀에게 들어온 것입니다. 부디 저와 여러분께는 그런 일이 일어나지 않기를 바랍니다"(p. 374). 이러한 과정을 통해 리지 보든은 자신의 부모를 이유 없이 죽인 미친 여인으로서 역사에 이름을 남기게 되었다. 재판이 있기 이전에 불렸던 노래에 그녀의 이름이 등장하며, 이 노랫말은 오늘날에도 전해지고 있다.

리지 보든이 도끼를 들었다네.
어머니에게 마흔 번이나 내리쳤지.
자신이 그 일을 해냈음을 알았을 때,
아버지는 마흔 번 내리쳤다네.

이 노래 또한 하나의 서사라고 할 수 있다. 이 노래에는 매우 잔인하고도 기괴한 동기를 가진 사람이 등장한다. 범인은 오로지 자신이 어머니에게 저지른 일에 대한 만족감 때문에 아버지마저 죽였다는 것이다. 그러나 배심원들의 생각은 이와 달랐다. 그들은 리지를 무죄 방면했으며, 그녀는 그 후 아버지의 집에서 편안하게 서른네 해의 삶을 더 살았다.

문화 속의 마스터플롯, 어떻게 수정할 것인가?

리지 보든이 진실로(법률적인 면뿐 아니라) 아버지와 의붓어머니의 죽음에 대해 무죄라고 가정해보자. 또한 그럼에도 불구하고 범행을 저지른 죄로 유죄판결을 받아 결국 교수형에 처해졌다고 가정해보자. 한 걸음 더 나아가, 배심원들이 부분적으로나마 여성이 본질적으로 남성보다 잔인하며 더 교활하고 원한을 품는 경향이 강하다고 단정한 기소인 측의 주장에 동의했다는 사실이 이후에 인터뷰를 비롯한 다른 증거들을 통해서 밝혀졌다고 해보자. 특정 문화에 내재되어 있는 권력은 (남성 배심원들이 속해 있는) 지배 계층의 문화에 깊숙이 내면화되어 있으므로, 이 부류에 속해 있는 사람들이 **법 조항을 한 글자도 위반하지 않고서** 지배적인 영향력을 행사하는 것은 결코 드문 일이 아니었으리라. 이 재판 역시 이러한 상황과 무관하지 않다. 법을 충실히 따르는 것만으로는 문화 권력의 외곽에 있는 사람들(인종, 민족, 성, 성적 취향, 종교 또는 기타 다른 기호로 유표화된 사람들)이 법은 물론 공정함이라는 민주적 이상을 통해 정의를 획득할 수 있으리라는 보증은 어디에도 없다. 우리는 이러한 상황에 대해 수많은 가정을 내렸지만, 이것이 현실인 듯하다.

어떻게 이러한 상황을 변화시킬 수 있는가? 물론 한 가지 방법은 법 체계를 바꾸어 여성 및 기타 권력의 외부에 있는 사람들이 배심원에 포함되도록 하는 것이다. 다시 말해서 이들을 선발하는 범위를 넓힘으로써 서사 경연장에 참여하는 청중들을 바꾸는 것이다. 이러한 일은 실제로 현실화되었지만, 이는 혁명을 통해서가 아니라 본래 미국 헌법에 보장되어 있는 권리를 충실하게 따른 데서 기인한 것이다. 미국 헌법은 자신과 비슷한 계층에서 선발된 배심원에 의해 재판받을 권리를 보장하고 있다. 그러나 이러한 법적 경연장에서 문화적으로 내재되어 있는 권력을 약화시키는 또 다른 방법은 생각하는 방식을 바꿈으로써 청중들을 변화시키는 것이다. 편견을 불러오는 유형들은 재판이 불공정한 결과를 낳게 하는 데 일조한다. 이들은 문화적 마스터플롯 깊숙이 자리하고 있기 때문에 심층적인 문화의 변환을 일으키기 위해서는 대항서사counter-narrative를 만들어 보급하는 것이 중요하다. 이때 대항서사란 특정 문화에 존재하는 지배적인 마스터플롯을 훼손하거나 견제하는 역할을 하는 서사를 말한다. 서사 형식은 세계에 대한 우리의 사유 깊숙이 철저하게 영향을 미치기 때문에, 권력에서 배제된 이들의 스토리가 문화적 변환을 일으키는 데 훌륭한 도구로 사용될 수 있다고 생각하는 것은 합리적이다. 지난 20여 년 동안 비판법학critical legal Studies과 비판적 인종 이론critical race theory 같은 운동은 서사가 지닌 힘이 불의를 경감시키기 위한 방편으로 사용될 수 있다는 사실을 강조해왔다. 앞에서 예로 들었던 리지 보든 사례 같은 부류의 불의에 대해서, 법체계는 지금도 혹은 지금까지 눈감아왔던 것이다. 폭넓게 말해서 법학 부문에서의 '스토리텔링 운동'은 다음과 같은 믿음에 근거하고 있다.

서사는 개인과 사회의 구체적인 경험을 구현하며, 타자의 목소리를 들리게 하고, 법적 판단의 가정 자체를 문제시하는 특별한 능력을 갖고 있다. 따라서 서사는 반다수결주의적 논쟁의 형식이고 일상적인 법률 업무에서 발생하는 배제를 폭로하고자 하는 이의신청자의 의도를 위한 장르이며, 우리의 이야기를 듣고 나서야 비로소 이해할 수 있는 하나의 말하기 방식이다.[2)]

그러나 내부에서 서사들의 경합이 일어나고 있음에도 불구하고 재판에서는 여전히 중대한 대항서사들이 배제되는 경우가 있는데, 이는 오로지 문화적인 관성이 작용하기 때문이다. 서사는 특정한 문화가 그 구성원들에 대해 생각하는 방식을 확장시켜줄 수 있으며, 이를 통해 단순히 규범을 따르는 것만으로는 얻어질 수 없는 정의가 실현될 수 있는 가능성이 열리기도 한다.

스토리텔링 운동에 반대하는 측의 주장은 몇 가지 상호 연관되어 있는 논점에 초점을 맞추고 있다. 첫번째는 법체계가 법률적인 판결 과정에서 스토리들을 어느 정도까지 사용할 수 있는가에 관련된 문제이다. 리지 보든의 변호사는 증인들을 소환해서 자신이 성적인 편견을 갖게 된 과정에 대해 1인칭 진술을 하도록 허용할 수 있는가? 어떤 내용을 포함하고 배제해야 하는가? 또한 어떤 방식으로 서술해야 하는지에 대한 제한이라도 있는가? 과연 그들을 특정한 유형으로 만들어야 하는가? 유형적인 것들은 어떤 식으로 결정되는가? 두번째 문제는 스토리들을 법률적인 근거로 사용해야 하는지, 혹은 사용할 수 있는지에 대한 것이다. 마사 미노Martha Minow는 다음과 같이 주장한다. "서사에 의존할 경우 특수성, 차이, 그리고 일반화에 대한 저항에 빠지게 될 위험이 있다." 이 말처럼, 서사를 법률에 적용하는 데는 위험이 따른다. 왜냐하면 법률은 명제들로 이루어진 구조며, 따라서 본질적으로 추상적일 수밖에 없기 때문이다. "스토리만으로는 미래의 행위를 인도할 만한 일반론을 일관성 있게 제시해주는 원리들을 분명하게 표현할 수 없다. 스토리는 주의사항 또는 앞으로 도출해내야 할 내용 등에 대한 지침을 전혀 제공하지 않는다. 단지 경쟁하는 스토리들을 평가하는 데 필요한 지침을 자체적으로 제시할 뿐이다."[3] 이에 대해, 서사가 지닌 인간적인 감화력이야말로 법률이 지닌 과도한 추상성을 보완하는 역할을 한다고 반론을 제시할 수도 있다. 이러한 사실은 사형을 선고하는 판결문에서 이미 암묵적으로 인정되고 있다. 이 경우, 피고인의 생사가 달려 있는 문제이기 때문에 사형에 대한 논쟁을 경감하기 위해서 서사적 요소의 도입을 상당 수준 허용하고 있다. 세번째 문제는 우리가 어릴 때부터 접해온 마스터플롯에 얼마나 완벽하게 길들여져 있는가이다. 극단적으로 말해서, 우리의 이성은 스토리들을 통해서 마음속 깊이 자리 잡게 된 성향을 전혀 변화시킬 수 없다. 이러한 성향을 바꿀 수 있는 유일한 방법은 역시 스토리뿐이다. 또 다른 편에서는, 스토리의 힘이 아무리 강력하다 하더라도 우리를 제재하는 것은 역시 이성이라는 반론을 제기하고 있기도 하다. 실제로 스토리가 우리의 정서에 직접 작용함으로써 강력한 힘을 발휘하는 것이 사실이기 때문에 최종적인 권위는 합리적인 논증에 부여해야 한다는 것을 명심해야 한다.

앞서 언급한 내용에 대해서, 논쟁을 벌이는 양쪽 진영은 여전히 합의를 도출할 기미가 없다. 이들 문제에 대한 선을 어디에 그을 수 있는지, 또는 어디에 그어야 하는지에 관한 문제에 대해 최종 합의를 내리는 일은 불가능할지 모른다. 이 문제는 넓은 회색지대를 지닌 영역 가운데 하나이다. 물론 회색지대가 존재하며, 최종적인 해결책을 얻을 가능성이 없다는 바로 그 이유 때문에 사람들은 이 문제들을 더더욱 진지한 논점으로 받아들일 뿐 아니라 해답을 찾고자 하는 노력 또한 끊임없이 기울이고 있다.

서사의 투쟁은 어디서나 벌어진다

스토리들은 재판정에서만 투쟁을 벌이는 것이 아니다. 서사의 경쟁은 거의 모든 곳에서 일어난다. 다만 법정에서의 경쟁은 서사가 벌이는, 그리고 서사에 관련된 집중력의 강도와 규범의 통제가 다른 분야에서보다 더욱 강력하다는 점에서 구별된다. 재판에는 심판과 판사가 존재한다. 이들은 그/그녀가 진행하는 서사의 경쟁에 적용되는 규범들을 해석하는 역할을 한다. 판사는 포함될 수 있는 것과 배제해야 할 것, 발언할 수 있는 사람, 발언하는 방식, 서사의 일부가 보조적인 서술자 또는 증인들로부터 도출되는 방식 등을 통제한다. 그러나 통제의 강도는 더 약할지 모르나, 서사들은 대부분의 삶의 영역에서 싸움을 벌이고 있다. 학계에서 벌어지는 논쟁이 대표적이다. 학문 영역에 따라 다르긴 하지만, 학계는 다양한 정도의 중재를 받는 서사의 경연장이라고 할 수 있다.

연구자들은 새롭게 발견된 **보충적인**supplementary 또는 **중심적인 사건들**constituent events을 사용하여 기존의 스토리를 서사적으로 새롭게 재해석하는 데 전문가로서의 삶을 바친다. 이는 주로 역사학계에서 두드러지게 나타나는 현상이다. 이보다는 덜 뚜렷하게 드러나지만, 물리학에서 경제학까지 이르는 학문 분야에서 수행하는 이론적 작업들은 상당 부분 심층의 구조적인 스토리들(예를 들면 모든 작용에 대하여 항상 크기가 같고 방향이 반대인 반작용이 따른다는, 또는 악화가 양화를 구축한다 같은 것들)을 해설하는 서사의 경연장이라고 할 수 있다. 일상적인 경험에 대해 더 길고 상세하게 설명한 서사들은 대개 이러한 스토리들을 저변에 깔고 있다. 이러한 보편적인 스토리를 설정하는 작업에는 서로 맞서는 서사들의 **아곤**agon(실험 결과, 실패담 등) 역시 포함된다.

정치적인 경쟁은 표면상으로는 논점에 집중하는 것 같아도 서사의 경연장에 혼돈을 불러오는 경우가 많다. 의회 또는 국회에서 벌어지는 경쟁에는 어느 정도의 규범이 존재하지만, 유세 현장에서 벌어지는 서사의 경쟁은 통제받지 않는 경우도 있다. 유세 현장에서의 에너지는 대부분 서사담론을 조직하는 데 할애되는데, 이들 담론 속에서 상대편은 자신들의 인격이 뛰어나다는 사실을, 그리고 대개는 경쟁자의 인격이 유감스럽게도 불만족스럽다는 사실을 토로한다. 상업광고는 장거리 운송업자에게 자신도 모르게 요금을 더 지불한 소비자들의 유감스러운 스토리 또는 자신들의 빠른 운송으로 인해 기뻐하는 사람들의 행복한 스토리를 선보이는 등 미시서사들의 끊임없는 전쟁터를 방불케 한다. 법률, 학술, 정치 또는 상업적인 분야에서 사용되는 언어는 이웃끼리 싸우거나 친구들이 다툴 때, 또는 가족들끼리 서로의 원한을 상기할 때나 연인들이 서로 비난할 때 등등 일상의 삶에서도 심심치 않게 등장한다. 이는 다른 편의 설명에 맞서서 자신들의 서사적인 설명을 분명하게 납득시키고자 하는 사람들에게 예외 없이 적용된다.

"어떻게 그렇게 잔인한 말을 할 수 있지? 그리고 방을 뛰쳐나가다니."
"난 너를 도우려고 했을 뿐이야. 그리고 나는 뛰쳐나가지 않았어. 난 허리가 안 좋거든."
"허리가 안 좋다고? 내가 본걸. 넌 뛰쳐나갔어. 히죽거리면서 말이야."
"난 히죽거리지 않았어. 나는 아팠다고. 점심 먹을 때 혀를 깨문걸. 혀가 얼마나 퉁퉁 부었는데."

어떤 사람들은 다른 사람보다 이러한 경쟁에 익숙하다. 그러나 한두 가지 또는 다른 방식으로, 직업적으로나 개인적인 삶 속에서 우리는 서사 경쟁 속에 참여하고 있다는 사실을 알고 있다. 이러한 경쟁 가운데 어떤 것은 우리를 더욱 지혜롭게 한다. 하지만 어떤 것은 그렇지 않다.

더 읽어볼 서사학 이론

'법과 문학' 분야에 관련된 주요 저작들은 다음과 같다. 로널드 M. 드워킨의 『법의 제국Law's Empire』(Cambridge, MA: Harvard University Press, 1986), 샌퍼드 레빈슨과 스티븐 메일루 편저, 『법과 문학의 해석: 해석학적으로 읽기Interpreting Law and Literature: A Hermeneutic Reader』(Evanston, IL: Northwestern University Press, 1988), 스탠리 피시 편저, 『당연한 일 하기: 문학과 법학 연구 이론의 변화, 수사학, 그리고 실천Doing What Comes Naturally: Change, Rhetoric, and the Practice of Theory in Literary and Legal Studies』(Durham, NC: Duke University Press, 1989), 피터 브룩스와 폴 게위츠 편저, 『법 이야기: 법에서의 서사와 수사학Law's Stories: Narrative and Rhetoric in the Law』(New Haven: Yale University Press, 1996), 리처드 포스너, 『법과 문학Law and Literature』 개정판(Cambridge, MA: Harvard University Press, 1998), 그리고 앤서니 G. 암스테르담과 제롬 브루너의 『마인딩 더 로Minding the Law』(Cambridge, MA: Harvard University press, 2000).

더 읽어보면 좋은 문학작품

내가 이 장에서 인용한 리지 보든에 대한 텍스트는 에드먼드 피어슨Edmund Pearson이 편찬한 『리지 보든의 재판Trial of Lizzie Borden』이다. 이 책은 출간된 지 오래됐고 기소인 측에 매우 편파적인 서문을 포함하고 있다. 그러나 이 책에는 일련의 직접 조사와 교차 조사 내용, 기소인 측과 피소인 측 양쪽의 모두진술과 최종진술, 배심원단에 대한 판사의 소개문, 심리審理시에 행한 리지 보든의 선서문을 포함한 발췌문 등이 풍부하게 담겨 있다. 이들 살인 사건에 대해서는 많은 이론이 존재했다. 그 가운데 하나가 전적으로 비현실적인 것만은 아닌 주장을 강력히 제기했다. 이는 리지나 그녀의 언니 엠마(또 한 사람의 지속적인 용의자)에 대한 것도 보웬 박사, 브리지드, 보든 부부를 살해한 낯선 사람에 대한 것도 아니었다. 이는 다름 아닌 앤드루 보든의 사생아에 관한 것이었다. 이 책은 아널드 R. 브라운Arnold R. Brown의 『리지 보든: 전설, 진실, 마지막 장Lizzi Borden: The Legend, the Truth, the Final Chapter』(Nashville: Rutledge Hill Press, 1991)이다.

다른 유명한 재판을 다룬 훌륭한 텍스트가 하나 있는데, 로버트 P. 위크스Robert P. Weeks가 편찬한 『공화국 대 사코 반제티Commonwealth vs. Sacco and Vanzetti』(Englewood Cliffs, NJ: Prentice-Hall, 1958)이다. 이 책은 최근 시중에 나와 있으며 재판 기록의 발췌문과 관련 자료를 담고 있다. 물론 훌륭한 도서관의 법학 코너에는 판례 연구와 재판 기록이 풍부하게 소장되어 있다. 또한 재판의 구성을 취하고 있는 소설, 희곡, 영화 등이 매우 많이 있는데, 이들은 동일한 증거를 다른 서사적 구조를 사용해 다루고 있어 논쟁을 불러일으킨다. 이들 가운데 가장 유명하고 성공적인 것은 로버트 트레버 판사의 1958년 소설을 영화화한 「살인의 분석Anatomy of a Murder」으로 1959년 아카데미상의 여러 부문에 노미네이트되었다. 그리고 『열두 명의 성난 사람들Twelve Angry Men』(1957)을 영화로 각색한 작품을 들 수 있다. 원래 텔레비전극인 이 서사는 주로 배심원실에서 벌어지는 배심원 열두 명의 심의 장면에 한정되어 있다. 재판 장면 동안 서사를 재구성하는 과정이 주로 등장하는 작품으로서 영화로 각색된 두 편의 유명한 서사로는 애거사 크리스티의 단편이자 1953년 연극으로 상연된 「검찰 측 증인Witness for the Prosecution」과 하퍼 리Harper Lee의 『앵무새 죽이기To Kill a Mockingbird』(1960)를 들 수 있다. 이 두 작품은 1957년과 1962년에 각각 영화로 만들어졌다. 1955년, 제롬 로런스와 로버트 E. 리는 1925년 진화의 교육에 관한 존 T. 스코프스의 '원숭이 재판' 때 이루어진 윌리엄 제닝스 브라이언과 클래런스 대로 사이의 대결을 극화했다. 스탠리 크레이머는 그 연극을 각색하여 지속적인 인기를 모은 영화 「신의 법정」(1960) 감독을 맡았다.

재판 장면을 서사적으로 활용한 예를 강조하다보면 한 가지 문제점을 발견하게 되는데, 그것은 이 장에서 다룬 주요한 논점을 모호하게 할 수도 있다. 즉 서사의 경쟁은 (우리 삶의 본질에서 발견할 수 있는 것처럼) 픽션이든 논픽션이든 삶을 재현해주는 모든 텍스트의 영역에서 발견할 수 있다는 사실을 혼동하게 만든다. 잘 만들어진 모든 서사는, 그 속에 우리가 읽은, 우리보다 앞서 있는 가능한 이야기들이 여러 개 존재하기 때문에 우리를 사로잡는다. 우리 마음속에서 이들 이야기들은 서로 밀치며 싸운다. 이는 서스펜스를 유효하게 정의하는 내용이기도 하다. 만일 지속적으로 논란이 되는 서사인 「라쇼몽」(그리고 1964년 미국에서 각색한 「분노The Outrage」)이 미해결된 서사적 경합의 최정점에 있는 작품이라면, 모든 복합서사는 서사적 경합의 과정으로 읽을 수 있고 조명될 수 있으며 가르칠 수 있다. 이 장과 이 추천문에서 나는 재판 문학에 초점을 두었다. 왜냐하면 재판 문학은 서사의 조건을 생생하게 분석하여 보여주는 역할을 하기 때문이다.

14장

서사의 협상

이 장은 13장과 균형을 이루는 장이다. 13장과 14장은 모두 서사를 이용해 생각하는 방식을 다루고 있기 때문이다. 그러나 13장이 서사들끼리 경합하는 가운데 발생하는 변화에 대해 초점을 맞추고 있다면, 14장에서는 서사 내부에서(더욱 정확하게 말하면, 우리가 서사와 함께 상호작용하는 가운데에서) 발생하는 변화에 대해 이야기할 것이다. 13장에서는 재판이나 정치 선거, 혹은 지적인 논쟁과 같은 서사들의 거대한 경합 속에서 서사가 무기로 사용되는 방법을 살펴보았다. 반면 14장에서는 경합에 의해 구성되는 구조로서의 서사에 대하여 살펴볼 것이다. 서사는 서로 상충하는 요구들에 대한 협상의 과정이며, 그것은 성공하는 경우도 있고 실패하는 경우도 있다. 부분적으로 이 장은 우리에게 **아곤**agon을 떠올리게 만들 수도 있는데, 그러한 경쟁이나 갈등이야말로 서사의 본질이라고 할 수 있을 것이다. 좀더 확장하면, 이것은 5장에서 살펴보았던 것처럼 서사 내부에서 유희하고 있는 문화적·심리학적 그리고 도덕적인 갈등들—물론 그런 갈등들이 전부 갈등 상황의 적대자들에 의해서 재현되는 것은 아니지만——을 함께 생각하게 만든다.

∴ 갈등 없는 서사 ∴

서사에서 갈등이란 대단히 강력한 요소라는 점 때문에 '서사'라는 용어를 정의하는 중요한 특징으로서 갈등을 거론해야 한다고 주장하는 학자들(토도로프, 허먼)도 있다. 그러나 내가 이 책에서 채택하고 있는 서사에 관한 포괄적인 정의——즉, 사건이나 사건들의 재현——에서라면, 갈등은 서사의 성격을 규정하기 위해 반드시 필요한 요소는 아니다. 내가 사용하고 있는 서사적 정의에서 본다면, 갈등이 존재하지 않는 수많은 단편서사들도 존재한다. 가령 1934년 나치전당대회를 기록하고 있는 레니 리펜슈탈의 다큐멘터리 선전 영화 「의지의 승리The Triumph of the Will」 오프닝은 갈등 없이도 얼마든지 아주 자연스럽게 서사가 만들어질 수 있음을 보여준다. 이 영화의 첫 장면은 총통을 태운 비행기가 구름 속에 가려진 채 단지 비행음만 들려오는 장면으로 시작된다. 이윽고 장면은 히틀러의 도착을 환영하는 수많은 군중이 환호하는 소리(하일! 히틀러!)로 이어지고, 그 화려한 울림 속에서 서사는 절정의 장면으로 이동하는 것이다. 정치 선전의 경우에서 빈번하게 나타나는 것처럼, 이런 종류의 서사는 적어도 레니 리펜슈탈의 의도에서나 혹은 1934년 당시 나치에 동조했던 독일 관객에게 끼쳤던 영향력의 측면에서 본다면 독보적인 수사학적 힘을 가진다. 그러나 리펜슈탈이 창출하기 위해 노력했던 이런 효과들은 이 장에서 서사를 통해 사유하는 방식을 설명하는 과정에서 오히려 약화될 수도 있다.

서사의 협상

여기 우리에게 잘 알려진, 솔로몬의 지혜를 보여주는 이야기가 있다. 매춘부 두 명이 솔로몬 왕 앞에 죽은 아이와 살아 있는 아이를 안고 나타난다. 매춘부 중의 하나가 무슨 일이 일어났는지 말한다. (더 큰 스토리의 측면에서 보면, 그녀의 스토리는 **소급제시**에 가깝다. 그것은 사건이 일어난 시점에서부터 그들이 왕 앞에 오게 된 시점까지를 모두 포함해 설명하고 있기 때문이다.) 두 여인은 같은 집에서 함께 살았고 3일 차이로 아이를 낳았다. 화자 역할을 하고 있는 여자의 진술에 따르면, 다른 여자가 잠을 자는 중에 몸을 뒤척였고, 그래서 그녀의 갓 태어난 아기를 그만 질식시켜 죽이고 말았다. 여자는 말한다. "그런데 아이를 죽인 저 여자는 한밤중에 몰래 일어나 내가 잠자고 있는 동안 나의 아들을 내 옆에서 데려가 자기 품에 누이고, 대신 그녀의 죽은 아이를 내 품에 놓았습니다." '나'(이야기를 하고 있는 여자)는 잠에서 깨어나 다른 여자의 죽은 아이를 침대에서 발견하고 나의 아들을 되돌려달라고 요구했지만, 다른 여자는 살아 있는 아이가 자기 아이라고 끝까지 오리발을 내밀었다. 그래서 자신들의 분쟁을 왕 앞에까지 가져오게 된 것이다. 여자가 말을 끝내자, 솔로몬 왕은 왕의 칼로 그 살아 있는 아이를 반으로 나누어 두 여인에게 각각 나누어주라고 명령했다. 우리는 물론 결론을 알고 있다.

그러자 산 아이의 어머니는 제 자식을 생각하고 가슴이 미어지는 듯하여 왕에게 아뢰었다. "임금님, 산 아이를 저 여자에게 주시고 아이를 죽이지만은 마십시오." 그러나 다른 여자는 "어차피 내 아이도 네 아이도 아니니 나누어 갖자"라고 하였다. 그러자 왕의 분부가 떨어졌다. "산 아이를 죽이지 말고 처음 여자에게 내주어라. 그녀가 참 어머니이다." 온 이스라엘이 왕의 판결 소식을 들었다. 그리고 그들은 왕을 두려워하게 되었다. 그들은 왕이 하느님의 지혜를 갖고 심판하는 것을 지켜보았던 것이다.[1]   ―「열왕기 상」, 3:26~28.

이 스토리는 두 여자 사이의 대립이라는 갈등을 포함하고 있다. 그리고 그것은 솔로몬 왕의 눈부신 책략을 통해 효과적으로 끝을 맺는다. 이 스토리에서 왕은 아이를 반으로 자르라고 명함으로써 하나의 결과에서 아이의 진짜 엄마를 찾고 이들을 재결합시키는 또 다른 결과를 만들어낸다. 이것은 강력한 스토리이며, 동시에 인간의 심리를 꿰뚫고 있는 솔로몬의 능력을 보여준다. 경쟁의 해결 과정에서, 스토리는 진짜 엄마와 가짜 엄마 사이의 차이를 판단한다. 이러한 판별과 판결의 과정은 두 여인과 관련된 경쟁이 절정에 오를 때 이루어진다. 그러나 동시에 이러한 갈등의 해결 과정은 또 다른 대립되는 관념들을 고려하게끔 한다. 그중 하나는 소유와 사랑에 관한 서로 상충하는 요구들이다. 솔로몬 이야기에 나오는 극단적인 사례에서, 우리는 친엄마의 반응을 통해 모성애가 소유욕을 이겨낼 수 있음을 목격한다. 그러므로 이 역시 서사가 행하는 협상 작업의 일부라고 간주할 수 있다. 서사의 활동을 통해, 우리는 어떻게 이러한 두 개의 강력한 인간적인 욕망이 자연적인 위계를 가지게 되고, 결국 아이에 대한 어머니의 사랑이 어떻게 아이를 소유하고자 하는 강렬한 욕망을 넘어서게 되는지를 확인하는 것이다. 한편 이 서사에 나타나는 또 다른 갈등은 매춘부와 어머니 사이에 존재한다. 이야기 속에 나오는 두 여자 모두 매춘부, 즉 돈을 위해 사랑을 파는 고대사회의 가장 밑바닥에 존재하는 타락한 인물들이다. 그러나 이 서사는 은연중에 구원의 계획을 만들어낸다. 동일한 인물 안에서 매춘부는 어머니로 교체된다. 이야기 속에서 그녀의 행동을 통해 매춘은 거의 대부분 망각되며, 대신 그녀는 어머니가 되는 것이다.

❖ 이야기는 얼마나 그럴듯한 것이어야 할까? ❖

'온 이스라엘'이 이 이야기에 설득당했다. 그러나 냉정하게 한번 생각해보자. 아무리 가짜 엄마라고 하더라도 "좋아요, 계속해봅시다. 아이를 반으로 자르세요!"라고 말했다는 게 정말 있을 수 있는 일일까? 어떤 사람이 반으로 잘린 죽은 아이를 원하겠는가? 어쩌면 그렇지 않을지도 모른다. 아이를 잃고 그토록 절망한 나머지 살아 있는 아기를 갖기 위해 비정상적인 거짓말까지 꾸며낸 여자가 과연 아이를 죽이라고 말할 수 있을까? 여기에서 두 가지 사항을 지적해야 할 필요가 있다. 하나는 서사담화에는 이러한 **틈**을 채울 수 있는 여지가 존재한다는 것이다. 이렇게 서사를 확장해봄으로써 우리는 이 두 여자 사이에 있었던 과거의 일이나 혹은 라이벌 의식이나 원한 같은 것에 대해 상상할 수 있다. 그 가짜 엄마가 극단적인 말("어차피 내 아이도 네 아이도 아니니 나누어 갖자")을 내뱉은 것도 어쩌면 그런 이유들 때문인지 모른다. 그러나 또 한 가지 지적해야 할 사항은 이처럼 설명을 필요로 하는 틈이 오히려 서사로 하여금 더욱 강력한 힘을 가지게 만든다는 점이다. 이러한 틈은 문화적 갈등의 협상에서 주요한 역할을 맡고 있으며, 이 이야기에서처럼 이 작업은 몇 세기를 거쳐 지속되기도 한다.

물론 이 짧은 서사가 가진 표면상의 기능은 솔로몬의 지혜를 보여주는 것이다. 이것은 이야기의 맨 끝에서 다시 한 번 표시된다. 즉, "그들은 왕이 하느님의 지혜를 갖고 심판하는 것을 지켜보았던 것이다." 그러나 다른 모든 서사에서처럼, 서사에 힘을 부여하는 것은 바로 스토리가 흘러가는 과정에서 나타나는 그 갈등이다. 그리고 그런 서사의 힘을 추동하는 원동력은 갈등에 의해 자극을 받아서 나타나는 독자의 '관심'이라는 모습으로 이야기 속에 나타나게 된다. 또한 바로 이러한 방법을 통해 서사는 활발한 사고 passionate thought의 방식을 취하게 된다. 가장 위대한 **마스터플롯**은 우리가 인간 존재로서 겪게 되는 상황, 인생과 떼려야 뗄 수 없는 영원한 일부인 것처럼 보이는 갈등과 연관되기 때문에 계속해서 반복적으로 서술된다. 그리고 여기에 그런 유명한 이야기가 하나 있다.

테베의 왕, 라이오스와 그의 아내, 이오카스테는 아이가 없다. 라이오스는 왕위를 계승할 아들을 원했지만, 자신이 아들을 가지게 되면 그 아이에게 죽임을 당하게 될 것임을 경고한 델포이의 신탁을 듣게 된다. 라이오스는 그 경고에 귀를 기울이지만, 어느 술 취한 밤 그는 아내를 임신시키고, 아내 이오카스테는 아들을 낳는다. 운명을 피하고자 하는 마음에서 라이오스는 갓난아이의 복사뼈에 쇠못을 박은 뒤 그 아이를 키타이론의 산중에 내다버리라고 목동에게 명령한다. 하지만 아이에게 동정심을 느낀 목동은, 라이오스에게는 알리지 않은 채로, 친구의 손을 빌려 마침 아이가 없었던 코린토스의 왕 폴리버스와 왕비 메로페에게 아이를 맡긴다. 그들 부부는 상처를 입어 퉁퉁 부은 발을 가지게 된 그 아이를 아들로 삼고 오이디푸스라는 이름으로 부른다.

후에 그가 젊은이가 되었을 때, 오이디푸스는 어느 술 취한 친구의 말을 통해 자신이 폴리버스와 메로페의 친아들이 아니라는 사실을 듣게 된다. 이 놀라운 사실과 함께 알게 된 이런저런 또 다른 소문들은 결국 오이디푸스를 델포이의 신전으로 찾아가게 만들고, 거기에서 그는 자신의 예견된 운명을 본다. 놀랍게도 그는 아버지를 죽이게 될 뿐만 아니라 어머니와 결혼하게 된다는 운명을 듣게 되는 것이다. 공포에 질린 오이디푸스는 이 비극적인 운명을 피하기 위해 코린토스로 돌아가지 않겠다고 결심한다. 그러나 길에서 그는 우연히 한 여행자를 만나게 되는데, 그는 다름 아닌 라이오스이다. 어떤 판본에서는, 라이오스 역시 그의 아들이 키타이론 산에서 죽었는지 아닌지를 확인하기 위해 신전으로 가는 도중이었다고 전하기도 한다. 그의 아버지만큼이나 의지가 굳었던 오이디푸스는, 물론 아버지인지 몰랐기 때문이기도 하지만, 라이오스를 위해 길을 비켜주기를 거부한다. 라이오스는 채찍으로 오이디푸스를 때리고, 오이디푸스는 격노하여 결국 라이오스는 물론 그의 수행원까지 함께 살해하고 만다. 운 좋게 도망친 단 한 명의 수행원을 제외하고는 모두.

마침내 오이디푸스는 테베로 돌아온다. 그러나 테베는 이미 끔찍한 상태에 빠져 있다. 왜냐하면 왕이 살해되었을 뿐만 아니라(소문은 참 빠르다), 반은 인간이고 반은 동물인 강력한 존재, 스핑크스에 의해 그 도시가 이미 지배를 받고 있었기 때문이었다. 게다가 스핑크스는 그가 낸 수수께끼를 풀지 못하는 사람은 가차없이 잡아먹고 말았는데, 그 수수께끼는 다음과 같았다. "아침에는 네 발로 걷고 낮에는 두 발로 걷고 저녁이면 세 발로 걷지만, 그러나 모두 하나의 목소리를 말하는 이것은 무엇일까?" 미망인이 된 이오카스테의 남동생, 크레온은 스핑크스의 수수께끼를 풀어내 이 도시를 스핑크스의 횡포로부터 해방시키는 자는 누구든지 이 도시의 왕이 될 것이며, 자신의 누이와 결혼하게 될 것이라고 선포한다. 오이디푸스는 타고난 총명함으로 그 수수께끼의 해답을 찾아낸다. 그것은 인간이었다(갓난아이일 때는 기어 다니고, 커서는 두 발로, 그리고 마침내 늙어서는 지팡이를 들고 세 발로 다니는 존재). 수수께끼가 풀렸기 때문에, 스핑크스는 스스로 테베의 절벽에서 몸을 던진다. 감사의 뜻으로 크레온은 자신의 누이, 이오카스테를 오이디푸스와 맺어주고, 마침내 오이디푸스를 테베의 왕으로 추대한다.

수년이 지나고, 오이디푸스와 이오카스테는 자식을 네 명 가진다. 두 아들 폴리네이케스와 에테오클레스, 그리고 두 딸 이스메네와 안티고네이다. 그런데 지독한 역병이 테베에 돌게 된다. 오이디푸스는 크레온을 신전에 보내 자신이 할 수 있는 일이 무엇인지를 알아오게 한다. 크레온은 그 도시가 라이오스를 살해한 자를 숨겨주었기 때문에 오염되었으며, 그를 도시에서 추방해야만 비로소 그 역병이 사라질 것이라는 소식을 가지고 돌아온다. 오이디푸스는 이때 미스터리한 사건을 해결하기 위해 자신의 모든 지적 능력과 명령권을 동원한다. 오이디푸스는 끈질기게 그 사건의 원인을 찾는다. 그리고 그는 마침내 옛날 갓난아이였던 자신을 폴리버스에게로 보낸 목동과 아버지 라이오스를 죽일 당시 유일한 생존자였던 수행원의 증언을 통해, 결국 저주의 원인이 자기 자신이라는 사실을 깨닫게 된다. 절망감에 사로잡힌 채 이오카스테는 목을 매 자살하고, 오이디푸스는 아내이자 어머니인 이오카스테의 황금 브로치를 눈에 박아 넣는다.

이후, 오이디푸스는 딸 안티고네만을 데리고 테베를 떠나 스스로 망명의 길을 택해 오랜 세월 동안 거지처럼 방랑하며 보낸다. 마침내 그는 에우메니데스의 영지인 콜로누스에서 마지막 안식처인 작은 숲을 발견한다. 그곳은 오래전 오이디푸스에게 운명을 말했던 신탁이 그가 생을 마감할 것이라고 예언했던 바로 그 숲이었다. 한편 두 아들, 폴리네이케스와 에테오클레스는 테베의 왕위를 둘러싸고 분쟁하다가 결국 전쟁까지 일으키게 된다. 그들 두 왕자는 아버지에게 왕위에 대한 인정과 지지를 부탁하지만, 오이디푸스는 그 둘을 모두 저주한다. 그 뒤, 오이디푸스는 딸들에게 마지막 작별인사를 하며 삶을 마감한다. 마지막에,

오직 테세우스 왕만이 오이디푸스가 신의 축복과 도움을 받으며 대지 속으로 신비하게 사라지는 모습을 목격한다.

앞의 줄거리는 기본적으로 소포클레스의 두 편의 고전 희곡 『오이디푸스 왕』과 『콜로누스의 오이디푸스 이야기』(기원전 5세기)에 주로 바탕을 두고 있다. 그러나 이는 고대 그리스 시대 판본을 비롯해 적어도 아홉 개에 달하는 오이디푸스 이야기의 다른 판본들을 모두 검토해서 한데 모아 종합한 것이다. 아마도 오이디푸스 이야기는 내가 참조로 한 아홉 개의 판본 외에도 수없이 많을 것이며, 내용도 조금씩 서로 다를 것이다. 지금까지 이 이야기는 전 세계에 걸쳐 수많은 언어로, 그리고 수백 개의 다른 유사한 판본으로 다시금 만들어지고 있다. 그렇다면 이것은 분명 믿을 수 없을 만큼 가혹한 모순을 다루고 있는 어떤 매력적인 마스터플롯의 대표적인 사례이며, 인간은 여러 서사 속에서 계속 변주함으로써 이런 마스터플롯을 반복적으로 사용해왔다. 이 이야기에서 중심 갈등은 오이디푸스와 그의 운명 사이의 충돌이라고 생각할 수 있다. 오이디푸스는 신탁을 통해 알게 된 운명을 회피하기 위해 투쟁했지만, 결코 운명으로부터 벗어날 수 없다. 사실 (아이러니하게도) 운명으로부터의 탈출을 불가능하게 만드는 것은 탈출을 하기 위해 벌이는 바로 그러한 노력들이다. 운명을 뛰어넘기 위해 투쟁하는 오이디푸스의 모습을 통해서 서사는 갈등이 가지는 중요성을 강조한다. 그리고 여기에서 오이디푸스의 운명은 이야기의 실마리가 되는 라이오스와 그의 운명 사이에서 나타나는 충돌에 의해 예시되고 중첩된다. 그러나 왜 그러한 이야기들이 우리를 사로잡는 것일까? 현대사회에서 아버지를 죽이고 어머니와 동침할 것이라는 상세한 내용을 미리 알려주는 운명이 존재한다고 믿는 사람은 거의 없다. 그런데도 왜 우리는 그러한 운명에 사로잡혀 있는 인물들에게 연민을 느끼게 되는 것일까? 이 질문에 대한 간단한 대답은 그런 이야기에 대해 **불신을 잠시 중단한다**는 것이다. 시인 콜리지Samuel Taylor Coleridge는 연극이 연출되고 있을 뿐이라는 사실을 알고 있음에도 불구하고, 왜 우리가 거기에 사로잡혀 있게 되는지를 설명하기 위해 이처럼 불신을 중단한다는 표현을 만들었다. 요컨대 우리는 극장에 앉아 있는 그 모든 순간을 인지하면서도, 연극을 통해 스스로를 테베나 콜로누스로 이동시킬 수 있는 것이다. 그렇지만 어째서 20세기의 청중들조차 운명에 관한 이 고대의 관념을 따라가게 되는 것일까?

이 경우 가장 그럴듯한 대답은, 우리가 고대 그리스의 많은 사람들과는 달리 운명을 믿지는 않지만, 그럼에도 불구하고 오이디푸스 이야기가 말하고 있는 내용이 우리 삶을 지배하는 이러저러한 압박들과의 투쟁을 반영하고 있다는 사실을 알고 있기 때문이라는 것이다. 가령 흑인이 소수자로서 존재하는 곳에서 당신이 만약 흑인으로 태어났다면, 직접적으로든 간접적으로든 인종차별을 경험하게 되리라는 것은 이미 정해진 사실이다. 변할 수 없는 신체적 특징과 수백만 가지의 관념들이 결합함으로써, 이러한 차별은 당신의 인생에서 결코 피할 수 없는 상황이 될 수도 있다. 그렇다면 우리는 이것을 일종의 운명이라고 말할 수 있을 것이다. 만약 당신이 귀머거리이거나 기형이거나 정신분열증 환자이거나 고아이거나, 아니면 유전적으로나 환경적인 요인에 의해서 낙인찍혀 있다면, 앞으로 닥칠 삶에서 수많은 제약을 겪을 수밖에 없다. 이는 마치 피하려 해도 피할 수 없는 운명과도 같다. 하지만 이것만큼이나 불가피하면서도 우리 대부분이 겪어야만 하는 상황들도 있다. 어린 시절을 거친 모든 사람이 사춘기의 변화를 겪으면서 대개는 적어도 한 번은 사랑에 빠질 것이고, 실연한다는 것이 무슨 의미인지도 깨닫게 될 것이다. 만약 우리가 청춘을 지금 막 지나오고 있다면, 우리는 나이를 먹으면서 자연스럽게 오게 되는 신체적·정신적인 힘의 쇠락을 경험할 것이다. 그리고 물론, 모든 인간이 피할 수 없는 단 하나의 운명인 죽음이 있다. 우리는 자신의 인생 이야기가 어떻게 끝날지 일찌감치 알고 있다. 우리는 사랑하는 사람들을 비롯해 타인이 죽어가는 모습을 통해서 일찌감치 이러한 결말을 예감하게 되는 것이다.

인간은 삶이 어떻게 결정될지 알면서도 동시에 자유와 존엄에 대한 욕구를 가지고 있으며, 이 둘 사이에서 투쟁을 벌임으로써 자신의 무력함을 극복하고자 한다. 이러한 인간의 무력함이야말로 오이디푸스 스토리에 포함되어 있는 갈등을 넘어서는 더 큰 난제인 것이다. 다른 말로 하면, 오이디푸스가 자기 스스로에게 내리는 처벌과 방랑은(그가 피하려고 노력했지만, 그럼에도 불구하고 결국) 그가 범한 죄를 해결하기 위해 행한 일종의 협상 방식으로 이해할 수 있다. 마찬가지로, 자신의 운명에 반항하는 오이디푸스의 특별한 투쟁은 불가능한 것을 제어하고자 하는 보편적인 욕구를 촉진시키는 과정으로 이해할 수 있다. 여기서 핵심은 오이디푸스의 딜레마를 해결하기 위해 타협하는 과정에서, 오이디푸스 서사는 행위에 대한 결정론과 자유의지 사이의 보편적인 갈등을 동시에 조정하고 있다는 것이다. 한편 부가적인 문제는 오이디푸스 이야기를 다루는 서사적 판본들마다 이러한 주제에 관해 서로 다른 입장을 취하고 있다는 점이다. 가령 디오도로스 시켈로스 Diodorus Siculus 판본에서는, 라이오스와 오이디푸스의 운명적인 만남의 순간에 대해서 다르게 기술한다. 이때 라이오스는 오이디푸스가 자신을 죽일 것이라고 예언했던 바로 그 신전에 가던 길이었다는 것이다. 이런 아이러니한 우연은, 아버지와 아들 모두의 경우에 있어서, '자신의 운명을 피하기 위해 하는 노력들이 오히려 그 운명을 피할 수 없게 만든다'라는 느낌을 더욱 강화하고 있다. 어떤 판본에서는 오이디푸스가 사악한 아들들에게 사로잡힌 채 인생을 끝맺기도 한다. 이러한 판본들은 인간의 존엄에 관한 문제를 소포클레스보다도 더욱 암울하게 다루고 있다. 반대로 소포클레스의 작품에서 서사는 다르게 흘러간다. 서사가 진행되는 과정에서 소포클레스는 운명과, 그리고 그 운명과는 다른 방향으로 가고자 하는 자유의지 사이에서 균형을 잡고 있다. 소포클레스의 판본에서, 오이디푸스는 말년에 자신의 아들들을 거리낌 없이 내칠 만큼 강한 개성을 가진 인물로 제시된다. 인내심과 성숙함으로 인해 오이디푸스는 테세우스 왕의 코러스들로부터 존경과 경외를 한 몸에 받는다.

마지막 장에서 나는 우리와 서사의 관계에 관한 '근본적인' 명제를 설정하고 있다. 즉, 마르크스주의자이건 프로이트주의자이건, 정신분석학자이건 페미니스트이건, 구조주의자이건 혹은 포스트구조주의자이건, 그 이전에 이미 우리는 서사와 관계 맺는 방식을 통해 공통적인 요소를 공유한다는 것이다. 그러나 이러한 특정한 주장을 입증하기 위해서, 반드시 성공적으로 차이를 조정할 필요는 없음을 강조하는 것은 중요하다. 그와는 정반대로 차이가 조정되지 않는 경우가 훨씬 더 많기 때문이다. 하지만 우리는 인생의 갈등을 공유하고 있기에 서사에 의해 감동을 받기도 하고, 또 그 안으로 몰입할 수도 있다. 또한 우리는 서사를 통해 그러한 갈등이 어떻게 일어났는지 깨닫기도 한다. 그리고 이처럼 갈등을 다루는 특정한 예들을 우리는 서사적 갈등이라고 할 수 있을 것이다. 결국, 갈등에 대한 협상이 성공적인 것처럼 보이든 그렇지 않든, 이는 사유의 중요한 형식 가운데 하나이다. 게다가 이것은 추상적인 사고의 방식과는 전혀 다른 **열정적인 사고**이다. 다시 말해, 서사 속에서 우리의 사고는 서사적 여행을 하는 동안 떠오르게 되는 감정들과 긴밀하게 연결된다.

∴ 서사는 논쟁과 유사한가? ∴

이 문제에 관해서는 두 가지 논점이 있다. 첫번째는 저명한 정신분석학자 제롬 브루너의 진술로 대표된다. 그는 말한다. "좋은 이야기와 잘 짜인 논쟁은 서로 다른 종류의 본성을 가지고 있다. 양쪽 모두 상대방을 확신시킬 수 있다는 점에서는 공통적이다. 그러나 이야기와 논쟁이 설득하는 내용은 근본적으로 다르다. 논쟁은 진실에 관한 것이고, 이야기는 개연성에 관한 것이다. 논쟁은 형식적이고 경험적인 증거들을 제시하는 과정을 증명하지만, 이야기는 진실이 아니라 있음직한 것을 제시할 뿐이다."[2]

두번째 관점은 미국의 소설가이며 비평가인 로널드 수케닉Ronald Sukenick에게서 찾을 수 있다. 그는 다음과 같이 말한다. "모든 픽션은 논쟁으로 간주될 수 있다. 당신이 픽션을 재현으로 정의할 때, 당신은 그것을 제한된 리얼리즘 안에 한정시켜 놓은 채 픽션을 진실에 도달하기 위해 행하는 거짓말(가장假裝의 형식과 유사한)의 한 종류라고 주장하는 것이나 다름없다. 이는 아주 틀린 것은 아니지만 지나치게 협소한 의견이다. 대중들과 혹은 비평가들은 미메시스를, 픽션을 정의하는 중요한 요소로 여겨왔다. 그러나 나의 접근법은 픽션을 미메시스의 규약에서 해방시키는 것이다."[3]

서사적 협상으로서의 비평적 독해

이 논의에서 우리가 이해해야 할 중요한 조건은 이야기 속의 갈등을 독해하거나 혹은 이야기 안에 관련되어 있는 소재나 인물들을 한정하는 데 있어서 한 가지 종류의 방식만 존재하는 것은 아니라는 점이다. 이 말은 지나치게 극단적인 것처럼 들릴 수도 있지만, 오이디푸스 같은 길고 복잡한 서사에서는 오히려 더욱 가능한 일인지도 모른다. 앞에서처럼, 오이디푸스와 운명 사이의 갈등에 집중하면서 오이디푸스 이야기를 읽는 것은 오이디푸스라는 자료를 읽는 수많은 방식 중 한 가지일 뿐이다. 하지만 여기에 다시 핵심적인 논점이 있다. 그것은 같은 이야기를 읽는 수없이 다양한 독해 방식들이 존재함에도 불구하고, 그들 사이에서 언제나 동일한 기본적 과정이 발견된다는 사실이다. 다시 말하면 어떤 방식의 독해든 **어떤 종류의 갈등에 대해 관심을 가지며, 그 갈등이 어떻게 드러나는지에 대해 주목한다**. 가령 이런 과정은 오이디푸스 서사를 이해하는 다음의 잘 알려진 네 가지 독해 방식에서도 공통적으로 발견된다. 이제부터 살펴볼 네 가지 방식의 독해는 내가 앞에서 오이디푸스를 읽었던 방식과는 근본적으로 다른 견해들을 대표하고 있다. 하지만 이러한 독해들 역시 나름대로의 방식으로 갈등과 협상하기 위해 노력을 기울이고 있다.

아리스토텔레스 『시학』(BC 335~322)에서 아리스토텔레스는 비극의 기능이 지닌 중요한 효과에 대해 다음과 같이 주장한다. "연민과 두려움을 자극함으로써 감정들의 카타르시스가 일어난다"(p. 631). 이러한 관점에서, 그는 복잡한 감정의 끝을 보여주는 가장 훌륭한 사례로서 오이디푸스 이야기를 선택한다.

두려움과 연민의 효과는 무대 위의 시각적 요소에 의해서도 생길 수 있다. 그러나 그것들은 사건들의 내적 조직 자체에서도 생길 수 있으며 그것이 더욱 좋은 방식이다. 또한 그것이 훌륭한 시인의 능력을 보여주는 부분이기도 하다. 플롯은 공연을 보지 않고 사건들을 듣기만 해도 그 결말에 이르러 두려움과 연민을 경험할 수 있도록 구성되어야 한다. 바로 이것이 단지 『오이디푸스』 이야기를 듣기만 해도 사람들이 두려움과 연민을 가지게 되는 이유이다(p. 641).

하지만 두려움과 연민의 조합에서 오는 이러한 효과가 우리를 서로 다른 두 방향으로 이끌어갈 수도 있다는 사실은 당혹스러운 점이다. 연민은 공감이라는 활동 속에서 동정의 대상을 향해 우리를 잡아당긴다. 반대로 두려움은 자기 보호라는 활동을 통해 우리를 대상으로부터 밀어낸다. 아리스토텔레스에 따르면, 연민이나 두려움 그 어느 한쪽으로 치우쳐 균형을 잃을 경우 비극은 효과를 거두지 못하고 실패하게 된다. 오이디푸스 이야기에서는 이처럼 서로 상반되는 감정들 사이의 거래가 성공적으로 이루어진다. 감정들은 그것들이 가진 분명한 차이에도 불구하고, 동시에 함께 나타나 카타르시스 안에서 변화한다. 아리스토텔레스는 '카타르시스'라는 용어의 의미를 좀더 명확하게 사용하기 위해 많은 페이지를 할애한다. 그에게 카타르시스란 그대로 방치한다면 우리를 사로잡아 지배하게 될지도 모를 거센 감정들에 대한 각성과 정화淨化로 요약될 수 있을 것이다. 그렇지만 어쨌든 아리스토텔레스가 여기에서 강조하고 있는 것은 오이디푸스 이야기로 전형화될 수 있는 비극의 효과가 가진 가장 중요한 특징은 '두 가지 서로 모순된 감정들의 요구에 대한 성공적인 협상'이라는 점이다. 이야기의 가장 두렵고도 가장 불편한 그 순간, 오이디푸스가 이오카스테의 금 브로치로 자신의 눈을 후벼 파는 장면에서 우리를 미치지 않게 만들어주는 것은 무엇일까? 그것은 그렇게밖에는 할 수 없었던 오이디푸스의 깊은 절망감을 가슴 깊이 동정하는 데서 이루어진다.

프로이트 『꿈의 해석』(1900)에서, 오이디푸스에 관한 프로이트의 독해는 내가 앞에서 했던 것과 같은 일반적인 해석을 완전히 뒤집었다. 프로이트에게 있어서 오이디푸스 이야기가 신의 명령과 도덕적 자유의지를 향한 인간적인 욕망 사이의 갈등을 강조하는 것처럼 보이는 것은 단순한 연막 장치에 불과할 뿐이다. 그런 독해는 "그 작품에 대한 이해가 부족한, 그저 별로 중요하지 않은 노력일 뿐이며, 작품을 신학적 의도에 맞게 해석하려는 노력에 불과하다."[4] 오이디푸스 이야기가 성공하고 그것이 보편성을 가지는 이유는 "운명과 인간적인 의지 사이의 갈등에 달려 있었던 것이 아니다. 그것은 오히려 갈등을 드러내는 이러한 자료(오이디푸스 이야기)가 가지고 있는 특별한 성격에 기인한다"(p. 307). 이 이야기에서 중요한 것은 운명이 아니라, 아버지를 죽이고 어머니와 잠자리를 함께하는 바로 그 특정한 행위이다. 왜냐하면 바로 이 두 가지 행동이 우리(여기서 '우리'는 '남성들'을 의미한다) 모두가 비밀스럽게 원하는 바로 그러한 욕망이기 때문이다. 프로이트에 따르면, 이 두 행위가 동일한 연극 속에서 다루어지는 까닭은 이것이 인간이 유년시절에 공통적으로 겪게 되는 중요한 두 요소이기 때문이다. 남성은 어머니에 대한 독점적인 사랑을 원하기에 아버지에 대해 살인에 가까운 질투를 느끼게 된다. 그리고 바로 이러한 감정, 아버지에 대한 질투와 어머니에 대한 사랑은 대부분의 남자가 성공적으로 억압하는 두 욕망의 결합을 의미한다.

오이디푸스 왕, 그러니까 자신의 아버지 라이오스를 살해하고 어머니와 결혼했던 그는 소망의 실행―다시 말해 우리의 유년시절에 우리가 꿈꿨던 그 소망의 실행 그 이상의 것도 그 이하의 것도 아닙니다. 그러나 그보다는 좀 다행히도, 우리가 정신신경증에 걸려 있지만 않다면, 유년기에 겪었던 그 감정, 즉 어머니에 대한 성적인 충동을 거두고 아버지에 대한 질투를 잊을 수 있습니다. 우리는 억제력—그리고 이 억압의 과정을 통해, 유년시절이 지나면 이러한 소망은 마음속에서 지나가고—을 통해서 유년의 원초적인 소망이 수행되기를 원하는 사람으로부터 그것을 참아낼 수 있는 사람으로 되돌아올 수 있습니다. 그러나 시인은 연구를 통해 오이디푸스의 죄를 밝은 곳으로 가져와 우리에게 우리 내부에서의 욕망을 일깨워줍니다. 비록 억압되어 있기는 하지만, 여전히 우리 안에서 (오이디푸스와) 똑같은 충동이 여전히 존재하고 있다는 사실을 말입니다(p. 308).

이오카스테가 진실에 다다른 오이디푸스를 달래기 위해, 그의 두려움이 "모든 남자에게 공통된 꿈에 불과하다"라고 말하는 장면은 프로이트의 독서에 대해 내적인 근거를 제공한다.

> 많은 남자들이 꿈속에서 자기 스스로를 본다네.
> 그의 어머니의 배우자가 된 자기 스스로를, 그러나 그들은 무시하지.
> 좀더 편안한 삶을 살기 위해, 그런 문제 따위는 무시해야 하지(p. 308).

프로이트는 하나의 갈등을 또 다른 것으로 대체한다. 운명과 그리고 자유로운 행동을 원하는 인간의 자유의지 사이의 갈등은 욕망과 양심으로, 혹은 후기 프로이트주의자들의 용어를 빌리면, 리비도의 충동과 초자아의 억압 사이에서 발생하는 갈등으로 교체된다. 일반적인 남성들의 삶에서는 이러한 갈등의 정상적인 반응을 통해서, 즉 이러한 갈등들을 협상함으로써 얻어내는 결과는 억압과 막연한 불쾌감, 혹은 죄책감이다. 오이디푸스 이야기에서, 주인공은 자신의 소망을 충족시킨 대가로 스스로 자기 눈을 찌르고 고향에서 추방당하는 형벌을 받는다. 이 서사에서, 타협은 가능하지 않으며 속죄는 단지 죄인의 죽음을 통해서만 이뤄질 뿐이다. 그러나 관객들의 입장에서는 이러한 거래가 좀 더 복잡하게 일어난다. 관객들은 오이디푸스를 통해 금지된 욕망의 법에 접근하는 것이 허락된다. 그리고 동시에 그들은 자신들의 무의식적인 대리인이 처벌받는 모습을 목격함으로써 스스로를(다시 한 번 더 말하지만 그것은 남성일 가능성이 높다) 상황으로부터 분리시키는 일도 허용받는다. 일탈의 쾌락과 처벌의 만족감이 동일한 서사적 묶음 속에서 결합되고 있는 것이다.

프로프 대부분의 학자들에게 구조주의와 **서사학**narratology의 창시자로 간주되는('서사학'이라는 용어가 이전에도 이미 사용되고 있었기 때문에 이견의 여지가 있기는 하지만), 러시아의 민속학자 블라디미르 프로프Vladimir Propp는 1944년 오이디푸스 이야기에 관한 아주 긴 논문을 발표했다. 오이디푸스 이야기의 아주 다양한 판본들을 다루고 있는 이 논문에서, 프로프는 소포클레스가 두 편의 희곡을 통해 창조한 '혼종의' 캐릭터를 보여주기 위해 연구의 폭을 확장한다. 프로이트가 그랬던 것처럼 프로프 역시 이야기의 중심적인 갈등을 오이디푸스와 그의 운명 간에 벌어진 표면적인 투쟁으로부터 멀리 분리해놓는다. 그러나 프로이트와는 달리, 프로프는 역사적인 맥락 속에서 갈등을 바라본다. 그는 다음과 같이 말한다. "이 이야기는 사회적인 질서를 직접적으로 반영하지는 않는다. 이야기는 갈등으로부터, 즉 하나의 질서가 새로운 질서로 교체될 때 발생하는 모순 상태로부터 생겨난다."[5] 요컨대 그 두 질서란 (사회진화론에 관한 프로프의 이론에 따르면) 모계적 혈통에 따라 왕국을 지배하던 낡은 질서와 부계의 혈통에 따라 왕국을 지배하는 새로운 질서를 의미한다.

역사와 관련된 프로프의 독해에서, 좀더 오래되고 '원초적인' 민담은 아버지에서 외손자로 왕위가 전해지는 모계적 질서를 반영하기 위해 구조화되어 있는 것으로 설명된다. 다음 세대의 왕은 외부에서 왕국으로 들어와 왕의 딸과 결혼하는 이방인이다. 하지만 이러한 방법에 의하면, 그는 일련의 관습적 양식을 따라야만 한다. 그는 추방되거나 혹은 유아기에 버려져 방랑하는 존재여야 한다. 또한 이름을 잃고 다른 이름을 받으며, 수많은 시험을 통과해야 한다. 어떤 판본에서는 마치 영웅처럼 전前왕을 제거하고 나서 죽은 왕의 딸과 결혼하기도 한다. 프로프는 소포클레스의 『오이디푸스』 속에서 이런 오래된 장르의 틀을 발견한다. 오이디푸스는 버려졌으며(이는 그가 추방되어야 한다는 조건에 합치한다), 오이디푸스라는 이름은 나중에 새로 얻은 것이다. 도시에 돌아오면서, 그는 스핑크스를 물리치는 시험을 통과해야만 한다. 그리고 물론 아버지를 죽인다. 그러나 이 민담 판본에는 결혼할 공주가 빠져 있다. 대신 오이디푸스는 미망인이 된 왕비와 결혼한다. 게다가 그가 죽인 왕은 장인이 아니라 진짜 아버지이다. 프로프에 따르면, 소포클레스는 이런저런 방법들을 통해 낡은 질서 위에 새로운 질서를 겹쳐놓은 혼종의 스토리를 종합하고 있는 것이다.

프로프는 다른 질서를 누르고 주도권을 획득한 새로운 사회적 질서에 대한 복잡한 협상 과정에서 소포클레스의 속편 『콜로누스의 오이디푸스』가 중요한 역할을 담당하고 있다고 주장한다. 왜냐하면 이 텍스트는 왕을 죽이며 낡은 질서의 패턴을 따르고, 심지어(그리고 사실 이게 더 의미심장한데) 무의식적으로 그런 일을 행하고 있으면서도, 오이디푸스가 행한 국왕 살해라는 이 영웅적인 행위를 오히려 부친 살해라는 끔찍한 범죄로 뒤바꿔놓았기 때문이다. 따라서 오이디푸스는 이러한 범죄에 대해 죗값을 치러야 하지만, 동시에 아들이 아버지를 계승하도록 하는 새로운 질서를 확인시켰다는 점에서 신격화되는 존재가 되어야만 한다. 그래서 2막은 눈먼 오이디푸스가 방랑의 세월을 겪은 지 수년 후, 그러니까 그가 에우멘디데스의 음산한 숲, 콜로누스에 도착하면서 시작된다. 그는 이제 그곳에서 왕과 국가에 의해 칭송받으며, 그의 육체는 비로소 축복을 받는다. 신에 의해 부름을 받은 오이디푸스는 신으로 재탄생하게 되리라는 예감 속에서 대지로 돌아간다. 그리고 정말로 오이디푸스는 고대 그리스 후세들의 숭배 대상이 된다.

레비-스트로스 1955년, 인류학자 클로드 레비-스트로스Claude Lévi-Strauss는 오이디푸스 자료에 관한 수준 높은 연구를 발표했다. 레비-스트로스는 오이디푸스라는 특정한 이야기에 관한 독해보다는 오히려 이 이야기를 이용해 모든 신화에 적용할 수 있는 독해 방식을 보여주는 데 더 큰 관심이 있었다. 그럼에도 불구하고 그의 이론에서 혁명적이었던 점은 신화의 단선적인 독해로부터 벗어나, 반복되는 형식에 초점을 맞춘 구조적 혹은 '공시적인' 독해로 이동했다는 점이다. 즉, 그의 연구는 앞에서 살펴본 방식의 독해처럼 처음부터 끝까지 한 번에 계속해서 이어지는 단선적인 독해 방식에서 벗어나 있다. 레비-스트로스는 신화의 사유 방식을 파악하기 위해 말 그대로 신화를 공간화해 놓았다. 그는 오이디푸스 스토리와 같은 일련의 신화 자료들에서 나타나는 반복되는 요소들을 '신화소神話素' 혹은 '총체적 구성단위'라고 부른다. 그리고 이것들이 함께 '엮일' 때 그것은 '미래뿐만이 아니라 현재와 과거'를 설명하며, 신화의 단선적이고 역사적인 차원에서부터 특정한 시간을 초월하는 무시간적인 영역으로까지 우리를 인도해줄 수 있다고 말한다.[6] 레비-스트로스가 오이디푸스의 신화소들을 엮어놓은 방법이 다음과 같이 도표화되어 있다.

카드모스[7]는 제우스가 납치해간 누이 에우로페를 찾는다.			
		카드모스가 용을 죽인다.	
	스파르토이 부족[8]이 서로를 죽인다.		
			라브다코스[9] (라이오스의 아버지) = **절름발이**(?)
	오이디푸스는 아버지 라이오스를 살해한다.		라이오스(오이디푸스의 아버지) = **몸이 왼쪽으로 기운**(?)
		오이디푸스는 스핑크스를 죽인다.	
			오이디푸스 = **부은 발**(?)
오이디푸스는 어머니 이오카스테와 결혼한다.			
	에테오클레스는 형 폴리네이케스를 살해한다.		
안티고네는 금지명령에도 불구하고, 오빠 폴리네이케스를 땅에 묻는다.			

(p. 214)

도표에서처럼 일련의 반복이 가진 의미들을 보여주기에 충분한 서사 자료를 수집하기 위해서, 레비-스트로스는 오이디푸스 사후의 자녀들 이야기뿐 아니라 그보다 앞서는 카드모스와 에우로페의 이야기까지 가져왔다. 이것은 서사를 완전하게 인식할 수 있도록 충분한 자료를 제공해주었으며, 서사는 마치 음악이 편곡되는 것처럼 구분되었다. 결과적으로 이러한 반복의 묶음들은 마치 음악 코드처럼 수직적으로 위치하게 되며, 표를 통해 얻을 수 있는 결과물은 신화소의 네 묶음인 셈이다. 이 도표에서 각각의 세로축은 어떤 반복되는 개념을 공유하는 의미소들을 포함하고 있다. 가령 첫번째 세로축이 공유하고 있는 개념은 "지나치게 강조된 혈연관계, 즉 그들의 친근함이 도를 넘는 밀접한 관계로서…… **혈연관계에 대한 과대평가**"[10]라 할 수 있다. 반대로, 두번째 축에서 공유되고 있는 관계는 '**혈연관계에 대한 과소평가**'를 의미한다. 한편 세번째 축은 괴물 살해를 특징으로 한다. 이때 괴물은 우리에게 대지를 돌려줄 수도 있는 존재라는 점에서, 이를 인간이 흙에서부터 태어난다고 하는 관념에 대한 부정으로 이해할 수도 있다. (결국 이것은 '인간이 흙에서 태어난다고 하는 생각'이 사실이 아님을 주장하는 셈이다.) 마지막으로 네번째 축은 인간이 흙으로부터 태어난다는 관념을 상징하는 고대 기호인 불구의 형식들을 의미한다. (이것은 '인간이 흙에서 태어난다고 하는 생각'이 사실임을 주장한다.)

이것들을 모두 함께 놓고 보면, 네 개의 세로축은 결국 대립되는 관념들에 관한 특정한 사유 방식을 구성한다는 점을 알 수 있다. 요컨대 "4번 축과 3번 축의 관계는 결국 1번 축과 2번 축의 관계와 동일하다."

인간이 흙에서 태어난다고 하는 신앙을 가진 사회에서는 인간이 흙에서 태어난다는 이론과는 상반되는 사실, 즉 우리가 실제로는 남자와 여자의 결합에서 태어난다고 하는 바로 그 사실을 승인하는 것이 불가능하다. 그러나 오이디푸스 신화는 이러한 기원의 문제(=인간은 하나의 것으로부터 태어나는가 혹은 두 개의 것으로부터 태어나는가 하는 것)와 거기에서 비롯되는 다른 파생적인 문제(=같은 것은 같은 것에서 태어나는가 혹은 다른 것에서 태어나는가?) 사이에 다리를 놓을 수 있을 만한 일종의 논리적 도구를 제공한다. 이에 따라 하나의 상관관계가 뚜렷이 나타날 수 있다. 즉, 혈연의 과대평가와 과소평가 사이에서 만들어지는 관계는 '흙으로부터 인간이 출생했다는 관념을 부정하려는 시도'와 '그러한 시도는 결국 실패할 수밖에 없다는 불가능성' 사이의 관계와 동일한 상관관계를 맺고 있는 것이다(p. 216).

다른 말로 하면, 이러한 신화를 만들어낸 고대인들은 자신이 가진 지식을 마음껏 사용함으로써 현대인들처럼 아주 정확하고 구체적으로 사유를 하고 있었다는 것이다. 사실 어떤 신화에 관한 완전히 결정적인 판본이란 존재하지 않으며, 하나의 신화는 유사한 다른 판본들을 통해 사유를 반복한다. 그래서 레비-스트로스는 오이디푸스에 관한 프로이트의 독해조차 신화소들을 연관시켜 오이디푸스를 읽어내는 자신의 독해 속으로 흡수될 수 있다고 생각한다.

비록 프로이트주의자들이 '흙으로부터의 출생' 대對 '양성에 의한 재생산'이라는 문제에서 멈추기는 했지만, 그것은 여전히 어째서 하나가 둘로부터 태어날 수 있는가를 이해하는 문제이기도 하다. 즉, 어떻게 해서 우리가 **단 하나의 산출자**를 가지는 것이 아니라 **어머니 한 명과 아버지 한 명**을 가지게 되는 것일까라는 것이 바로 그들이 가졌던 문제의식인 것이다. 그러므로 우리는 단순히 소포클레스뿐 아니라 프로이트까지도 오이디푸스 신화의 자료의 하나로 포함시켜야 한다. 그것은 좀더 오래되고 한층 더 '진정해' 보이는 다른 (오이디푸스의) 판본과 마찬가지로 믿을 만한 값어치가 있다(p. 217).

이 장의 주제로 다시 돌아와 보자. 신화를 읽는 방법에 대한 레비-스트로스의 급진적인 방식은 오이디푸스를 전혀 서사처럼 보이지 않게 하는, 오히려 통계나 공간화된 실체처럼 보이는 것으로 전환시켜 놓았다. 하지만 레비-스트로스가 여전히 서사의 중심에서 찾고 있는 것은 무엇이었을까? 그것은 어떠한 관념들이 충돌할 때, 서로 경합을 벌이는 요구들 사이에서 나타나는 협상을 위한 노력이다. 극단적인 구조주의적 견해에서조차도 신화적 서사는 여전히 활발한 사고 활동의 한 양식이며, 그것은 존재의 모순으로부터 벗어나 타협의 길을 모색하기 위해 노력한다.

결론을 요약하면, 지금까지 살펴본 오이디푸스의 독해들은 사람들이 서사라는 매개를 통해 사고 활동을 하고 있다는 관점에 기초하고 있다. 이 과정에서, 나는 여러분들이 다음의 두 가지 것들을 부수적으로 발견할 수 있었기를 소망한다. 첫째는 동일한 서사에 대해 사람들이 어떻게 다르게 반응하는가 하는 것이었고, 둘째는 서사가 갈등의 재현을 통해 우리의 사고에 개입한다는 가정이 폭넓게 공유되고 있다는 사실이다.

종결의 중요성

질문층위에서 종결이란 서사적 갈등의 끝을 의미하기 때문에, 이 장에서 종결은 다시 중요하게 다루어질 것이다. 만일 대립과 갈등의 종결이 질문층위에서 이루어지는 종결과 일치한다면, 그것은 아곤에 의해 야기되었던 더 큰 문제들이 해결되고 있다는 느낌을 줄 것이다. 역사적으로 보면, 적어도 도덕적 행위에 대한 문제와 관련해서는, 이러한 종류의 종결이 강하게 지지를 받던 시기가 있었다. 18세기 초, 대니얼 디포는 소설 서문에 다음과 같은 글을 적었다. "악한 독자들은 이 글을 읽고 모두 변화할 용기를 얻게 될 것이다. 사악하고 낭비하며 살아온 인생에 대한 최선의 선한 결말은 회개이다. 그리고 이 소설에는 위로와 평화 그리고 희망이 있다. 회개하는 자는 탕아처럼 뉘우치고 돌아올 것이다. **그의 최후의 결말은 시작보다 아름다울 것이다.**"[11] 디포, 좀더 정확하게 말해 텍스트의 저자로서 그의 페르소나는 악惡과 그로 인해 야기된 결과에 대한 문제들을 소설 마지막에 이르러 모두 정리해버린다. 19세기의 작가 앤서니 트롤럽도 일생에 걸쳐 작품을 쓰는 동안 거의 동일한 내용들을 피력했다. 그는 교훈을 주기 위한 목적으로 소설을 썼다고 말한다. "나는 스스로를 설교자로 생각해왔다. 나의 설교는 유익한 동시에 관객들에게도 친절하게 다가갈 수 있다."[12] 1929년, 프랑스 소설가이자 극작가 프랑수아 모리아크François Mauriac는 "소설가는 여전히 영향을 받고 좌우될 수 있는 가능성이 있는 사람들에게 다가간다. 소설가는 이렇게 다루기 쉬운 사람들에게 자신의 표시를 남기고, 자신 안에 있는 가장 선한 것을 후세 사람들의 마음속에 남기길 원한다. 〔……〕 소설가는 사람들을 자신의 복제품으로 만들길 원한다. 소설가는 죽은 후에도 사람들 안에서 자신의 이미지와 유사한 특징이 부활하길 원한다"라고 말한다.[13] 이러한 진술들은 도덕성이 분명하게 드러날 수 있기를 바라는 욕망을 대변하며, 그러한 도덕성은 서사의 종결과도 일치할 수 있다.

그러나 최근의 경향으로 본다면, 모리아크의 논평과 유사한 입장에 대해서 냉담한 반응을 보이는 사람도 있을 것이다. 그들은 오히려 저자가 강요하는 종결은 서사가 이끌어낼 수 있는 다양한 의견을 위협할 수 있다고 생각한다. 가령 D. H. 로런스D. H. Lawrence는 이렇게 말한다. "만약 소설 안에서 어떤 것을 못으로 박아놓듯 단단히 고정시키려 한다면 그것은 소설을 죽이는 일이다. 정말 그런 일이 벌어진다면 소설은 못을 뽑고 일어나 달아날 것이다." 이런 입장에서 볼 때, 소설은 결코 명확한 도덕적 교훈을 가르칠 수는 없다. 왜냐하면 "소설 속의 도덕이란 흔들리고 불안정한 상태의 것이기 때문이다. 소설가가 자신이 편애하는 것에 균형을 맞추기 위해 저울에 손가락을 올린다면, 오히려 그것이 더 부도덕한 행위인 셈이다."[14] 이미 40년 전에, 단편소설 작가인 안톤 체호프는 친구에게 보내는 편지에서 다른 방식으로 동일한 논지를 주장하고 있다.

예술가가 작품에 의식 있는 태도를 가져야 한다는 당신의 요구는 옳다. 하지만 당신은 **질문의 해결과 정확한 문제 설정**이라는 두 가지 개념을 혼동하고 있다. 오직 후자만이 예술가의 의무이다. 『안나 카레니나』와 『오네긴』에서는 어떤 문제도 해결되지 않았다. 다만 모든 문제가 정확하게 설정되었기에 사람들은 온전히 만족할 수 있었다. 질문을 정확하게 제시하는 것은 판사의 몫이다. 그리고 배심원이 각자의 취향에 따라 결정해야 하는 것이다.[15]

두 저자에게 있어서 서사란 I. A. 리처즈가 책을 묘사하기 위해 사용했던 용어인 '생각하기 위한 기계'라는 말과도 일치한다. 이들에게 서사는 작품 자체 속에 필연적인 종결은 존재하지 않는다는 사실을 발견하는 사유 과정을 의미한다. 오히려 반대로, 서사는 질문층위에서 종결이 부재한다는 사실에 의존하고 있는 것이다.

　질문층위에서 종결이 있든 없든, 서사 내부에서는 갈등의 협상이 끊임없이 벌어지고 있으며, 이러한 과정을 검토하기 위해 영화 한 편을 예로 들기로 하겠다. 영화 「재즈 싱어 The Jazz Singer」는 서로 다른 결말을 지닌 두 개의 시나리오가 경쟁하는 과정을 보여주는 대표적인 서사라고 할 수 있다. 최초의 유성 장편영화 「재즈 싱어」는 1927년 개봉됐을 때 엄청난 성공을 거뒀다. 이 영화 속에서 서사적 갈등은 아들과 그의 이민자 아버지 사이에서 발생한다. 하지만 더 큰 문제가 이러한 표면적인 갈등을 통해 전달되고 있다. 그것은 과연 새로운 방식과 전통적인 방식이 통합에 이를 수 있는가, 혹은 신세대가 구세대의 뒤를 이을 때 어느 한쪽이 다른 쪽을 반드시 이겨야만 하는가와 같은 문제들이다. 아들이 자신의 뒤를 이어 집안의 남자들이 대대로 이어온 성가대의 여섯번째 칸토르(선창자)가 되길 바라는 아버지의 소망과는 반대로, 아들 역의 제이크 라비노비츠(알 졸슨 분)는 대중문화와 브로드웨이 음악에 빠져 있다. 영화 속 스토리는 독실한 유대인들이 일 년 동안 자신이 지은 죄를 갚는 '속죄의 날' 이브에 시작된다. 칸토르인 아버지는 아들이 속죄일의 시작을 알리는 전통적인 성가 「콜 니드레 Kol Nidre」를 부르게 될 날을 손꼽아 기다리고 있다. 「콜 니드레」 성가는 아버지 라비노비츠가 아들 제이크에게 정성껏 가르쳐준 노래였고, 그는 바로 그 노래를 아들이 오늘 처음으로 대신 부르게 될 것이라고 기대하고 있다. 하지만 아버지의 말을 듣지 않는 제이크는 그 시간, 술집에서 '래그타임 송'을 부르고 있었다. 이 사실을 알게 된 아버지는 아들을 호되게 꾸짖게 되고, 결국 제이크는 집을 떠난다.

　영화 내내 아버지와 아들 사이에 빚어지는 갈등은 음악적으로 표현된다. 머릿속에서 구슬프게 맴도는 아름다운 선율의 「콜 니드레」와 알 졸슨이 부르는 「Blue Skies」 「Toot, Toot, Tootsie」와 같은 1920년대 히트송들이 반복해서 교체 연주된다. 그리고 잭 로빈이란 이름으로 대성공을 거둔 아들이 브로드웨이 연극의 주연이 되면서 영화의 갈등은 정점을 향해 치닫게 된다. 제이크는 공연 때문에 고향인 뉴욕으로 돌아온다. 하지만 뉴욕에 도착하자마자 그는 아버지가 죽어가고 있다는 사실을 알게 된다. 갈등을 극대화하기 위한 장치이겠지만, 브로드웨이 연극 「4월의 우화April Follies」의 첫 공연은 하필이면 속죄의 날 이브로 잡힌다. 그날은 누군가가 「콜 니드레」를 불러야 하는 바로 그 밤이다. 게다가 아버지가 병이 들었기 때문에 제이크를 제외하곤 「콜 니드레」를 부를 수 있는 사람이 없다. 과연 그는 「콜 니드레」를 부를 것인가? 이 문제로 인해 모든 것이 위태로워지고 만다. 프로듀서는 제이크가 브로드웨이 쇼의 공연 날에 나타나지 않는다면 평판은 땅에 떨어질 것이라고 경고한다. 함께 쇼에 출연하는 여자 친구 메리도 절규하며 외친다. "이런 좋은 기회를 던져버리지 마, 잭. 표도 매진됐어. 나까지 파멸하고 말 거야!" 하지만 아들의 출현에 잠시나마 기력을 차린 아버지 라비노비츠는 하느님이 자신의 기도에 응답했다고 확신한다. 유대교 회원들이 하나둘씩 모이기 시작한다. 그리고 오직 제이크만이 「콜 니드레」를 불러 속죄의 날을 시작할 수 있다. 그러나 만약 그가 부르지 않는다면 "그것은 속죄의 날, 다섯 세대 동안 이어온 라비노비츠 가문의 노래가 처음으로 불리지 않는 날이 될 것이다." 서로 다른 두 문화 사이에서 빚어진 이 갈등을 서사는 과연 어떻게 협상할 것인가? 종결은 어떻게 맺어질 것인가?

오리지널 각본과 영화에서, 제이크는 브로드웨이 공연의 첫 무대를 준비하면서도 결국 자신은 전통을 버릴 수 없음을 깨닫는다. 오리지널 각본은 브로드웨이 연극 「4월의 우화」의 첫 공연이 취소되고, 점잖게

예배용 숄을 어깨에 걸친 제이크가 유대의 교회당에서 「콜 니드레」를 부르는 것으로 끝난다. 그의 노래가 시작되고, 열린 창문을 통해 들어오는 아들의 목소리를 들으면서 아버지는 평화로운 죽음을 맞이한다. 이후, 죽은 아버지의 영혼이 아들 옆에 잠시 나타나는 특이한 한 장면이 있다. 아버지는 노래에 열중하는 제이크의 어깨 위에 손을 올려 축복을 한 뒤에 홀연히 사라진다. 멜로드라마의 장치로서 이 장면은 깊은 감동을 준다. 「콜 니드레」를 부르는 알 졸슨의 목소리는 너무나 아름답다. 영화 내내 우리가 들었던 그리고 이 마지막 연주를 위해 준비되었던 음악의 부분적인 변주들이 바로 여기에서 하나로 모이게 된다. 용서의 몸짓이라고 간주할 수 있을 만한, 아들의 어깨에 '손을 올리는' 아버지의 이미지는 「콜 니드레」의 의미와 조화를 이룬다. 요컨대 이 마지막 장면에서 종결이 이루어지고 있다는 강한 느낌이 든다. 여기에서 주인공의 갈등을 통해 함께 전달되고 있는 포괄적인 문제들은 결국 전통적인 종교적 관습들에 대해서는 저항할 수 없으며, 마땅히 그것을 따라야 함을 암시하고 있는 것 같다. 그 안에서 당신은 어떤 심오함과 연속성을 발견할 수 있다. 대중음악이 아무리 즐겁고 활기가 넘치더라도, 그래서 그것을 포기하기가 너무 힘들지라도, 우리가 성숙해지고 더 심오한 깊이를 가지기 위해서는 이런 마지막 통과의례가 필요한 것이다.

그러나 사실, 1927년에 관객들이 보았던 영화는 알 졸슨이 「콜 니드레」를 부르는 장면으로 끝나지 않는다. 제이크가 유대교회당에서 「콜 니드레」를 부르는 장면이 끝나고 나면 "계절이 흐르고…… 시간은 상처를 낫게 한다…… 쇼는 계속된다"라는 자막이 이어진다. 이전의 각본은 새로운 결말을 통해 보충된다. 흑인 분장을 한 잭 로빈은 윈터가든 극장에서 「나의 어머니」를 부르고 있다. 그의 어머니 그리고 아버지의 친구이자 이스트사이드 유대교 사회의 사도인 모이샤 우들슨은 관중석의 맨 앞줄에서 웃으며 공연을 감상하고 있다. 그리고 노래가 끝나면 비로소 영화도 끝이 난다. 조명은 점차 어두워지고, 흑인 제이크는 하얀 셔츠 깃만 남을 때까지 어둠 속으로 천천히 사라진다. 영화의 이 추가분으로 인해 서사적 협상의 과정은 되살아나고, 결말은 전혀 다른 방향으로 흘러가고 있는 것이다. 그러나 이 결론은 얼마나 더 갈 수 있을까? 대중문화가 승리한 것일까? 전통적인 방식을 대표하지만 기쁨에 넘쳐 맨 앞줄에 앉은 두 사람은 다른 문화를 온전히 받아들이는 미국인들의 방식에 대한 상징일까? 어쨌든 남편보다는 '더 깊고 나은 인생관을 가졌던' 제이크의 어머니는 일찌감치 자신의 남편에게, 「콜 니드레」가 제이크의 머리에는 있을지 몰라도 "그의 가슴속에는 없다. 그는 유대인이 아니라 미국인이다"라고 경고하지 않았던가. 혹은 제이크의 정체성이 필연적으로 소멸할 수밖에는 없다는 하나의 상징으로서, 흑인의 얼굴이라는 이 두드러진 특징은 비극적인 것일까 아니면 애상적인 것일까? 제이크가 결국에는 어둠 속으로 사라지도록 만들기 위해 흑인 분장을 한 것이라고 이해한다면 이러한 독해가 가능할지도 모른다. 다른 해석을 해보자면, 우리는 종결에서 어떠한 조화를 추론하도록 되어 있는 것일까? 즉, 이 마지막 장면은 결국 두 세대가 함께 공존해야 함을 표시하고 있으며, 전통적인 종교음악과 재즈음악이 궁극적으로는 동일한 인간의 감동을 표현한다는 그런 생각에 맞춰져 있는 것일까? 제이크가 어떤 노래를 부르든 그의 '목소리에는 슬픔이 담겨 있다'는 것을 영화는 몇몇 장면을 통해 보여준다. 어떤 장면에서는 제이크가 직접 노래에 대해 아버지가 해주었던 말을 인용하기도 한다. "아버지는 저에게 노래를 가르쳐주셨어요. 그리고 음악은 신의 목소리라고 말씀하셨죠. 극장에서 부르는 노래도 교회에서 하는 것만큼 고결해요."

물론 여전히 다른 가능성들도 있다. 하지만 이 영화의 결말은 **덜읽기** 없이 종결은 일어나지 않는다는 것을 보여준다. 이 영화의 마지막 장면에는 너무도 많은 기표들이 맞서고 있기 때문에 앞서 언급한 어느 한 독해가 다른 것보다 더 우월하다고 말할 수가 없다. 다른 말로 하면, 이 서사로 인해 촉발된 활발한 사고 활동들은 이야기가 끝난 이후에도 계속 진행된다. 로런스가 말한 '불안정하게 흔들리는 균형'처럼, 이 영화는 끊임없이 생각하게 만드는 영화이다. 그리고 이것은 어쩌면 영화가 묻는 질문에 대한 만족할 만한 답변은 결코 없다는 것, 즉 보편적인 해답을 찾는 일은 불가능하다는 것을 보여주고 있는 것인지도 모른다. 물론 영화를 직접 제작한 워너브라더스의 입장에서는 실제로 **의도**한 해결책들이 있을지도 모른다. 그리고 나는 단지 그 안에 협상의 해결이 없다는 것을 **징후적으로** 찾고 있는 것인지도 모른다. 어쨌든 내가 이 장에서 종결의 특징을 설명함으로써 설명하고자 하는 것들은 "종결의 존재나 부재가 서사적 교섭을 경험할 때 우리의 사고방식에 어떻게 영향을 미치는가?"에 관한 것이다.

종결의 끝?

영화 「재즈 싱어」는 「콜 니드레」의 공연 장면으로 막이 내렸다. 하지만 앞에서 주장했던 것처럼 그것으로 영화 속의 딜레마가 깨끗하게 해결되지 않았다고 생각하는 관객들도 있을 것이다. 가령, 잭 로빈의 상대역이었던 메리와 「4월의 우화」의 프로듀서는 잭이 「콜 니드레」를 부르는 동안 그 모습을 지켜본다. 이 장면을 어떻게 해석해야 할까? 전통과 새로움이 어우러진 문화적 융화 속에서 미국인들이 전통적인 관습에 손을 들어줬다는 것을 의미하는 것일까? 아니면 그저 잭의 목소리에 잠재된 가능성을 평가하느라 바쁜 미국 쇼 비즈니스계의 계산적인 시선으로 이해해야 하는 것일까? 그보다 앞선 장면에서는 제이크에게 아버지를 대신해달라고 부탁하기 위해 무대 뒤로 찾아온 유대교 사도 우들슨이 댄서의 하얀 살이 드러난 다리를 보고 난처해하면서도 쉽게 눈을 떼지 못하는 장면이 나온다. 이것은 전통세계의 순진성을 보여주기 위한 구태의연한 단서인 것일까? 우들슨을 만나고 난 뒤, 잭은 메리에게 자신의 감정을 설명한다. "나는 정말 유대교 부류와는 맞지 않아. 내가 있어야 할 곳은 바로 여기 브로드웨이야. 하지만 나를 부르는 뭔가가 핏줄 속에 있는 것 같아. 이곳의 삶과는 별개로 말야." 그러자 메리는 이렇게 대답한다. "이해할 수 있을 것 같아, 잭. 하지만 그런 사명감이 아무리 커도 네가 있어야 할 곳은 여기야."

더욱 교묘한 것은 복종이 지배를 숨기는 방식으로서, 이는 양쪽의 종결에 모두 존재하고 있다. 아버지에게 복종함으로써, 제이크 역시 아버지처럼 유대교회에서 자신의 목소리로 청중을 지배하게 된다. 1927년 영화의 결말 역시 유사한 역설을 보여주는 장면을 담고 있다. 마지막 장면에서, 성공한 모습의 잭 로빈은 어머니에게 경의를 표함으로써 ("우리 어머니!") 복종을 표현한다. 심지어 그는 어머니가 앉아 있던 관중석을 지배하면서 동시에 그녀를 무대 위로 불러올리기까지 하는 것이다. 마지막으로, 1927년의 관객들 입장에서는 영화의 마지막 장면에서 노래를 불렀던 성가대의 칸토르가 다름 아닌 알 졸슨이라는 유명한 배우였다는 것을 모르는 척하기가 쉽지는 않았을 것이다. 영화가 개봉될 당시에 영화배우 알 졸슨의 명성은 영화 속의 잭 로빈이 열망하는 바로 그러한 것이었다. 관객의 입장에서 보면, 대중가수로서의 졸슨의 명성은 칸토르 역할을 하고 있는 졸슨이 거짓이라고 인식될 수 있을 정도로 뚜렷한 **곁텍스트**였던 셈이다. 다른 말로 하면, 칸토르로 변장한 것은 흑인으로 변장한 것과 동일한 위상을 가진다.

 롤랑 바르트의 용어를 빌려보면, 이러한 해석의 틈들을 보여줌으로써 내가 해온 작업은 결국 이 영화의 오리지널 대본을 단순히 '읽을 수 있는' 텍스트가 아니라 '쓸 수 있는' 텍스트로 바꿔놓는 것이었다. 겉으로 드러난 종결의 장면을 있는 그대로 받아들이는 대신, 나는 그 안에 양립할 수 있는 가능성들을 이용해 그 종결의 장면을 능동적으로 '써내려'왔다. 이 책의 용어를 통해 다시 말하자면, 나의 해석은 **적용**adaptation에 가깝다. 그러나 어떤 의미에서 나는 또한 원작의 결론을 '해체하고' 있는 것이기도 하다. 즉, 표면상 주제로 드러난 것은 사실 그 안에 전혀 반대되는 독해의 흔적을 담고 있다는 것이다. 이전에 언급했던 것처럼 '해체deconstruction'란 기술된 기호이든 구술적인 기호이든 도식적인 기호이든, 기호를 통해 의미를 만드는 활동에는 본래부터 불확실성이 내재해 있다는 신념을 기반으로 한다. 데리다에 따르면, **질문층위**에서는 어떤 텍스트라도 결코 종결에 도달할 수 없다. 더욱이 의미가 현실성과 맞닿은 어떠한 확고함 속에 자리 잡은 것이 아니라, 오히려 기호가 힘을 획득하는 어떤 차연의 망 속에서 만들어지는 것이라고 한다면, 서사적 협상의 어떠한 과정도 그 차이들을 뒤흔들어 전복시킬 수는 없다. 다시 말하면, 질문층위에서 종결과 함께 나타나는 대답들은 언제나 그와 상반되는 다른 답들의 흔적들을 담게 되는 것이다. 비록 해체가 더 이상 1970년대와 1980년대만큼의 위상을 가지고 있지는 않지만, 그럼에도 불구하고 이 개념이 우리가 무언가를 읽는 방식에 지울 수 없는 영향을 남겨놓은 것은 사실이다. 데리다와 다른 몇몇 학자들의 노고 덕택에, 문예 연구의 모든 영역에서 인문학자들은 질문층위에서 나타나는 종결이라는 개념을 쉽게 믿지 않게 되었다. 가장 단순하고 분명하게 읽을 수 있는 텍스트들에서조차도, 그들은 종결에 대해 끈질기게 의심을 품는다.

그렇다면 서사를 읽는 독자들은 얼마나 더 멀리 아래로 내려가야 할까? 물론 그 대답 중 하나는 누구나 그/그녀가 원하는 만큼 자유롭게 갈 수 있다는 것이다. 그러나 이처럼 다양한 독해는 결국 서사를 행위의 세계와 분리하여 일종의 게임으로 변화시키는 것은 아닐까? 그렇다면 서사는 독창적인 독해들을 가진 독자들이 끊임없이 모여 승부를 겨루는 경기장이 되는 것일까? 해체주의를 반대하는 사람들은, 해체는 도덕적 허무주의에 빠져 있으며 모든 독서 방식을 허용함으로써 독해의 수준을 천편일률적으로 만들어버렸다고 비난한다. 그러나 반대로 해체주의를 옹호하는 사람들은 이것은 사실이 아니라고 반박한다. 어쩌면 그들 옹호론자들은 다음과 같이 말할지도 모른다.「재즈 싱어」는 미국의 대의정치제가 의회제로 바뀌는 것을 옹호하지는 않는다. 그것은 디지털 혁명에 대해서 말하지도 않으며, 또한 그것은 핵에너지에 대한 비판을 포함하지도 않는다. 대부분의 다른 비평들에서도 그럴 수 있는 것처럼, 해체주의 비평에서도 수준 낮은 해석이 많이 존재할 수 있다. 또 다른 비평들과 마찬가지로 J. 힐리스 밀러처럼 신뢰성과 중요성을 다 충족시킨 생산적인 해석은 상대적으로 아주 적다. 그러나 밀러와 같은 비평가들은 서사의 개방성에 대한 인식, 즉 종결의 부재를 도덕적 허무주의로 이해하기보다는 오히려 독해의 윤리학을 위한 기초로 이해해야 한다고 주장한다. 다시 말해 종결이 없다는 것은 의사소통의 본성—의미론적으로 다양하게 해석할 수 있는 여지—에 대한 인식에 근거하고 있을 뿐만 아니라, 동시에 텍스트의 해석을 단 하나의 획일적인 의미로 국한하는 것을 방지한다는 점에서 윤리적이라는 것이다. 또한 이는 독자로 하여금 서사의 풍부한 잠재성에 반응하면서, 동시에 창조적인 독해의 힘을 발휘할 수 있도록 자유를 부여한다는 점에서 생산적이다. 이 장에서 사용한 용어를 통해 다시 설명하면, 이러한 인식은 가장 훌륭하고 풍부하게 열정적인 사고를 활성화시킴으로써, 서사가 협상에 이를 수 있도록 촉진한다.

이는 우리에게 또 하나의 훌륭한 출발점을 제공해준다. 또한 이러한 맥락에서, 종결이란 주제에 대해 다루는 이 텍스트 역시 종결을 맺지 않고 끝내는 것이 좋겠다는 생각이 든다. 대신, 나는 세 가지 질문을 던짐으로써 이 주제에 관한 나의 글을 마무리하려 한다. 첫번째 질문은 우리가 앞장에서 다루었던 서사의 **수사적인** 힘에 관한 질문이다. 서사가 우리를 하나의 지점에서 또 다른 지점으로 이동하도록 허용하는 것은 서사가 제공하는 커다란 즐거움의 하나이다. 그러나 만일 우리가 독서를 할 때마다 언제나 질문하는 태도를 가지거나 심지어 의심하는 태도를 가져야 한다고 스스로에게 요구한다면, 다시 말해 우리가 어떤 특정한 서사에서 이끌어낼 수 있는 가능성의 다양함을 인식하기 위해서 의심해야만 한다면, 서사를 읽는 즐거움을 잃어버리게 되지는 않을까? 이러한 질문을 다른 식으로 표현해본다면 이런 말이 될 것이다. 이처럼 질문만을 던지는 초연한 태도는, 서사가 줄 수 있는 깊은 감동의 힘을 독자와 관객이 느끼지 못하도록 만들지는 않을까?

두번째 질문은 첫번째 질문과 아주 밀접하게 연결되어 있다. 서사의 고전적인 기능 중 하나는 어떠한 상황과 관련해서 우리를 충분히 이해시킬 수 있다는 것이다. 서사는 우리에게 정보를 제공할 뿐 아니라 세대에서 세대로 전달되는 가치들까지 제공한다. 부모들은 아이들의 도덕적 행동을 가르치기 위해 이야기에 의존한다. 좀더 넓게는, 사람은 도덕적 영역에서 행동하고 어려운 결정을 내리기 위해서 일반적으로 신념을 갖는다. 물론 신념이 반드시 완전무결할 필요는 없다. 신념이라는 단어는 단지 우리가 확신하는 어떤 것이라는 뜻을 내포하기만 하면 된다. 그러나 반드시 **유일한** 옳은 방식만을 발견해야 한다고 느끼는 그런 절대론자들만 아니라면, 우리는 자신의 신념에 도달하기 위해서 수긍하기 어려운 생각들도 함께 다뤄야 할 필요가 있다. 여기에서 질문이 시작된다. 만약 좋은 독해라는 것이 균형을 유지하기 위해 도덕관념과 반대되는 관념들까지도 함께 염두에 두어야 하는 일이라면, 그러한 작업은 강한 신념을 창조하고 유지하는 일과는 반대되는 것일까? 또한 간접적으로는 이것이 중대한 도덕적 행위의 능력과 꼭 반대되는 것일까?

세번째 질문은 두번째 질문과 아주 밀접하게 연결되어 있을 뿐만 아니라, 11장에서 논의했던 서사의 진실에 관한 문제와도 연결된다. 앞에서, 나는 스토리는 **언제나** 서사담화에 의해서 매개되어야 한다고 주장했다. 따라서 이러한 전제 아래에서는 사건의 현실성에 대해 이해하기 위해서 우리는 사건들이 서술되는 방식에 의존할 수밖에 없는 것이다. 이는 논픽션 서사에서조차 마찬가지로 해당된다. 그렇다면 담론의 세계에 속해 있는 서사가 담론의 영역 안에 놓여 있는 차이의 유희를 통해서 단독으로 의미를 획득할 수 있다는 말은 얼마나 진실할 수 있는 것일까? 이 질문을 달리 말하면 다음과 같다. 우리는 리얼리티를 통해서는 결코 서사의 진실을 확인할 수 없는 것일까? 대다수의 과학자들은 그들이 자신들의 서사 속에서 증명하는 것은 엄연히 담론의 '다른 측면'이라고 주장할지도 모른다. 물체와 에너지 혹은 질병에 관한 징후학, 혹은 세포의 성장이나 지구 표면의 운동에 관해 과학자들이 말하는 서사적 진술은 담론의 바깥에 있는 리얼리티의 세계에서 계속 확인할 수 있는 것들이기 때문이다. 그러나 이런 종류의 이야기는

'환원'에 대한 마스터플롯이며, 그것은 논리에 대한 엄격한 제어와 과학적 방법에 얽매여 있다. 하지만 이와는 반대로, 대부분의 서사는 인간적인 본성과 도덕적 행위, 그리고 지구에 살고 있는 우리들 삶의 모든 복잡한 것들과 같은, 경험적으로 증명하기 어려운 영역을 다루고 있다. 만약 그토록 오래전부터 우리의 생각 속에 수많은 서사의 언어들이 가득 차 있다면, 감정, 행위, 영향력 등 중재되지 않은 세계의 틈에서 흘러나오는 것들은 과연 무엇일까? 일반적인 세계와 우리들이 구성한 세계 사이 가운데서 어디에 균형을 맞추어야만 하는 것일까?

어떤 형태든 이와 같은 문제들은 포스트구조주의적 사유의 거센 열풍이 인문학 분야를 휩쓸면서 줄곧 함께 따라오는 질문들이다. 내가 이러한 질문으로 책을 마치는 것은, 이들이 여전히 중대한 현안으로 우리에게 남아 있기 때문이다. 서사는 영원히 우리들이 채워야 할 틈으로 가득한 채 남아 있고, 아무리 서사가 설득력 있는 결말을 제시해도 결국 종결은 우리의 결심에 의해, 우리 자신의 손으로 인증해야 할 대상으로 남겨져 있다. 이는 더할 나위 없이 생생한 현실이다. 우리의 대답을 요청하는 질문들에 대해 사유하는 일이, 그토록 생생한 감각을 전해주는 것도 바로 그 때문이다.

더 읽어볼 서사학 이론

솔로몬의 슬기로운 판결에 관한 이야기는 『구약성서』, 「열왕기 상」(3:16~28)에서 볼 수 있다. 오이디푸스 이야기의 가장 유명한 판본은 소포클레스가 쓴 두 편의 희곡 『오이디푸스 왕 Oedipus the King』과 『콜로누스의 오이디푸스 이야기 Oedipus at Colonus』(BC 5세기)에서 찾을 수 있다. 이 매혹적인 이야기의 다양한 판본들이 실려 있는 두 권의 좋은 책이 있다. 로웰 에드먼즈 Lowell Edmunds와 앨런 던데스 Alan Dundes가 편찬한 『오이디푸스: 민담 사례집 Oedipus: a Folklore Casebook』(New York: Garland, 1983), 그리고 역시 로웰 에드먼즈의 『오이디푸스—고대 전설과 후대의 유사서사 Oedipus: The Ancient Legend and Its Later Analogues』(Baltimore: Johns Hopkis University Press, 1985)가 그것이다.

사고 활동으로서의 서사에 관해서는, 스탠리 피시 Stanley Fish의 저서 『스스로를 탕진하는 예술품들: 17세기 문학 읽기 Self-Consuming Artifacts: The Experience of Seventeenth Century Literature』(Berkeley: University of California Press, 1972)를 참고할 수 있다. 이 책에서는 "독자가 이미 가지고 있는 견해를 반영함으로써 독자의 요구를 충족시키는 수사적 텍스트"와 "독자들이 믿고 그들이 살고 있는 모든 것에 대해 날카롭고도 정밀하고 조사를 요구함으로써, 독자들을 교란시키는 변증법적 텍스트" 사이의 차이가 잘 설명되어 있다. 서사에 관한 작업들 중에서도, 폴 리쾨르의 권위 있는 3부작 『시간과 이야기』는 이야기를 통해 새로운 이해를 제공하는 서사의 능력을 잘 설명하고 있다. 다소 건조한 글이지만, 노력을 투자할 가치가 충분하다.

더 읽어보면 좋은 문학작품

오이디푸스 이야기를 각색한 작품들의 수는 헤아릴 수 없을 만큼 많다. 여기에서 추천할 만한 작품 두 편은 존 밀링턴 싱 J. M. Synge의 『서쪽 세계의 플레이보이 The Playboy of the Western World』(1907)와 닐 라뷰트 Neil LaBute의 『난파 Wrecks』(2006)

이다. 나는 14장에서 복잡한 서사들을 읽기 위해서는 정신분석학과 문화 연구 같은 상반된 관점들을 조화시키기 위한 노력을 필요로 한다고 주장한 바 있다. 그러나 서사는 논쟁과 별개의 것이라고 한 제롬 브루너의 주장 역시 온당하다고 생각한다. 서사를 논쟁과 유사한 구조로 만들고자 했던 저자들의 작품을 살펴봄으로써 이러한 명제의 타당성을 검토해볼 수 있다. 서사적 차이는 존재하는가? 그리고 만약 존재한다면 어디에 놓여 있는가? 도스토옙스키의 장편소설들은 조지 버나드 쇼, 장-폴 사르트르와 함께 좋은 검토 대상이 된다. 또한 이 밖에도 다음과 같은 작품을 살펴보는 것도 도움이 될 것이다. 셰익스피어의 『햄릿』(1601년경), 괴테의 『파우스트』 2부작(1801, 1831), 이디스 워턴의 『환락의 집 The House of Mirth』(1905), 토마스 만의 『마의 산』(1924), 앙드레 말로의 『인간의 조건 Man's Fate』(1933), 조르주 베르나노스의 『어느 시골 사제의 일기』(1937), 아서 케스틀러 Arthur Koestler의 『정오의 어둠 Darkness at Noon』(1941), 시몬 드 보부아르 Simone de Beavoir의 『타인의 피 The Blood of Others』(1945), 존 바스 John Barth의 연작, 『선상 위의 오페라 The Floating Opera』(1956)와 『여로의 끝 End of the Road』(1958), 니코스 카잔차키스 Nikos Kazantzakis의 『형제 살해 The Fratricides』(1963), 솔 벨로의 『허조그 Herzog』(1964)와 같은 서사들에는 도덕적 딜레마로 괴로워하는 중심인물들이 등장한다. 이들은 서사가 진행되는 동안 그와 같은 서로 상충하는 도덕적 요구들 사이에서 방황하게 된다.

옮긴이의 말

좋은 입문서는 하나의 학문 분야를 처음 시작하고자 하는 사람들을 위한 지침 구실을 하는 데서 그치지 않는다. 비록 학문의 여정에는 완성이 없다고 하나 한 권의 입문서는 현재까지의 성과를 정리해놓은 축약본 역할을 한다는 점에서 학문이 도달한 하나의 정점을 보여주기도 한다. 다른 국면을 열어가기 위해 계속해서 참조되어야 할 시금석으로서, 또는 그러한 구실을 감당해야 하겠기에, 한 편의 훌륭한 입문서를 읽고 쓰는 일은 연구자들에게도 큰 도전이 되지 않을 수 없다.

이 책은 *Cambridge Introductions to Literature* 가운데 서사 편에 해당하는 *The Cambridge Introduction to Narrative*를 번역한 것으로서 2002년에 초판이, 그리고 2008년에 개정판이 출간되었다. 이 시리즈는 문학을 공부하는 학생들과 연구자들을 위해 펴낸 주제별 입문서들로 구성되어 있으며, 특별히 대학 또는 대학원의 문학 수업 교재로 활용할 수 있도록 구상되었다고 기획 취지에서 밝히고 있다. 이 책의 저자인 H. 포터 애벗 교수는 UC 샌타바버라 대학University of California,

Santa Barbara 영문과 명예교수로 재직하고 있으며, 여러 저서를 저술하고 엮은 바 있는 석학이다. 이 책은 2009년에 슬루츠베니 글라스닉Sluzbeni Glasnik이 세르비아어로 번역한 데 이어 이번에 세계에서 두번째로 한국어로 출간된다. 이 책은 케임브리지 시리즈의 처음 취지에 걸맞게 서사의 구조와 정의를 간명하고도 체계적으로 밝히는 데 주력하였으며, 설명 방식 역시 기초적인 개념 정의부터 시작하여 천천히 논점을 파고드는 접근법을 취하고 있기 때문에 독자들은 마치 저자와 대화를 나누듯 친근한 느낌을 받게 될 것이다. 무엇보다도 이 책의 빛나는 장점이라고 할 수 있는 것은 문학뿐 아니라 영화, 연극, 만화 등 고급·대중 장르를 가리지 않고 수많은 예들을 제시하고 있다는 점일 것이다. 이 책에는 장르뿐만 아니라 시대를 가로지르는 예시, 참고 자료들이 각 장과 행간에 넘쳐난다. 고대 서사시에서 현대의 애니메이션까지, 오이디푸스에서 개정판이 나온 연도와 근접한 2006년에 출시된 게임 「월드 오브 워크래프트」까지 광범위한 분야에 걸쳐 있는 흥미로운 자료들이 적절하게 제시되어 있어 독자의 이해를 돕는다. 또한 역으로, 독자들은 이 책에서 배운 서사 이론과 원리들을 손쉽게 자신의 관심 분야에(나아가 자신의 삶에) 적용할 수 있는 방법을 자연스럽게 습득하게 된다. 결국 많은 서사학자들이 주장했듯이 인간은 서사적 존재이고, 서사는 인간의 삶이 이루어지는 모든 국면을 구성하는 요소이자 이를 가능케 하는 조건인 것이다. 이 책에 포함되어 있는 다양한 용어들, 정의들, 예시, 참고 자료들은 버성기지 않고 체계적으로 구획되어 서사의 거대한 분류학taxonomy을 완성하는 데 결정적으로 힘을 보탠다.

  1장과 2장은 서사가 우리 삶에서 갖는 의미를 밝히고, 이를 명확한 용어를 사용해 정의하고자 하는 시도를 담고 있다. 서사는 인간의 본질적인 욕망을 반영하며, 우리 삶을 시간과 공간을 거느린 일관성 있는 체계로 구조화한다. 그런 면에서 서사는 우리의 인식 작용에 깊게 개입된 원초적인 능력이라고 말할 수 있을 것이다. 특히 2장에서는 서사의 개념을 되도록 간명하고 체계적으로 정리하기 위해 스토리와 담화 같은 기본적인 용어를 설명하는 데 많은 분량을 할애하고 있다. 더불어 서사의 본질은 재현representation, 재진술recounting이라는 자기 반영적·중개적 메커니즘에 달려 있다는 사실을 강조한다. 또한 '서사성'이라는 보다 포괄적이며 추상적인 개념에 대해 논쟁적인 질문을 제기하는 것으로 끝을 맺는다.

3장에서는 서사의 경계, 즉 서사와 서사가 아닌 것 간의 차이를 재확인하고, 무엇이 하나의 서사를 서사답게 만들어주는가에 대해 본질적인 질문을 재차 제기한다. 이 장에서 특히 흥미로운 것은 하이퍼텍스트서사 및 전자서사와 관련된 풍부한 예화를 제시함으로써 서사의 가능성에 대해 충분히 숙고하는 기회를 마련해준다는 데 있다.

4장에서는 서사가 갖는 수사학적인 효과, 서사의 힘에 대해 논한다. 이 책에서 서사가 갖는 수사학적 힘으로서 크게 강조하는 것은 '인과관계'와 '표준화하기'의 작용이다. 잘 짜인 서사는 구성 요소들을 조화롭게 배열함으로써 서사에 타당성을 부여하고, 이를 통해 현실세계 속의 진실을 변용하는 위력을 발휘하기도 한다. 이때 중요한 역할을 담당하는 것이 바로 '마스터플롯'이다. 문화적 관습과 긴밀하게 연결되어 있는 마스터플롯은 일종의 서사적 유형으로서 인간이 세계를 인식하는 과정에 심원한 영향력을 미치는 것으로 알려져 있다.

5장에서는 서사의 종결에 대해 설명한다. 모든 서사는 아곤agon이라고 불리는 갈등 상황을 하나 이상 포함하고 있으며, 이들 갈등이 해결되어가는 과정은 서사의 종결을 의미하게 된다. 저자는 서사에서 종결을 발견하고자 하는 것 역시 인간의 본성이기에, 종결에 대한 기대와 약속은 서사에 강력한 수사적 힘을 부여하는 원천이 된다고 설명한다.

6장에서는 서술자, 서술의 목소리, 초점화, 거리, 신뢰성 등과 같은 서술의 기본적인 요소에 대해 설명하고, 이와 관련된 최근의 논점에 대해 차례로 짚어나간다. 간접화법, 사고 보고, 자유간접문체, 동종/이종제시 등의 서술 기법과 관련된 용어들이 본격적으로 등장하면서 영화 또는 연극과 같은 극예술에서의 서술이 갖는 차이점과 특성에 대해서도 직접적으로 언급하기 시작한다는 것이 이 장의 특징이다. 특히 저자는 기존 논의에서 주로 사용되던 '시점'이란 용어보다 '초점화'란 개념을 중시한다는 점에 주목할 필요가 있다.

7장은 이 책에서도 가장 어려운 부분에 속하지만, 독자들에게 가장 가치 있는 정보를 제공해준다는 점에서 이채를 발하는 부분이다. 이 장에서 저자는 서사를 해석하는 세 가지 다른 방식의 독해법을 제시하는데, 이 과정에서 '내포독자'라는 매우 유용한 개념을 적극적으로 활용함으로써 자신의 독특한 논지를 강화해가고 있다. 그는 저자의 의도를 헤아리며 읽는 방식에 대해 제기되어왔던 신비평 이래의 오랜 의구심을 떨쳐내고 '내포저자'의 의도라는 새로운 개념을 도입함으로써, 독해를 한층 더 과학적이면서도 논리적인 과정으로 격상시키고자 한 것으로 보인다. 이러한 읽기 방식은 8장에서의 각색에 대한 사유로 자연스럽게 연결된다. 결국 매체를 비롯한 각종 상황에 따라 서사를 적절하게 변용하고 재배치하는 과정에는 자연스럽게 서사를 깊이 있게 독해하는 과정이 선행 혹은 병행될 수밖에 없는 것이다. 9장에서 논의된 매체 간 각색의 문제는 다매체 사회의 한가운데서 살고 있는 현대의 저자와 독자들에게 특히 관심을 끄는 주제가 아닐 수 없다.

10장에서는 등장인물과 이와 관련된 유형들을 서사적으로 재현하는 문제에 대해 다룬다. 특히 이 장에서 문제가 되는 것은 자기 진술의 문제, 즉 자서전 서사에 관한 내용이다. 저자는 '자아'라고 여겨지는 실체가 자신의 삶에 관해서 글을 쓰는 행위를 일종의 '수행'으로 보는 개성적인 시각을 보여준다. 수행으로서의 서사 혹은 텍스트에 관련된 논의는 다른 연구자들에 의해 꾸준히 개진되어왔다는 점에서 새로울 것은 없지만, 비교적 최근에 논의되고 있는 텍스트 이론과 근접한 위상을 보여준다는 점에서, 또한 11장에서 논의되는 서사와 진실의 문제와 직접적으로 관련된다는 점에서 간과하기 힘들다. 11장은 픽션과 논픽션의 경계에 대해 논의하고 있는데, 이때 문제가 되는 것이 하나의 서사를 진실로서 여기게 하는 것이 과연 무엇인가? 하는 질문이다. 이때 우리는 앞장에서 이미 보았던 '서사성'의 개념에 대해 다시금 음미하는 기회를 갖게 될 것이다. 서사에서 말하는 진실과 우리가 사는 세계에서 말하는 진실에는 어떤 차이가 있는가? 이에 대해 설명하는 방식에는 여러 가지가 있지만, 이 가운데 좀더 적극적인 것을 선택하고자 한다면 서사가 형성하는 독립적이고 자족적인 세계, 즉 '서사세계'에 대해 다루는 12장의 내용에 귀 기울일 필요가 있다.

  13장에서는 서사의 경합에 대해 논하면서 우리에게도 잘 알려진 리지 보든의 재판 사례를 중심으로 논의를 발전시켜가고 있다. 재판이야말로 두 개 이상의 서사가 자신의 진실성을 주장하며 경쟁을 벌이는 대표적인 담론 투쟁의 장이라고 할 수 있다. 저자는 이 재판 과정을 세밀하게 탐색하면서 지배 계층의 문화에 깊숙이 내면화되어 있는 모순점을 개혁하고 정의를 실현시킬 수 있는 구체적인 대안으로 서사가 갖고 있는 본래적인 힘을 활용할 것을 제안하고 있다. 물론 이러한 투쟁하는 서사들의 장은 재판정이나 정치와 같은 특정한 영역에 국한된 현상이 아니라 일상생활 속 어디에서나 일어나는 보편적인 양상임은 두말할 나위가 없다. 서사는 경합을 벌일 뿐만 아니라 서로의 차이를 확인하고, 분쟁을 조정하며, 협상을 벌이는 가운데 종결을 이끌어낸다. 14장은 마지막 장답게 서사의 갈등이 조정되고 자연스러운 결말을 이끌어내면서 구조물로 축조되는 과정과 원리에 대해 다룬다.

이 책은 주로 영미권 작품들을 예로 들고 있기 때문에 한국 독자의 입장에서는 다소 불편하게 느껴질 수도 있겠다. 번역본의 한계임에 틀림없을 이런 불편함은, 그러나 강의실이나 독서 공간에서 얼마든지 능동적으로 넘어설 수 있을 것으로 기대한다. 개정판 소식을 모른 상태에서 초판을 저본으로 번역에 착수했다가 나중에야 개정판을 확인하고 기존 번역을 바탕으로 다시 작업하는 절차를 거쳐야 했다. 그러나 그 과정에서 최신 연구 결과를 계속해서 검토하면서 이를 자신의 연구 결과에 치밀하게 반영해온 저자의 노력을 엿볼 수 있어서 감회가 새로웠다. 특히 이전 판에는 없었으나 개정판에 새롭게 덧붙여진 12장과 14장은 최근 학계에서 새롭게 논의되는 논점들을 풍부하게 다루고 있으므로 최신 성과에 관심 있는 독자라면 더욱 반가울 것으로 생각한다.

이 번역본의 출간 과정에서 우리는 여러 분의 후의를 입었음을 밝혀야 한다. 무엇보다 2009년 1학기 서강대학교 대학원 「문체론 연구」 강의실에서 이 책을 함께 읽고 토론했던 수강생 모두에게 감사한다. 공성수·권은·김보라·김현균·노대원·박상익·안아름·양경언·우한나·이소연 등이 그들이다. 그들 중 일부가 일 년 가까이 공역 과정에 참여하였지만, 사실상 수강생 전체가 공역자라고 해도 과언이 아니다. 번역을 마무리하는 과정에서는 서강대학교 '수사학교실'의 여러 동료들이 큰 힘이 되어주었다. 어려운 상황임에도 불구하고 선뜻 출판을 맡아준 문학과지성사에 감사한다. 박지현 씨를 비롯한 편집부 식구들의 전문적 정성에 의해 책의 품격이 높아졌다. 끝으로 이 책을 읽고 서사의 의미를 잘 헤아리게 되어, 정말 의미 있는 자기 서사를 만들어 나가게 될 독자 여러분께 감사한다.

2010년 11월
서강대학교 '수사학교실'에서
옮긴이 일동

주

∴ 1장 ∴

1) Fredric Jameson, *The Political Unconscious: Narrative as a Socially Symbolic Act*, Ithaca: Cornell University Press, 1981, p. 13.

2) Jean-François Lyotard, *The Postmodern Condition*, Geoff Bennington & Brian Massumi(trans.), Theory and History of Literature, vol. 10, Minneapolis: University of Minnesota Press, p. 19.

3) Roland Barthes, "Introduction to the Structural Analysis of Narratives," Susan Sontag(ed.), *A Barthes Reader*, New York: Hill and Wang, 1982, pp. 251~52.

4) 자전적 기억과 서사 능력 모두가 유년기 초기에 동시 발생한다는 사실은 심리주의 문학에서 넓게 찾아볼 수 있다. 이와 관련해 다음 글을 참조하라. Katherine Nelson, "Finding One's Self in Time," Joan Gay Snodgrass & Robert L. Thompson(eds.), *The Self across Psychology Self-Recognition, Self-Awareness, and the Self Concept*, Annals of the New York Academy of Sciences, vol. 818, New York Academy of Sciences, 1997, pp. 103~16.

5) Peter Brooks, "The Law as Narrative and Rhetoric," Peter Brooks & Paul Gewirtz(eds.), *Law's Stories: Narrative and Rhetoric in the Law*, New Haven: Yale University Press, 1996, p. 19.

6) 코르사코프 증후군에 대한 논의로는 다음을 참조하라. Oliver Sacks, *The*

Man Who Mistook His Wife for a Hat, New York: Simon and Schuster, 1985, pp. 23~42, 108~15; Kay Young & Jeffrey Shaver, "The Neurology of Narrative," Substance, 94/95, March 2001, pp. 72~84.

7) Paul Auster, *The Invention of Solitude*, New York: Penguin, 1988, p. 154.

8) Paul Ricœur, *Time and Narrative*, 3 vols., Kathleen McLaughlin & David Pellauer(trans.), Chicago: University of Chicago Press, 1984, vol. I, p. 3.

9) (옮긴이) 원어로는 'nanosecond'로 표기되어 있다. 우리말로 옮기면, 시간을 나타내는 '단위'로서의 뜻이 전혀 드러나지 않지만, 이 책에서는 이 단어가 가진 원래 뜻을 밝혀 번역했다.

10) J. M. Coetzee, *Doubling the Point: Essays and Interviews*, Cambridge, MA: Harvard University Press, 1992, pp. 203~204.

11) 브라이언 드 팔마Brian De Palma의 말로, 에릭 해리슨Eric Harrison, 「드 팔마De Palma」, 『로스앤젤레스 타임스』, 캘린더 섹션, 1998. 8. 2., 30면에 인용됨.

12) Hayden White, *The Content of the Form*, Baltimore: Johns Hopkins University Press, 1987, p. 215n.

∴ 2장 ∴

1) Barbara Herrnstein Smith, "Narrative Versions, Narrative Theories," W. J. T. Mitchell(ed.), *On Narrative*, Chicago/London: University of Chicago Press, 1981, pp. 209~32.

2) Marie-Laure Ryan, "Narrative," David Herman, Manfred Jahn & Marie-Laure Ryan(eds.), *The Routledge Encyclopedia of Narrative Theory*, London: Routledge, 2005, p. 345. 라이언은 이 표제어에서 서사를 정의하기 위한 시론적 입장에 대한 간략한 목록을 첨부하고 있다(pp. 345~47).

3) (옮긴이) 저자는 이 'recount'를 하나의 상황을 다시 전달하는 행위에 무게 중심을 두고 사용하고 있다. 이는 '재진술' '다시 전달하기' 등으로 번역될 수 있지만, 이미 '진술'이란 단어에 '하나의 상황을 보고하고 알리는 일'이

라는 의미가 부여되어 있으므로, '진술'로 표기하기로 한다.
4) Gerald Prince, *A Dictionary of Narratology*, Lincoln: University of Nebraska Press, 1987, p. 58(개정판은 2003년에 출간, p. 58). 이 두 판본 모두 서사에 대한 풍부한 설명을 제시하고 있다.
5) Seymour Chatman, *Coming to Terms: The Rhetoric of Narrative in Fiction and Film*, Ithaca: Cornell University Press, 1990, p. 9.
6) Martin Amis, *Time's Arrow*, New York: Random House, 1991, p. 11.
7) (옮긴이) 이 부분에서 저자가 지적하는 영어 사용자들의 'story'는 한국어 사용자들의 경우 '이야기' 정도의 개념에 해당된다고 할 수 있을 것이다. 즉, 한국어 사용자들이 흔히 "재미있는 이야기를 들었어"라고 할 때, 이때 사용되는 '이야기'란 보통 '서사'와 구분되지 않는 경우가 많기 때문이다. 사실 이 책을 옮기는 과정에서 'story'를 '이야기'가 아닌 '스토리'로 번역한 까닭도 이처럼 이야기를 폭넓은 의미로 해석하고 있는 한국어 사용자들이 때때로 가지게 될지 모를 의미의 착종錯綜을 방지하기 위해서이다.
8) Jonathan Culler, *The Pursuit of Signs: Semiotics, Literature, Deconstruction*, Ithaca: Cornell University Press, 1981, pp. 169~87.
9) Leo Tolstoy, "letter to N. N. Strakhov," April 23, Henry Gifford(ed.), *Leo Tolstoy: A Critical Anthology*, Harmondsworth: Penguin, 1971, p. 48.
10) Claude Bremond, "Le message narratif," *Communications*, 4, 1964, p. 4; Seymour Chatman, *Story and Discourse: Narrative Structure in Fiction and Film*, Ithaca: Cornell University Press, 1978, p. 20에서 번역·인용.
11) Roland Barthes, "Introduction to the Structural Analysis of Narratives," pp. 295~96; Seymour Chatman, 앞의 책, pp. 53~56.
12) Roland Barthes, 앞의 글, p. 267.

❖ 3장 ❖

1) Henry James, *The Turn of the Screw*, Toronto: Dover, 1991, p. 2.
2) Manfred Jahn, "Frames, Preferences, and the Reading of Third-Person Narrative: Towards a Cognitive Narratology," *Poetics Today*, 18:4, 1997,

겨울호, p. 441; Edward Branigan, *Projecting a Camera: Language Games In Film Theory*, New York: Routledge, 2006, pp. 102~15.

3) (옮긴이) 영어 'frame'은 국내에서 '액자' '틀' '프레임' 등 여러 가지 용어로 번역되어 사용된다. 서사 이론에서는 주로 '액자'라는 용어로 번역되지만, 인지 이론 영역에서는 '틀'로, 영화를 비롯한 미디어 분야에서는 원어 발음 그대로 '프레임'이라는 표기를 사용하는 경향이 있다. 이 책에서는 이 용어가 놓여 있는 문맥과, 논의되는 범주를 살펴가며 알맞은 용어를 선택적으로 사용하되, 혼동이 우려될 경우 원어를 병기하였다.

4) (옮긴이) "영상에 기초한 예술 작품은 모두 프레임frame 안에 갇혀 있다고 볼 수 있다. 프레임은 화면에 선택되는 것과 버려지는 것을 예리하게 구별 짓는 일종의 틀이라 할 수 있는데, 영화에서 프레임이란 필름상의 개별 영상 한 장 한 장을 의미하며 동시에 스크린에 투영된 영역의 차원을 의미한다. 미학적 장치로서 프레임은 다양한 기능을 하는데, 우선 피사체를 취사선택 또는 배제하고, 선택된 대상들을 이 영역 내의 세로와 가로 그리고 깊이에 따라서 배열함으로써 하나의 숏에 일정한 질서와 통일성을 부여하며, 결국 관객을 위해서는 봐야 할 것과 보지 말아야 할 것을 구분 짓는 역할을 한다. 결국 프레임이란 영화라는 세계로 들어가는 출입구와도 같은 것이다."(배상준, 『영화예술학 입문』, 성신여자대학교출판부, 2009, p. 75). 한편 유리 로트만과 유리 치비얀은 '영화의 프레임'을 세 가지로 설명하는데, 첫 번째는 필름에 나타나는 가장 작은 단위의 묘사, 두번째는 필름의 시간적 단위, 세번째는 필름의 공간적 단위라는 것이다(유리 로트만 & 유리 치비얀, 『스크린과의 대화』, 이현숙 옮김, 우물이 있는 집, 1993, pp. 118~31 참조).

5) William Shakespeare, *Twelfth Night*(act II, sc. v, ll.175~83), Hardin Craig (ed.), *The Complete Works of Shakespeare*, Chicago: Scott, Foresman, 1951, p. 630.

6) Oscar Wilde, *The Picture of Dorian Gray and Other Writings*, Richard Ellmann(ed.), New York: Bantam, 1982, p. 111.

7) (옮긴이) tipping point: 극적인 변화를 일으키는 작은 계기, 변별점을 뜻한다.

8) (옮긴이) 롤랑 바르트는 텍스트를 의미의 작은 단위인 렉시아lexia로 자르

는 방식을 사용했으며, 『S/Z』에서는 무려 200쪽에 걸쳐서 발자크의 단편 『사라진Sarrasine』을 561개의 렉시아로 나누어 분석하기도 했다. 바르트는 렉시아를 필수적인 단위라기보다 읽기의 자의적인 단위라고 설명한다. 다른 독자들은 당연히 또 다른 렉시아들을 발견할 것이며, 렉시아는 텍스트를 적극적으로 생산하는 독자들이 의미의 분출과 흩어짐을 발견하는 단위일 뿐이라는 것이다. 이때 렉시아는 기표 안에서 일련의 내포들을 재발견하는 읽기의 단위가 된다. 바르트는 렉시아들이 서사 곳곳에 별처럼 흩어져 기능하는 것을 비유적으로 '별처럼 반짝이는 텍스트'라고 표현했다. 그레이엄 앨런의 『문제적 텍스트 롤랑 바르트』(송은영 옮김, 앨피, 2006, p. 35)와 롤랑 바르트의 『S/Z』(Seuil, Point 선집, 1976) 참조.

9) Nelson Goodman, "Twisted Tales: or, Story, Study, and Symphony," W. J. T. Mitchell(ed.), *On Narrative*, pp. 99~115.

10) George P. Landow, *Hypertext 2.0: The Convergence of Contemporary Critical Theory and Technology*, Baltimore: Johns Hopkins University Press, 1997, p. 215.

11) (옮긴이) '플롯 포인트'는 드라마나 영화 등의 스토리의 방향을 바꾸는 핵심적인 지점을 지칭한다. 플롯 포인트에서는 행위가 갑작스럽게 특정한 방향으로 전환해 스토리가 다음 부분으로 넘어가기 시작한다. 보통 드라마의 기본 구성은 3단 2포인트(시작, 중간, 결말, 그리고 플롯 포인트 1, 2)로 이루어지는 경우가 많다. 한편 롤플레잉 게임에서는 플레이어가 게임의 플롯을 바꿀 수 있는 지점을 의미한다.

12) Espen J. Aarseth, *Cybertext: Perspective on Ergodic Literature*, Baltimore: Johns Hopkins University Press, 1997, pp. 94, 114.

13) (옮긴이) 마크 번스타인Mark Bernstein이 만든 출판사의 이름. 스토리스페이스Storyspace라는 소프트웨어를 제작·판매하였으며, 이를 통해 수많은 하이퍼픽션들이 창작되었다. http://www.eastgate.com/을 방문하면 앞에서 예로 든 작품 외에 많은 하이퍼픽션을 만나볼 수 있다.

∴ 4장 ∴

1) Richard Wright, *Black Boy*, New York: Harper & Row, 1966, p. 47.
2) N. Scott Momaday, *The Way to Rainy Mountain*, Albuquerque: University of New Mexico Press, 1969, p. 16.
3) E. M. Foster, *Aspects of the Novel*, New York: Harcourt, Brace & World, 1955, p. 86. 초판은 1927년에 출간.
4) Jonathan Culler, *The Pursuit of Signs*, p. 183.
5) Hayden White, *The Content of the Form*, p. 6.
6) Robert Musil, *The Man without Qualities*, Sophie Wilkins(trans.), New York: Knopf, 1995, p. 709.
7) (옮긴이) master narrative를 '마스터 서사'로 옮길 수 있지만, 혼동을 방지하기 위해 원어의 표기를 따르기로 한다.
8) Stephen Jay Gould, "Jim Bowie's Letter and Bill Buckner's Legs," *Natural History*, 109:4, May 2000, pp. 26~40.
9) 로드니 킹 사건: 1991년 3월 3일 로스앤젤레스 시경 소속 경찰관 네 명(모두 백인이었다)이 흑인 로드니 킹(당시 27세)을 집단 구타한 사건이다. 과잉 검문검색으로 해당 경찰관들은 법원에 고발당했다. 장장 1년여 동안의 법정 심의 끝에 1992년 4월 29일 오후 3시 20분, 세 명에게는 무죄를, 한 명에게는 재심사를 결정했다. 이 심판의 배심원은 모두 열두 명으로, 백인이 열 명이고 스페인계와 아시아계가 한 명씩이었다. 그 결과를 접한 LA의 흑인들은 분노하였고, 결국 이 사건은 LA 폭동의 도화선이 되었다.
10) *Santa Barbara News-Press*(New York Times Service), 1986. 3. 29.
11) (옮긴이) 2차 시드라만 사건: 리비아 해협 시드라만에서 1986년 3월 26일 미 해군과 리비아군 사이에 교전이 발생했다. 미 해군의 피해는 전무했으며 리비아군은 레이더 시설 및 다수의 해군함정이 파괴당했다. 이 사건은 같은 해 1월 리비아가 북위 32도 30분 이남의 시드라만에 대한 영유권을 주장하면서 자국의 영해라고 선언하고 그 선을 '죽음의 경계선'으로 부르면서 시작되었다. 미군은 이러한 도발에 강력 대응하여 '죽음의 경계선'을 의도적으로 침범하였고, 리비아군은 침범한 미 해군기를 미사일로 공격하였다. 리비아의 공격을 받은 미 해군은 즉시 반격하여 리비아 해군의 미사일

고속정 한 척을 격침하였으며, 리비아의 레이더 시설을 2회 공격하여 완파하였다. 25일에는 또다시 미 해군기가 리비아 해군의 소형함을 재차 공격하였으며, 미 해군의 공격으로 리비아군의 전투함 두 척이 격침되고 일부 레이더 기지 및 지대공사이트가 공격받았다. 이에 리비아는 미국을 강력 비난하였으나 실직적인 대응에는 나서지 않았고, 2차 시드라만 사건은 종료되었다.

12) Franz Kafka, "The Metamorphosis," *The Penal Colony: Stories and Short Pieces*, Willa Muir & Edwin Muir(trans.), New York: Schocken, 1961, p. 67.

∴ 5장 ∴

1) Enrique Anderson Imbert, "Taboo," Philip Stevick(ed.), *Anti-Story: an Anthology of Experimental Fiction*, New York: Free Press, 1971, p. 314.
2) Jeffrey Whitmore, "Bedtime Story," Steve Moss(ed.), *The World's Shortest Stories*, San Luis Obispo/Santa Barbara: New Times Press and John Daniel, 1995, p. 15.
3) S. S. Koteliansky(trans. and ed.), *Anton Tchekhov: Literary and Theatrical Reminiscences*, New York: Doran, 1927, p. 23.
4) Franz Kafka, *The Great Wall of China: Stories and Reflections*, Willa Muir & Edwin Muir(trans.), New York: Schocken, 1970, pp. 129~30.
5) I. A. Richards, *Principles of Literary Criticism*, New York: Harcourt Brace, 1924, p. 1.

∴ 6장 ∴

1) (옮긴이) 윌리엄 딘 하웰스William Dean Howells(1837~1920): 미국의 평론가이자 소설가. 유럽의 사실주의 문학을 자신의 문학작품에 받아들였다. 마크 트웨인 등과 폭넓은 문학 교류를 한 것으로 유명하다.
2) Henry Nash Smith & William M. Gibson(eds.), *The Mark Twain—Howells*

Letters, vol. II, Cambridge, MA: Belknap Press of Harvard University Press, 1960, p. 782.
3) (옮긴이) 저자는 이 부분에서 문체를 구성하는 두 요소인 내용과 표현을 암시하고 있다. 저자가 말하는 사고는 내용과 관련되며, 화법은 표현과 관련된다. 그래서 이 두 요소가 결합된 'style'은 '문체'로 옮겼다. 저자의 원래 의도를 최대한 살리기 위해 이를 'direct style'에도 그대로 적용하여 '직접 문체'로 옮기기로 한다.
4) (옮긴이) 미셸 뷔토르 Michel Butor(1926~): 프랑스의 소설가·시인·평론가로 초기에 실험적 소설을 발표하며 습작 기간을 보냈다. 그의 소설에는 철학과 시가 복합적으로 반영되어 있다. 그는 『변경 *La Modification*』을 통해 자신의 소설적 기법을 완성시키며 누보로망의 주요한 소설가로 입지를 다졌다. 대표작인 『변경』은 파리와 로마를 오가는 열차의 객실 칸막이를 '변경'으로 설정하여 그만의 독특한 시선을 드러내고 있다.
5) (옮긴이) 이탈로 칼비노 Italo Calvino(1923~85): 이탈리아의 언론인·소설가. 쿠바에서 태어나 유년기에 이탈리아로 이주하여 성장하였다. 그의 초기 작품은 2차 세계대전 중에 레지스탕스 활동을 한 경험을 바탕으로 하여 신사실주의적 경향을 보였다. 1950년대 이후 우화와 공상적인 이야기로 전환하여 세계적인 명성을 얻게 된다. 그는 『겨울밤의 나그네라면』(1979)에서 시점의 변환, 구성의 혁신을 실험했다.
6) Honoré de Balzac, *Old Goriot*, M. A. Crawford(trans.), London: Penguin, 1951, p. 28.
7) Italo Calvino, *If on a Winter's Night a Traveler*, William Weaver(trans.), New York: Knopf, 1993, p. 3.
8) Jay McInerney, *Bright Light, Big City*, New York: Vintage, 1984, p. 27.
9) Henry Fielding, *Tom Jones*, New York: A. L. Burt, n.d., vol. II, p. 223. (옮긴이) 이 책에서는 류경희 옮김, 『톰 존스』, 2권(삼우반, 2008, p. 71)에서 재인용.
10) 폴 헤르나디와의 개인적인 대화.
11) Gustave Flaubert, *Madame Bovary*, Francis Steegmuller(trans.), New York: Modern Library, 1957, p. 153.

12) Ernest Hemingway, "The Doctor and the Doctor's Wife," *The Short Stories of Ernest Hemingway*, New York: Scribners, 1966, p. 99.

13) (옮긴이) 제임스 호그James Hogg(1770~1835): 스코틀랜드의 시인·소설가. 가난한 집안에서 태어나 독학으로 늦은 나이에 글을 터득하였다. 음유시인 집안 출신인 어머니의 영향을 받아 스코틀랜드 전통 민요·민담에 정통하여 월터 스콧의 눈에 띄었고, 에든버러 문학 서클에 소개되어 작품 활동을 시작하면서 독특한 소설을 많이 창작하였다.『사면된 죄인의 사적 일기와 고백』은 편집자가 서술하는 1부와 로버트 링엄이 자신의 스토리를 서술하는 2부로 나뉜 소설이다.

14) Richard Schickel, *Movies: The History of an Art and an Institution*, New York: Basic Books, 1964, p. 149.

15) Dorrit Cohn, "Discordant Narration," *style*, 34:2, 2000년 여름호, pp. 307~16.

16) Gustave Flaubert, *Madame Bovary*, p. 322.

17) (옮긴이) 윌리엄 제임스William James(1842~1910): 미국의 심리학자·철학자·종교학자. 남북전쟁 이후 올리버 홈스Oliver Holmes, 찰스 퍼스Charles Peirce 등과 회합한 '메타피지컬 클럽'에서 프래그머티즘을 주장한 철학자이다. 그에게 사고란 한 지점에 정지한 것이 아니라, 거듭해서 이어져가는 흐름이다. 사고나 의식은 연속적으로 대상 사이에서 주체적 의식에 따라 선택적으로 지향되는 끊임없는 변화의 흐름이며 매우 능동적인 경험의 연속이란 의미에서 '의식의 흐름'이란 명칭을 붙였다.

18) James Joyce, *Ulysses*, New York: Random House, 1986, p. 609. (옮긴이) 여기서는 김종건 옮김,『율리시스 하』(범우사, 1990, p. 292)에서 재인용.

19) (옮긴이) 손턴 와일더Thornton Wilder(1897~1975): 미국의 소설가·극작가. 예일 대학교를 졸업한 후 로마에서 고고학을 전공한 독특한 이력은 '그리스적' 희곡을 창작한다고 평가받은 그의 작품 세계에 상당 부분 영향을 미쳤다. 그의 소설과 희곡은 인간에게 내재한 인성과 그 보편적 진리가 무엇인지를 탐구하지만, 그의 작품에서는 인간과 인생에 대해 긍정적인 태도를 잃지 않고 있다.「우리 읍내」는 무대 감독이 관객에게 직접 말을 거는 혁신

적 방법으로 주목받았다.

20) David Bordwell, *Narration in the Fiction Film*, Madison: University of Wisconsin Press, 1985, p. 62.

21) (옮긴이) 로리 무어Lorrie Moore(1957~): 미국의 단편소설가. 본명은 Marie Lorena Moore이다. 그녀는 세인트로렌스 대학 재학 시절인 19세에 『세븐틴Seventeen』지의 소설 공모에 당선되어 창작 활동을 시작했다. 그러나 널리 명성을 얻기 시작한 것은 1983년 그녀의 첫 소설집 『자조Self-Help』가 출판된 후였다. 그녀는 『그런 사람들은 오로지 여기 있는 사람들뿐이다: 소아 종양학 세계의 정전적 이야기People Like That Are the Only People Here: Canonical Babblings in Peed Onk』로 1998년 O. 헨리 문학상을 수상하였고, 2006년에는 전 미국 예술학회 회원으로 피선되었다.

22) Lorrie Moore, *Self-Help*, New York: Knopf, 1985, p. 58.

23) (옮긴이) 존 더스패서스John Dos Passos(1896~1970): 미국의 소설가. 하버드 대학 졸업 후 1917년 1차 세계대전에 참전한 경력을 지니고 있다. 이때의 경험을 살려 1920년에 처녀작 『한 사나이의 인생에의 자각One Man's Initiation』을 발표하면서 본격적인 저술 활동을 시작한다. 초기 작품 경향은 전쟁이 개인을 파괴하는 양상을 보여주며 전후의 세계를 더럽고 추한 것으로 인식한다. 그에게 있어 예술의 새로운 스타일은 세계를 구원하는 것이었다. 그래서 끊임없이 새로운 시도를 통해 문학의 영역을 넓혀나간 작가이다. 그의 『U.S.A』 3부작에서는 열두 명의 남녀가 자본주의 체제에서 혼란에 빠져드는 모습을 '카메라의 눈' 서술 방식으로 잡아내고 있다.

24) (옮긴이) 한국에서는 「5번가의 폴 포이티어」라는 제목으로 개봉됐다.

∵ 7장 ∵

1) (옮긴이) 'narrative poem'이라는 용어를 우리말로 옮기면 '서사적 시' 혹은 '서사를 담고 있는 시' 정도가 될 것이다. 학술 논문에서는 '서술시' 또는 '이야기 시' 등의 용어를 채택하는 경우가 많은데, 이 책에서는 '이야기'라는 용어의 부정확성을 감안하여 비교적 이해하기 쉬운 '이야기 시'로 옮겼다.

2) J. M. Coetzee, *Doubling the Point*, p. 206.
3) Albert Laffay, *Logique du cinéma: création et spectacle*, Paris: Masson, 1964, p. 81.
4) David Hayman, *Ulysses: The Mechanics of Meaning*, Madison: University of Wisconsin Press, 1992, p. 84. 또한 pp. 88~104, 122~32를 참조하라.
5) (옮긴이) 프랑수아 트뤼포와 막스 오퓔스는 프랑스에서 시작된 누벨바그 영화에서 중요한 위치를 차지하는 감독들이다. 이들은 지난 세대 영화의 고정적인 형식과 공식을 거부하고 자유로운 스타일, 자유로운 기법의 절충성eclecticism 등을 추구하였으며, 카메라의 숏과 배우들의 연기, 편집 기법 등에 있어서 자유분방하면서도 다양한 기법을 사용하였다. 따라서 공식적인 이론이나 형식에 얽매이는 것을 거부하고 편집에서도 우발성이나 즉흥성을 이용한 효과를 거침없이 사용했는데, 이러한 영화를 보면서도 관중들은 여전히 사전 기획, 공식, 구성 원리를 탐색하는 '관성'을 버리지 못하고, 문학작품을 감상할 때와 비슷한 '의도를 헤아리며 읽기' 방식을 적용하는 경향이 있다. 저자가 지적하는 내용은 바로 이런 관중/독자들의 '관성' '습관'과 연관되어 있다.
6) Robert Musil, *The Man without Qualities*, pp. 708~709.
7) 예를 들어 Emma Kafalenos, "Not (Yet) Knowing: Epistemological Effects of Deferred and Suppressed Information in Narrative," David Herman (ed.), *Narratologies: Perspectives on Narrative Analysis*, Columbus: Ohio State University Press, 1999, pp. 56~60 참조. 초두 효과는 인지심리학에서 온 용어로서 Menakhem Perry, "Literary Dynamics: How the Order of a Text Creates Its Meaning," *Poetics Today*, 1, 1979, pp. 35~64(53ff.)와 Meir Sternberg, *Expositional Modes and Temporal Ordering in Fiction*, Baltimore: Johns Hopkins University Press, 1978, pp. 93ff.에 의해 최초로 서사 분석에 도입되었다.
8) F. Scott Fitzgerald, "The Crack-Up," Edmund Wilson(ed.), *The Crack-Up*, New York: New Directions, 1962, p. 69.
9) Ernest Hemingway, "Now I Lay Me," *The Short Stories of Ernest Hemingway*, p. 363.

10) Wolfgang Iser, *The Implied Reader: Patterns of Communication in Prose Fiction from Bunyan to Beckett*, Baltimore: Johns Hopkins University Press, 1974, p. 280.

11) Emily Brontë, *Wuthering Heights*, Baltimore: Penguin, 1965, p. 78.

❖ 8장 ❖

1) Saint Augustine, *On Christian Doctrine*, D. W. Robertson, Jr.(trans.), New York: Liberal Arts Press, 1958, p. 102. 법률적 해석에 관한 저작에서도 거의 같은 내용의 구절을 찾을 수 있다.

2) (옮긴이) 원문은 'embeddedness'로 되어 있다. 이는 정확히 표현하면 '끼워져 있음' '묻어들어 있음'의 의미를 갖고 있으나 이 책에서는 일반적인 표현인 '관련성'으로 옮겼다.

3) Paul Auster, *The Invention of Solitude*, p. 146.

4) 『떠도는 제독 The Floating Admiral』(1931)은 애거사 크리스티와 도로시 세이어스 Dorothy Sayers를 포함한 열세 명의 작가들이 돌아가며 쓴 합작품이다. 퍼넬러피 애시 Penelope Ashe라는 필명을 저자로 하여 출간된 『알몸으로 온 이방인 Naked Came the Stranger』(1969)은 마이크 맥그래디 Mike McGrady가 『롱아일랜드 뉴스데이 Long Island Newsday』의 직장 동료 스물다섯 명을 동원하여 음란한 소설을 조금씩 나누어 쓰게 한 것이었다. 이 책은 저자에 관한 속임수가 공개되기 이전부터 베스트셀러가 되었으며 4개월 동안 무려 7쇄(9만 부)를 찍었다.

5) Henry James, "Preface to the 1908 Edition," Peter G. Beidler(ed.), *The Turn of the Screw*, Boston: St. Martin's, 1995, p. 119.

6) (옮긴이) 한글 번역은 윌리엄 셰익스피어의 『맥베스』(최종철 옮김, 민음사, 1993, p. 114)에 의거함.

7) 블룸은 *The Anxiety of Influence*(Oxford University Press, 1973)를 비롯한 일련의 저서에서 이러한 내용의 주장을 전개했다. 그중에서도 특히 *A Map of Misreading*(Oxford University Press, 1975)을 참조할 것.

8) (옮긴이) 이 장에서 사용된 용어인 'adaptation'은 우리말로 옮길 때 큰 의

미에서 '적용'으로 번역하는 데 무리가 없으나, 이러한 적용의 기제가 매체 간에 발생하는 경우에는 '각색'이란 말이 더 적합하다고 보고 문맥에 따라 두 가지 용어를 취사선택하였다. 따라서 이 장에서 '적용하며 읽기'와 '각색하며 읽기'는 전혀 별개의 두 개념이 아니라 동일한 용어 'adaptive'를 맥락에 따라 적합하게 옮긴 것이다.

∴ 9장 ∴

1) George Bluestone, *Novels into Film*, Berkeley: University of California Press, 1957, p. 62.

2) Ingmar Bergman, "Introduction: Bergman Discusses Film-Making," Lars Malmstrom & David Kushner(trans.), *Four Screenplays of Ingmar Bergman*, New York: Simon and Schuster, 1960, p. xvii.

3) Frank Rich, "American Pseudo," *New York Times Magazine*(1999년 12월 12일), 1면.

4) Sergei Eisenstein, "Dickens, Griffith, and the Film Today," Jay Layda (trans.), *Film Form: Essays in Film Theory*, Cleveland: World Publishing, 1957, pp. 195~255.

5) Dudley Andrew, *Concepts in Film Theory*, Oxford University Press, 1984, pp. 98~104.

6) Emily Brontë, *Wuthering Heights*, p. 47.

7) Leo Braudy, *The World in a Frame: What We See in Films*, University of Chicago Press, 1985, p. 196.

8) Henry James, *The Turn of the Screw*, p. 14.

9) William Shakespeare, "The Tragedy of Antony and Cleopatra" (act II, sc. ii, ll.196~202).

10) William Shakespeare, "The Tragedy of Romeo and Juliet" (act II, sc. ii, ll.2~6).

11) Henry James, *The Ambassadors*, S. P. Rosenbaum(ed.), New York: Norton, 1964, p. 238.

12) Edward Branigan, *Point of View in the Cinema: A Theory of Narration and Subjectivity in Classical Film*, Berlin: Mouton, 1984, p. 46.

13) (옮긴이) 하이콘셉트high concept란, 영화 또는 다른 장르의 작품에서 전체 내용을 몇 문장 정도로 요약할 수 있을 정도로 간결하고 명료하게 제시하는 기법을 의미한다. 특히 영화에서는 등장인물 배치를 단순화하거나 기존의 문법, 또는 마스터플롯을 주로 답습함으로써 이러한 효과를 거둘 수 있다. 따라서 하이콘셉트의 영화는 이해하기 쉽고 단순해서 관객의 반응을 빨리 끌어낼 수 있는 장점이 있다. 영화에서 하이콘셉트는 1970년대 후반 할리우드 스튜디오에서 개발되었으며, 주로 흥행을 주목적으로 하는 블록버스터 스타일의 영화에서 주로 사용되었다. 스티븐 스필버그의 「조스」(1975), 조지 루카스의 「스타워즈」(1977) 등이 이러한 하이콘셉트 영화의 대표작으로 꼽힌다.

14) Emily Brontë, *Wuthering Heights*, p. 287.

15) (옮긴이) 마블코믹스와 더불어 미국의 양대 만화 출판사 중 하나이다. 주요 캐릭터로 배트맨, 슈퍼맨, 원더우먼 등이 포함된 Justice League of America라는 히어로 연합단체를 보유하고 있다.

10장

1) Aristotle, "Poetics," Ingram Bywater(trans.), Richard McKeon(ed.), *Introduction to Aristotle*, New York: Random House, 1947, p. 632 (1450a).

2) Leslie Stephen, "Biography," *Men, Books, and Mountains*, 1893; London: The Hogarth Press, 1956, p. 142.

3) Henry James, "The Art of Fiction," Leon Edel(ed.), *The Future of the Novel*, New York: Vintage, 1956, pp. 15~16.

4) E. M. Foster, *Aspects of the Novel*, New York: Harcourt Brace, 1927, pp. 67~78.

5) (옮긴이) 뽀빠이가 등장하는 1933년 작 단편 카툰의 제목이며, 동시에 뽀빠이를 유명하게 만들어준 말이기도 하다. 성서에서 하느님이 스스로를 일컫는 말 "I am What I am"을 패러디한 구절이며, "이게 바로 나다"라는 의

미로도, 또는 "나는 내가 먹는 것을 먹는다"라는 의미로도 해석된다.

6) Ralph Ellison, *Invisible Man*, New York: Signet, 1953, p. 231.

7) (옮긴이) 파키스탄 북부와 아프가니스탄에 걸쳐 있는 힌두쿠시 지방에 거주하는 주민들을 지칭하는 말로서, 이슬람을 믿지 않는 불경건자(비무슬림)의 대명사로 사용되어 왔다. 이슬람권에서는 오랫동안 "코란은 카피르를 죽이는 것을 권장한다"라는 잘못된 믿음에 근거해 이들을 탄압해왔다.

8) (옮긴이) 주로 동남아시아인을 지칭하는 별칭으로, 주로 미군 사이에서 사용된 단어이다.

9) (옮긴이) 유고슬라비아 왕국은 1941년 나치 독일에 의해 점령당했으며, 나치에 협력한 크로아티아인에 의해 세르비아인에 대한 학살이 이루어졌다.

10) Samuel Beckett, "Ping," S. E. Gontarski(ed.), *Samuel Beckett: The Complete Short Prose, 1929~1989*, New York: Grove, 1995, p. 193.

11) (옮긴이) 사뮈엘 베케트, 「핑」의 등장인물.

12) Jean-Jacques Rousseau, *The Confessions of Jean-Jacques Rousseau*, Philadelphia: Gebbie and Company, 1904, pp. 1~2.

13) Laurence Sterne, *The Life and Opinions of Tristram Shandy, Gentleman*, London/Toronto: Dent, 1912, pp. 207~208.

14) W. N. P. Barbellion, "Bruce Cummings," *Journal of a Disappointed Man*, London: Chatto & Windus, 1919, p. 106.

❖ 11장 ❖

1) Virginia Woolf, "The New Biography," *Collected Essays*, vol. IV, London: Hogarth Press, 1966, p. 234.

2) www.breitbart.com/news/2006/02.

3) 프레이의 소설에 대한 의심을 제기했던 최초의 논평은 「백만 개의 작은 거짓말들: 제임스 프레이의 픽션 중독을 폭로하다」로, www.thesmokinggun.com/archive/0104061jamesFrey1.html에서 읽을 수 있다.

4) Dorrit Cohn, *The Distinction of Fiction*, Baltimore: Johns Hopkins University Press, 1999, pp. 109~31.

5) Ben McGrath, "It Should Happen to You: the Anxieties of YouTube Fame," *The New Yorker*, 82:33(October 16, 2006), p. 91.

6) (옮긴이) 크기는 있으나 방향은 존재하지 않는 양을 의미한다. 음의 무한대에서 양의 무한대까지의 전 범위에 걸친 하나의 척도scale에 속하는 어느 값이든 가질 수 있다.

7) 데이비드 허먼은 픽션/논픽션 혹은 서사/비서사를 카테고리로 구별하는 작업이 "하향식 전략과 상향식 전략의 조화를 요구하는 일일 수도 있다"라고 말한다(개인적인 의사소통). 예를 들어, 처음엔 논픽션을 읽고 있다고 생각하면서 독서를 시작했다가도, 계속 읽어나가는 동안 점차로(즉, 상향식으로) 픽션을 읽고 있다는 미묘한 느낌을 받을 수도 있다. 반대로, 무미건조한 교과서처럼 보이는 것이 서사적 재미를 가져다줄 수도 있으며, 그것이 당신으로 하여금 서사적 예상들을 하도록 (하향식의 방식으로) 유도할지도 모른다. 이 말은 잘 이해된다. 결국, 내가 주장하는 바는 하나의 전체로서의 텍스트는 그것을 읽는 동안 경험하는 것들을 통해 '서사'라는 표지를 획득할 수 있지만, 픽션이나 논픽션은 처음부터 잘못 이해하기 시작하면 종국에는 심각한 오독을 야기할 수도 있는 절대적인 카테고리에 속한다는 것이다. 마리-로르 라이언은 이 차이를 명료하게 설명한다. "픽션은 하향식을 작동하는 범주에 속한다. 그것을 정확하게 읽기 위해서 우리는 그것을 텍스트로 간주해야 한다. 반면 서사성은 하향식으로 작동한다. 즉 우리가 스토리를 경청할 때, 텍스트는 그것의 서사적인 상태를 보여준다(Marie-Laure Ryan, "Semantics, Pragmatics, and Narrativity: A Response to David Rudrum," *Narrative*, 14:2, May 2006, p. 195).

8) John Searle, "The Logical Status of Fictional Discourse," *New Literary History* 6, 1975, p. 325.

9) Henry James, "The Beast in the Jungle," Clifton Fadiman(ed.), *The Short Stories of Henry James*, New York: Random House, 1945, p. 597. (옮긴이) 한글 번역은 헨리 제임스의 『밝은 모퉁이 집: 헨리 제임스 단편선』(조애리 옮김, 문학과지성사, 2004)에 의거함.

10) Lytton Strachey, *Eminent Victorians*, New York: Harcourt, Brace, Jovanovich, n.d., p. 173. 제라르 주네트는 내포된 서사를 사용하는 것도 역시 '픽션

성fictivity'의 표시로 이해될 수 있다(p. 47)라고 말했다.
11) (옮긴이) 셰익스피어를 비롯한 튜더 왕조의 작가들은 리처드 3세를 부정적으로 묘사했다. 그러나 이것이 리처드 3세에 대한 객관적인 평가라기보다는 오히려 그를 폐위시키고 튜더 왕조를 세운 헨리 7세의 정당성을 높이기 위해 가공된 부정적인 이미지였다는 설이 제기되고 있다.
12) Marie-Laure Ryan, "Possible Worlds Theory," David Herman, Manfred Jahn & Marie-Laure Ryan(eds.), *The Routledge Encyclopedia of Narrative Theory*, p. 447. 라이언은 자신의 책 *Possible Worlds, Artificial Intelligence, and Narrative Theory*(Bloomington: Indiana University Press, 1991, pp. 48~60)에서 처음으로 이 용어를 소개하고 있다.
13) 돌레첼은 사실적인 세계로부터 허구적인 세계로의 이동을 좀더 적절하게 표현하기 위해서 크립키Kripke의 용어인 '고정 지시어rigid designator'를 사용하기도 한다(Lubomír Doležel, *Heterocosmica: Fiction and Possible Worlds*, Baltimore: Johns Hopkins University Press, 1998, p. 18).
14) John O'Sullivan, "Not the Authorized Biography," *National Review*, October 25, 1999, p. 34. 좀더 최근의 사례는 '9·11'과 그것이 발생하기 전까지의 사건들에 대한 ABC방송의 미니시리즈물이다. 이 안에는 비사실적인 사건과 대화가 포함되어 있으며, 이에 대해 사람들의 열띤 논란이 있었다. 방송사는 이 시리즈물을 '다큐멘터리'가 아니라 '다큐드라마'였다고 해명했지만, 다큐멘터리와 다큐드라마의 구분이 사람들의 불만을 누그러뜨리지는 못했다.
15) *The Poetics*, 9장 참조.
16) Roland Barthes, "The Reality Effect"(1968), Richard Howard(trans.), *The Rustle of Language*, New York: Hill & Wang, 1986.
17) Hayden White, *Tropics of Discourse: Essays in Cultural Criticism*, Baltimore: Johns Hopkins University Press, 1978, p. 85.
18) Lewis Carroll, "Jabberwocky," *Through the Looking-Glass*, Martin Gardner(ed.), *The Annotated Alice*, New York: Bramhall House, 1960, p. 191.

∺ 12장 ∺

1) (옮긴이) 아리스토텔레스는 『시학』 6장에서 "플롯은 바로 행동의 모방이 되는데, 여기서 플롯이라 함은 사건들의 조직을 말한다"라고 정의한 바 있다(이상섭, 『아리스토텔레스의 「시학」 연구』, 문학과지성사, 2002, p. 40).

2) Alice Munro, *Selected Stories*, New York: Vintage, 1997, p. 374.

3) (옮긴이) 바흐친은 저서 『장편소설과 민중언어』에서 이에 대해 다음과 같이 요약한다. "문학예술 속의 크로노토프에서는 공간적 지표와 시간적 지표가 용의주도하게 짜인 구체적 전체로서 융합된다. 말하자면 시간은 부피가 생기고 살이 붙어 예술적으로 가시화되고, 공간 또한 시간과 플롯과 역사의 움직임들로 채워지고 그러한 움직임들에 대해 반응하게 된다. 이러한 두 지표들 간의 융합과 축의 교차가 예술적 크로노토프를 특징짓는다"(전승희·서경희·박유미 옮김, 창비, 2005, p. 261).

4) John Dickson Carr, *The Dead Sleep Lightly and Other Mysteries from Radio's Golden Age*, Garden City, NJ: Doubleday, 1983, pp. 24~25.

5) Samuel Beckett, "Fizzle 1," S. E. Gontarski(ed.), *Samuel Beckett: the Complete Short Prose, 1929~1989*, New York: Grove, 1995, p. 224.

6) Lubomír Doležel, *Heterocosmica*, p. 42. 돌레첼·라이언·허먼·프리드먼 등이 쓴 이 책은 비교적 최근에 나온 저작이다. 물론 바흐친이 크로노토프 이론을 발전시킨 것은 1937~39년의 일이었다. 허먼은 A. J. 그레마스Greimas와 그의 그룹이 수행한 초기 연구가 "1960년대 후반의 서사학 연구의 쟁점을 논의하기 위한 장을 만들고자 노력했다"라는 점을 지적한다. 그러나 그 성과는 미미했다고 한다(*Story Logic: Problems and Possibilities of Narrative*, Lincoln: University of Nebraska Press, 2002, p. 263).

7) (옮긴이) '크로노토프'는 말 그대로 시간을 뜻하는 '크로노스chronos'와 장소를 뜻하는 '토포스topos'의 합성어이다. 바흐친에 따르면, 이 용어는 공간과 시간(공간의 4차원으로서의 시간) 사이의 불가분의 관계를 표현하고 있다(바흐친, 앞의 책, p. 260을 참조).

8) 바흐친에게 있어 크로노토프의 렌즈를 통해 서사를 보는 것은 스토리와 담론을 '단일한 복합적인 사건에 연합되어 있는 것'으로서 보는 것을 의미한다. "이러한 단일한 사건은 작품 외부에서 주어진 물질적인 조건, 텍스트,

텍스트에 재현된 세계, 그리고 저자-창조자와 청자 혹은 독자들을 포함해서 모든 사건이 총체적으로 하나의 작품을 구성할 경우 필수적이다. 이때 우리는 전체성과 불가분성 속에서 작품의 충만함을 감지하면서, 동시에 우리는 그것을 구축하는 요소들의 다양성을 이해한다"(같은 책, p. 255).

9) J. M. Coetzee, *Dusklands*, Harmondsworth: Penguin, 1983, p. 94.
10) Alain Robbe-Grillet, *Two Novels by Robbe-Grillet: Jealousy and In the Labyrinth*, Richard Howard(trans.), New York: Grove, 1965, p. 248.
11) Laurence Sterne, *The Life and Opinions of Tristram Shandy, Gentleman*, London: Dent, 1924, p. 204.
12) Dorrit Cohn, *The Distinction of Fiction*, p. 107; J. M. Coetzee, *In the Heart of the Country*, Harmondsworth, UK: Penguin, 1982, p. 57.
13) (옮긴이) 배우에게 대사를 가르쳐주는 사람.
14) 제작자의 정체는 벅스 버니였다. 대피는 2년 후에 벅스가 출현한 「토끼의 분노Rabbit Rampage」에서 같은 방식으로 복수했다.
15) "서사를 만드는 것은 우주를 삶으로 가져오는 것이다"(Marie-Laure Ryan, *Possible Worlds*, p. 259). "나는 서사를 가장 단순하게 정의한다. 서사는 공간과 시간의 좌표 내에서 움직임을 재현한 것이다"〔Susan Stanford Friedman, "Spatialization: A Strategy for Reading Narrative," Brian Richardson(ed.), *Narrative Dynamics: Essays on Time, Plot, Closure, and Frames*, Columbus: Ohio State University Press, 2002, p. 217〕.

∴ 13장 ∴

1) Edmund Pearson(ed.), *The Trial of Lizzie Borden*, London: Heinemann, 1937, p. 232.
2) Peter Brooks, "The Law as Narrative and Rhetoric," Peter Brooks & Paul Gewirtz(eds.), *Law's Stories*, p. 16.
3) Martha Minow, "Stories in Law," 같은 책, p. 35.

∵ 14장 ∵

1) (옮긴이) 대한성서공회 옮김, 「열왕기 상」, 『공동번역성서』, 대한성서공회, 1986, pp. 525~26.

2) Jerome Bruner, *Actual Minds, Possible Worlds*, Cambridge, MA: Harvard University Press, 1986, p. 11.

3) Ronald Sukenick, *Narralogues: Truth in Fiction*, Albany: State University of New York Press, 2000, p. 2.

4) Sigmund Freud, A. A. Brill(trans.), *The Interpretation of Dreams*, A. A. Brill(ed.), *The Basic Writings of Sigmund Freud*, New York: Random House, 1965, p. 309.

5) Vladimir Propp, "Oedipus in the Light of Folklore," Lowell Edmunds & Alan Dundes(eds.), *Oedipus: A Folklore Casebook*, New York: Garland, 1983, p. 81.

6) Claude Lévi-Strauss, "The Structural Study of Myth," Claire Jacobsen & Brooke Grundfest Schoepf(trans.), *Structural Anthropology*, New York: Basic Books, 1963, p. 211.

7) (옮긴이) 카드모스: 페니키아의 왕 아게노르와 텔레파사의 아들이다. 제우스가 황소로 둔갑하여 누이동생 에우로페를 약탈해갔을 때, 아버지의 명을 받고 누이동생을 찾아 나섰다. 여러 나라를 돌아다녔으나 찾을 수 없어 귀국을 단념하고 동행한 어머니와 함께 트라키아에 거주하였다. 어머니가 죽은 뒤 델포이로 와서 신탁을 구하였는데, 암소를 길잡이로 삼아 뒤따르다가 암소가 지쳐 쓰러지는 땅에 도시를 건설하라는 신탁을 받았다. 이것이 훗날 테베의 터가 되며, 그의 이름을 따서 카드메이아라고 불렸다. 이때 자기의 종자를 죽인 용을 퇴치하고, 여신 아테나의 권고로 용의 이빨을 땅에 심었더니 땅 속에서 무장한 병사들이 나왔다. 그들은 스파르토이(땅에 뿌려진 남자들)라고 불렸고, 테베 귀족의 조상이 되었다. 카드모스가 여신 아테나에게 바친 세발솥에 페니키아 문자가 적혀 있어 그가 그리스에 문자를 맨 처음 들여왔다고 전해진다.

8) (옮긴이) 스파르토이: 카드모스가 용의 이빨들을 땅에 심자 한 무리의 병사들이 땅속에서 솟아 나왔다. 이들은 땅 위로 올라오자마자 서로 싸웠다

고도 하고, 카드모스가 돌을 던져 싸움을 유도하였다고도 한다. 격렬한 싸움 끝에 5명만이 살아남았는데, 에키온('뱀' 또는 '용의 아들'이라는 뜻)과 크토니오스('대지'라는 뜻)를 비롯하여 우다이오스('지면'이라는 뜻), 히페레노르('초인'이라는 뜻), 펠로로스('거인'이라는 뜻)가 그들이다. 이들은 카드모스의 지배를 받아들여 테베 건설을 도왔으며, 테베 귀족의 조상이 되었다. 에키온이 카드모스의 딸 아가베와 결혼하여 낳은 아들 펜테우스는 카드모스에 이어 테베의 2대 왕이 되었으며, 크토니오스의 아들 니크테우스와 리코스 형제는 테베의 섭정이 되었다.

9) (옮긴이) 라브다코스: 라이오스의 아버지. 테베를 건설한 카드모스의 아들 폴리도로스와 니크테이스 사이에서 태어났다. 아버지 폴리도로스가 펜테우스의 뒤를 이어 테베의 왕위에 오른 지 얼마 되지 않아서 죽자 그 뒤를 이었으나, 나이가 어렸기 때문에 외할아버지인 니크테우스가 섭정이 되어 테베를 다스렸다. 니크테우스가 죽은 뒤에는, 그의 동생 리코스가 섭정이 되어 테베를 다스렸다. 라브다코스는 어른이 되어 리코스로부터 통치권을 돌려받아 테베를 다스리던 중 판디온이 다스리던 아테네와 전쟁을 벌이게 되었다. 테베는 트라키아 왕 테레우스의 지원을 받은 아테네에게 패하였고, 이로부터 얼마 지나지 않아 라브다코스는 세상을 떠났다. 라브다코스가 테베의 왕위에 오른 지 한두 해도 넘기지 못한 데다, 아들 라이오스는 아직 한 살인 아기였으므로 리코스가 다시 섭정이 되었다. 라이오스는 뒤에 이오카스테와 결혼하여 오이디푸스를 낳았다.

10) (옮긴이) 첫째 난에 모아진 삽화는 모두 그 친근함이 도를 넘고 있는 혈연자들과 관련되고 있다. 이들 근친자들은 사회의 규범이 허락하는 이상으로 친밀한 처우를 받고 있는 대상이다.

11) Daniel Defoe, *The History and Remarkable Life of the Truly Honourable Colonel Jacque*, London: Oxford University Press, 1965, p. 2.

12) Anthony Trollope, *An Autobiography*, Berkeley: University of California Press, 1947, p. 124.

13) François Mauriac, *God and Mammon*, London: Sheed and Ward, 1936, p. 85.

14) D. H. Lawrence, "Morality in the Novel," Edward D. McDonald(ed.),

Phoenix: The Posthumous Papers of D. H. Lawrence, London: Heinemann, 1936, p. 527.

15) Anton Chekhov, "Letter to A. S. Souvorin(October 27, 1888)," S. S. Koteliansky & Philip Tomlinson(trans. and ed.), *Life and Letters of Anton Tchekhov*, London: Benjamin Blom, 1925; reissued, 1965, p. 127.

참고문헌

서사에 관한 기본적인 저서들

Bal, Mieke, *Narratology: Introduction to the Theory of Narrative*, 개정판, University of Toronto Press, 1997.
Barthes, Roland, "Introduction to the Structural Analysis of Narratives," *Image—Music—Text*, reprinted in Susan Sontag(ed.), *A Barthes Reader*, New York: Hill and Wang, 1982, pp. 251~95.
――, *S/Z*, Richard Miller(trans.), New York: Hill and Wang, 1974.
Chatman, Seymour, *Coming to Terms: The Rhetoric of Narrative in Fiction and Film*, Ithaca: Cornell University Press, 1990.
――, *Story and Discourse: Narrative Structure in Fiction and Film*, Ithaca: Cornell University Press, 1978.
Cohn, Dorrit, *Transparent Minds: Narrative Modes for Presenting Consciousness in Fiction*, Princeton university Press, 1978.
Genette, Gérard, *Narrative Discourse: An Essay on Method*, Jane E. Lewin (trans.), Ithaca: Cornell University Press, 1980.
Herman, David(ed.), *The Cambridge Companion to Narrative*, University of Cambridge Press, 2007.
Herman, David, Manfred Jahn & Marie-Laure Ryan(eds.), *The Routledge*

Encyclopedia of Narrative Theory, London: Routledge, 2005.

Herman, Luc & Bart Vervaeck, *Handbook of Narrative Analysis*, Lincoln: University of Nebraska Press, 2005.

Keen, Suzanne, *Narrative Form*, Houndmills: Palgrave Macmillan, 2003.

Mcquillan, Martin, *The Narrative Reader*, London: Routledge, 2000.

Onega, Susan & José Ángel Garcia Landa(eds.), *Narratology*, London: Longman, 1996.

Prince, Gerald, *A Dictionary of Narratology*, 개정판, Lincoln: University of Nebraska Press, 2003.

──, *Narratology, The Form and Functioning of Narrative*, Berlin: Mouton, 1982.

Richardson, Brian(ed.), *Narrative Dynamics: Essays on Time, Plot, Closure, and Frames*, Columbus: Ohio State University Press, 2002.

Rimmon-Kenan, Shlomith, *Narrative Fiction: Contemporary Poetics*, 개정판, London: Routledge, 2002.

Scholes, Robert, Robert Kellogg & James Phelan, *The Nature of Narrative*, 개정판, New York: Oxford University Press, 2006.

그 밖의 흥미로운 읽을거리

Aldama, Frederick Luis, *Postethnic Narrative Criticism: Magicorealism in Oscar 'Zeta' Acosta, Anna Castillo, Julie Dash, Hanif Kureishi, and Salman Rushdie*, Austin: University of Texas Press, 2003.

Andrew, Dudley, "Adaptation," *Concepts in Film Theory*, Oxford University Press, 1984, pp. 98~104.

Aristotle, Ingram Bywater(trans.), "De Poetica(Poetics)," Richard McKeon(ed.), *Introduction to Aristotle*, New York: Random House, 1947, pp. 624~67.

Bakhtin, M. M., *The Dialogic Imagination*, Caryl Emerson & Michael Holquist

(trans.), Austin: University of Texas Press, 1981.
Bhabha, Homi K.(ed.), *Nation and Narration*, London: Routledge, 1990.
Boardman, Michael M., *Narrative Innovation and Incoherence*, Durham: Duke University Press, 1992.
Booth, Alison, *Famous Last Words: Changes in Gender and Narrative Closure*, Charlottesville: University Press of Virginia, 1993.
Booth, Wayne, *The Rhetoric of Fiction*, 개정판, University of Chicago Press, 1983.
Bordwell, David, *Narration in the Fiction Film*, Madison: University of Wisconsin Press, 1985.
Branigan, Edward, *Narrative Comprehension and Film*, London: Routledge, 1992.
Brooks, Peter, *Reading for the Plot*, New York: Random House, 1985.
Brooks, Peter & Paul Gewirtz(eds.), *Law's Stories: Narrative and Rhetoric in the Law*, New Haven: Yale University Press, 1996.
Bruner, Jerome, *Making Stories: Law, Literature, Life*, New York: Farrar, Straus & Giroux, 2002.
―――, "The Narrative Construction of 'Reality,'" Massimo Ammaniti & Daniel N. Stern(eds.), *Psychoanalysis and Development: Representations and Narratives*, New York University Press, 1994, pp. 15~38.
―――, "A Narrative Model of Self-Construction," Joan Gay Snodgrass & Robert L. Thompson(eds.), *The Self Across Psychology: Self-Recognition, Self-Awareness, and the Self Concept*, Annals of the New York Academy of Sciences, vol. 818, New York Academy of Sciences, 1997, pp. 145~61.
―――, "Two Modes of Thought," *Actual Minds, Possible Worlds*, Cambridge, MA: Harvard University Press, 1986, pp. 11~43.
Chambers, Ross, *Room for Maneuver: Reading Oppositional Narrative*, University of Chicago Press, 1991.
―――, *Story and Situation: Narrative Seduction and the Power of Fiction*,

Minneapolis: University of Minnesota Press, 1984.

Cohn, Dorrit, *The Distinction of Fiction*, Baltimore: Johns Hopkins University Press, 1999.

Culler, Jonathan, "Convention and Naturalization," *Structuralist Poetics: Structuralism, Linguistics, and the Study of Literature*, Ithaca: Cornell University Press, pp. 131~60.

——, "Story and Discourse in the Analysis of Narrative," *The Pursuit of Signs: Semiotics, Literature, Deconstruction*, Ithaca: Cornell University Press, 1981, pp. 169~87.

Currie, Mark, *Postmodern Narrative Theory*, New York: St. Martin's Press, 1998.

Doležel, Lubomír, *Heterocosmica: Fiction and Possible Worlds*, Baltimore: Johns Hopkins University Press, 1998.

DuPlessis, Rachel Blau, *Writing Beyond the Ending: Narrative Strategies of Twentieth-Century Women Writers*, Bloomington: Indiana University Press, 1985.

Fehn, Ann, Ingeborg Hoesterey & Maria Tatar(eds.), *Neverending Stories: Toward a Critical Narratology*, Princeton University Press, 1992.

Fludernik, Monica, *Towards a "Natural" Narratology*, London: Routledge, 1996.

Foster, E. M., *Aspects of the Novel*, New York: Harcourt Brace, 1927.

Genette, Gérard, *Palimpsests: Literature in the Second Degree*, Channa Newman & Claude Doubinsky(trans.), Lincoln, NE: University of Nebraska Press, 1997.

——, *Paratexts: Thresholds of Interpretation*, Jane E. Lewin(trans.), Cambridge University Press, 1997.

Gerrig, Richard J., *Experiencing Narrative Worlds: On the Psychological Activities of Reading*, New Haven: Yale University Press, 1993.

Gibson, Andrew, *Towards a Postmodern Theory of Narrative*, Edinburgh university Press, 1996.

Grünzweig, Walter & Andreas Sobach(eds.), *Transcending Boundaries: Narratology in Context*, Tübingen: Gunter Narr Verlag, 1999.

Hayles, N. Katherine(ed.), "Technocriticism and Hypernarrative," 특별판, *Modern Fiction Studies*, 43:3, 1997.

Herman, David(ed.), *Narratologies: New Perspectives on Narrative Analysis*, Columbus: Ohio State University Press, 1999.

─── , *Story Logic: Problems and Possibilities of Narrative*, Lincoln: University of Nebraska Press, 2002.

Iser, Wolfgang, *The Act of Reading: A Theory of Aesthetic Response*, Baltimore: Johns Hopkins University Press, 1978.

─── , *The Implied Reader: Patterns of Communication in Prose Fiction from Bunyan to Beckett*, Baltimore: Johns Hopkins University Press, 1974.

Jameson, Fredric, *The Political Unconscious: Narrative as a Socially Symbolic Act*, Ithaca: Cornell University Press, 1981.

Kafalenos, Emma, *Narrative Causalities*, Columbus: Ohio State University Press, 2006.

Kenner, Hugh, "The Uncle Charles Principle," *Joyce's Voices*, Berkeley: University of California Press, 1978, pp. 15~38.

Kermode, Frank, *The Art of Telling*, Cambridge: Harvard University Press, 1983.

─── , The Genesis of Secrecy: On the Interpretation of Narrative, Cambridge: Harvard University Press, 1979.

─── , *The Sense of an Ending: Studies in the Theory of Fiction*, Oxford University Press, 1966.

Kindt, Tom & Hans-Harald Müller, *The Implied Author: Concept and Controversy*, Berlin: de Gruyter, 2006.

Landow, George P., "Reconfiguring Narrative," *Hypertext 2.0: The Convergence of Contemporary Critical Theory and Technology*, 개정판, Baltimore: Johns

Hopkins University Press, 1997, pp. 178~218.

Lanser, Susan Snaider, *Fictions of Authority: Women Writers and Narrative Voices*, Ithaca: Cornell University Press, 1992.

Martin, Wallace, *Recent Theories of Narrative*, Ithaca: Cornell University Press, 1986.

McHale, Brian, *Postmodernist Fiction*, London: Routledge, 1987.

Mezei, Kathy(ed.), *Ambiguous Discourse: Feminist Narratology and British Women Writers*, Chapel Hill: University of North Carolina Press, 1996.

Mihailescu, Calin-Andrei & Walid Hamarneh(eds.), *Fiction Updated: Theories of Fictionality, Narratology, and Poetics*, University of Toronto Press, 1996.

Miller, D. A., *The Novel and Its Discontents: Problems of Closure in the Traditional Novel*, Princeton University Press, 1981.

Miller, J. Hillis, *Reading Narrative Discourse*, Norman: University of Oklahoma Press, 1998.

Mitchell, W. J. T.(ed.), *On Narrative*, University of Chicago Press, 1981.

Morson, Gary Saul, *Narrative and Freedom: the Shadows of Time*, New Haven: Yale University Press, 1994.

Nelles, William, *Frameworks: Narrative Levels and Embedded Narrative*, New York: Peter Lan, 1997.

O'Neill, Patrick, *Fictions of Discourse: Reading Narrative Theory*, University of Toronto Press, 1994.

Palmer, Alan, *Fictional Minds*, Lincoln: University of Nebraska Press, 2004.

Pascal, Roy, *The Dual Voice: Free Indirect Speech and Its Functioning in the Nineteenth-Century European Novel*, Manchester University Press, 1977.

Phelan, James, *Living to Tell about It: A Rhetoric and Ethics of Character Narration*, Ithaca: Cornell University Press, 2005.

──, *Narrative as Rhetoric: Technique, Audiences, Ethics, Ideology*, Columbus: Ohio State University Press, 1996.

――, *Reading People, Reading Plots: Character, Progression, and the Interpretation of Narrative*, University of Chicago Press, 1989.

Phelan, James & Peter Rabinowitz(eds.), *A Companion to Narrative Theory*, Oxford: Blackwell, 2005.

――(eds.), *Understanding Narrative*, Columbus: Ohio State University Press, 1994.

Rabinowitz, Peter J. *Before Reading: Narrative Conventions and the Politics of Interpretation*, Ithaca: Cornell University Press, 1987.

Rabkin, Eric S., *Narrative Suspense*, Ann Arbor: University of Michigan Press, 1973.

Richardson, Brian, *Unlikely Stories: Causality and the Nature of Modern Narrative*, Newark: University of Delaware Press, 1997.

Richter, David H., *Fable's End: Completeness and Closure in Rhetorical Fiction*, University of Chicago Press, 1974.

――(ed.), *Narrative/Theory*, New York: Longman, 1996.

Riceour, Paul, *Time and Narrative*, 3 vols., Kathleen McLaughlin & David Pellauer, University of Chicago Press, 1984, 1985, 1988.

Rimmon-Kenan, Shlomith, *A Glance Beyond Doubt: Narration, Representation, Subjectivity*, Columbus: Ohio Sate University Press, 1996.

Ryan, Marie-Laure(ed.), *Narrative Across Media: The Languages of Storytelling*, Lincoln: University of Nebraska Press, 2004.

――, *Narrative as Virtual Reality: Immersion and Interactivity in Literature and Electronic Media*, Baltimore: Johns Hopkins University Press, 2001.

――, *Possible Worlds, Artificial Intelligence, and Narrative Theory*, Bloomington: Indiana University Press, 1991.

Schank, Roger C., *Tell Me a Story: Narrative and Intelligence*, Evanston: Northwestern University Press, 1990.

Stanzel, Franz K. A., *Theory of Narrative*, Charlotte Goedsche(trans.), Cambridge

University Press, 1984.

Sternberg, Meir, *Expositional Modes and Temporal Ordering in Fiction*, Baltimore: Johns Hopkins University Press, 1978.

Sturgess, Philip. J. M., *Narrativity: Theory and Practice*, Oxford University Press, 1992.

Torgovnick, Mariana, *Closure in the Novel*, Princeton University Press, 1981.

White, Hayden, *The Content of the Form: Narrative Discourse and Historical Representation*, Baltimore: Johns Hopkins University Press, 1987.

Williams, Jeffrey, *Theory and the Novel: Narrative Reflexivity in the British Tradition*, Cambridge University Press, 1998.

Zunshine, Lisa, *Why We Read Fiction: Theory of Mind and the Novel*, Columbus: Ohio State University Press, 2006.

그림 목록

1. 난파선, 작가 미상, in *Disaster Log of Ships* by Jim Gibbs, Seattle: Superior Publishing, 1971.
2. 렘브란트, 「벨사살의 향연Belshazzar's Feast」(1635년경) ⓒNational Gallery, London.
3. 미셸 가르니에, 「라두스 레지스탕스La douce résistance」(1793)
4. 앤드루 와이어스, 「닥터 신Dr. Syn」(1981) ⓒAndrew Wyeth.
5. 프랜시스 베이컨, 「십자가 아래 있는 인물들에 관한 세 연구Three Studies for Figures at the Base of a Crucifixion」(1944) ⓒMarlborough Fine Art, London. Tate Gallery, London 2000 and Art Resources, New York.
6. 「폭풍의 언덕」(유나이티드 아티스츠, 1939) 가운데 로런스 올리비에Lawrence Olivier의 스틸 컷. The Academy of Motion Picture Arts and Sciences 제공.
7. 「클레오파트라」(20세기 폭스, 1963)의 스틸 컷. The Academy of Motion Picture Arts and Sciences 제공.
8. 스콧 매클라우드, 『만화의 이해Understanding Comics』, p. 66. Harper Collins Publishers, Inc.의 허가로 재사용.
9. 「미친 오리Duck Amuck」(워너브라더스, 1953)의 스틸 컷. The Academy of Motion Picture Arts and Sciences 제공.

용어 해설 및 주제별 색인

다음은 서사 논의에 있어 유용하게 활용할 수 있는 용어들을 정의한 것이다. **굵은 글씨체**로 표기된 용어들은 필수적인 것들이며, 이 책에서도 계속 강조해온 항목들이다. (**고딕체**로 된) 다른 용어들은 유용성이 입증되었거나 서사 논의에 빠질 수 없을 만큼 빈번하게 사용된다는 이유로 목록에 포함시켰다. 밑줄 친 용어들은 모두 표제어로 되어 있는 것들이다. 이들 용어 해설 목록은 책의 주제별 색인으로도 활용할 수 있다.

간접문체Indirect style 서술자 자신의 발화로서 표현되는 인물의 말이나 생각을 뜻한다. "무더운 날이었다. 엘스페스는 왜 자신이 그처럼 무더운 날 돌을 나르고 있는지에 대해 자문했다." 만약 그것이 직접적으로 인용된 **발화**speech처럼 일상적이지 않다 하더라도, 대부분의 소설에서 인물들의 생각을 표현하는 가장 일반적인 방법으로 생각된다. 간접사고를 지칭하는 또 다른 용어에는 '사고 보고thought report'가 있다. <u>직접문체</u>, <u>자유간접문체</u>, <u>내적 독백</u> 항목을 참조할 것.

갈림길서사Forking-path narrative 둘 또는 그 이상의 양립할 수 없는 세계가 동일한 디에게시스 층위에 공존하는 서사를 지칭한다. <u>메타제시</u> 항목을 참조할 것.

거리Distance 이 용어는 두 가지 중요한 의미로 사용된다. ① 서술자의 <u>인물</u>과 <u>행동</u>으로부터 취하는 정서적 거리(그/그녀가 <u>스토리</u>에 연루되는 정도) ② 서술자와 내포저자 간의 도덕적·정서적 또는 지성적 감수성의 거리. 서술자의 거리는 우리가 서술자로부터 얻은 정보를 신뢰하는 수준 그리고 도덕적·정서적 성향을 평가하는 수준에 영향을 미친다.

곁텍스트Paratext 주네트의 용어로, 어떤 방식으로든 서사와 관계되는 서사 외부의 물질. 곁텍스트는 서문, 차례, 제목, 표지의 광고, 삽화와 같은 서사적 매체(주변텍스트peritexts)와 물리적으로 묶일 수 있다. 이 또한 매체와는 분리될 수 있지만, 저자의 논평·서평 같은 저자의 다른 저작('바깥텍스트epitexts')으로도 연결된다. 곁텍스트는 이따금 우리가 서사를 해석하는 데 활용할 수 있다. 주네트가 논의할 때 연극이나 영화는 포함하지 않았지만, 이 책에서는 프리뷰, 광고 전단, 배우에 대한 악평, 공적인 평가, 제작사의 스캔들 등을 곁텍스트의 질료로 간주한다.

구성적 사건과 보충적 사건 Constituent and supplementary events 이들 개념은 서사에서 사건들을 두 가지 기본적인 종류로 구분한 것으로서 '고정bound 모티프'와 '자유free 모티프'(토마쳅스키), 핵과 위성(채트먼), 중핵과 촉매(바르트)로도 불린다. 구성적 사건은 스토리의 진행에 필수적인 요소이다. (바르트는 이들을 '주요 기능 요소cardinal function'라고도 불렀다.) 이 사건들이 모두 '전환점'이 되는 것은 아니지만, 적어도 스토리를 형성하는 사건 연쇄에서 본질적인 부분이 된다. 보충적 사건은 스토리에서 필수적인 것은 아니다. 그것들은 부차적인 것처럼 보인다. 구성적 사건과 보충적 사건을 구분하는 것은 유용할 때가 많은데, 왜냐하면 우리에게 다음과 같은 질문을 제기하도록 하기 때문이다. 왜 이런 보충적 사건들이 이 서사에 포함되었는가? 이 사건이 스토리를 진행시키는 데 필수적인 것이 아니라면 내포저자는 왜 그것을 포함시키는 것이 적절하다고 생각했는가? 그러나 많은 분류 작업이 그러하듯이, 이러한 구분이 항상 분명한 것은 아니다. 어떤 독자에게 구성적 사건으로 보이는 것이 다른 독자에게는 보충적 사건으로 여겨지기도 한다.

기점基點, Crux 허구적 서사에서 종종 빈틈으로 나타나는 결정적인 순간. 이 경우 실마리는 불충분하게 주어지거나 주어지더라도 매우 모호하게 나타나기 때문에, 서사의 의도에 대한 해석(의도를 헤아리는 해석)에서 주요한 불일치가 생긴다. 『폭풍의 언덕』에서 히스클리프가 힌들리 언쇼를 살해했는가의 여부에 관한 문제가 바로 이러한 기점에 해당된다. 빈틈을 어떤 식으로 메우는지에 따라 우리가 히스클리프를 살인할 수 있는 인물로 보는지에 대한 시각 여부를 결정한다.

끝End 시작과 끝 항목을 참조할 것.

내적 독백 Interior monologue 직접문체 형식의 테두리 내에서, 등장인물의 생각과 감정을 일반적인 문법적 표지(인용부호 또는 "그/그녀는 생각했다" 등의 어구) 없이 전달하기 위해서 여러 가지 실험이 계속되어왔다. 내적 독백은 이러한 실험 가운데서도 급진적인 양식에 속한다. '내적 독백'은 때때로 '의식의 흐름'과 같은 용어로도 표현할 수 있다. 내 생각에는 '의식의 흐름'이란 용어는 생각과 감정이 발생하는 **방식**how을 묘사하기 위해서, 그리고 '내적 독백'은 생각/감정이 실질적으로 전달되는 양상을 묘사하기 위해 사용하는 것이 적절하다고 여겨진다. 간접문체, 자유간접문체 항목을 참조할 것.

내포독자Implied reader(**내포청중**implied audience) 내포저자가 실제저자와 구별되어야 한다면, 마찬가지로 내포독자 또한 실제독자와 구별되어야 한다. 내포독자가 반드시 당신이거나 나일 필요는 없다. 내포독자는 서사 자체가 의도하고 있는 수용자를 가리키는 의미로 사용된다. 피서술자 항목을 참조할 것.

내포저자Implied author 실제저자도 아니고 서술자도 아닌, 독자가 서사를 읽고 있을 때 구성되는 저자의 개념이다. 의도를 헤아리며 읽을 때, 내포저자는 독자들이 서사의 의도된 의미와 효과를 추론하기 위해 점진적으로 구성하게 되는 감수성과 도덕적 지성이다. 내포저자는 '추론된 저자'로 불릴 때 더 쉽게(그리고 더욱 공정하게) 이해될 수 있을 것이다.

더읽기Overreading · **덜읽기**Underreading 원 텍스트가 의미화하지 않는 부분에서 의미를 끌어들이는 행동은 더읽기이며, 원 텍스트가 의미화하는 부분에서 그 의미를 끌어들이지 않는 행동은 덜읽기이다. 두 행동 모두 얼마간 불가피하게 발생한다. 이 행동들을 최소로 줄이기 위해 의도를 헤아리며 읽기를 한다.

덜읽기Underreading 더읽기 항목을 참조할 것.

동종서술Homodiegetic narration 디에게시스 항목을 참조할 것.

디에게시스Diegesis ① 정확하게 말해서 이 용어는 스토리를 말하는 것을 의미한다. 이는 플라톤이 스토리를 제시하는 두 가지 방식을 (행위로 나타내는) 미메시스, (말로 하는) 디에게시스로 구분한 데서 유래한다. ② '디에게시스'는 서술에 의해 창조된 세계인 스토리세계를 의미하는 말로 사용될 경우가 많다. 서사학에 따르면 디에게시스의 층위는 다음과 같이 설명할 수 있다. '디에게시스 층위'는 기본적인 서사의 스토리세계 속에 존재하는 인물, 사물, 사건들로 구성된다. 헤밍웨이의 『해는 또다시 떠오른다』에서 제이크 반스처럼 그 세계에 속해 있는 서술자를 가리켜 **동종제시적 서술자**homodiegetic narrator라고 한다. 그러나 텍스트 안에는, 주 서사에는 전혀 등장하지 않으나 그 바깥에 있는 스토리세계에 다른 사건들과 인물들이 존재할 경우가 있다. 이러한 액자서사는 **이종제시**heterodiegetic 층위에 존재한다. 초서의 작품에 등장하는 순례자들은 자신의 스토리를 말하는 이종제시적 서술자이다. 만일 서술자가 서사의 디에게시스 층위의 외부에 있을 경우, 그/그녀는 **외부제시자**extradiegetic가 되는데, 톨스토이의 『안나 카레니나』를 서술하는 목소리가 바로 이에 해당한다.

렉시아Lexia 롤랑 바르트는 저서 『S/Z』에서, 렉시아란 텍스트 내의 '의미 단위'라고 설명했다. '의미의 덩어리'가 뜻하는 규모는 몇 개의 단어에서부터 몇 개의 문장에 걸쳐 있다. 이후로 이 용어는 전자서사담론에서, 하이퍼텍스트에 의해 연결되는 다양한 길이의 단락들을 지칭하기 위해서 사용되고 있다. 하이퍼텍스트서사 항목을 참조할 것.

마스터플롯Masterplots 되풀이해서 나타나는 스토리들의 뼈대를 의미한다. 특정한 문화와 개인들은 정체성, 가치관, 삶의 이해에 대한 질문에 대한 답을 구하는 과정에서 중대한 역할을 수행한다. 마스터플롯은 바로 이들에게 속해 있다고 할 수 있다. 또한 마스터플롯은 우리가 새로운 정보를 습득하는 방식에 영향을 미치기도 한다. 마스터플롯은 우리로 하여금 서사를 더읽거나 덜읽게 하는 요인으로 작용한다. 때로 우리는 마스터플롯에 맞추어 서사를 읽고 쓰고자 하는 무의식적인 노력을 기울이기도 한다. 마스터플롯은 여러 서사의 판본에서 되풀이해서 나타난다. 따라서 마스터플롯 대신에 '마스터 내러티브'라는 용어를 사용하는 것은 기술적인 오류로 여겨진다. 플롯 항목을 참조할 것.

매체Medium 서사를 운반하는 수단을 뜻한다. 서사를 구성하는 언어, 영화, 유화, 직물, 무대 위에서 움직이는 유연한 신체 등은 모두 매체에 속한다. 이 목록 뒷부분에 나오는 서사 항목에서도 논의되겠지만, 이들 매체 가운데 일부는 최상급의 학자들에 의해서 서사에 부적합한 것으로 여겨지기도 한다.

메타제시Metalepsis 서술의 층위들이 상호 침입하는 것을 뜻한다. 디에게시스나 스토리세계는 다른 서사 층위 또는 서사 외부로부터 온 실체(들)에 의해 침투당하는 경우가 적지 않다. 예를 들어, 외부제시 서술자가 행위action 속으로 들어온다든지, '관객'이 무대 위로 뛰어들어 행위의 일부에 참여한다든지, '저자'가 나타나 등장인물들 가운데 한 사람과 말다툼을 벌인다든지 하는 것들이 모두 메타제시에 속한다. 갈림길서사 항목을 참조할 것.

멜로드라마Melodrama 평면적 인물들로 구성된 선정적인 서사를 뜻한다. 이때 평면적 인물들은 아주 착하거나 나쁜 성격을 지닌 인물, 또는 과장된 언어로 말하는 인물들을 의미한다. 원래 이 용어는 극예술 부문에서 사용되었지만, 다른 매체를 사용하는 서사 분야에서, 종종 경멸적인 용어로 사용되기도 한다.

모티프Motif 서사에서 반복되어 나타나는 파편, 이미지, 구절 등을 의미한다. 이에 반해, 테마는 모티프를 통해 추정할 수 있는 좀더 일반적이고 추상적인 개념을 가리킨다. 예를 들어, 동전이 모티프라면, 탐욕은 테마에 해당된다고 할 수 있다.

목소리Voice 묵독하고 있을 때에도 우리가 서사를 듣는다고 생각하는 감수성. 목소리는 스토리 속 사건과 인물을 본다고 생각하는 감수성인 초점화와 매우 가까운 개념이다. 그리고 가끔은 두 개념을 구별하기가 어렵기도 하다.

몽타주Montage 원래 프랑스어 의미 그대로 '조합'이라는 뜻을 갖고 있다. 분절된 화면(숏)을 차례차례 연결함으로써 영화를 편집하는 방법이다.

미메시스Mimesis 연행에 의한 행위의 모방을 뜻한다. 플라톤에 따르면, 미메시스는 서사를 운반하는 두 가지 중요한 방법의 하나이다. 이때 다른 하나는 디에게시스. 즉, 말하기를 통해 행위를 재현하는 것을 가리키는 것은 두말할 나위도 없다. 이러한 구별에 따르면, 연극은 미메시스적이고, 서사시는 디에게시스적이다. (플라톤의 제자인) 아리스토텔레스는 단순히 행위의 모방으로서 그리고 서사적 재현의 두 방식을 모두 포함하는 말로서 '미메시스'라는 용어를 사용했다.

반동인물Antagonist 주동인물의 반의어. 그/그녀는 일반적으로 주인공hero의 적대자로 등장한다.

반복Repetition 서사에서 이미지, 생각, 상황, 특정한 인물의 종류가 순환되는 것. 반복은 어떤 의미를 포함하고 있다는 확실한 신호이다. 만약 당신이 어떤 텍스트를 해석하려 하고 있다면 당신 자신에게 "이 서사에서 반복되는 것은 무엇인가?" 하고 물어보라. 테마와 모티프는 공통적으로 서사에서 반복되는 것들을 부르는 용어이다.

반영성/반영 서사 Reflexivity/reflexive narrative 형식적 의미와 주제적 의미 모두에서 반영 혹은 자기 반영(혹은 자기의식)적 서사는 예술로 구조화될 수 있었던 그 조건에 주목하는 것이다. 반영성은 서사적 텍스트뿐만 아니라 비서사적 텍스트에서도 찾을 수 있다.

반영자Reflector 초점화 항목을 참조할 것.

부가적 사건 Supplementary events 구성적 사건·보충적 사건을 참조할 것.

비협조적 서술자 Discordant narrator 신뢰할 수 없는 서술자 항목을 참조할 것.

사건Event 행동의 기본적인 단위. '우발 사건incident'이라고도 한다. 사건은 행위일 수도 있고, 또한 어떠한 인물도 인과적으로 개입되어 있지 않을 경우 해프닝이 될 수도 있다.

사전제시Prolepsis 갑자기 다음의 상황(미래)으로 급격하게 바뀌는 것. 스토리 뒷부분에서 말해질 서사 소재를 알려주는 것이다. 반의어는 소급제시.

3인칭 서술 Third-person narration 전통적으로 스토리 속 인물이 서술자가 아닌 서사. 그리고 그 인물은 3인칭으로 표현된다("그가 이렇게 했다" "그녀가 그렇게 말했다"). 3인칭 서술은 오해되어 전지적 서술로 빈번하게 언급된다. 1인칭 서술처럼, 이 용어는 완전하게 포괄적인 구별이 아니다. 3인칭 서술자들은 1인칭으로 자신을 표현할 수 있기 때문이다. 그리고 1인칭 서사는 확장된 3인칭 서술에서 상당히 많이 찾아볼 수 있다. 주네트는 외부제시적 서술자와 동종제시 서술자, 이종제시 서술자 사이의 뚜렷한 차이를 명시한다. 디에게시스 항목을 참조할 것.

삽입서사Embedded narrative 일반적으로 '스토리 속 스토리' 또는 격자서사 속에 둘러싸여 있는 서사를 가리킨다. 라이언과 파머는 인물들이 생각 또는 대화의 일상적인 과정 속에서 상상하는 모든 미시서사 등을 포함하는 용어로서, 삽입서사의 의미를 확대하였다.

상호텍스트성Intertextuality 모든 텍스트는 선행하는 텍스트로 구성된다는 것을 의미한다. 서사를 포함해 모든 텍스트는 이러한 상호텍스트 환경 내에서 구성된다. 상호텍스트성은 텍스트가 선택할 수 있는 조건이 아니라 필연적으로 처한 환경이며, 이러한 점에서 '인유allusion'나 '모방imitation'과는 구별된다. 상호텍스트성은 이미 주어진 단어들과 형식들을 통해 우리 자신을 표현할 수밖에 없다는 가정에 바탕을 두고 있다. 이러한 관점에서, 심지어 가장 독창적인 저자의 작품조차도 선배들의 작품을 통해서 형상화된다고 말할 수 있다. 그렇게 영향을 주는 작품의 상호텍스트적 동력은 흩어져 있는 수많은 문화적 유산을 재맥락화하는 과정에서 확인된다.

서사Narrative 스토리(사건 혹은 일련의 사건들)의 재현을 의미한다. 일부 학자들은 스토리를 전달하는 사람(서술자)이 존재하지 않을 경우 서사가 아니라고 주장하기도 한다. 그러나 이러한 관점에 따를 경우 대부분의 드라마나 영화는 서사에서 제외될 것이다. 비록 스토리를 재현하고 있기는 하지만, 영화와 드라마는 서술자 없이도 서사의 역할을 수행할 수 있다. 서사는 스토리와 서사담화라는 중요한 두 요소로 구성된다.

서사담화Narrative discourse 서술된 스토리, 다시 말해 특정 서사 내에서 변용된 스토리를 의미한다. 일부 서사학자들은 이 개념을 지칭하기 위해 플롯이라는 용어를 사용하기도 한다. 그러나 영어권에서는 '플롯'과 '스토리'를 곧잘 같은 뜻으로 사용하기 때문에 이는 혼란을 줄 수 있다. '스토리'와 '서술된 스토리'를 서로 다른 의미로 구분하여 사용할 수 있다는 것은 스토리가 서사적 현전과 독립해서 존재한다는 것을 의미하기도 한다. 다시 말해 똑같은 스토리라 하더라도 여러 가지 방법으로 서술될 수 있다는 것이다.

서사성Narrativity 텍스트가 서사라는 인상을 만들어낼 수 있는 수준을 의미하는 말로서, 이 책에서는 논쟁적인 의미로 사용되었다. 프랜스는 서사가 서사로서 인식될 수 있는 가장 최소한의 요구 조건을 가리키기 위해 '서사적임narrativehood'이라는 용어를 만들기도 했다. 그러나 이 용어에는 일정한 수준degrees을 매긴다는 의미는 포함되어 있지 않다.

서사체Récit 프랑스 서사학에서 서사담화와 '이야기'histoire'의 반대 개념으로 사용되는 용어이다. 서사담화와 스토리 항목을 참조할 것.

서사학Narratology 1969년에 만들어진 츠베탕 토도로프의 신조어. 서사학은 서사의 체계적인 연구에 공헌하는 기술적인 영역이다. 비록 애초에는 문학을 구조주의적으로 연구하는 방식의 하위 분야로 출발하기는 했지만, 서사학은 꾸준하게 연구되고 발전함으로써 연구 방법의 범위나 다양성에 있어서 최초에 가졌던 한계를 뛰어넘었다. 이러한 이유로 학자들은 '서사 이론'이라는 포괄적인 용어를 선호하게 되었다. 이 목록에 열거되어 있는 용어 가운데 상당수는 서사학 연구 작업을 통해서 만들어진 것들이다.

서술Narration 스토리 또는 스토리의 일부를 **전달하는 것**telling을 뜻한다. 서사와 구별되지 않고 쓰이는 경우가 많으나, 이 책에서는 서술자의 행동과 관련되어 있는, 그리고 언어로 이루어진 서사의 하위 집단을 이루는 부분적인 의미로 사용되었다.

서술자Narrator 스토리를 전달하는 사람을 뜻하는 말이다. 허구적 서사의 서술자는 실제저자나 내포저자와 혼동되어서는 안 된다. 물론 서술자의 관점을 내포저자의 관점과 구분하기 어려운 경우도 적지 않다. 그러나 서술자는 내포저자가 스토리를 서술하기 위해 고안한 도구에 불과한 것으로 보아야 한다. 따라서 저자와 확연히 구분되는 신뢰할 수 없는 서술자들도 수없이 존재할 수밖에 없다. 일부 강경파 서사학자들은 모든 서사 양식에서(역사나 자서전과 같은 논픽션 양식도 포함된다) 서술자와 저자는 반드시 구분되어야 한다고 주장하기도 한다. 이러한 견해는 우리에게 지속적으로 제기되는 철학적 질문들을 다시금 상기시킨다. 이는 목소리, 등장인물, 정체성의 문제와 관련된다. (당신이 현재 독서를 통해 듣고 있는 것은 누구의 목소리인가? 그것은 나의 목소리인가 아니면 등장인물의 목소리인가? 이때 등장인물은 이 개념들을 제시하기 위해 만들어낸 실체와 비슷한가, 또는 나 자신의 성격을 나타내기 위해 쓰고 있는 페르소나, 즉 가면에 불과한가?) 서술 항목을 참조할 것.

서스펜스Suspense 스토리가 앞으로 어떻게 전개될 것인지에 대한 불확실성(더 알고자 하는 욕구가 서스펜스를 감소시킴)을 의미한다. 서스펜스는 부드러움에서부터 격렬함까지 다양하지만, 이러한 서사적 구조가 어느 정도는 독서를 중단하게 하거나 영화를 보지 않게 만들기도 한다는 논란이 있다. 많은 서사예술에서는 이러한 서스펜스를 해소하기 위해 어느 정도 충격 장치를 사용하기도 한다.

설정Setting 모든 요소가 서사의 스토리세계 배경으로 기능한다.

소급제시Analepsis 플래시백. 스토리에서 먼저 발생한 서사소를 현재의 서사 속에 삽입하는 것. 반의어는 사전제시.

수제Sjuzet 스토리 항목을 참조할 것.

수행Performative 언어학, 철학, 희곡, 페미니즘 이론 등 다양한 분야에서 다양하고 넓게 사용되는 용어이다. 이 책에서는, 서사란 무엇인가 혹은 서사에 대한 것은 무엇인가라는 질문과 이 용어를 연결시키지 않고 서사가 하는 것이 무엇인가라는 질문과 연결시킬 것이다. 즉, 서사가 어떻게 이 세계에서 의도적 혹은 비의도적으로 기능하는가를 질문한다.

스테레오타입Stereotype 유형 항목을 참조할 것.

스토리Story 서사담화와 함께 서사를 정의하는 두 가지 구성 요소 중 하나. 서사담화에 의해 전달되는, 스토리는 실체를 포함하고 있는 사건의 시간적 연속 과정이다. 채트먼의 의견을 약간 채택하면, 우리는 '스토리'에서 두 종류의 사건을 확인할 수 있다. 의도적인 행위와 해프닝이다. 실체 역시 두 가지의 기본적인 종류로 이루어져 있다. 행위를 유발하는 인물, 행위를 유발하지 않는 비의지적 존재물이 그것이다. '스토리'는 서사담화에 의해 혼란스러워지지 않는다. 서사담화가 스토리를 말하고 제시하기 때문이다. 하나의 스토리는 시간의 법칙에 의해 묶여 있다. 오직 한 방향(시간의 흐름)으로만 전개된다. 시작 부분에서 시작하여 중반부로 이동하며 끝 부분에 도착한다(스토리가 명확한 시작과 끝을 지녀야 한다는 주장은 논란의 여지가 있다). 서사담화는 이러한 질서를 따르지 않는다. 스토리와 서사담화의 구별은 20세기 초에 러시아 구조주의자들에 의해 가장 먼저 시작되었다. 그들이 스토리와 서사담화의 구별을 위해 사용한 용어—파불라(스토리를 위한)와 수제(서사적 사건의 순서에 의한)—들은 여전히 서사를 기반으로 한 담화에서 널리 사용되고 있다.

스토리세계Storyworld 디에게시스 혹은 스토리가 펼쳐지는 세상을 의미한다. 보통 서사 진행에 따라 우리의 스토리세계에 대한 감각은 발달하고 풍부해지며 좀 더 복잡한 성향을 띠게 된다.

시간적 구조 Temporal Structure 서사담화 시간이 스토리 시간과 관련되는 양상을 보여주는 구조. 서사담화 시간이 스토리 시간에서 일탈하는 방법은 크게 다음의 세 가지가 있다. ① 우리에게 드러난 사건들을 재배열하는 것(사전제시와 소급제시를 볼 것) ② 단발적인 사건들을 확장하거나 축소하는 것(지연을 볼 것) ③ 스토리의 에피소드나 순간들을 다시 찾아가는 것.

시작과 끝 Beginning and end 이들 개념의 의미는 명백한 것처럼 보이지만, 담당하는 기능은 복잡하고도 중요하다. 때로는 끝이 논쟁에서 결말을 짓는 방식으로 서술과 관련을 맺기도 한다. 또한 서사담론에서 시작 또는 끝은 스토리의 시작 또는 끝과 반드시 일치할 필요가 없다는 점도 명심해두어야 한다. 예를 들면, 서사시적 서술은 전통적으로 스토리(**사건의 중심에서**in medias res)의 중간에서 시작된다. 종결 항목을 참조할 것.

시점Point of view 프랭스는 시점을, '서술된 상황과 사건을 제시하는' **관점**perspective 과 반대라는 점에서, **지각하고 인지하는 존재의 위치인** '초점화'와 구별한다. 그러나 이런 용도에서, 지각/인지하는 위치와 관점은 구별하기 어렵다. 나는 초점화를 서사에서 우리의 시각적 장점을 구체적으로 특징짓는 감수성(이나 이것의 부족)·감정·위치·관점의 복합체로 사용(매 순간 변동할지도 모르지만)하길 권한다. 그리고 목소리라는 용어는 우리가 서사에서 듣는 서사적 목소리를 통해 달성하는 동일한 복합체로 사용하기를 권한다.

신뢰할 수 없는 서술자 Unreliable narrator 도덕적 감수성과 지각이 내포저자와는 차이를 보이는 서술자. 서술자들 중에서 신뢰·신뢰할 수 없음의 정도가 다를 수 있다. 도릿 콘은 만들어낸 사실도 신뢰할 수 없는 서술자와, 만들어낸 사실은 신뢰할 수 있지만 그들의 관점을 신뢰할 수 없는 서술자를 구별한다. 그녀는 후자를 비협조적 서술자라고 부르며, 그들의 것은 신뢰할 수 없는 서술자의 가장 공통적인 형태이다.

실체Entity '존재existents' 또는 '행동자/행동소actor/actant'로 지칭되기도 한다. 실체는 스토리의 두 가지 기초적 요소 가운데 한 가지를 구성한다. 나머지 한 요소는 사건 또는 행동이다. 행동력을 가질 수 있는 인간과 비슷한 실체들을 가리켜 인물이라고 한다. 그러나 자체적인 행동을 할 수 없는 무생명한 대상에 대한 스토리 또한 있을 수 있다. 이를테면 한 행성이 거대한 소행성에 의해 궤도를 이탈하게 된 과정 같은 것을 예로 들 수 있다. 이러한 실체들을 인물로 지칭하는 것은 착오이며, 특히 과학적인 객관성이 중시되는 경우에는 말할 것도 없다.

아곤Agon/**갈등**Conflict 대부분의 서사들은 갈등에 의해 추동된다. 그리스 비극에서 갈등 또는 경쟁을 불러일으키는 단어를 가리켜 '아곤'이라고 한다. 이 단어로부터 주동인물과 반동인물 같은 용어들이 유래했다.

액자, 액자서사 Frame and framing narrative '액자'(프레임)라는 용어는 서사 논의에서 매우 다양한 방식으로 사용되기 때문에, 이를 어떤 식으로 사용할지 정의를 내리는 일은 중요하다. 이 용어는 숏이 영화 속에서 구조화되는framing 방식을 지칭하기도 하고, 더욱 광범위하게는 장면이 연극 또는 소설 속에서 구조화되는 방식을 말하기도 한다. 이는 우리 마음속에 있는 주형鑄型, 또는 격자를 일컫는 말이기도 하다. 이러한 액자는 우리가 서사에서 갖고 온 것이기도 하며, 텍스트에 의해 도출되고 조정된 것이기도 하고, 또는 격자가 그들 스스로 구축한 것을 텍스트에 부과하기도 하는 것이다. 이 용어의 또 다른 용도는 <u>스토리</u>에 필수적인 것은 아니지만, 서사 속에서 예비되어 있는 그리고/또는 최종적인 소재들과 연관되어 있다. 더욱 특기할 만한 사실은 이러한 액자가 **액자서사**, 즉 <u>삽입서사</u>에 틀을 부여하는 서사가 될 수 있다는 점이다.

외부서술자 서술 Extradiegetic narration <u>디에게시스</u>, <u>메타제시</u> 항목을 참조할 것.

유형Type 하나의 <u>서사</u> 텍스트의 범위를 넘어 다른 텍스트들에서도 반복적으로 나오는 <u>등장인물</u>의 종류. 오이디푸스, 오셀로 그리고 윌리 로먼은 모두 비극적 영웅의 유형에 적합하다. 그러나 거의 모든 서사에서 인물은 다양한 유형의 혼합물임이 분명하다. 오셀로는 비극적 영웅, 질투심 많은 남편, 소수자, 군사적 영웅, 능란한 화술의 남자, 그리고 무어인이라는 유형의 혼합물이다. 윌리 로먼은 비극적 영웅, 낙관론자, 몽상가 그리고 세일즈맨이라는 유형의 혼합물이다. 인물이 창의적이지 않게 조합될 때, 유형과 너무 유사할 경우, 이는 <u>스테레오타입</u>이라고 부른다. 전형은 어떤 문학적 클리셰chiché와 연관되어 더 넓게 사용될 수 있다.

의도를 헤아리며 읽기 Intentional reading 내포저자가 의도적으로 부여한 의미를 뜻하며, 이러한 관점에서 텍스트를 이해하는 해석의 방법을 가리킨다. <u>징후적 읽기</u>, <u>적용하며 읽기</u> 항목을 참조할 것.

의식의 흐름 Stream of consciousness <u>내적 독백</u> 항목을 참조할 것.

2인칭 서술 Second-person narration 2인칭 관점에서 하는 <u>서술</u>("넌 이것을 했다, 넌 이렇게 말했다"). 서술에서는 비교적 드물게 선택하는 문법적인 방법이며, 최근 픽션이나 자서전에서 증가하고 있다. 이 서술 방법의 효과는 상당히 많은 논란의 원천을 지니고 있다.

이종서술Heterodiegetic narration <u>디에게시스</u> 항목을 참조할 것.

인물Character 인간 또는 인간과 비슷한 실체. 때로는 인물 대신 '행위자agent' 또는 '행동자/행동소'와 같은 광범위한 용어가 사용되기도 한다. 인물들은 행위력agency을 가진 행동을 수반하는 모든 실체를 지칭한다. 여기에는 사람 외에도 동물, 로봇, 외계인, 움직이는 사물과 같은 유사의지를 지닌 실체들이 포함된다. E. M. 포스터는 '평면적flat' 인물과 '입체적round' 인물을 구분했다. 평면적 인물은 '한 문장으로 요약'되며 단일한 주요 성질 외에는 존재감이 없는 경우가 일반적이다. 입체적 인물은 그와 같은 표현을 할 수도 예측할 수도 없다. 이런 의미에서 이들은 깊이를 갖고 있다.

1인칭 서술 First-person narration 전통적으로는, 서술된 스토리 속에서 역할을 맡은 인물에 의해서 이루어지는 서술을 의미한다. 스토리 속의 인물이 아니면서도 서술자가 '1인칭'으로 말하는 경우도 많다는 사실에 주목해야 하는데, 때때로 이들은 매우 장황하게 말하기도 한다(예를 들면, 헨리 필딩의 『톰 존스』에 등장하는 서사적 페르소나). 이들은 3인칭으로 스토리를 말하기 때문에 일반적으로는 '1인칭' 서술자로 간주되지 않는다. 이런 이유로, 제라르 주네트는 동종제시적 서술과 이종제시적 서술을 구분함으로써 더욱 훌륭한 장치를 만들어냈다.

자서전Autobiography 저자에 대한 서사로서, 암시적 또는 명시적으로 논픽션의 의미에 충실하고자 의도된 글. 자서전은 여러 형식을 가지며, 심지어는 『헨리 애덤스의 교육』처럼 3인칭 서술 방식을 취한 것도 있다. 자서전은 빈틈이 많은 개념 가운데 하나이며, 자서전과 허구 사이에 모호하게 걸쳐 있는 것으로 보이는 서사들로 가득한 분야이다. 제임스 조이스의 『젊은 예술가의 초상』 또는 맥신 홍 킹스턴의 『여성 전사: 유령들 속에서 보낸 소녀 시절의 추억』 등이 이에 해당한다.

자연스럽게 하기 Naturalizing 독자나 관객이 서사를 친숙하게 느끼도록 만드는 장치를 의미하는 조너선 컬러의 용어. 일반적으로 더읽기나 덜읽기를 통해서 이루어진다. 모니카 플루더닉은 낯설었던 새로운 서사 형식들(예컨대 내적 독백)이 반복된 사용으로 자연스러운 아우라를 획득하는 과정을 나타내기 위해 이 용어를 채택하였다. 표준화하기 항목을 참조할 것.

자유간접문체Free indirect style 어떤 인물의 생각과 표현이 그 인물의 목소리로 표현되는 3인칭 서술을 가리킨다. 이는 "그는 생각했다" 또는 "그녀가 말했다"와 같은 통상적인 관용구나 인용부호에 의해 구별되지 않는다. 또한 문법적인 1인칭 담화로 변화되는 일도 없다. "무더운 날이었다. 대체 이런 날씨에 그녀는 돌들이나 끌고 다니면서 뭘 하는 것이었을까?It was a hot day. What on earth was she doing lugging stones on a day like this?" 여기에서 두번째 문장은 엘스펫이 말하는 어투라는 인상을 주지만 3인칭의 형태로 그리고 과거 시제를 취하고 있다. 그러나 그녀 자신이 실제로 3인칭이나 과거 시제로 말하거나 생각했을 리는 없다. 직접문체, 간접문체, 내적 독백 항목을 참조할 것.

장르Genre 반복되는 문학 형식을 뜻한다. 여기에는 서사적 장르와 비서사적 nonnarrative 장르가 있다. 서사적 장르의 예로는 소설, 서사시, 단편소설, 발라드 ballad 등이 있다. 장르는 고도로 분화될 수 있다. 예를 들어, 교양소설 bildungsroman은 주인공이 어른이 되는 스토리를 전달한다. 물론 그것은 소설이라는 더 큰 장르 안에 포함될 수 있다. 때때로 장르는 매우 분리되고 분화되기도 하기 때문에 학자들은 이들을 기술하기 위해 '하위장르sub-genre'라는 용어를 사용한다.

저자Author 텍스트를 생산하는 실제 인물. 저자를 서사의 서술자 또는 내포저자와 혼동해서는 안 된다.

저자의 의도 Authorial intention 저자가 의도한 의미 또는 효과. 저자의 의도라는 개념은 20세기 들어 여러 근거에 의거하여 공격을 받게 된다. 이에 따르면 저자의 의도는 확정할 수 없다는 것, 자신의 작품을 읽는 데 있어 저자가 아닌 우리들만큼이나 오류를 저지르기 쉽기 때문에 신뢰할 수 없는 안내자라는 것, 저자라는 개념은 불확실하고 유동적인 정체성을 고정하기 위해 추출되고 가정된 것에 불과하다는 점, 그리고 마지막으로 서사는 의미에 있어 복수적일 수밖에 없음에도 불구하고 저자의 의도를 탐색하는 작업은 서사에 단일하고 특권적인 의미에 대한 개념을 부여하도록 만든다는 점 등이 비판의 근거가 된다. 그러나 이 개념을 배제해서는 안 된다. 우리는 이러한 비판에도 불구하고, 저자의 의도를 읽고자 하는 성향을 갖고 있기 때문이다. 이를테면 독자들이 저자로부터 온 것으로 돌리는 의미와 효과로 인해, 저자들이 얼마나 끊임없이 찬사를 받거나 비난받는지를 보면 알 수 있다. 중요한 관련성이 있지만 분명하게 구별되는 개념으로서, 내포저자의 의도에 대해 말해둘 필요가 있다. 의도를 헤아리며 읽기 항목을 참조할 것.

적용, 각색 Adaptation 서사를 변형하는 일. 일반적으로 한 매체에서 다른 매체로 옮기는 경우를 가리킨다. 적용하며 읽기 항목을 참조할 것.

적용하며 읽기 Adaptive reading 해석의 세 가지 기본 양태 가운데 하나(의도를 헤아리며 읽기와 징후적 읽기 항목 참조). 각색해서 읽기의 범위는 더읽기 또는 덜읽기를 고려하지 않는 해석에서부터 동일 또는 타매체로 스토리를 새롭게 각색한 것에 이르기까지 다양하다. 플로베르의 『보바리 부인』이나 셰익스피어의 『헨리 5세』를 영화로 각색한 작품 등을 예로 들 수 있다.

전자서사Electronic narrative 매체 고유의 효과를 얻기 위해 컴퓨터와 온라인 기술을 이용하는 서사 형식을 가리키는 말로 주로 사용된다. 이들 서사 형식에는 하이퍼텍스트 기능에서 온 효과들이 포함되어 있다는 것에 주목할 만하다. 서사 이론으로 볼 때 매력적인 의미를 내포하는 '롤플레잉 게임'이란 혼합물은 1980년대에는 컴퓨터를 통해서, 1990년대에는 인터넷으로 구현되었다. 하이퍼텍스트 서사 항목을 참조할 것.

전지적 서술 Omniscient narration 서술된 스토리와 관련한 모든 것을 서술자가 알고 있다고 가정하는 서술. 이 용어가 널리 사용되기는 하지만, 도움을 주기보다는 결과적으로 혼동을 주기 때문에 성가신 용어이다. 서술자가 모든 것을 알고 있어야 하는 것은 사실이지만, 지금까지 전지적(말 그대로 '모든 것을 알고 있는')

서술은 존재하지 않았다. 모든 서술은 우리가 한정된 지식으로 채워 넣어야만 하는 허점 — 틈 — 이 뚫려 있다. 3인칭 서술 항목을 참조할 것.

존재Existent   실체 항목을 참조할 것.

종결Closure   서사가 자신이 제기한 기대를 충족시키고 질문에 답하는 방식으로 끝날 때 이를 가리켜 종결됐다고 말한다. '기대'와 '질문' 간의 차이점에 주목할 필요가 있다. 기대란 서사가 우리로 하여금 기대하도록 유도하는 행동 또는 사건을 의미한다(1장에서 등장한 총이 3장에서 발사되리라 기대하는 경우). 예를 들어, 『리어왕』은 서사 패턴이 비극이라는 것을 지각하는 순간 미리 갖게 되는 기대들을 충족시킨다. 그중에서도 우리는 리어왕이 죽게 되리라고 기대하게 되며, 기대한 대로 그는 죽는다. 그러나 주요한 질문들은 연극이 진행되는 과정에서 제기되는 것이며, 결말에서 해답이 주어지는 것도 아니다. 따라서 『리어왕』은 (기대 수준에 맞는 충족감을 주는) 비극적인 종결을 맞지만, 이러한 종결이 ('질문 수준'에 맞는 충족감을 주는) 이해를 제공해주지는 않는다. 끝 항목을 참조할 것.

주동인물Protagonist   갈등의 주인공(반드시 '착한 놈'일 필요는 없다)을 의미한다. 반대 개념은 반동인물(마찬가지로 '나쁜 놈'일 필요는 없다).

중심사고자Central intelligence   초점화 항목을 참조할 것.

중핵과 위성 Kernels and Satellites   구성적 사건과 보충적 사건 항목을 참조할 것.

지연Retardation   서사담화의 속도를 늦추는 것. 종종(늘 그렇지는 않지만) 긴장을 증폭시키는 기능도 함.

직접문체Direct style   인물의 말 또는 생각을 직설적으로 표현한 것. '표지가 붙어 있지 않은untagged' 또는 '표지가 붙어 있는tagged'(인용부호 또는 "그는 말했다"

"그녀는 생각했다"와 같은 다른 지표를 사용해서 서술을 시작하는 것) 경우를 모두 포함한다. "더운 날이다. 엘스펫은 스스로에게 이렇게 자문했다. '대체 이런 날씨에 돌들이나 끌고 다니고 내가 뭘 하는 거지?'" **직설화법**이라고도 한다. 간접문체, 자유간접문체, 내적 독백 항목을 참조할 것.

징후적 읽기 Symptomatic reading 저자의 무의식이나 저자가 미처 인지하지 못한 심리 상태 혹은 인지하지 못한 문화적 조건의 징후로 텍스트를 해독하는 것. 일반적으로 의도를 헤아리며 읽기에 반대되는 개념이다.

초점화Focalization 우리가 서사 속의 사건들을 '볼' 때 경유하는 의식의 위치 또는 특질을 말한다. 영국과 북미 비평에서는, 이러한 개념 또는 이와 근접한 개념을 표현하기 위해 시점이란 용어를 사용해왔다. 그러나 시점은 보다 보편적인 용어이고 종종 목소리의 개념을 포함하기도 한다. '초점화'라는 용어는 더 많은 음절로 이루어져 있지만 더 정확하다. 일반적으로 서술자가 초점자이지만, 초점화가 반드시 단일하고 일관성 있는 서사 의식에 의해 획득되는 것은 아니라는 사실을 염두에 두는 것이 중요하다. 초점화는 서사 진행 과정 중에 변할 수 있으며, 이러한 변화가 빈번하게 이루어지는 경우도 적지 않을 뿐 아니라 때로는 문장마다 달라지기도 한다. 예를 들면 자유간접화법 같은 경우가 이에 해당한다. 소설가는 초점자인 단일 인물에 의존하는 경향이 적지 않다. 헨리 제임스는 이러한 인물을 **반영자** 또는 **중심사고자**라고 불렀다. 제임스의 『대사들』에 등장하는 램버트 스트레처가 이러한 기능을 수행한다. 여기서 나는 초점화와 목소리를 짝을 이루는 개념으로서 제시한다. 두 개념 모두—전자는 우리가 '보는' 것을 통해, 후자는 '듣는' 것을 통해서—감수성을 전달하는 경우가 많다.

칸새Gutter 만화에서 프레임(칸)들 사이에 존재하는 빈 공간을 의미한다. 칸새는 서사적 공백의 한 형식으로 만화에서는 하나의 매체로서 역할을 담당한다. 이는 독자가 다음 장면에서 전개될 사건들을 상상하는 공간이기도 하다.

크로노토프Chronotope 바흐친이 사용한 다차원적인 용어로서, 서사적 시간이 진행됨에 따라 '두터워지는thickens' 복합적인 방식을 가리킨다.

테마Theme 내·외부적인 언급을 통해 서사에서 반복되는 주제(쟁점, 질문). 모티프와 함께 테마는 서사적 반복에서 가장 흔히 사용되는 두 개의 형식 중 하나이다. 모티프는 좀더 구체적인 경향을 지니고 있으며, 테마는 좀더 일반적이고 추상적인 개념이다.

텍스트Text 굉장히 폭넓게 사용되지만, 실은 그리 넓은 의미를 가지고 있지 않은 용어이다. 책, 단편소설, 연극 공연, 영화, 그 외의 것들과 같이 서사의 물질적 형체를 서사 이론에서 일컫는 용어이다. 물론 텍스트는 단어들이 조합된 사물로서 공통적인 담화라고 생각될 수 있다. 그 용어의 넓은 의미는 매체에 상관없이, 우리가 해독 과정을 통해서 서사를 이해하기 때문에 언제나 '읽는다'라는 생각에 기초를 두고 있다. 서사에서 말하는 상징적 코드symbolic code에 대한 약간의 이해가 없이는 무슨 일이 발생했는지 우리는 알 수 없다.

틈Gaps 크든 작든, 모든 서사narrative에 나타나는 필연적인 공백을 뜻한다. 독자들은 자신들의 경험이나 상상력으로 그 공백을 채우도록 요구받는다. 허구적인 서사에 담긴 의도를 헤아리며 해석intentional interpretation할 때, 이러한 과정은 텍스트와 텍스트가 주는 단서들과 일치되는 것들로 제한된다. 역사적 서사 혹은 논픽션의 형식을 가진 다른 형식들 속에서는, 더 많은 조사를 통해 비평적인 공백을 메우는 것도 가능하다. 기점 항목을 참조할 것.

파불라와 수제 Fabula and Sjuzet 스토리 항목을 참조할 것.

페르소나Persona 단어의 의미 그대로는 '가면'을 말한다. 페르소나는 대체로 저자의 자아를 표현하거나 스토리를 풀어나가는 데 쓰이는 성별 불상의 주인공을 뜻한다. 1인칭 서술을 참조할 것.

평면적 인물과 입체적 인물 Flat and round characters 인물 항목을 참조할 것.

표준화하기Normalizing 진실이나 현실감각을 전달하기 위한 서사 형식의 힘, 그리고 특히 마스터플롯. 자연스럽게 하기 항목을 참조할 것.

플롯Plot 논란이 많은 용어이다. 영어에서는 플롯을 말할 때 보통 스토리를 의미한다. 다른 문화 전통(대체로 유럽 쪽에서는)에서는 서사에서 스토리-사건을 배열한 순서를 의미한다. 플롯은 한 스토리에서 사건의 **인과적** 연쇄를 의미하기도 한다. 하지만 '에피소드적 플롯'이라는 의미는 이 용어에서 모순적이다. 이 문맥에서 '에피소드적episodic'은 인과적으로 연결되어 있지 **않은**이란 의미를 지니고 있기 때문이다. 이런 의미와 가까운 것은 플롯 짜기의 개념이다. 리쾨르는 이를 '간단한 연속에서 배열을 만들어내는 행위'로 설명한다. 마지막으로, 플롯은 특정한 스토리 유형의 의미로 사용되기도 한다(복수의 플롯, 결혼의 플롯).

플롯 짜기 Emplotment 플롯 항목을 참조할 것.

피서술자Narratee 프랜스가 만든 신조어로서, 서술자가 의도한 청중을 의미한다. 『암흑의 핵심』에서 '넬리' 호의 갑판 위에 있는 여러 전문가들은 말로의 피서술자들에 해당된다고 할 수 있다. 피서술자는 독자(실제독자건 내포독자건)와 혼동되어서는 안 된다. 또한 모든 서술자가 피서술자를 갖고 있는 것도 아니다.

하이퍼텍스트서사Hypertext narrative (CD 또는 온라인) 전자 매체에 의해 전달되는 서사로, 독자들이 순간적으로 다른 렉시아—텍스트나 그림처럼 (꼭 필요하지 않을 수도 있지만) 서사담화에 관한 다른 부분—로 관심을 전환할 수 있도록 허용하는 하이퍼텍스트 능력을 갖는 것을 특징으로 한다. 전자서사 항목을 참조할 것.

해석Interpretation 텍스트에 의해 전달되는 의미—관념, 가치, 감정 등—를 자기 자신의 방법으로 표현하는 행동act을 의미한다. 해석은 수많은 형식을 취할 수 있다. 일반적으로 해석은 비평적으로 써어진 글을 대상으로 행해진다. 희곡의 경우 공연 자체를 '해석'이라고 말하기도 한다. 심지어 서사는 사전에 전해진 스토리를 해석한 것으로 여겨지기도 한다. 이 책에서 나는 의도를 헤아리며 읽기, 징후적 읽기, 적용하며 읽기의 세 가지로 해석을 구분하였다.

해프닝Happening 서사 속에서는 두 종류의 사건이 벌어지는데, 그중 하나가 해프닝이라고 할 수 있다. 행위와는 달리, 해프닝은 인물이라는 특정한 행위주가 없어도 발생한다.

행동Act 어떤 인물에 의해 유발된 사건. 우발적 해프닝과 반대 의미로 쓰인다.

행위Action 스토리 속에서 일어난 사건들의 연쇄. 행위와 실체는 스토리를 이루는 두 가지 기본 구성 요소들이다. 일부에서는 '행위action'가 '행동act'과 유사한 의미로 사용된다는 이유로 '사건events'이란 용어를 선호하기도 한다.

행위력Agency 한 실체가 사건을 유발할 수 있는 능력(즉, 행위를 시작할 수 있는 능력). 대체로 인물들은 행위력을 가진 실체들이다. 행위력은 종종 의도적으로 행위하는 능력과 연관된다.

허구Fiction 사실적인 것과 상반된 의미에서 만들어낸 것. 명사로 쓰일 때 이 용어는 만들어낸 서사의 전 범위를 지칭하면서 역사, 전기, 자서전, 르포르타주 등과 같은 '논픽션' 서사 장르와 상반되는 의미에서 사용된다.